牧谿『遠浦帰帆図』

（縦 32.3cm、横 103.6cm、13 世紀、南宋時代）

口絵（京都国立博物館蔵）は、期せずして本書の五ヵ所で浮上する。最初は、世阿弥が晩年に佐渡へ島流しになって、配所への出立地・小浜の港に着いたとき。世阿弥は海上の景色から、この絵を思い出した（本文133頁）。二ヵ所目は織田信長からこの絵を下賜され、後に信長に謀反を起こした荒木村重の、ある茶会の記録。利休はこの絵を床の間に掛けた（本文166頁）。三番目の個所は、利休とも交流した博多の茶人・神屋宗湛が、「本能寺の変」の火中からこの絵を救出したという風説の、批判的検証の部分（本文169-171頁）。四番目は、足利義満→織田信長→荒木村重→豊臣秀吉→徳川家康→徳川家光……と移っていくこの絵の所蔵者系譜の、豊臣秀吉の部分に関する「謎」を照らす個所（本文173頁）。最後は豊臣秀吉が明の使者にこの絵を見せる場面（本文174頁）。ただしこの場合は、おなじ『遠浦帰帆図』でも牧谿の作と玉澗（牧谿の読みに合わせるなら「ぎょっかん」だが、通例の読みに従う）の作のどちらだったかは、本書で用いた史料からは断定しがたい。

足利義満の日明貿易の波に乗って明から日本に伝わったこの名画は、足利政権と織豊政権の戦乱の世を空から見おろす名月のような趣がある。だから表題「遠浦帰帆」に含まれる「帰」の文字が、ことのほか示唆的となる。乱世に浮沈した人々が本当の意味で「帰」り着いた場所は、どこだったのか。

講談社選書メチエ

756

〈芸道〉の生成

世阿弥と利休

大橋良介

MÉTIER

目次

凡例

本書は古文書・古文献の類をかなり多く引用しているので、読みやすさのため、必要に応じてルビを振った。その場合、厳密な統一形式をとるよりは、それぞれのコンテキストに従って、そこでの読みやすさを第一とした。一見、ルビの打ち方が不統一の感を与えるかもしれないが、下記のような四例に準じている。

① 単語レベルでは普通にルビを振った。
例・「結崎座（ゆうざきざ）」

② 漢文あるいは古文の場合は、一々の単語にルビを振るのではなくて、現代語訳を括弧（ ）に入れた。その場合は単語の読みもルビでなく括弧（ ）に入れた。
例・「のふ（能）をいたし候て、又ミせ可申候（お前さんにも、また能を催して、お見せしよう）、御ま（この間）さい〳〵（しばしば）文（ふみ）給候へとも（手紙をもらっていたが）」

③ 人名の読み方で、少なくとも著者の私には確認を要した人名の場合は、現代人の名であれ近世以前の人名であれ、ルビを打った。ただし何度も出てくる場合は、最初だけにした。ずっと間隔をおいて再出する場合は、初出に準じて改めてルビを打った。
例・表章（おもてあきら）、伏見宮貞成（ふしみのみやさだふさ）

④ 文献名も、すこしでも難読と思われる場合は人名に準じた。
例・『後愚昧記（ごぐまいき）』『山上宗二記（やまのうえのそうじき）』

第一章

なぜ「世阿弥と利休」か

一　六百余年の忘却に埋もれていた世阿弥

芭蕉の『笈の小文』に出てくる、よく知られた言葉の引用から、始めよう。

「西行の和歌における、宗祇の連歌における、雪舟の絵における、利休が茶における、其貫道する物は一なり」

「一なるもの」とは、芭蕉の表現をそのまま用いるなら「風雅」である。歌人や絵師や茶人が自然と一体になって暮らすときの心だ。[1] 本稿においては、この有名な芭蕉の語から、ひとつの問いが生じる。すなわち、芭蕉はどうして世阿弥の名をあげなかったのだろうかと。世阿弥が大成した能楽もまた、風雅ではないか。芭蕉が挙げる四人は、いずれも戦さがつづく世の中をそれぞれの仕方で生き、「和歌」「連歌」「絵」「茶」という、今日では「芸道」と呼ばれる諸領域を確立し、そしていずれも、乱世の世を「旅」した。しかしそれは世阿弥にも言えるではないか。彼は旅興行で各地を旅し、彼が大成した「能楽」は今日では「茶道」とならんで国際的にも知られた文化領域だ。観阿弥が率いた「結崎座」が観阿弥の幼名「観世丸」から名前をとって「観世座」となり、そこで世阿弥が大成した能楽は、今日では「観世流」の能として文化的影響力においても利休の茶道とならぶ。そうであるなら、世阿弥こそ、上記の四人と並んで挙げられるべき人物ではなかったのか。元禄時代は「徳川綱吉の能狂ぶり」で、綱吉自身も能を舞うといった時代だったのに、[2] なぜ芭蕉は能の大成者である世阿弥の名を挙げなかったのか。

念のために、芭蕉が挙げた四人の生き方をごく簡単に垣間見ておこう。西行（一一一八―一一九〇）は平安時代末期の、源平が覇を争う世に武士として生まれ、若くして出家し、歌人として全国を旅した。そして貴族政権から武家政権の鎌倉時代へと移行する直前に没した。

画聖・雪舟（一四二〇―一五〇二もしくは一五〇六）は室町時代の末期、京都の相国寺で禅の修行をし、戦乱を避けて守護大名の大内教弘と政弘の援助のもと周防国（山口県）に移り住み、応仁の乱が勃発した年に中国（明）に渡って二年にわたり禅と画業の修行をつづけ、帰国のあとも騒乱の京都を避けて周防国を生活の本拠として全国を行脚した。日本の水墨画の歴史で今も凌駕されることのない――と私は思っている――絵師だ。

連歌の名人で生没年が雪舟とほぼ同じ宗祇（一四二一―一五〇二）は、やはり大内政弘の招きで山口を訪れ、活動の本拠地は京都だったが、雪舟とおなじく旅をして旅で没した。連歌の歴史を画したが、今日では連歌は一般的には流行していないので、宗祇はそれほど知られていない。しかし私見では、宗祇は詩才において西行に勝るとも劣らぬ歌人だったと思う。

そして四人目の利休（一五二二―一五九一）は本書で世阿弥と並べて取り上げる人物であり、文化史的な画期をなすという意味で、文字通り世阿弥と並ぶ存在だ。利休は戦国時代を生きて信長と秀吉に仕え、秀吉の島津征伐での薩摩行や北条征伐での小田原行などに従軍して、戦陣の中での茶会を取り仕切った。[3]平時は大坂城内で一種の権勢を振るうに至ったが、最後は秀吉に死を賜り、生首が市中に晒された。しかし彼が確立した侘び茶は、世阿弥の能楽とおなじく、日本文化の代名詞のような位置を得ている。

このような四人を名指した芭蕉（一六四四—一六九四）自身は、四人の時代とうって変わった平和な寛永・元禄年間を生きた。世の中からは戦乱の雄叫びは消えていた。しかしながら芭蕉自身は、その平和で安穏な生活を捨てて、「日々旅にして旅を栖（すみか）」（『奥のほそ道』）とする「旅」の生活を、敢えて選んだ。彼が江戸の住居を捨てて旅に出たときの最初の句は、「野ざらしを心に風のしむ身哉」（『野ざらし紀行』）だった。行き倒れになって死骸が野にさらされることを念頭においた旅が、そのまま芭蕉の住処ともなった。その旅路で命を終えるときの句は、「旅に病んで夢は枯れ野をかけめぐる」（『笈日記』）だった。そういう生き方をした芭蕉が共感を覚えたのが、上記の四人、すなわち乱世のなかを生き抜いた歌人と絵師と茶の湯の人だったのだ。

本書で取り上げる世阿弥（一三六三—一四四三?）もまた、これから述べていくように平穏ならざる戦乱の時代を生きた。彼が仕えた足利将軍たち、特に三代将軍・足利義満と六代将軍・足利義教（よしのり）の事跡を見ると、戦さに次ぐ戦さの連続だ。当然ながら世阿弥も、今日の能楽の世界のように優雅な舞台での遊宴に終始したわけではない。簡単に世阿弥の一生を略記するなら、まず『申楽談儀（さるがくだんぎ）』にこう記される。「観阿（観阿弥）、いまぐまのゝ能（新熊野神社でおこなわれた能）の時、さるがく（申楽）と云事をば、将軍家ろくおんゐん（鹿苑院、足利義満）、御覧はじめらるゝなり。世子（世阿弥）十二の年也」。つまり十二歳のときに、父の観阿弥（一三三三—一三八四）の一座が新熊野（いまくまの）神社で勧進能を催した折りに出演し、これを観覧した三代将軍・足利義満の眼にとまり、ただちにその寵愛を受けるようになった。[4] 世阿弥は将軍の庇護のもとで、やがて天下の名望を博するにいたる。しかし義満没後は後続の将軍の引き立ては少なくなり、六代将軍・足利義教に至って露骨な仕方で冷遇されるようになり、遂には定かならぬ理由で七十歳を超えた晩年に佐渡に流された。世阿弥がいつ、どこで没したのかは分かっていない。

しかし世阿弥が遺した多くの芸論と能曲作品は、深さと高さにおいて利休の言行録『南方録（なんぼうろく）』のそれに、勝るとも劣らない内容を蔵している。そして世阿弥が大成した能楽は、利休が大成した茶道と並んで、今日では日本の伝統文化の看板となっている。

そこでもう一度、問うことにしよう。なぜ芭蕉は利休の名は挙げても、世阿弥の名は挙げなかったのかと。

理由は拍子抜けするほど、簡単だ。それは、芭蕉が世阿弥の諸著を知らなかったからだ。ただし理由は簡単だが、その背景には事情がある。まずは、芭蕉が世阿弥の諸著を知らなかったのは、芭蕉の時代に世阿弥の諸著がまったく世に広まっていなかったからだ。しかしそのこと自体が、考察に値する出来事だ。

世阿弥の著作類は観世家に伝わる伝書として、長いあいだ、ごく限られた範囲の人々の眼にふれるだけにとどまっていた。それは「秘伝」とか「家元」とかといった、日本文化の伝承の型となって、独特の意味を持つことでもあった。しかしまた、一般公開性と個人主義を基調とする近世・近代においては、徐々に発展を制約するという面をも併せ持つようになった。加えて江戸時代には、能楽は「式楽（しきがく）」すなわち幕府の公儀の儀式に用いる音楽や舞踊となり、一般庶民が楽しむ芸能ではなくなっていた。[5] 名優が大衆の人気を博するという一般芸能界の構造は、もはやそこには存在していなかった。芭蕉も、能楽に接する環境を持たなかった。俳人たちが「謡曲」を大いに取り入れたということは、知られている。芭蕉の『奥のほそ道』を見ても、「あさか山」の段には謡曲『安達原（あだちがはら）』に出てくる「黒塚の岩屋」がある。そして「末の松山」の段には「奥浄瑠璃」と呼ばれる奥羽地方に伝わる語りを、琵琶法師が芭蕉一行に聞かせるくだりがあり、芭蕉の教養の広さが窺える。しかし謡曲を一部とする「能楽」ないし申楽の舞台は、芭蕉にも縁が遠かった。

すこし横道になるが、信長と秀吉が覇者となる安土桃山時代は、申楽がなおも大衆芸能でもあり得た時代だった。たとえば『太閤記』で、秀吉が朝鮮出兵の折りに出兵の拠点として築いた肥前の名護屋城で、八番の演し物を数える能楽が上演されたという記述がある。[6] そうであれば、秀吉の時代に茶の湯だけでなく申楽も盛んだったことの、ひとつの証言がここに得られる。エネルギーに満ちた安土桃山時代と成熟の道をたどる江戸時代との違いが、ここで視覚化される。

この記録に一瞥しておくなら、それは一日がかりの上演だった。上演に際して主役のシテを演じたのは金春流の金春七郎であり、彼は世阿弥の娘婿だった金春禅竹の子孫にあたる。金春一座の「金春流」は、今日も観世流に次ぐ能楽の一座で人気をあつめているが、秀吉の頃にはむしろこの金春流のほうが庇護されて盛大だった。

上記の肥前の名護屋城での能楽会も、朝鮮戦役に出陣する有力武将たちの前で演じられた。それは茶の湯が戦陣の中でも行われていたことと共通して、これから本書で見ていく「芸道と権力との矛盾的共生」の、一場面でもあった。他にもいろいろの場面の記録が浮上する。たとえば秀吉が糟糠（そうこう）の妻・おね（高台院）に宛てた手紙などが、そうだ。

「そなたにても、のふ（能）をいたし候て、又ミせ可申候（お前さんにも、また能を催して、お見せしよう）、御ま（この間）さい〳〵（しばしば）文（ふみ）給候へとも（手紙をもらっていたが）、のふ（能）にひまなく候まゝ（能を催す暇がないまま）、返事も不申候（返事もできなかった）」[7]

世阿弥の著作類が世に知られるようになったのは、今からわずか百余年まえのことだ。すなわち明治になって、ある華族から旧安田財閥の御曹司・安田善之助（後の安田財閥二代目・安田善次郎）にこの著述類が売却され、これを聞いた早稲田大学教授・吉田東伍が安田家で調査し、世阿弥の十六編の伝書を発見したのだ。明治四十一年（一九〇八）のことだ。吉田は翌年にこれを『能楽古典　世阿弥十六部集』として刊行した。[8]

もしこの刊行がなされていなかったら、世阿弥の名は、家元関係者は別として、一般にはそれ以後も長く忘却の淵に沈んでいただろう。なぜなら、その後いろいろの伝書が発見されてはきたが、[9]吉田東伍が発見した伝書類は、発見からわずか十五年後の一九二三年の関東大震災で焼失したからであり、吉田の編纂した活字本でしか伝わっていないテキストも含まれているからだ。幸いそれらは焼失するまえに活字化されて間一髪で忘却の淵から救出され、そこから今日までの活発な世阿弥研究が始まった。六百年の歳月のあいだ一般には知られることなく秘されてきた世阿弥の著述類は、百余年まえに一般読者の眼のまえで咲く花となった。

ちなみに利休の言行録とされる『南方録』も、一般に知られるまでには数奇な道を辿った。すなわち、利休の百回忌の年（一六九〇）に、茶人で黒田藩の家老だった立花実山（たちばなじつざん）[10]が、それまで部分的に発見されていたこの言行録の諸巻を発見した。その後「墨引」と「滅後」の巻が堺で見つかり、現在の全巻がそろった。しかし発見者・実山もまた、自分がこの秘伝を所蔵しつつも年老いて、「コノ録ノ清風秘蔵スルノミニシテ、ツヰニ断絶センコト憂フ」（この素晴らしい伝書を秘蔵したままだと、いつか伝承が断絶することを恐れる）に至った。[11] そこで彼は信頼する四人の居士たちにこれを書写させて、世に伝わることを期した。実際、彼はやがて一種のお家騒動の中で流謫（るたく）の身となり、挙句に殺されるから、彼の予感は当たっていた。利休研究者の中には、『南方録』は実山の創作だと主張する人もあり、事実、実山が書写したと称する南坊宗啓の原本は、これまで見つかっていない。そういったことも含めて、『南方録』には文献の信憑性や成立史に関していろいろ問題が多いが、それについてはすべて本書の第三章に譲る。

『南方録』はその後、江戸時代に流布したが、世阿弥の芸論は上述のようにそうはいかなかった。もし芭蕉が世阿弥の『風姿花伝』や『花鏡』、あるいは『至花道書』や『拾玉得花（しゅうぎょくとくか）』などに目を通していたなら、彼はまちがいなく驚嘆して、『笈の小文』冒頭で四人ではなく世阿弥を入れた五人の名を挙げて、こう記しただろう。「西行の和歌における、世阿弥が能における、宗祇の連歌における、雪舟の絵における、利休が茶における、其貫道する物は一なり」と。

二 「世阿弥と、利休」という視座

上記の五人の名を挙げたが、それであれば、なぜ本書で芭蕉が挙げた四人の中から利休だけを取り上げて、世阿弥と並べるのか。このことを前置きとして述べておかなければならない。

第一の理由は、芭蕉が挙げる四人の中では利休だけが、世阿弥の『花鏡』と肩を並べる内容の「芸論」を、『南方録』という聞き書きを通して後世に遺したからだ。他の三人について言えば、西行は類い稀な和歌を遺した詩聖だが、「歌論」に類するものは、残していない。宗祇には壮年時代に書いた『吾妻問答（あづまもんどう）』があるが、これは二十六の問答の形式で連歌の作法を説くものとして、どちらかと言えば技法の書である。[12]還暦の頃に記した『老のすさみ』や八十歳の晩年の『浅茅（あさじ）』などもあるが、これらは名歌についての解釈や批評を主とするものであって、作詩の秘密を取り出す「芸論」という趣旨のものではない。雪舟は私が心酔する水墨画師ではあるが、やはり「画論」と言えるものは遺していない。もし彼が日記などを遺し、もしくは弟子による言行録がつくられ、中国にまでおよぶ足跡や感想などが記されていたなら、それは第一級の史料となっただろう。[13]しかし本書の企図への手がかりは、残念ながら得ることはできない。

「世阿弥と利休」という括（くく）りの第一の理由は、この二人が「芸論」を語り、もしくは書き遺し、それらが、共に日本美の深奥ともいう境地を開示しているからだ。その結論を先に述べよと言われる読者がおられたら、本書の「結語」を見ていただくほかない。

世阿弥と利休を対として取り上げる第二の、そしてさらに重要な理由は、ふたりが生きた時代とふたりの生き方が「芸道」と言われる芸術のあり方を、それも、本書で主題的に述べる「芸道と権力との共生空間、〈遊〉」として、それぞれに形成することにある。世阿弥は上述のように、父・観阿弥が率いる一座が現在の新熊野（いまくまの）神社で勧進能を演じたとき、十二歳の童として出演し、それが第三代将軍・足利義満の目にとまって義満の愛顧を受けるようになった。そしてそれまでは乞食（後出の文を参照）とも蔑まれた低い身分のまま、将軍の席に侍る身になった。当時の貴族たちはこれを嫉妬し憤激した。義満の指示で祇園に桟敷が設けられ、観阿弥が舞台をつとめたとき、北朝の廷臣、前内大臣三条公忠（さんじょうきんただ）は、日記『後愚昧記（ごぐまいき）』にこう記した。

「大和猿楽児童（大和猿楽の子供役者は）、称観世之猿楽法師子也（観世の猿楽役者の子供と称している）、〔欄外　大和猿楽児童藤若義満ノ寵愛ヲ受ク（大和猿楽の子供役者、藤若で、義満の寵愛を受けている）〕、被召加大樹桟敷（大樹すなわち義満の桟敷に召され）、見物之（これを見物するに）、件児童、自去比大樹寵愛之（この子供役者は、さる頃から義満が寵愛されており）、同席伝器（同席して器などを渡している）、如此散楽者乞食所行也（このようなことを猿楽演者の乞食がしている）、而賞翫近仕之条（しかも大樹に可愛がられて近くに仕えるとは）、世以傾奇之（世の中も傾奇、すなわちかぶき、傾いてきたものだ）」[14]

しかし貴族たちが陰口をきいたとしても、それは義満の権勢の前で犬の遠吠えにすぎなかった。足利幕府において、三代将軍義満（在位一三六九―一三九五）の時代に幕府権力は絶大となった。ただ、義満の死後は息子で四代将軍の義持（在位一三九五―一四二三）が長く将軍職に坐っているあいだに、幕府権力は地方の守護大名たちに分散しはじめた。そこでごく短期間の政権だった五代将軍・義量（よしかず）のあと、義持の弟で六代将軍の義教（よしのり）（在位一四二九―一四四一）が、ふたたび幕府権力を中央にとりもどそうとした。義教は武断政治と恐怖政治を併せたような強権を振るって「天魔」と恐れられながらも、義満さえも実現できなかった関東地方の支配を成し遂げ、足利幕府の実質的な天下統一をほぼ実現した。しかしまさしく権力の絶頂に差しかかったときに、腹心の大名・赤松満祐の謀略で殺され、その後の世の中は応仁の乱となって、足利幕府は実権低下の一路を辿った。世阿弥の人生はその動乱の時代を背景としている。世阿弥の芸道は、芸術と権力との反・共生関係を含んだ共生とも言うべき人生だった。なお、「芸道」という語は世阿弥がつくったものだが、この語およびこれと連関する「茶道」の語については、後述の第六節「「芸道」および「茶道」の概念史」ですこし詳しく述べる。

この茶道の語を初めて用いた利休に目を移すなら、彼はまず安土桃山時代を拓いた織田信長に見出され、引き立てられた。『信長公記』天正三年十月二十八日の記事に、「京堺之数寄仕候者十七人被召寄　妙光寺にて御茶被下候」（京や堺で数寄をしている者十七人が召され、妙光寺でお茶をくださった）というくだりがあり、「茶道者宗易」と記される。[15]「茶道者」とは「茶頭者」すなわち、茶会を仕切る人の意で、利休がこれを務めたことが、分かる。この個所は「茶道」という語の検討の参考個所としても、念頭においておきたい。しかしここでは、信長の茶会に利休（宗易）の名前が出てくる個所は珍しくはない、ということだけ指摘しておこう。

信長は戦国時代の群雄割拠から抜け出て「天下人」となり、後述するように過酷な強権政治ゆえに足利義教とおなじく「天魔」とも言われた天才的武将だが、名茶器・名物の収集にも熱心で、その方面に「眼」があった。利休の高弟・山上宗二が記した『山上宗二記』に、「珠光一紙目録」なるものが収録されているが、それは壺、茶碗、釜・水指、香木、香炉、墨跡、画、頭巾、肩衝、花入、等々の目録である。所有者名もあるので、信長、秀吉の名も頻出し、この両者による「名物蒐集」の痕跡を見ることができる。「信長公惣見院御最後ノ時、本能寺ニテ火に入滅ス（信長が惣見院で最期を遂げた本能寺の変のとき、焼失した）」といった記述のある名物が、相当数にのぼるから[16]、信長が本能寺に泊まったときに多くの名物を持参していたことが分かる。それは博多の商人にして茶人との茶会をそこで催すためだったが、これについても第三章で詳しく述べたい。

叙述の順序が前後するが、信長は全国統一の中央集権体制に王手をかけた、まさにその到達点で本能寺の変に遭い、明智光秀に殺された。足利義教が赤松満祐に謀殺されたときの状況と似ている。強権・武断による統治の完成直前での暗殺だったからだ。それだけでなく、義教が暗殺死の折りに中楽鑑賞の最中だったこと、そして信長は本能寺に宿泊した折りに茶器の名物を持参していたこと、といった点でも両者における「遊芸」嗜好の共通性が見られる。

本能寺の変で信長が没したあとは、歴史教科書にも載るように秀吉が天下統一への歩みを着々とすすめ、家康にも臣下の礼をとらせて関白となり、天下統一を果たした。利休は秀吉の茶頭をつとめるようになった。『津田宗及茶湯日記』では天正十一年七月二日の記事に、「筑州様　於大坂御城（筑州すなわち羽柴筑前守秀吉の大坂城での）初而之御会（初めての茶会）　宗易　宗及」とある。つまり、秀吉が大坂城での初めての茶会を催して、宗易（利休の当時の名前）が宗及（津田宗及。堺の茶人で商人）と共に茶頭をつとめた、という記事である[17]。やがて利休は大坂城内での内政面で権勢を振るうようになる。しかし最後に秀吉の怒りに触れて自刃せしめられ、首は都の路傍に晒された。利休は自刃せずに追放されて九州で生きていたという新説もあるが、私はそれは採らない[18]。

世阿弥と利休の芸道の人生は、時代的には一世紀半を隔てているが、ふたりがそれぞれに生きた時代の世相という点でも、一種の並行性がある。そこでは権力者たちも、並々ならぬ仕方で芸術・芸能に関心を抱き、すぐれた感性を持っていた。そして芸道に邁進する者たちとの緊張をはらんだ共生関係を、政治と芸術のそれぞれの本性に由来する関係として、不可避の仕方で営んでいた。「世阿弥と利休」というテーマは、そしてこのふたりにおいて具現する「芸道の生成」は、そういう時代背景を、それも現代にまで引き継がれる背景を、持っている。現代でも学問・芸術と政治権力との「矛盾的共生」という問題はしばしば表面化するから、世阿弥と利休の事由は単に過去の歴史と片づけて済むわけではない。そういった問題地平を念頭におくということも、本書の「世阿弥と利休」の背後モチーフになっている。

ふたりの人物を単に一括して考察するだけであれば、すでに碩学・桑田忠親が『世阿弥と利休』というタイトルの著書を出している。[19] それは私も学ぶところが多かった尊敬すべき著書である。ただ、まさしくそれゆえに、この碩学の書においてもコロンブスの卵はまだ立っていないということを、付け加えなければならない。桑田の著述では世阿弥の部分は第一章から第九章まで（一頁から一四一頁まで）で、利休の部分である第十一章から第十三章（一五九頁から二〇四頁まで）の三倍半になり、何よりも、「世阿弥と利休」の「と」に触れる部分が、「安土桃山文化」に的をしぼった第十章だけとなる。そこでの「と」は、ひとつの時代と別の時代をつなぐ「過渡」、あるいは高名なふたりの人物の「並立」、という意味となる。もちろんそれらも一つの意味にはちがいないが、しかしそのような「と」であれば、特に唯一的ということはなく、他にいくらでも設定できる。「最澄と空海」「紫式部と清少納言」「清盛と頼朝」「北斎と歌麿」等々である。しかし「世阿弥と利休」というときの「と」

は、これらとは異なった特色を帯びる。すなわち、戦さに明け暮れる世の中での「芸道の生成」であり、そこでの「芸道と権力」の葛藤を含んだ共生である。

もちろん他方で利休と世阿弥は、ある一点で対照的である。すなわち世阿弥が多くの芸論を遺したのに対して、利休は「茶道論」に該当するような文書をまったく遺さず、沈黙に徹していた。そしてそれは、両者を並べて叙述する上で、特に利休について述べる場合の、高い壁となる。桑田の著書で世阿弥と利休に等分の比重が与えられていないということは、両者に関する史料状況が全く異なっているという斟酌されるべき事情を背後に有していた。利休が自らの芸と人生を文字で記さなかったということのゆえに、利休の実像はいまなお多くの論議を呼んでいる。この点については第三章第一節で、すこし詳しく述べたい。ともかく世阿弥と利休のいずれもが「芸道と権力の矛盾的共生」を自らの生き方とすることを運命的に課せられ、そのことがふたりの歴史世界の相をも映し出す。両者の芸の奥底をさぐることが、そのまま両者の時代相を描き出すことにつながる。両者の芸境はともに当時の世界の創造的尖端であり、両者の芸道の世界が両者の歴史世界の表現となる。両者を「と」でつないで浮上させる試みが、本稿で立てるコロンブスの卵である。

ちなみに、いわゆる「コロンブスの卵」も、コロンブス以前に同じことを試みた人がいた。イタリア・ルネサンスの天才的な建築家・ブルネレスキ（一三七七—一四四六）だ。彼は自分の画期的な円蓋建築のプランを理解しようとしない、頭が硬直したフィレンツェ市の役人たちに、平らな大理石の上に卵を垂直に立てるという例で、説明した。既存のものを踏襲してミスを犯さないことを本能的な信条とする役人たちにとり、画期的なものとは却下すべきもの以外の何物でもない。そこでブルネレスキは、卵の底部を割って大理石の上に立てて見せた。コロンブスの卵は、歴史的にはブルネレスキの卵の二番煎じだったのだ。[20] ただ、卵を立てた人はこのふたりの他にも昔からいたかもしれない。そして立てられた卵は、そのつど別々の、後にも先にも一個しかない唯一の卵だった。要は誰が最初に卵を立てたかではなくて、どういう中身の卵を立てるかということだ。

三　世阿弥と足利義満・義教

第二章および第三章で述べることの先取りとして、今後の叙述の見通しを述べておこう。世阿弥は足利将軍に仕えて栄達しつつ自らの芸を深め、競合する同業の座のなかで頂点に立つに至ったが、六代将軍・義教によって配流の身となった。義教は芸術的・詩人的な感性をも持つがゆえに、世阿弥と通ずるとともに、根本では世阿弥と相容れなかった。他方の利休は、茶の湯を追求し練磨しつつ大坂城内で秀吉の諸事を取り次ぐ位置に立つに至り、諸大名が縁故を求めてやってくるような権勢を得た。しかし最後に秀吉に死を賜った。秀吉は信長とおなじく芸術方面へのすぐれた感性と素質を持ち、それゆえに利休と相通じるとともに、利休と対峙することにもなった。両者において、権力と芸道の共生は「反共生」を含みつつ成立し、そして破綻するという、共通の波形を持っている。

こういった見取り図のもとで権力者たちの側に焦点を移すなら、足利義教と織田信長というふたりの権力者を芸術的感性の観点を加えて比較することも、可能となる。この観点もコロンブスの卵だ。

後述するように、ふたりの権力者はそれぞれすぐれた芸術的感性を備えていた。彼らが申楽あるいは茶の湯の名手と深くかかわったということは、彼ら自身にも美的感性があればこそ成立したのだ。そこから室町時代の、ないし安土桃山時代の「文化」世界も、成立したのだ。そのことを抜きにして、権力者としての観点だけからふたりを比較することは、十分とは言えない。

この点をすこし敷衍しておくなら、ふたりはいずれも全国統一の支配体制をめざして独裁的・強権的な政治をおこない、いずれも自分たちに反抗的な延暦寺を焼き払い、いずれも家臣の反逆で非業の死を遂げた。小説家の明石散人は『二人の天魔王――「信長」の真実』で、多くの史料を渉猟して、一般に共有されている信長のイメージを――天下統一を目前にしながら光秀の反乱で非業の最期を遂げた戦国時代の天才的英雄という人気のイメージを――次々にひっくり返そうとする。そして、信長がすべての点で足利義教を模倣しながら、義教を超えられなかったという論旨を、虫メガネで史料を追うようにして論証していく。面白く読ませる試みだが、本書の視点からは、すこしコメントしたくなる部分もある。まず「義教と信長」というときの「と」は、明石の着眼の射程では、「上杉謙信と武田信玄」とか「鎌倉幕府と足利幕府」とかというときの「と」と本質的に変わらない。それは外れてはいないが、それだけで済むかどうかが問題だ。たとえば義教が世阿弥を佐渡に流した理由についても、明石は「世阿弥に対し、何か気に入らないことでもあったのでしょう」と述べるだけにとどまる。「義教の所業は意味不明にして理解できないのです……。この理解を越えるということが、『義教天魔の所行』といわれました」[21]。しかし本書の視座からすれば、この佐渡配流の背景こそが、まさしく「芸道と権力との矛盾的共生」の最終的表現であり、意味を解明すべき個所だった。

足利義満（鹿苑院蔵）

足利義教の代わりに足利義満を世阿弥の対手として登場させても、芸道と権力の矛盾的共生という事態は、本質的には変わらない。表面的には義満と世阿弥の関係は、破綻はしなかった。しかし両者の関係は、単に和合的だったというわけではない。この点については、すでに着目した人がいる。戯曲『世阿弥』の作者、山崎正和だ。山崎は義満を「光」に、世阿弥を「影法師」になぞらえて、名戯曲をつくった。この作品の中で、世阿弥の息子・元能が世阿弥に向かって、「殊更光に叛いて影法師になろうとなさる父上は、いわば影の影だと云わねばなりますまい」と言う。それに対して世阿弥は「五百年、いや六百年たっても、まことの影法師はきっと世に残る」と言う。[22] 義満という光が消えても世阿弥という影は、ないしその作品は、後世に残る。権力と芸術の「矛盾的共生」は、山崎の名戯曲においても、特にそれを意図したというわけではなかっただろうが、描かれている。

しかしながら本書は歴史推理でも歴史戯曲でもなく、また野上弥生子の『秀吉と利休』や井上靖の『本覚坊遺文』のように、あるいは海音寺潮五郎の『茶道太閤記』や松本清張の『千利休』のように、もっと最近では山本兼一の『利休にたずねよ』のように、史料の空隙部分を想像と創作で埋めていく華麗な作業ではない。そうではなくて、どこまでも「史料にたずねよ」という方針のもとで、歴史世界と芸術世界の矛盾的共生への観入を図る地道な試みである。だからまずは史実に即して、世阿弥と義満・義教の時代がどういうものだったかを、垣間見ていかなければならない。

おなじことが利休と秀吉の共生空間、そしてその矛盾的側面の極限である利休の切腹、という場面でも生じる。しかし叙述の順番として、まずは世阿弥のほうから見ていくことにしよう。

将軍義満が観阿弥・世阿弥の演能を見た経緯が、まず注意を惹く。煩雑を避けて一々の列挙はしないが、若干の史料から、観阿弥父子が足利家と縁の深い醍醐寺内の清瀧宮（京都市伏見区）で中楽を奉納していたことが、分かっている。その醍醐寺の座主・賢俊は足利尊氏の信頼を得ていた僧で政治力にすぐれ、真言教団の頂点に立った人物だ。その賢俊の甥で醍醐寺・座主を継いだ光済が、義満がしばしば参詣していた新熊野社と協力して、将軍ご臨席の中楽の座を催したのだ。ここには、「権力者」が神仏を護身のために祀り、神事の祝いを奉納するという時代の相が、見て取れる。加えて、そこに貴賤を問わず多くの観衆があつまり、その人気を中楽や田楽のグループが競い合って興行権を得ようとする構図があった。

当時の中楽の人気の様子を証言するものとして、『看聞御記』の次の一文を引こう。漢文では読みづらいから、原文のあとに現代語訳を括弧に入れて添えることにする。

「伝聞宇治橋有供養（宇治橋でその建て替えを祝う供養があったと伝え聞いた）、導師西大寺長老（導師は西大寺の長老だった）、衆僧三千四十余人（僧侶たちは三千四十人あまり）、南都北京近国律僧等参集（南都・奈良の興福寺や北の京都の延暦寺や近国の律僧たちが集まった）……舞童三番（舞童が三番）、天王寺伶人舞之法会之儀（天王寺の楽人の舞の法会であり）、厳重也（謹厳で重々しかった）、見物貴賤都鄙群衆（見物は貴人や賤民、都の人々や田舎の人々だった）」[23]

大量交通の手段もなかった宇治橋の河原に、奈良や大坂や滋賀からも楽人や見物人が来て、三千人あまりになったというのだから、誇張が混じっていたとしても相当なイベントだったと言わなければならない。「勧進」すなわち神事として演能が行われる場合、桟敷の広さは先に引用した『申楽談儀（さるがくだんぎ）』では、「をよそ六十二三間」とあるから、およそ百メートルの幅ということになるだろうか。[24]『申楽談儀』では、このあとさらに続けて、近ごろは桟敷を「七十間あまり」にすると記され、それは見物人の数を多く寄せるためだと述べられている。それゆえ当然ながら、問題も生じる。

「こゑ（声）はしやうめん（正面）へよく聞ゆるもの也。右よりにはこゑ（声）うしろへは聞えず。心えて音曲すべし」

マイクもなかった時代に、三千余人の僧侶に加えて群衆が舞台の演能を十分に見聞することは、不可能にちがいなかっただろう。もっとも、集まって楽しむこと自体に共同体的な意識の高揚という意味があったのかもしれない。室町文化は平安時代とちがって、民衆も大規模の娯楽的興行に参与する文化だ。そしてそのことは、「足利将軍と世阿弥」という結びつきの本質的な成立条件でもある。

義満が美童・世阿弥を見初めたときの勧進能の舞台、新熊野（いまくまの）神社は、京都市東山区の国立博物館から六百メートルほど南にある。今では小さな境内しか持たないが、当時の地図の復元図を見ると実は広大だったことが分かる。現存の小さな境内には、かつて将軍義満の光臨のもとでの申楽の演能を見下ろしていた推定樹齢九百年の大樟の大樹が、周囲を大枝で覆っている。樹木の周囲は縁台で保護されて、境内に入る人はこの縁台に沿って、大樟の大きな幹を一周することができる〔**写真1**〕。当時

写真1　新熊野神社の大樟

でも樹齢がすでに約三百年の大樹だった。人の世の歳月を超えた歴史世界の歳月の悠長が、この大樟の幹に触れるとき感覚的にも伝わってくる。

勧進能について一言するなら、それは広義には諸種の事業の費用調達を目的とする能楽の興行形態だが、狭義には寺社の「神事」として奉納される演能のことだ。神事としての「まつり」（祀り・祭り・奉り・政り）で、この語は政治にも宗教にも通ずる語。権力と芸術は、ともに「まつりごと」として共通の母胎を持っていた。もちろん義満と世阿弥がそんなことを意識していたわけではないだろう。実際には、世阿弥が当時の公家たちのあいだでも話題となるほどの美少年だったことが、義満による寵愛の要因だったに違いない。二条良基（よしもと）が東大寺尊勝院へ宛てた熱烈な世阿弥讃美の書状で、世阿弥が非常な美童であった旨が記されている。

「源氏物語に、紫の上のことを書きて候にも、眉のあたりけぶりたると申したるは、ほ（惚）けて、優のある形にて候。同じ人を物に譬へ候に、春の曙の霞の間より樺桜（かばざくら）の咲きこぼれたると申したるも、惚（ほ）けやかに、しかも花のある形にて候。歌も連歌もよきと申すは、かゝり面白く、幽玄なるを上品にはして（大橋注：この「はして」は「なして」ではないかと思われる）候なり。此児の舞の手づかひ、足踏み、袖翻と、さま、誠に二月ばかりの柳の風の靡きたるよりも、猶たをやかに、秋の七草の花ばかり夕露にしほれたるにも増りてこそ候ふらめと見えて候。[25]……」

読む側が気恥ずかしくなるような書状だ。はたしてこれは「偽書」だということを、専門家が指摘している。[26]ただし、この偽書が単発的なものではなくて、古代の貴族社会から鎌倉・室町の寺院社会の中で流行っていた男色の風潮の中での、古代ギリシアにおいても普通の現象だった「稚児」讃美の、一現象だったことは念頭においておこう。[27]そしてこういった偽書が人に知られるほどに、少なくとも「評判」というレベルでは、世阿弥が美童だったことが推し量られる。父親の観阿弥は「大男にていられしが」と『申楽談儀』に記されるが、[28]世阿弥は小柄だったようだから、[29]義満は尚さら世阿弥を愛しく思ったのだろう。新熊野社での催しのあと、彼は世阿弥と観阿弥を室町御所に呼び寄せ、世阿弥を寵愛し始めた。「まつり」には性的な要素が含まれる。そこでは生と性のエネルギーが神の降臨のもとで噴射される「ハレ」の状態も、到来する。

権力的要素を基本とする「政治」というまつりごとと、性的要素を伴った「芸能」というまつりごとは、「まつり」という共通項で結ばれている。それまで私的な催しとなっていた申楽は、義教の代には「寝殿」ないし「南庭」という幕府の表舞台での「公的催事」となっていった。[30]

義満の子で第四代将軍の義持から、その弟で第六代将軍の義教に至って、将軍家の贔屓は世阿弥から、その甥・音阿弥（観世大夫元重、一三九八―一四六七）に移る。そこでも、ふたたび権力と芸術との根深い問題が、表面化する。音阿弥もまた名人だったことは、同時代の種々の文献にも記されているし、事実、世阿弥が創出した観世流能楽を今日までつづく第一の流派として確立したのは、この音阿弥だったとも言える。彼は能曲の作品は遺していない。それは観阿弥・世阿弥・観世元雅の三代の能楽師との、大きな違いだ。種々の史料から、音阿弥は能楽を内面的に厳しく追究する方向よりは、娯楽的な方向と経営において優れた才能を持っていたようだ。それもまた「芸能」の世界に不可欠だ。しかしそうであれば尚さら、将軍の贔屓が世阿弥から音阿弥に移っていくことは、「芸」の道の精進に心根を傾けた世阿弥としては不本意だっただろう。

ここで、芸術的要素と権力的要素とがそれぞれに浸透しあう前提例として、代々の足利将軍たちが単に闘争に明け暮れる権力者であるにとどまらず、芸術に対しても相当の鑑識眼と素質とを持ち合わせた、という事実にも言及しておかなければならない。それは世阿弥と足利将軍たちとの「共生」の前提でもあると同時に、その共生に内在する「葛藤」の要因でもあったからだ。

そもそも足利幕府初代の将軍・尊氏が、すでに「歌人」としていろいろの和歌集の撰に入っていた。尊氏の「執奏」(朝廷への提言)によって、『新千載和歌集』が成立したことは、文学史では知られている。将軍による執奏という行為が、勅撰和歌集に和歌が採録されるための身分上の資格、すなわち皇族・公家・僧侶という限定を破って、武家として尊氏がおこなったという意味を持つことも、認識しておこう。それは尊氏が、自分こそ源氏の正統の血統を引いて平安朝文化に替わる新しい文化の支配者であることを宣言する意志を、物語る。彼みずからが和歌を詠むことは、その自意識を裏づける教養でもあった。芸術と権力との共生現象の新しい局面が、そこに始まっていた。

その後も第三代将軍・義満が、勅撰和歌集を執奏した。驚くことに、彼は「声明(しょうみょう)」(仏教の法要などで用いられる声楽)を公衆の面前で唱える資格を得た芸能者でもあった。ごく最新の調査で判明したことだが、「声明」の伝統を守っていることで有名な京都・大原の勝林院の宝物類の中から、足利義満の肖像が出てきた。その理由は、義満がそれまで貴族か僧侶にのみ許された「声明」を誦する資格を、武家として勝林院で取得し、しかもこの勝林院での「声明」の法会において主導的な位置で「声明」を誦した、ということが分かったからだ。[31] それは義満が単に権力を手中にした武家というだけでなく、芸術の天分をも持つ人物だったことを物語る。そうであれば、「謡曲」を一要素とする「申楽」に義満が興じたとしても、不思議ではない。『申楽談儀』に、こんな記事がある。

「ろくをんゐん（鹿苑院）、世子に御むかい有て、〈ちごはこまた（小股）をかゝうとおもふ共、こゝはかなふまじき〉など、御かん（感）のあまり御りこう（利口）有りし也[32]」

「利口」という語は「興言利口」の古語の略で、冗談という意味だから、上の文章は現代語に訳すと次のようになる。「鹿苑院（ろくおんいん）すなわち将軍義満が観阿弥の演技に感嘆するあまり、世阿弥に向かってこう冗談を言った。〈稚児のお前は父の小股をかこう（揚げ足を取ろう）と思っても、この演技には敵わないだろう〉」。

　義満は世阿弥を単に性的な面で寵愛し庇護しただけでなく、申楽の天賦の素質においても見込んでいた。ただし芸そのものにおいては少年・世阿弥が父の観阿弥にまだ遠く及ばないことを、見ていた。義満が戦さと政争に明け暮れていただけではなく、芸能を理解する鑑識眼においても相当の高さを持っていたことが、この逸話においても見てとられる。

　義満の子で第四代将軍・義持になると、批評眼の鋭さにおいてその義満をさらに凌いだことが、『至花道書』の奥書に記されている。

「其比（そのころ）は、貴人上方さまの御比番（批判）にも、是をのみ御らん（ご覧）じはや（称揚）されて、非をば御さんたむ（算段）もなかりしなり。当世（義持公）は、御目も弥（いや）闌（たけ）て、すこしきの（寡しだけの）非をも御さんたん（算段）にをよぶ（及ぶ）間、玉をみがき、花をつめ（摘）る幽曲ならずば、上方さま（義持公）の御意にかなふ（叶う）事あるべからず[33]」

「そのころ」とは、義満の頃を指している。将軍義満は演技の良いところ（「是」）だけを見てくれたが、息子である将軍義持は批評眼が鋭く、演技の少しばかりの欠点（「非」）をも指摘し、花のある幽玄な演技でなかったら満足してくれなかった。だから世阿弥自身も緊張を強いられたというのだ。

義持の弟で第六代将軍となった義教が、またしても勅撰和歌集を執奏したとしても、もはや奇異とすることはないだろう。彼の執奏によって『新続古今和歌集』が成立し、彼自身の歌が十八首も採録された。この歌集は天皇や上皇の命で編纂される「勅撰和歌集」二十一編の、最後のものだが、編者の序にはこう記されている。

「今国家中興の運を膺け、上古の風（平安朝の古き文化の風）と同じくす。（……）征夷大将軍源丞相（すなわち足利義教）左文右武の資（文芸の資質と武芸の資質の両方）に禀れ、南征北伐の績を懋む[34]」

義教が「左文右武の資」を備えていたと、書かれている。その表現には、和歌集の編者のお世辞が混じっているかもしれない。しかし勅撰和歌集『新続古今和歌集』の執奏の理由をも見ると、義教が単に武力だけで威圧する将軍ではなかったということも、おのずから見えている。すなわち、こう記されている。

「爰に朝（朝廷）に奏して言はく、夫れ撰集は文思（文章と思慮）の標幟（標識となる幟）にして、今作さざるは已に久し。寧ろ明時（太平の時代）の欠典（欠如している典礼）に非ずやと」「明時」という語が用いられている。平和な時代ということだ。義教は、各地の平定のために軍を絶えず派遣する一方で、すでに世は彼の支配のもとできちんと治まっている、と宣言しているのだ。これが「武」の方面での成果だとするなら、「文」のほうでは、「明時」なのに勅撰集が久しくおこなわれていなかったことは典礼の欠如だと批判し、新たな勅撰集を奏上した。奏上するだけでなく、自らの歌もこの歌集に十八首が採録された。単に撰者が義教におもねった結果とは言えない。勅撰集に誰かの歌を採録するということは、撰者の鑑識眼が後世の眼に晒されることでもある。だから撰者は自分が佳しとした歌だけを採るだろう。そして義教自身も、月次（月例）の和歌会・連歌会を頻繁に催し、和歌への打ち込み方は単なる片手間の趣味の域を超えていた。[35] 義教の歌の採録が十八首にのぼるという結果は、不自然ではない。

足利義教（妙興寺蔵）

義教は一方で強権的な武断政治と苛烈な政敵処罰のゆえに、公家や家臣に恐れられ「天魔」とさえ言われていた。天魔という表現は、『看聞御記』の記述に、出てくる。[36] この表現はもともとは天界の最上位である第六天に住むと言われる魔王のことで、仏にすら対抗し得る法力を持つとされる。キリスト教で言う「サタン」に比するだろう。その天魔と言われた義教が、「歌人」でもあり、[37] その作品が『新続古今和歌集』に十八首も収録されている、ということが目下の関心だ。天魔・義教が勅撰集にも採録される歌人でもあり得たということは、後に義教が世阿弥を島流しにしたという不可解な事実をさぐる上でも、重要な手がかりとなる。詳しくは第二章で見ていくが、両者の芸術的感性のちがいが、そこに介在していたと予想されるからだ。

ここでは義教の和歌の特徴を予告しておくという意味で、一首だけ引いておこう。義教が鎌倉公方・足利持氏の討伐に赴いたときに、前日に詠んだ歌である。前書きに、「室町殿（義教殿）明日東国へ下向、可被富士御覧（富士山をご覧になるとのこと）云々」と記されている。[38] 永享の乱（一四三八）と呼ばれる戦さの折りだ。

中空になすなよ富士のゆふけむりたつ名にかへておもふ心を

富士の山頂から空高くたち登る煙に、自分の東国征伐の心を重ねている。父・義満すら成し遂げられなかった東国支配と天下統一への志を、その景色の中に詠みこんでいるのだ。

後で改めて見ていくが、義教の歌は一見すると情趣ゆたかな情景描写だ。しかしよく読むと、天下統一の野望と一身の栄華の願望を詠みこんでいる。義教の欲望が彼の美的趣味に映っている。そうであれば、その感性は世阿弥における申楽の追究とは、どこか根本的に異質となる。義教が申楽の趣向において、エンタテインメントの要素を心得た音阿弥に傾斜し、幽玄で禁欲的な世阿弥を疎んじたということは、避けられなかっただろう。その方向を延長すれば、どういう事態となるだろうか。

大衆の絶大な人気をあつめる申楽は、義教の文化政策の一部となっていた。その申楽において、世阿弥に代わって音阿弥が将軍の目に好まれる存在となった。一方で世阿弥の存在が義教の好みに沿わないものとなっていき、他方で世阿弥の世間的評価と人気が無視できないものでありつづけたなら、世阿弥の存在は権力者の側からは次第に疎ましいものとなっていくだろう。結論を先取りするなら、世阿弥の佐渡配流は、芸術と権力との共生に含まれる反共生の要素が、臨界点を越えて噴出した出来事だった。

四　利休と織田信長

一般には、利休は「利休と秀吉」という一対関係で語られることが多いが、彼を最初に引き立てたのは織田信長だった。このことを見ていく上で、世阿弥が美童だったという二条良基の書状が偽書であったことと同様、史料面で検討する必要が随所に出てくる。

史学はその出発点が史料にあるが、史料の意義の評価は数学や物理学におけるような数値化された「客観性」を尺度とするわけにはいかない。史料を見る側の価値観が、そこに入り込んでくる。そもそも歴史というものが、人々がそこで生きて死んでいく世界だから、人々の意志と欲望と悲哀とが絡みあって、物理的な因果関係には還元できない。それを解釈する後世の史家の側でも、この人物たちが織りなす出来事を評価し解釈する場合に、自らの考えや感性が、入り込んでくる。もちろん史学が学問として成立する上で、「実証」という手続きは基本だから、単に主観的な解釈だけでは史学にならない。しかしそれにしても、「ヒストリー」という語のもともとのギリシア語「ヒストレイン」に、「物語る」という意味があることは、示唆的だ。「語り」には「騙り」の要素も入り込む。「講釈師、見てきたような嘘を言い」は、意地悪すぎる批評だが、語り手が誠実に語ることを志向するほど、語り手の個性が出てくるということは、不可避であり、ポジティブな意味をも持つことだ。このことを念頭におきながら、以下、いろいろの史料を慎重に見ていこう。

『千利休由緒書』で、利休が信長に引き立てられた由緒が記されている。この史料は利休の曽孫で表千家四代目、江岑宗左 逢源斎が紀州藩の「利休（の）事、御尋ねの覚書並びに口上」として、記したもので、重要な一級史料だが、執筆経緯からしてあちこちに作為や記憶ちがいと見るほかない記述が、かなり多い。以下、著者名は長いから、「宗左」と略記しよう。宗左が記した、利休と信長の接点を記す個所を、少し長いが引用してみる。古い文体なので当該の個所を現代文に直して引用するが、原文を確認したい読者には国立国会図書館で提供されているデジタルアーカイブを覗くことを、おすすめしたい。

「〔紀州公のお尋ね〕・利休は信長公へはいつ時分に召し出されたのか。〔宗左の答え〕・宗久〔今井宗久。信長に重用された茶人〕は利休と親友だった故に信長公に、利休のことを申し上げた。利休は紹鷗〔武野紹鷗。室町時代末期の豪商で茶人〕の弟子で宗久は紹鷗の聟だったから、親友だった。〔利休は〕安土城へ召し寄せられ、茶の湯を仰せつけられた。すぐれた振る舞いであったため、即座に三千石をくださり、〔信長に〕仕えることとなった。そのあと、安土に住し、毎度の茶の湯と茶堂〔茶の会で

「客」をもてなす役目〕を仰せつけられ、双び立つ者なき茶の湯のもてなし方だった。天正六年、信長公は上洛の折り、堺へお越しになり、宗及と道叱〔津田道叱。津田宗及の叔父。宗及とおなじく茶人で堺の商人〕のところに来て、茶の湯の催しをなされ、その折り利休宅にお出ましになり、〔利休は〕お茶を差し上げた。信長公が生を害せられた〔殺された〕あとは、秀吉公に召し出され、〔秀吉公に〕奉公申し上げられた[39]」

以上の内容は、利休の曽孫・宗左が紀州藩主に報告する内容だから、ほぼ事実のとおりを語ったものだろう。信長が利休の茶の湯を見て、すぐにそのすぐれた伎倆を認めたことが、この文章から窺える。ただし宗左が「安土城へ召し寄せられ、茶の湯を仰つけられた」(「安土城へ被召寄茶之湯を被仰付」)と記すくだりは、曽孫が曽祖父の偉大さを語るための粉飾か、もしくは記憶違いと思われる。少なくとも、信長の伝記を語る『信長公記』での記述と、食い違っている。後者の記述では、信長が利休を召し出して茶会を催した場所は安土城でなくて、信長が安土城を築城するまでの居所としていた京都の二条妙覚寺だ。信長が安土城の築城を家臣に命じるのは翌年の正月であり、信長がそこへ移り住むのはその年の二月二十三日だから、『信長公記』の記述のほうが事実に合っている。信長へ献じた最初の茶会だから、宗左の記述は単なる記憶ちがいではなくて、藩主に茶聖・利休の故事を語る

織田信長（長興寺蔵）

とき、つい利休を大きく描く心理が作用して、場所を安土城にしたとも思われる。

　では『信長公記』のほうは常に客観的かといえば、そうとは言えない。この史料は、信長の家臣だった太田牛一（おおた　ぎゅういち／うしかず／ごいち、等々の読み方がある）が信長の一代記を記したものとして、信長に関する最重要の史料ではある。ただし牛一が老年になって、記憶に基づいて、且つ信長を讃仰する意識で、「渋眼ヲ拭ヒ（……）心ノ浮カブトコロ、禿筆ヲ染メヲハンヌ」（『信長公記』「首巻」）という仕方で書き記したものだ。上述の明石散人は、この書での年号などの不正確や諸処の作為・誇張を、これでもかこれでもかと、暴いている。とはいえ二条良基の「美童・世阿弥」の偽書問題とおなじで、史実の記述における作為や誇張は、記述者自身の才能の証明という趣すらあるし、当時の通念として、著述家は近代の「実証主義」の意識など持っていなかった。だから必ずしも「騙(かた)る」の意味で「語(かた)る」行為をしたわけではない。むしろ何らかの事実を「かたる」こと自体が、本質的に「語る」と「騙る」の二義性を帯びると言うべきだ。

　このことをも念頭において、『信長公記』の別の記述を見てみよう。「巻八」、天正三年十月二十八日の出来事の記述だ。

「京（と）堺（の）数寄の者十七人被召寄（召しよせられた。）妙竟寺にて御茶被下候（御茶を下された。）（……）茶道者宗易」[40]

　ほぼおなじ記事が、十七人という数字は出てこないが『天王寺屋会記』にも記される。[41]そういう異同は史学の論文では重要だろうが、本書ではそこまでの細密性は無視しよう。それよりも、ここで言われる「茶道者」という語に注意しておきたい。この語は前述の『千利休由緒書』で出てくる「茶堂」とおなじく、あるいは「茶頭」とおなじく、茶会で客人に茶を点て茶会を進行させる役である。しかしまた、後の第六節で述べる「茶道」という語のひとつの用法として、念頭においておきたい。信長が名物道具の収集に熱心だったことは、『信長公記』のあちこちの記述からも窺える。[42] 同時にこの史書では、信長の残虐性が至る所に、それも「信長公」の偉大さの賛美として、記される。とりわけ農民一揆の弾圧のすさまじさは、絶句するばかりだ。何千人もの、時には何万人もの一揆の農民たちを、蟻の群れを踏み潰す獣のように殺していく（巻八）。「語り」と「騙り」があい半ばするであろうが、それにしてもその記述に、予測不能の独裁者の風貌が投影されている。それは、逆らう者には無慈悲な弾圧を、治安に役立つかぎりでは慈悲を、という為政者としての両面を、尋常でないほどに極大化したものだ。

この両面の極端性において、信長はたしかに足利義教と似ている。信長は元亀二年（一五七一）九月十二日に比叡山の焼き討ちを行ったが、義教もまた延暦寺の僧兵としばしば対立し、これを攻めて降伏させ、しかも延暦寺の和平使節の僧侶四人を斬首した。憤激した僧兵が永享七年（一四三五）二月五日、抗議のために延暦寺を焼いて、自分たちも焼身自殺をしたことが、『満済准后日記（まんさいじゅごうにっき）』（京都醍醐寺座主満済の日記）に記される。[43]

なお、延暦寺に火を放った側が日記に記されるように延暦寺の僧兵自身だったのか、それとも足利義教の兵だったのかは、またしても検討を要する。僧兵たちが義教の所業に抗議するために自らの寺に火を放つという行為は、その脈絡が実はよく分からない上に、そもそも満済准后という人物が足利家代々の厚い信任を受けていた醍醐寺の座主で、足利幕府の政権内部にも深くかかわる僧衣の政治家でもあったということを、見る必要がある。延暦寺を焼くという、誰もが非難の目を向ける行為が、足利義教の暴虐によるのではなくて僧兵自身の所業によるものだという物語を、この黒衣の政治家が仕立てた可能性も、あるだろう。ただし「史料に語らせる」部分が伴わない物語なので、それ以上の推測はここで止めよう。

史料が語るという点だけに限定して言えば、信長による延暦寺の焼き討ちに関しても、実際の出来事よりかけ離れた話が一般に伝わっている。焼き討ちの規模が人口に膾炙(かいしゃ)したとおりなら、何千人の人間が延暦寺に立てこもって焼き殺されたことになるが、もしそうであるなら人骨がたくさん地中に残ったはずだ。しかし一九八二年におこなわれた滋賀県教育委員会の「延暦寺発掘調査報告書Ⅲ」[44]では、そういうものは出土しなかった。信長に包囲されて勝ち目なしと見た僧兵たちは、すでに延暦寺から逃げ出していたのだ。上記の発掘調査の報告書の一三頁では、「元亀二年（一五七一）に織田信長の焼き討ちによって灰燼に帰した中世坂本の諸堂は、おそらく八王寺山麓にある日吉社を中心とした、今回の調査地よりも北方にあったと考えるべきであろう」と述べられ、根本中堂を中心とする延暦寺が焼き討ちされたのではないことが、示唆されている。ただし、他方での『信長公記』の記述を信じるなら、「山下」すなわち日吉大社では残虐な殺戮がおこなわれた。戦いを逃れようとして男女老若が右往左往して日吉大社の境内に逃げ込んだが、その境内で、「高僧（……）貴僧（……）有智之僧（智者の学僧）と、其外美女小童不知其員（そのほか美女、子供、その数を知らず）、召列（召されて列べられ）」、一々の頸を打落され目も当てられない有様になったと、『信長公記』は述べる。[45]

足利義教が「天魔」の残虐性と「歌人」の詩心とを同居させた人物だったことは、すでに述べたが、信長もそれに勝るとも劣らない分裂的極端性を秘めていた。そのことを端的に物語る対照的なふたつの古文書がある。ひとつは豊橋市の曹洞宗の寺「金西寺」で寺宝として保存される「金西寺文書」[46]。そこでの詩文は信長が本能寺で落命して一ヵ月後に記されたものだが、その一句は、信長を「六天ノ魔王」と記している。[47] もうひとつの文書は、この「金西寺文書」が強く意識し念頭においたと思われる「安土山記」。これは信長の委嘱で妙心寺の五十八世住持となった僧侶、南化玄興が、書いたものだ。[48]「安土山記」（以下「A文書」と略称）は、当然ながら信長の行跡を賛美する文書だが、「金西寺文書」の冒頭にある詩文（以下「K文書詩文」と略称）はその賛美の文言をいちいち取り上げて、罵倒の語に変えていく。たとえば「A文書」では、信長が築いた安土城は堅固な轡形をなす山に築かれた「自然金城」だと誉めそやすが、「K文書詩文」ではこの城は糟（米ぬか）山に高く築かれた「危楼百尺」（あやうい高楼）だと酷評する。「A文書」では平清盛という「武門棟梁」を信長の先駆のごとくに記すが、「K文書詩文」では清盛を「黒鼠」と酷評し、信長をその「再来」だとする。「A文書」では信長が「神社仏閣の破」を修理したとされるが、「K文書詩文」では信長が比叡山を「焼滅」せしめたと言う。何よりも「A文書」では、信長の治世を、市井の人々が歌い田舎の老人が手を拍って信服する世だと謳うが、「K文書詩文」では明智（光秀）が信長の頸を刎ねても誰が臆む（悼む）ものかと、記す。[49]「K文書詩文」の作者・集雲守藤は、信長による比叡山焼き討ちのときに修行僧として比叡山にいたと推定されているから、その通りなら信長憎悪の背後事情が分かってくる。信長と同時代のふたつの古文書が、信長に関してこのような両極端の記述をするということは、信長自身の行跡と人物そのものが持つ両極端性に端を発すると言える。

なお、史料の範疇に入るかどうかは問題だが、比叡山頂と滋賀県側の麓・坂本をつなぐ「坂本ケーブル」の中間駅「ほうらい丘」駅の石仏群がある。すなわちその駅のたもとに小さな洞窟があり、そこには大正末期にケーブルが敷設された折りに出土した夥しい石仏が集められて、祀られているのだ。延暦寺焼き討ちで大勢が死んだと信じた土地の人々が、死者の霊を慰めるために山中に埋めておいたものだ。その場合は、大勢が殺された場所が山中であったか山下であったかは、副次的なことになる。「ほうらい丘」洞窟の石仏が慰霊のためのものであることには、変わりはないからだ。

五　利休と豊臣秀吉

信長についてすこし頁を費やしたが、それは信長に仕えた利休の茶会が、どのような時代と主従関係のもとでなされていたかを髣髴させるためである。利休は主君・信長の冷酷な現実主義の性格を、見聞していたはずだ。信長が本能寺の変に至るまで何度か戦さで窮地に陥り、天与の知略に武運も手伝って敗死を免れたことは、『信長公記』にも記されている。それは秀吉や家康においても同じことだった。信長と秀吉に仕え、家康と同席していた利休は、そういう時代の只中で自分が生きていることを痛いほど意識し、現実の容赦ない苛酷さを分かっていただろう。利休の茶の湯といえば、ふつうには「侘び・寂び」とか、「草庵茶」とかの語とともに、高尚な趣味の営みを連想するかもしれないが、実際には利休の茶の湯は、戦国武将たちが生死を賭けた戦さを繰り返し、一揆の農民に対して無残な殺戮をおこなっていた世の中で、営まれていた。

このことは、利休が信長の死後に秀吉に仕えるようになってから、もっと顕著になっていく。秀吉が関白太政大臣となって「豊臣政権」を確立していくプロセスは、まだ天下泰平の世ではなく、むしろ戦さに次ぐ戦さの連続だ。その只中で利休の茶の湯も営まれた。そのことを垣間見ておこう。

利休が信長の茶頭だったときに、すでに秀吉（当時は羽柴筑前守秀吉）の名は『天王寺屋会記』に記録された茶会記に、出てくる。[50] このときは、利休と秀吉はいずれも信長の臣下だった。否、むしろ利休のほうが信長の茶頭として、信長の単なる家来の秀吉よりも「上」の立場にすら居た。この関係については第三章ですこし詳しく見ていくから、ここは言及だけで済まそう。

秀吉と利休が上記の茶会の次に出会う記録は、天正十年十一月七日、「羽柴筑前守　会　山崎」と記された、『津田宗及　茶湯日記』[51]に記載の記録だろう。歴史ファンであれば、この日付に目がとまるはずだ。なぜならその半年まえの六月二日に、信長が「本能寺の変」で横死していたからだ。秀吉は備中高松城を水攻めにしていたが、信長の死を知って毛利氏と迅速に和睦を結び、急遽、軍勢を京都に向かわせた。もし毛利軍が和睦の背後事情を知っていたら、毛利軍は秀吉を背後から追撃し、本能寺以後の天下の情勢は一変していただろうと言われている。秀吉は京都南郊・山崎で光秀の軍を破り、そのあと紫野の大徳寺で、信長の葬儀を盛大に取り仕切った。この葬儀は上記「山崎の茶会」の一ヵ月前のことだ。この茶会は、秀吉が信長以後に天下統一へ向かう大事業の出立を期する会だった。そしてそこに利休もいたのだ。

そもそも利休の茶会が、しばしば秀吉の戦陣の宿所でなされたことも、権力闘争の世界と茶の湯の世界の、「相反性を含んだ共生」そのものだった。何度も繰り返すが、利休の茶の湯は泰平の世の中で優雅になされる閑人の営みではなかった。

『宗湛日記』は、秀吉が天正十五年に島津征伐に遠征したときに、五月八日に島津義久が降伏したあと箱崎に陣所がつくられたこと、そこで頻繁に茶会が催されたことを、記している。利休はその島津征伐に従軍していた。この『宗湛日記』は、同年六月十四日に博多（箱崎）の燈籠堂で「利休老　御会」が催されたことも、記録している。

『茶話（ちゃわ）指月集（しげつしゅう）』では、その数日まえの天正十五年六月八日に、秀吉が利休に「発句をつくれ」と命じたことを記している。おそらくは茶会に接続した歌会であろう。そこで利休は、「あまさかる　ひな（鄙）の住居（すまい）とおもうなよ　とつこも（どこも）同じ　うきよならずや」と詠んだ。秀吉に従軍して薩摩にくだる心境を、歌にしたのだ。「どこも同じうきよ」の「うきよ」とは、「浮き世」であると同時に「憂き世」でもある。ただならぬ世ということでもある。三年後の天正十八年に秀吉が小田原攻めで関東に下ったときも、利休はやはり従軍し、そこからいくつかの書状をあちこちに送っている。[52]

その小田原には、利休の真骨頂を継承した天才的な高弟・山上宗二（やまのうえのそうじ）が、秀吉の勘気をこうむって諸国流浪の身として北条氏の食客となり、小田原城に滞在していた。茶の湯の指南をしていたようだ。しかし北条家の家来になったわけではない。もし宗二が北条氏に召抱えられていたのなら、小田原城を包囲した秀吉からすれば宗二は「敵方」となる。しかし、一徹に茶の湯ひと筋に生きて、流浪の旅で小田原城に滞在していた宗二に、城主・北条氏政に命を捧げて籠城に加わるという理由などない。彼はどういう仕方かは不明のままに城を抜け出て、秀吉に降った。しかし程なくして、耳と鼻を削がれた上で斬首という無残な死刑に処せられた。『長闇堂記』には、このことが以下のように記述されている。

「かの山の上の宗二、さつまや（薩摩屋）とも云し。堺にての（茶の湯の）上手にて、物をもしり、人にお（押）さるゝ事なき人也、いかにしても、つらくせ（面癖、面構え）悪く、口悪きものにて、人のにくみしもの也、小田原御陣の時、秀吉公にさへ、御耳にあたる事申て、その罪に、耳鼻そかせ（削がせ）給ひし[53]、……」

豊臣秀吉（高台寺蔵）

宗二の死刑の理由は、「秀吉公にさへ、御耳にあたる事申て」（秀吉にさえも気に障ることを言って）となっている。しかし現存の諸史料からは、どういう状況でのことだったのかは判然としない。詳細不明という点では、利休が死を賜った事件とおなじだ。だから歴史小説の好材料にもなってきた。しかし、史料の不在ということが逆にひとつのサジェッションとなる部分もある。すなわち、おなじく秀吉の北条征伐軍に同行していたはずの利休がこの件について、どの書簡にも、周囲の誰にも、反応を示していないということだ。利休の茶の湯の心をもっとも深く理解し、一途に精進していたと思われる高弟の宗二が、秀吉の逆鱗に触れて殺されるなら、それは利休自身の生き方にも関係することだったはずだ。しかし利休は助命嘆願をしていないし、またこの件を悲しんだとか憤慨したとかという事由も、どこにも記録されていない。利休はその後もこの件についてずっと沈黙していた。そのことは、やはり逆説的に何かを物語る。それは何だっただろうか。

利休と宗二との関係は、『山上宗二記』からも窺える。この書物は宗二が小田原城で、自分の茶の湯の指導を受けていた数人に伝授された。そこでは、「宗易尊師二十余年ノ間聞置ノ密伝等書改」（宗易尊師に二十年あまり聞き置いた密伝を書き改めた）、という記述がある。[54]『山上宗二記』の解題者・桑田忠親は、この書物を『南方録』にもまさる「事実を最も明確に示している茶道秘伝書」と評価している。『南方録』にまさるかどうかは問題だとしても、利休の茶の湯の事実と心構えを最も的確に伝える文献という意味は、たしかに持っている。[55]利休から見ても、宗二は自分の侘び茶を最も深く理解した第一の弟子だった。その宗二が、利休自身もそこに滞在する秀吉の陣中で無残な死刑に処せられ、そのことについて利休は沈黙を通した。

上述のように、茶の湯一筋の宗二は北条氏に仕える意図など持っていない。それに、この『山上宗二記』を小田原城内で血判を押して宗二から伝授された、北条氏の重臣・板部岡江雪斎（いたべおかこうせつさい）という人物は、小田原城落城のあと助命され、秀吉の御伽衆（おとぎしゅう）（御咄衆（おはなししゅう）とか相伴衆（そうばんしゅう）とかとも言う。主君に仕える教養ブレーンを指す）となり、秀吉の死後も家康に仕えている。[56]宗二が「敵方」とみなされたのなら、せいぜい斬首で済んだはずであり、鼻や耳を削ぐといった残酷な仕打ちは、普通ではない。「つらくせ悪く、口悪きもの」が理由だったとは思えない。ただその口の悪さが直接に秀吉に向けられたとすれば、そのおおよその内容方向は察しがつく。

実際、頑固一徹に茶の湯ひとすじに生きた宗二が、秀吉の茶の湯に賛同するわけはなかっただろう。彼は「古人ノ云、茶湯名人ニ成テ後ハ、道具一種サヘアレハ、侘数寄スルカ専一也」（茶湯の名人になれば、道具一種さえあれば、侘び数寄するのが専一だ）として、年々華美に流れる茶の湯を批判していた。[57] その宗二にとって、華美の極致でもある黄金の茶室をつくる秀吉の茶の湯には、いかにしても賛同できるものではなかったはずだ。「茶湯ハ禅宗ヨリ出タルニ依テ、僧ノ行ヲ専ニスル也」と述べて、雲水の行脚に似た流浪の中で一途に純粋に茶の湯に生きた宗二は、秀吉がおこなう茶の湯を厳しく批評したのではないか。それは自らの茶の湯に自信を持っていた秀吉にとって、「御耳にあたる事」以外のものでもなかっただろう。それは、秀吉の逆鱗に触れるほかはなかったはずだ。

このことは、すでにいろいろの人も指摘していることだ。ただ、それならば尚さら、小田原城を脱出してきた愛弟子・宗二を、陣中で迎え入れた利休自身の心中が、問題となる。彼は茶の湯に関する宗二の見解には、師匠として深く肯っていたはずだ。しかし、秀吉に宗二の助命を嘆願するのであれば、宗二の弁の内容を退けて秀吉の見解を支持することにならざるを得なかっただろう。そのような嘆願は、自らも茶の湯の道に骨を埋める覚悟を定めていた利休自身には、できないことだっただろう。それは自分自身の茶の湯を否定することにほかならなかったからだ。結果として、利休は宗二の死を黙って見た。その場に居合わせていなかったとしても、その後もそれについて誰にも感想を洩らさなかった。その沈黙は、宗二の運命がやがて自分の運命と重なるかもしれないという予感あるいは覚悟に、つながっていたようにも思われる。果たして利休が秀吉に自刃を命じられたのは、それからわずか十ヵ月後のことだ。

利休自身が死を予感していたことは、『南方録』でも記されている。「休、死去前ヨリヨロヅ覚悟モアリケルニヤ、コノ坊（南坊宗啓）ガ方へ、何トナク書札（手紙）アリ、世間ノ無常変化ノテイ（体、態）ナドアリテ（記されて）……」（『南方録』「滅後」三五）。

利休における死の覚悟は、一期一会を旨とする茶の湯をいとなむこと自体と不可分だっただろう。しかしまた、その普段からの覚悟と、実際にどういう形かは分からないままに予感する死とは、リアリティを異にしている。利休が秀吉から死を賜った理由は、これまでいろいろの推測がなされてきたが、それらの理由の遠因もしくは深層に、利休と秀吉とのあいだの互いに譲れない一線、共生を可能にすると同時に共生を破綻させる非共生の溝があったと、私は思う。利休はこのことを直接に感じとっていたはずだ。それが上記の南坊宗啓への「何となく」示唆的に記された手紙にもなったのだろう。

この推測の状況証拠とも言うべき両者の「矛盾的共生」の軌跡を、確認しなければならないが、それらを追跡する作業は第三章でじっくりと行うことにしたい。ここでは、そういう軌跡の一々が向かう終着点を、先に見ておくことにしよう。その終着点とは、言うまでもなく「利休の自刃」だ。

利休切腹の背景には種々の俗的事情もあったと思われる。たとえば大坂城内部での勢力争いも原因のひとつだったという説もある。[58] 直接の理由としては次の三つが伝わっている。まず、利休の美しい娘・吟が秀吉に召抱えられることを断って命を断ったことに、秀吉が怒ったという説[59]、また大坂城での茶道具の売買を利休が取り仕切って利益を上げ、そのことの讒言を受けて秀吉が処罰したという説[60]、そして『千利休由緒書』に記される事由。どれが真実かを実証的に確定することは不可能だが、最初の二つの理由はいかにも尾鰭のついた噂話という印象を免れない。内容上いちばん腑におちる理由は、やはり『千利休由緒書』に記されたものだろう。これを現代文に書き直して引用しよう。

「〔紀州公のお尋ね〕・利休が御誅伐になった次第は、どういうものか。〔宗左の答え〕・大徳寺の山門を再興した折りのお咎めによります。（……）利休が門の上に閣を建てました。そして額を掛け、自身の木像を造り置き、頭巾を冠らせ、尻切（尻切れ草履）をはかせ、利休（は）天下に秀で、頭無双であると構えた時に、讒言をする輩がいました。秀吉公は機嫌を損ねられました。龍宝山の山門は　主上も行幸あそばされ、院（退位した天皇）も御幸（外出）なされ、摂家清伯（「五摂家」と、摂家に次ぐ公家の家格「清華家」と、「伯爵」）の尊貴の人たちが皆、お通りになる。其の門の上に己が木像に草履をはかせ置いたことは、不礼不義、あげて許るべからず（決してしてはならぬ）とのお咎めになりました[61]」

利休はこの不遜な行為によって秀吉の怒りを買い、堺へ追放されて蟄居の身となった。ふたたび京へ呼び戻されたときは、切腹の命令が待っていた。木像の件について、なぜ利休がこのような、常識的にみてあまりに不遜なことをしたかは、分かっていない。ただ、利休と昵懇の間柄だった大徳寺の古渓和尚の弁明が、事の実相に近いかもしれない。秀吉が家康を筆頭とする五人の使いを大徳寺につかわして、「賤輩凡夫」の利休が山門上に木像を置いて「尊卑の名分」をわきまえなかったことを、大徳寺の僧たちの罪でもあるとして、糾弾させたとき、古渓和尚はその使節に応対する役目を果たした。古渓は懐に匕首を差して、ひるむことなく大音声でこう述べたという。「仏法に王侯などという位はない、法に親しむ人を貴人とあがめるのだ。利休は賤輩だが仏道に親しく道を重んじたから仏道において尊貴の人である。だから木像を置いたのだ、一山（大徳寺）の過失ではない。もしこの寺を破却するというなら是非に及ばず、仏法破滅の時節到来なり。私も寺門と生死を同じくいたしましょう」[62]。

古渓和尚はこれまでにも秀吉の機嫌を損ねて配流されたことがあり、利休のとりなしで帰洛できた。彼は不羈豪胆な僧だったようだ。「利休」という居士号は実質的には古渓和尚の案だったとも、考えられている。その古渓が、今度は利休の意を代弁して、家康らの使節団に対して口上を述べた。家康はその剣幕に感じ入った。「家康公利家卿と差し違え死ぬべしと思い切（り）たる古渓を、家康公能々（ごらん遊ばされ、お顔和らげ、……）」秀吉にとりなした。そのためでもあろう、大徳寺には特に沙汰はなく、古渓和尚は京都の北郊・市原の庵に蟄居することだけで済んだ。

古渓和尚が代弁した利休の本心とは、突き詰めれば、「茶の湯に王侯というような位はない」ということだ。『南方録』では「小座敷ノ会賞客（正客）ト云ハ、貴賤ニヨラス、申入レタル人ヲ上客トアシラフ也」（「滅後」六一）と記され、大名が町衆の下座に坐った例が出てくる。茶室の「にじり口」をくぐるときは、貴卑を問わず人は身をかがめ、刀剣も冠も、外さなければならない。茶の湯の場では、ただ茶の湯の交わりだけが肝心だ。そしてその茶の湯を洗練させることは、山上宗二の語をもういちど引用するなら、「僧ノ行ヲ専ニスル」（禅僧の修行を専らおこなう）ことと同じだとされる。宗二は「宗易ハ名人ナレハ、山ヲ谷、西ヲ東ト、茶湯ノ法ヲ破リ、自由セラレテモ、面白シ」と形容した。それなら、仏法に通じた茶の湯の名人が「自由セラレテ」山門に自分の像を置くことも、あり得ないではない。

しかしながら他方で、大徳寺の山門は禅僧ばかりでなく、天皇や上皇や公家たちもそこをくぐる世俗の場所でもある。そのような場所に自分の像を、それも草履ばきの寺男の服装で置くことは、「茶の一道」や「仏法」の観点はともかく、「世間の法」に鑑みるなら、やはり常軌を逸した行為と言わざるを得ない。利休はその結果がどうなるかを、予測しなかったのだろうか。それとも、十ヵ月まえに弟子・宗二が秀吉を怒らせて惨死せしめられたときに、すでにそれが自分の運命と重なることを予感し、茶の湯の心と世間の法とがいつか決定的な破局にいたることをひそかに覚悟して、「自由セラレ」たのだろうか。

このことは、利休の「辞世の偈」に、知られているところでは合計五つのヴァージョンがあることからも推測される。五つのヴァージョンの日付から、利休が自刃の数日前からこの偈を用意していたことが、分かる。利休は辞世の偈に自分の心境を凝縮させるべく、数日を費やしていたのだ。[63]これらのヴァージョンの中から、表千家不審庵（ふしんあん）に所蔵の利休自筆のものを見てみよう。意味は難解なところがあるから砕いて見ていくが、まずは原文をそのまま挙げる。

人世七十力囲希／咄吾這宝剣祖仏／共殺／
提ル我得具足の／一太刀今此時ぞ／天に抛／
天正十九仲春
廿五日　利休宗易居士[64]

第一句の「力囲希／咄」（りきいき、とつ）の語が特に難解で、「囲」の文字に古来の用法では別字（□の中にカという文字を入れたもの）が用いられたりする。「提ル」は「ひっさぐる」と読める。吟味の結論を先取りして現代語訳を記すなら、「私は七十年を生きてきた。喝！　吾が這(この)宝剣は、祖も仏も共に殺す。自分がひっさげて具足するこの太刀を、今この時、天に放り抛げる」。
「力囲希」を「喝！」と訳したが、この語については研究者たちも難儀してきた。芳賀幸四郎は『千利休』で、「この辞世の偈の意味は第二句がはっきりしないので、自信をもって解釈しかねる」と記し[65]、唐木順三は『千利休』で、蜀の成都に幹利休という禅家が「人生七十力□希　肉瘦骨枯気未微　這裏咄提王宝剣　露呈仏祖共殺機」という偈を記したということを、近重物安(ちかしげぶつあん)という別の研究者を引用して、その他は典拠を挙げないままに若干の見解を記している。[66]
　私が見るかぎりでは、やはり禅学の研究者たちが禅文献を渉猟して、「力囲希」の語に関して餅は餅屋であることを証明している。中でも、それらの意見を参照・総合した柴山全慶の考察が、諸議論に終止符を打つものであるように思われる。柴山は古来の禅者の使用例や異字・別字を調べあげて、こう記している。「『力□希』一聯の相似語は、寧ろ感投詞的発声音の語として、使用の場合により多少その表現せんとする内容を異にするも、略(ほぼ)相似のものとすべきであり、（……）発声音その儘(まま)を受け取るべき性質のもの」と。[67]
　筆跡の研究者として小松茂美が『利休の手紙』で、利休の書簡を筆跡という角度からいろいろ調べ上げているが、語の意味については結論は柴山とおなじ見解である。[68] 要するに「力囲希」とは、ぐっと腹に力をこめて裂帛の気合で発する発声音の形容だということだ。柴山は「発声音そのまま」が具体的にはどういう発声音なのかを記していないが、いわゆる「喝！」とおなじだと理解して良いだろう。もういちど現代語訳を付すなら、「私は七十年を生きてきた。喝！　吾が這宝剣は、祖も仏も共に切る。自分がひっさげて具足するこの太刀を、今この時、天に放り抛げる」。

宝剣を天になげうつとは、この剣を天地に投げ渡し、天地の理法そのものが宝剣となって振り下ろされる、という意味にとって良いだろう。宝剣を天になげうつときは、祖師も仏祖も共に切られる。なお、「祖も仏も共に切る」の出典は、臨済禅師の『臨済録』だ。そこには、「仏に逢うては仏を殺し、祖に逢うては祖を殺し」という語が記される。それは「羅漢に逢うては羅漢を殺し、父母に逢うては父母を殺し、親眷に逢うては親眷を殺し」という語に、続いていく。[69]「殺」の文字はもちろん生物学的な意味での殺生とか殺人とかではなく、一切の権威を斬る絶対否定のことだ。何ものにも縛られない絶対自由を手に入れることだ。天地に投げ渡される「吾が這宝剣」は、利休にとって自刃のための刀という意味とともに、「宝」の文字からして、天地の理法を体現する「茶の湯」そのものをも意味しただろう。茶の湯という宝剣はその一挙手一投足がそのまま天の動きと合し、その動きは何ものにも縛られない自由の営みだ。それはどんな権威をも、祖も仏も羅漢も父母も、共に「切る」。

このような禅的な意味での利休の辞世の偈は、禅宗の宗旨には深く通じるだろう。ただし、大徳寺山門上の木像の場合とおなじく、世間法という連関で見れば、まったく別の意味も生じてくる。すなわち、「茶の湯という宝剣で、秀吉、お前も切られるぞ」と。その含意は、すでに利休の弟子・山上宗二が秀吉の怒りに触れて惨殺されたときに、利休のなかで胚胎したとも推察できる。この事件に関して利休が沈黙しつづけたことは、すでに指摘した。その沈黙は、口に出すにはあまりに重たい自分自身の最期の予感ゆえではなかったか。

秀吉が生前の利休の、つけ入る隙のない茶の湯のなかに、世俗の権威に心底からなびくことはしない不羈の心を感じ取っていたことは、後述するようにいろいろの場面から容易に察することができる。利休の首を市中に晒すことによって、秀吉は勝利感を得たのか、それとも一種の悔いを感じたのか、それは分からない。ただ秀吉の側に、不遜な利休めを殺してやったわい、という権力者の自足感とともに、余人をもって代えがたい利休を失ったという一種の喪失感もあったことが、若干の史料に残されている。秀吉の自足感と喪失感は、利休の側での勝利感と敗北感の裏返しの構造だったようにも思われる。これについては第三章の第六節「「利休死後」の利休」(本書二二四頁以下)で、史料にもとづいて見ていくことにする。

利休切腹という出来事が秀吉と利休の人生諸段階のどういうタイミングで生じたかを、なおも、振り返って見ておこう。秀吉は光秀を「山崎の戦い」で撃破し、覇権を確立していく。しかしその行く手には、難敵にして最大のライバル・徳川家康が、立ちはだかっていた。その家康との戦いが天正十二年の「小牧・長久手の戦い」だった。大体において史家の見解が一致するように、直接の戦いは軍事的にはむしろ負け戦に近かったが、政治戦略においては、家康を臣下に組み入れる秀吉の深謀遠慮の包囲網が、始まった。秀吉はまず自分の妹を家康に差し出して縁組みをさせ、家康に上洛を、すなわち秀吉に参じることを、すすめた。そしてさらに安心させるために、生母・大政所を人質として家康のもとに差し出した。これで家康が上洛を断ったら、まさに「関ヶ原の戦い」が秀吉の生前に起こったことだろう。家康は秀吉との全面対決を避けるほかなく、ついに上洛した。『千利休由緒書』には、秀吉が徳川家康を大坂城に招いて、「利休を亭主に被成（なされ）（……）御茶之会御座候（お茶の会をなされた）」[70]とある。

利休が主となったその茶会には、「秀吉公も御客に御なり」になった。さりげなく「御なり」と記されるが、ここでの「御なり」（しばしば「御成」とも書く）の意味は重い。それは茶席の客の中で最高の位置にある権力者に使われる語だ。秀吉公が「御なり」になる茶会で家康が客として坐るということは、家康が臣下になったということでもあり、そのことを、居並ぶ客すなわち諸侯に示すということである。ただし家康は、主君・秀吉の生母を人質として預かっている。和やかな茶会に見えるが、それは秀吉と家康という両雄が渾身の知恵をしぼりつつ剣を鞘におさめ、今後の天下の趨勢を見定めつつ対面する場面だ。その茶会で、利休が「亭主」をつとめた。それは、天下の両雄が「主人と客」となる場面を演出することでもあった。そのような場をとり仕切る力量の茶人は、利休をおいて他にはいなかっただろう。

秀吉にとり、家康をも家臣に組み入れたあとは、天下統一の実現をめざす上での残る課題は、東国の小田原氏を征伐するだけとなった。しかしそれもやがて成就した。彼は天正十三年に「関白」となり、翌十四年には「豊臣」の姓を賜り、「豊臣政権」の主となる。この天下人は、茶の湯を愛好し、利休はその天下人の「茶頭」となった。利休は大坂城内で、単なる茶人にとどまらない大きな力を持つ存在となっていった。秀吉と利休がそれぞれに世俗的には絶頂に達したその時点で、利休は秀吉に死を賜った。千家の隆盛は一時的には消滅状態となった。

六　「芸道」および「茶道」の概念史

利休の「茶の湯」は今日で言うような「芸術」でもなく、しかしまた利休自身も参禅によって味得した「禅」そのものでもない。しかし双方に通じる「道」というような性格を持っている。今日ではそれは「茶道」という語となる。『南方録』にもこの語が出てくる。しかしこの語を利休に帰することに関しては、茶道研究者のあいだで疑義が表明されてきた。

『南方録』の中では、「茶道」の語は「覚書」の章で一ヵ所、「滅後」の章で二ヵ所、出てくる。そして客と主の心の持ち方を尋ねられて、「得道ノ客・亭主」の場合とか、両者ともに「道ニチガヘバ」云々とかという風に、「道」の語が頻繁に用いられる。

「茶道」の語を利休が語ったものとすることへの異議は、『南方録』が利休自身の手になるものではない、というところに端を発している。このテキストは利休の言行を記した南坊宗啓の聞き書きだが、その原本は見つかっていない。これを利休没後百年に発見したと称する立花実山（たちばなじつざん）の、まったくの創作によるものか、それとも発見した文書を実山が利休の意を体して手を入れ編集したものか、そのいずれかだということに、現在の諸説は収斂する。私自身は熊倉功夫（くまくらいさお）の説に準じて、後者の説を妥当と考えている。[71]

『南方録』の「偽書」説は、早くからあった。小宮豊隆が『茶と利休』（一九五六）で「『南坊録』の真偽」という章を設けて、[72]詳細にこの書の信憑性を問題提起して以来だ。だから「茶道」という語がこの書に出てきても、それを利休自身の語とする研究者は出てこなかった。それに「茶道」の語を二度用いた最後の章すなわち「滅後」は、南坊宗啓が利休の死後に書いた部分だから、本当に利休の語だったのかは、さらに疑う余地がある。利休研究において基礎的かつ道標的な仕事を残した桑田忠親も、「茶道の成立」の章で茶道という芸事の成立経緯を詳しく述べながら、「茶道」という語そのものの成立には、ついに触れることはなかった。[73]

その後、西山松之助（にしやままつのすけ）が共編著『近世芸道論』で、「近世芸道の茶道という概念が成立するのは十七世紀中葉以降のことと考えられる」と述べ、[74]その「補注」でも、「利休時代の確実な文書には茶道という語はみえず」云々と述べた。「したがって、南方録に利休の語った言葉として茶道の語があらわれるのは、はなはだ疑問が残る」と述べた。[75]この西山論文は優れた内容のもので、半世紀を経た現在でも規準決定的な水準を保つものだ。

ただ、日本文化史の大家によるすぐれた論文だっただけに、この「茶道」の語についての西山の見解も、その後あまり吟味を経ることなしに研究者たちに引き継がれ、通説化していった観がある。利休に関する通説に真っ向から異説を唱えた神津（こうづ）朝夫の『千利休の「わび」とはなにか』ですら、「茶道」の語に関しては西山の見解をそのまま鵜呑みにしている。神津は「あらゆる先入観を捨てて、同時代の確かな史料だけを読みながら」利休の本当の師を、通説では武野紹鷗（たけのじょうおう）だが本当は辻玄哉だとする説を、丹念な史料渉猟を経て論証する。それなのに「茶道」という語に関しては、きわめてあっさりと「利休の時代にはまだ使われていなかった」という西山説を、吟味ぬきに踏襲してしまっている。[76]

しかしながら実は西山自身は、「茶道という語は利休の時代には無く、江戸中期以後になって用いられるようになった」と述べるときに、その典拠となる文献ないし具体的な史料を、どこにも挙げていなかった。「……と考えられる」という推測に終始しているだけなのだ。今後の研究で西山が推測する「近世芸道の茶道という概念が成立するのは十七世紀中葉以降のこと」が、さらに立証されたとしよう。その場合でも、「概念の成立」は「概念の初出」ではない。誰かが自覚的に初めて用いたということがなければ、概念は成立しない。ではそのような芸道の自覚を持った茶匠は、どこにいたのだろうか。

そこで虚心坦懐に、通説を検討してみよう。西山は「茶道」という語がたいていの場合、「茶頭」や「茶堂」、すなわち茶席で茶を点てて客に提供する役目を意味することを、指摘した。しかしながら、だからといってそれ以外の用法はなかったという否定判断が、成立するだろうか。ここから問題が始まる。

「何々は、どこにも存在しない」という否定命題は、ひとつでもその「何々」がどこかに見つかれば、崩れる。そのような反論は、論理学では「反証」(verification)と呼んでいる。「茶道」という語に関しては、この反証は成り立つだろうか。

堀口捨己(ほりぐちすてみ)は唐の封演の書いた「封氏聞見記」巻六に、「楚人陸鴻漸(りくこうぜん)為茶之論……於是茶道(さどう)大行」(楚人の陸鴻漸が茶の論をなした。……これは茶道(さどう)の大行である〈ルビは筆者〉)とあったことを、発見した。[77]

この例は唐の時代の用例だから、利休の時代には当てはまらない。ただし、「茶頭」や「茶堂」とは別の意味での、今日で言う意味にほぼ近い「茶道」という語が存在したということの例として、結果的には西山説のいわば外堀を埋める。

しかしながら堀口も、「茶道ノ守神トナルヘシ」という利休の語は「桃山時代らしくない」と述べた。[78] 堀口もまた、西山説に与するのだ。その場合、堀口の見る「桃山時代」とは、何だったのかが、問題となる。彼の叙述から察するに、信長の安土桃山城や秀吉の大坂城を、そしてそこでの大座敷に豪壮な襖絵を描いた狩野派の絵画を、代表的なイメージとしたのではないかと思う。しかし桃山時代は文化的には一極ではなくて、双極の構造を持っている。狩野派の絵との対極に、墨染めの衣の禅僧たちが幽邃な水墨画を描いた時代でもある。建築的に見ても、桃山城・大坂城の絢爛たる余剰を一方の極とするなら、静寂枯淡な禅宗僧堂、あるいは利休自身の作である茶室『待庵』は、他方の極だ。堀口自身が「茶杓」の美学を彼の独壇場として見事に叙述したが、茶杓は豪壮と対極の「寂び」の造形だ。「茶道」の語が「桃山時代らしくない」と言うのであれば、茶杓もまた、桃山時代らしくないということになって、自己矛盾に陥る。堀口がその自己矛盾に気がついた形跡はない。

茶道史研究の閉じた視野からすこし距離をおいてみよう。世阿弥の用例がすぐに浮かんでくる。世阿弥は『花鏡』の「奥の段」に、「芸道」という語を用いた（『花鏡』「奥の段」）。彼が父・観阿弥の言行を記述した別の主著『風姿花伝』では、申楽が何度も「此道」と表記され、「此道に至らんと思はん者は、非道（申楽に非ざる道）を行ずべからず」と述べる。『風姿花伝』には「歌道」という語も、しばしば出てくる。「歌道は風月延年のかざり（四季の風月や長寿をめでるもの）なれば、尤も（特に）これを用ふべし」（『風姿花伝』「序」）といった風だ。また申楽の演者が他の演者との「立ち合い」すなわち勝負において、勝つ神・負ける神がいるということが述べられ、この神は「弓矢の道に、宗と秘することなり」(『風姿花伝』「花伝第七　別紙口伝」)と記される。「諸道芸」という言い方も、何度も出てくる。およそ「芸」と言えるものの全体を「道」とみなす見方が、明白に表明される。だから『花鏡』では、これら「諸道」を総称して「芸道」という語が用いられたのだ。

世阿弥における「歌道」「弓矢の道」「兵法の道」「芸道」等々の用例から「茶道」という語までの意味上の距離は、実質的にはもう無いと言わなければならない。時代も一世紀半を経ているから、すでに用法としてある程度は一般化していることも、想定できる。現に利休の意を体して書かれた『山上宗二記』では、「仏法、歌道并能、乱舞、刀ノ上」等々を「茶湯ト目明ノ手本ニスル」べきものとして挙げ[79]、「歌道」は茶の湯でも「手本」とされている。そうであるなら、こういった「道」との関連で茶の湯の道を「茶道」と呼ぶことに、もはや大きな違和感を生じることはなかったはずだ。

ふたたび『山上宗二記』を引用するなら、宗二は「宗易ハ名人ナレハ、山ヲ谷、西ヲ東ト、茶湯ノ法ヲ破リ、自由セラレテモ、面白シ」と記している。ここで言う「名人」とは、師匠の利休のことだ。宗二の眼には、利休は慣習を破って茶の湯に革新をもたらす人だった[80]。だから、たとえば利休の師匠でもあった武野紹鷗が、静かな日陰となる北向きを茶室として妥当と考え、「左勝手北向」にしたとしても、「宗易ハ南向左勝手ヲスク(好く)(略)也」(宗易は南向きで左に勝手口を置くことを好んだ[81])。単に好んだというだけではない。利休は実際に破格の南向きの、現在は国宝となった茶室『待庵』を作った。

そうであるなら、そのような革新者・利休が今日の意味で「茶道」という語を、茶の湯の世界で初めて用いたとしても、何ら奇異ではない。すでに利休の師匠・武野紹鷗が、その傍証となるような次のような語を伝えている。「不断茶湯ニ身ヲ染ルサヘ、何ノ道ニモ上手無シ、芸ニ心ヲカケハ皆々下手ナルヘシ」[82]。つまり紹鷗が利休に先立って、茶の湯を「道」という語で形容しているのだ。そこで改めて『南方録』を読み返すなら、まず「茶一道」（「覚書」一）という表現が出てくる。それは「茶道」という表現と、内容において異なるところはない。

実山が『南方録』を利休没後百年に発見し書写したと称していることは、すでに述べたが、その実山が『壺中炉談』の中で、「利休ハ日本茶道の元祖なり」と書き[83]、茶道の語を何度も用いている。実山がこの語を創作したのだろうか。そして自らの権威づけに利休の名を出したのだろうか。しかしそう主張するのなら、実山がはたして茶道という語を「創作」し得るような革新的な人物だったのかどうかも、吟味しなければならない。実山が著した『壺中炉談』や『岐路辨疑』などを見る限りは、彼はひたすら利休を尊崇し、利休に習って茶の湯を実践した武人にして茶人だった。「文は人をあらわす」という語を援用するなら、実山の文体や文章の中身から、彼が実直にして真面目な人物だったことが、見えてくる。もちろん亀がとつぜん鶴に変身するというような奇跡が生じれば別だが、実山自身は自分が武家として茶の湯を嗜んでいるだけだと謙遜し、利休にはとうてい及ばないという趣旨のことを、はっきり述べている。その彼が「茶道」の語を何度も用いるのであれば、それは彼の周辺でこの語が違和感なしに通用していたからだ、ということが想定されなければならない。

どんな事物にもその始まりがあるのだから、いつ誰がこの「茶道」という語を最初に用いたかということが、問題の焦点だ。その元祖の候補をさがすなら、実山が「日本茶道の元祖」と呼んで尊崇する利休がその人だという蓋然性は――実山自身は蓋然性などと言わずに、「確かに」と言うだろうが

——、きわめて大きくなってくる。それでもなお、この語が利休の時代には一般に用いられなかったとする解釈は、周囲の一般人（山上宗二の言う「平人」）の平均値を基準にして創造的な先駆者（利休）の言動を判定するという見方になり、あたかも団扇をかざして天空の月と大きさを比べるようなことになる。

もちろん、ここに至っても、利休自身が「茶道」という語を実際に語ったかどうかは直筆原稿か録音テープでもないかぎり物理的には証明できない。しかし逆に、利休の言行録に何度も出てくる語を利休の語ではないと断定してしまうのは、さらに速断ないし独断だと言わなければならない。『南方録』は「すべて立花実山の創作」だという一部の説を採るなら話は別だが、（本書一五八頁を参照）、その説は一般には承認されていないし、私も同意し難い。

もともと「言行録」というものは、言行の本人と記述者とが他者同士であるということの上に成り立っていて、記述者の主観が必ず混入する。そもそもどういう言行を採録するかということからして、記述者の主観だ。エッカーマンが記述した『ゲェテとの對話』などは、その良い例だ。これはエッカーマンが聞いたかぎりでのゲーテの言行を記したものだ[84]。だからそこには、エッカーマンの主観を通してのゲーテ理解や意図せざる作為もあるだろう。しかしゲーテという存在がなければ成立しなかった記録でもある。それも、ゲーテ研究における第一級の史料となる記録だ。『南方録』も同じことで、利休の存在を抜きにしては成立しなかった超一級の、茶道論に関する言行録だ。

なお、禅宗の世界には「茶堂」という語があったことを、村井康彦が指摘しているから、そのことも参照しておこう。歴史家としての蘊蓄（うんちく）を傾けて、村井はその著『千利休』で、「茶堂」が禅院での

「茶頭」に由来すること、浄頭・飯頭・粥頭・醤頭・炭頭・灯頭・炉頭・火頭・柴頭・園頭・樹頭等々といったいろいろの役職の一つだったことを、述べている。[85]その碩学の村井が、「茶道」という語に関してだけは西山の見解を踏襲して、それは「当て字というべきである」と、ごく簡単に済ませている。[86]しかし本当に単なる当て字だろうか。他にも当て字の例が枚挙されるなら別だが、村井はそういう例は挙げていない。そうであるなら、「茶頭」が今日で言う「茶道」の意味と重なってきても不思議ではない。「茶頭」は「茶の湯」の現場で「茶の一道」を先導する役目だが、同時に茶の一道そのものの具現者ともなるからだ。傍証を禅籍に求めるなら、たとえば『臨済録』で「仏と魔とは是れ染浄の二境なり」と言われるときの「仏」は、人間を指すとともに、その人間の「境地」すなわち仏道を指す語となる。「魔」も同様、非道の人間を指すと同時に、仏道に反抗する外道を指している。「茶頭」もまた、茶の湯の進行を取り仕切る「人」を指すと同時に、茶頭が取り仕切る「茶の一道」の体現者と重なる。そうであれば、「茶道」の最初の自覚的な用例を、茶の湯の革新者でもある利休が口にしたとしても、それはむしろ自然ですらある。世阿弥以来の「芸道」「歌道」「弓矢の道」等々の語がすでに言語環境として成立していたことを、もういちど想起しよう。

　ここに至ってもなお、利休の直筆原稿が存在しない以上は利休が「茶道」の語を用いたという『南方録』の叙述を疑うことは、可能といえば可能だ。ただ、森の全容を眺めてその中に特定種の樹木があることを推察するという方法も、解釈学的には十分に成り立つ。世阿弥以来の「芸道」史の森のなかで、「歌道」や「弓矢の道」や「諸道芸」等の樹木につづいて「茶道」という名を持つ樹木が、利休という杣人の存在を通して芽を吹いたということは、ほとんど確実と言わざるを得ない。

なお「芸道」あるいは「茶道」という語との関連で、余談ながら「武道」という語にも言及しておこう。[87]この語も上記の「茶道」概念の通説に引きずられる形で、明治になってから成立した概念だという主張が見られるからだ。限定した意味合いで「武道」という語を用いるなら、それはまちがいではないだろう。しかしその限定の仕方が、むしろ事態への通路を遮断するものでないかという疑問も、湧いてくる。なぜなら、すでに十四世紀の世阿弥が用いた「兵法の道」は、要するに「武道」のことであり、武道という語の成立を明治だとする見解は、世阿弥以来の概念史を塞いでしまうからだ。

世阿弥が用いた「弓矢の道」も、要するに明治になってから普及する「弓道」とおなじ内実を持っている。オイゲン・ヘリゲルに弓の極意を教えた伝説的な弓道の名人・阿波研造（あわけんぞう）は、「弓道一味」「弓禅一味」といった語を常套語として用いたが、[88]その場合、阿波はこれを新語としてではなく、ごく当たり前の語として、つまりはずっと以前からの語として、用いている。また宮本武蔵が『五輪書』で用いた「太刀の道」も、内実としては明治以降の「剣道」と同じだ。仮に欧米言語に訳したら、「太刀の道」と「剣道」は同じ語となる、ということも書き添えたい。

かくして「武道」という概念も、思想史の森を見るなら、明治より遥か以前に遡る日本中世・近世の思想史の森の中で生え出た一本の樹木ということになる。[89]

＊　＊　＊

七　東西の芸術観の比較

「茶道」および「芸道」の概念の成立史に、すこし頁を費やした。このような概念史は、茶の湯の道を実践的に究めようと心血をそそいでいる茶道家には、どうでもいいことかもしれない。また歴史のリアルな出来事の場面に興味を持つ読者にも、すこし退屈だったかもしれない。ただ、芸術は芸術家個人の営みであると同時に、伝統文化の表現ないしその創造の運動でもある。茶道とか芸道とかは一体どういう芸術なのか、という問いは、伝統文化の自覚化や刷新という観点で実は大事な意味を持つものとなる。世阿弥の『風姿花伝』や『花鏡』等々の著作も、そういう観点から読むこともできる。そのとき、意外な問題場面が浮上することもある。

たとえば茶道あるいは芸道を「芸術」という概念で括（くく）るとき、そういう問題場面があらわれる。芸術という語（フランス語や英語の art、ドイツ語の Kunst）は、いずれも元来は「技術」（ラテン語の ars）という意味だったが、十八世紀ごろから産業上の技術の発達に伴ってこれと区別して「美的な技術」すなわち「美術」（フランス語のボ・ザール beaux arts、英語の fine arts、ドイツ語の schöne Kunst）という語が生まれた。ただし現代の芸術家たちの大多数は、「芸術」が「美」を追究するものだとは思っていない。むしろ「醜」をもふくめた「造形」を、生命表現を、空想性を、瞬間性を、「反芸術」の芸術を、試みている。そういった方向をも含めて、今日の「芸術」が世阿弥の「芸道」ないし利休の

「茶道」にも妥当するかどうかは、ひとつの大きな問題だ。総じて「芸術」という概念を吟味なしに芸道に適用することは、ほぼ見当はずれに終わるだろう。

芸道というときの「道」の概念は、中国思想の「道家」や仏教思想の「仏道」とつながり、宗教的な精神史の背景を持つ。[90]それはヨーロッパの「芸術」概念にはついに無かったことだ。次にそれは、個々人の活動の以前に伝承される「型」とつながる。[91]「芸道」としての芸術は、芸術家個人の営みである以前に、伝承された「型」の反復・再現・刷新でもある。第三に、「芸道」は日本文化という背景を持ち、そこでは、それぞれの「芸」に生きることをそのまま「生死」の工夫となす、というところがある。そのことも、ヨーロッパ出自の近代の「芸術」概念には無い面だ。

源了圓（みなもとりょうえん）はその著『型』で、「型」という問題の背後に日本文化の精神史的な背景が広がることを論じた。彼は道元の思想や兼好法師の『徒然草』、そして世阿弥の能楽理論や江戸時代の剣法論を、緻密な仕方で分析する。そしてその画期的な視座を、さらにある共同研究の中で広げ、かつ深め、「日本文化と日本人の形成」というテーマを「型」の問題に収斂させて論じるという、画期的で大胆な視座となした。そこから、スタイルとしての型のほかに、パターンとしての型、タイプとしての型、アーキ・タイプとしての型、等々も浮上してきた。[92]

源が主宰する共同研究の参加者のひとりだった熊倉功夫は、その成果論集への寄稿「型の厳密性とゆらめき」で、「型の文化を説く日本の伝統文化は、常にその究極に型の崩壊を予測し、期待していた。型の取得を〝格〟と把えるならば、〝格〟は常に〝破格〟と対になってはじめて成立する」[93]という見事な洞察を、提示する。「型」は厳密に守るべきものであるが、同時にこれをやぶる「破」、およびこの「破」をも忘却する「離」を、目指すものだということである。熊倉の所論は、それを延長すれば世阿弥の「離見の見」にすら無かった「離」の意味にも及ぶだろう。『大乗起信論』で出てくるいろいろの「離」（とりわけ「離相」すなわち種々の「相」を「離」れる、あるいは「離言」すなわち言語を離れたところを言語で示す）をも想起させ、いろいろの思索へと誘う所論だ。

「型」を中軸とする日本の「芸道」と、「自由演技」を追究するヨーロッパでの芸能は、もちろん単に相隔たるのではなくて深く交差する関係にある。この交差をリアルに示す、ある典型的な場面がある。すなわち、かつて「能」の観世寿夫と「パントマイム」のジャン＝ルイ・バロー（Jean-Louis Barrault）の、息を飲むような競演が、十五分ほどのビデオで記録された。一九七七年に来日したバローは、映画『天井桟敷の人々』（*Les enfants du paradis*）で大道芸人のパントマイム演技を見せた名優でもある。彼が日仏演劇協会主催のシンポジウム「演劇の作業の根拠」で、観世流の演者・観世寿夫と、能舞台で演技論を交わした折り、ふたりは即興で演技をしたのだ[94]。

観世が普段着のままで、能の『野宮』で描かれる六条御息所（ろくじょうのみやすんどころ）の亡霊を、そしてバローがラフな服装のままで、「死の床に横たわる人」を、それぞれ演じた。観衆のひとりが、当時出回り始めた十六ミリフィルムのビデオでこの競演を映し、ほぼ十五分ほどの長さの記録となった。

当時の機械の水準ゆえに映像はきわめて粗末だが、しかし逆にその粗末な映像を通して、比類なき芸と芸の競り合いが、かえって基本的な仕方で透かし見えてくる。観世が伝統的な動作の「型」を基盤とし、バローがパントマイムの厳しく訓練した「自由動作」を存分に発揮して、まさしく固唾を飲む「立ち合い」の名場面となったのだ[95]。能楽の「型」については、これまでいろいろのすぐれた考察がなされているが[96]、観世寿夫の能芸の「型」実演と、「自由動作」によるバローのパントマイム実演の「立ち合い」は、それらの考察を十五分の実演の中に凝縮し具現するものだった。

こういった一場の演技にあらわれる交差と対照は、単にその場だけの偶然的なものではなくて、背後に長く深い伝統同士の交差と対照を蔵している。走り書きという程度で、日本の芸道観とヨーロッパの芸術観との対比図を眺めておこう。プラトンとアリストテレスのそれぞれの芸術論が、まず浮上する。哲学研究者には不要の言及だが、プラトンは理想国家を論じた『ポリテイア（国家）』において、イデアの影である現象を描写し模倣するような芸術家を国家から追放すべし、という論を展開した。しかし「音楽」だけは「魂の教育」をなす術として尊重した[97]。世阿弥も「音曲」の心を何度も強調する。ギリシア悲劇の合唱隊と能楽の地謡が、想起される。関口浩が折口信夫の古代解釈に依りつつ、「ギリシア文化と共通する悲劇精神が、日本の古代にすでにあったということ」を、正当にも指摘している[98]。

アリストテレスは『詩学』（*Peri poiētikēs*）で悲劇と喜劇を取り上げ、芸術創作の鍵として「ミメーシス」（模倣、再現、表現）を論じた。今日ではミメーシスは「模倣」と訳されるが、それは十分な訳ではない。アリストテレスが「模倣によって最初の学習がなされる」と述べるとき[99]、そこには人間の自然本性に属する「学習」に具わる「制作」意欲も、含意されるからだ。世阿弥が『風姿花伝』第二「物学条々」で、「ものまね」論を展開したときも、「よく似せんが本意なり」と言いつつ、「事によりて、濃き淡きを知るべし」と述べ、何をどう模倣するか、またすべきかを細かく指摘している。その見方はアリストテレスの論と通底する。ただしアリストテレスでは、「ミメーシス」が生き方の「道」

につながるというような「芸道」論的な捉え方は、出てこない。

このことは、古代ローマのホラティウスの『詩作論』(*Ars poetica*) を引き合いに出しても、言える。ホラティウスは日本では西洋古典の研究者を除けばあまり読まれていないが、彼の『詩作論』はヨーロッパの教養人には「詩は絵のごとく」(ut pictura poesis) という有名な語とともに、知られている。その場合、そこで述べられているのは詩的表現の技巧であって、詩人の内面の心といった問題には向かわない。「技法論」という性格を持つヨーロッパの芸術論と、人生を歩む「精神論」という性格を帯びた芸道の論とのちがいは、ホラティウスの「詩作論」と世阿弥の「芸論」とを比べるに至って、さらに明瞭となる。

ヨーロッパ中世のルネサンス期には芸術家たちが百花を競った。ヴァザーリが『画家・彫刻家・建築家列伝』で、約二百五十人ほどの芸術家たちを総覧し、生き生きとした伝記を記した。その伝記の頁をめくっていくと、「理論家」が極めて少ないことが分かる。例外的存在のひとつはアルベルティの『建築論』(*De re aedificatoria*) と『絵画論』(*De pictura*) だが、[100] 万能の文化人とされたアルベルティの高い教養が溢れ、叙述の質の高さと緻密さにおいては世阿弥の能楽論や利休の茶の湯論と比肩する。利休が設計した国宝『待庵』の、どこまでも茶の湯の「所作」を念頭においた作りと、[101]「人体寸法比」をルーツとする「比例」構造の建築空間も、[102] その人間性において深く通底する。しかしアルベルティの建築論の根本性格は、やはり技術論だ。相川浩自身が、「アルベルティ建築書は技術解説に大部分を割いた」と記している。[103] 実際そのとおりで、精神的内面に触れる要素は見つからない。世阿弥とアルベルティ(一四〇四―一四七二)は生没年代においてほぼ重なるから、この通底性とコントラストは西洋中世と日本中世の文化性格の対照性を示すものでもある。

このほか、生没年という点ではレオナルド・ダ・ヴィンチ（一四五二―一五一九）と利休（一五二二―一五九一）が、やはりほぼ同時代の人だ。数学の知識をも持つレオナルドの作図の緻密な「比例」と、『南方録』で記される綿密な茶道具の「カネワリ」（寸法）論とは、好一対だ。ただしレオナルドと利休のそれぞれの背後思想は、またしても大きく異なる。レオナルドの「比例」はアルベルティの場合とおなじく、人体への関心を背景とし、数学的な根拠を持つルネサンス的な世界観とむすびついている。それに対して『南方録』での「台子」の巻は、カネワリ論すなわち茶道具の寸法や配置の論で、陰陽思想の背景もある。ただし利休は南坊宗啓宛に、「申てもく小座敷ならてハ、茶之湯之本心ハ難至事ニ候」（何度も申すように、小座敷すなわち草庵でなければ、茶の湯の本当の心は至り難い）と記した。[104] カネワリという技術面は、利休にとって副次的なものだったのだ。主眼は「心」にあった。『南方録』「覚書」では、「客・亭主、互ノ心モチ、イカヤウニ得心シテシカルベキヤト」（客と亭主の互いの心持ちは、どのようにするのが良いか）という問いに対して、利休は「イカニモ互ノ心ニカナフガヨシ」（いかにもお互いの心に叶うことが良い）と、答えている。「心」はカネワリで技術的に寸法を測るわけにはいかない無形の領域だ。

西洋の芸術論における「技法」への関心は、基本的には「科学技術」への関心と連動する。それは、精神的な深みへと傾斜する世阿弥や利休の芸論との違いだ。科学技術が西ヨーロッパ世界で発達し始めたということが、西洋の芸術世界にも映っている。

もっとも私自身は、レオナルドが遺した多くの理論的研究にも優って、彼の『手稿とスケッチ[105]』

が、彼の稀有の才能と心とを伝えるものだという感想を、持っている。「心」の伴わない技法は、生き生きとした作品を生むことはないだろう。

日本中世・近世の「芸道」とヨーロッパ中世・近世の「芸術」の、通底性と対照性は、現代のヨーロッパの演劇学でも注目されていることを、指摘しておこう。[106]「芸道」は、日本という文化的ガラパゴス諸島で成立した、世界的にも独特の文化現象だ。日本語の孤立性とむすびついた文化環境をガラパゴス的と名づけるとき、それは一部の軽薄な用法に見られる自虐的な表現ではなくて、真面目な意味を持っている。かつてダーウィンがそこで「進化論」という画期的な着想を得たように、日本の伝統的文化環境では独自の生命現象を産む環境が出現していた。世界のほうがそれを放置せずに閉鎖性を外から破るという現象が、過去半世紀のあいだ顕著になってきている。

この流れの中で、一種の「生産的な」すれ違いも絶えず生じる。かつて西田幾多郎が『善の研究』で「宗教道徳美術の極意」の一例として、「ジョットーの一円相」の話を、引き合いに出した。西田は「宗教道徳美術の極意」の一例として、こう記した。「昔ローマ法皇ベネディクト十一世がジョットーに画家として腕を示すべき作を見せよといつて（言って）やつたら（遣ったら）、ジョットーは唯一円形を描いて与へたといふ話がある。我々は道徳上に於てこのジョットーの一円形を得ねばならぬ」。[107]西田の読み込みは、史実という観点では正しくない。ヴァザーリは、ジョットーが法皇の求めに応じて自分の腕を「コンパス」の代わりにし、肘を原点として固定させて腕を回し、先端の手で円相を描いてみせた、と述べているだけだ。[108]ヴァザーリはジョットーが円形を描く「技法」を述べたにすぎない。しかし西田がジョットーの一円形に水墨の名人芸に通じるような精神的なものを見ようとし、それを「宗教道徳美術の極意」と形容したことは、日本人が欧米の文化を取り入れる際に持っていたひとつの姿勢をあらわす例でもある。そこからひとつの創造的な展開が始まったから、私はこのすれ違いの個所を「創造的な誤解」の例のひとつとして受け取る。

余談ついでに、中国の芸論との比較にも手出しをしてみよう。私は中国美術の専門家ではないから、異論を招くかもしれないが、その場合は識者のご教示を受けたい。中国美術の長大な歴史のなかで「芸論」と言うべきものは、ヨーロッパの場合とおなじく、意外に少ないように思われる。「北宋の郭煕の（子の郭思が筆録した）画論『林泉高致』が、中国的な〈遠近法〉を説く画論として有名ではないか」と言われそうだが、この画論は山水画の「技法」を説くものであって、宗教思想にまでつながるような内面的な「芸論」とは言い難い。また「周の時代には、〈六芸〉があったではないか」と言われるかもしれないが、礼・楽・射・御（馬を御する術、馬術）・書（書物）・数（数学）の六芸の論は、宮廷の祭祀に用いる古来の「技芸」を述べたもので、性格としてはむしろ、アルベルティの建築論とおなじく「技術論」という性格が強い。『論語』[109]には「興於詩、立於礼。成於楽」（詩に興こり、礼に立ち、楽に成る）という、よく知られた語があるが、そこで述べられるのは儒教の教えであって、「芸術論」ではない。

世阿弥と利休の「芸論」ないし「芸道」は、日本の芸術史においても例外的だったのだ、という見方があるかもしれない。少なくとも平安朝以来の文化意識を一方に置くなら、世阿弥と利休に平安朝へのアンチの要素を見ることができるかもしれない。山折哲雄は「アンチ」の断絶性を強調している。彼は日本文化史の二千年の波を、第一期の正倉院芸術文化宗教革命、第二期の空海と密教芸術の時期、そして第三期の南蛮宗教文化革命に分け、この第三期が「世阿弥、千利休、そして雪舟の画期」になると言う。そしてそこでの文化・芸術意識は、第一期の正倉院芸術文化とその流れへの「強烈な異議申し立て」だと述べている。[110] そういう一面があることは確かだが、しかし世阿弥の芸論には、「幽玄」を申楽の中核概念とする見方が一貫している。「幽玄」はもともと、平安朝の歌人たちにさかのぼる美意識だ。このことに関する大西克礼（おおにしよしのり）の金字塔的な研究は、世阿弥における平安朝文化からの連続性を明示するものだ。[111] そもそも足利政権の将軍たちが王朝文化の継承者として「勅撰集」を編纂させてきたことは、すでに述べた。このことは世阿弥だけでなく、利休についても言える。西山松之助が『南方録』について、「江戸初期の極めて旺盛に高揚された王朝文化復興の潮流が、敏感に映発されている」という見解を述べているが、[112] その見方も連続性を強調するものだ。世阿弥と利休において生成する「芸道」は、ヨーロッパや中国の芸術観との比較をも要すると同時に、日本文化史という視座からの位置づけをも改めて要求する。

八　戦陣の中の遊楽（ゆうがく）

以上から、改めて「世阿弥と利休」という問題場面にもどろう。両者はともに「芸道と権力」の緊迫した矛盾的共生を宿命的環境とし、ともにそれぞれの芸道を大成させ、しかしともに最晩年にこの共生の破局を迎えた。他方でふたりの背後にいた権力者たちも、勝者にとどまったわけではなかった。世阿弥を配流にした義教と、利休を引き立てた信長は、それぞれ天下に権勢をふるっていた最中に腹心の大名の造反で殺された。利休に切腹を命じた秀吉は個人的には栄華の人生を全うしたが、しかし豊臣政権はそのすぐあとに滅んだ。それに対して利休は盛大をきわめる茶道の千家の祖として、その名声に揺るぎはない。世阿弥も能楽の世界において観世流の祖として、不朽の名を残しているが、他方の義教の名は歴史ファンを除けば一般の記憶から消えている。芸道の大成者たちと政治権力者との矛盾的共生は、単純に一方が他方に対して勝利を占めたと言うわけにはいかないのだ。

本書では、この世阿弥と利休における芸道の生成の「現場」に、関心を向けている。現場とは、世阿弥と利休が現に実存した場所ないし歴史的世界ということだ。しかしそれは、今日のわれわれの現在にも直結するような場所だ。

外面的歴史状況という点では、世阿弥が「歌道」や「芸道」を「弓矢の道」や「兵法の道」と併置したということは、すでに見た。そのことは、彼らの意識が娯楽演芸の工夫にとどまらず、戦乱の中での生死の覚悟につながる突き詰めたものだったということを、意味している。世阿弥は『風姿花伝』で、申楽の「立ち合い」すなわち試合を、戦さの仕方になぞらえてこう述べている（引用は、竹本幹夫訳注、『風姿花伝・三道』角川学芸出版、二〇〇九年、を底本とする）。

「いかなる上手も、能を持たざらんしては、一騎当千の兵なりとも、軍陣にて兵具のなからん、これ同じ。されば、てがらの精糲（さわやかな風音、清厲とも書く）、立合に見ゆべし。敵方色めきたる能をすれば、しづかに模様変りて、詰めどころのある能をすべし。か様に、敵人の申楽に変へてすれば、いかに敵方の申楽よけれども、さのみには負くることなし」（「問答条々」三）

舞台芸能の競合を戦さの手合になぞらえて「立ち合い」すなわち決闘と表現することは、ヨーロッパの芸能史はもちろんのこと、日本でも無かった。平安時代に「歌合（うたあわせ）」が流行したが、それは優雅な競合ではあっても、生死を賭ける勝負事ではなかった。他方で申楽での立ち合いは、真剣だ。
「よきほどの上手の（すぐれた名手が）、花失せたるゆゑに（花が失われたがゆえに）、負くることあり。いかなる名木なりとも、花の咲かぬときの木をや見ん（花が咲かなくなったときの木を見るがよい）。か様のたとへ（例）を思ふときは、一旦の花なりとも（一時的に咲いただけの花でも）、立合に勝つは理なり（立ち合いに勝つのは当然である）」（『風姿花伝』、第三「問答条々」四）

こう述べたときの世阿弥は、将軍職が義満の死去のあと義持に、そしてさらに義教に移り、甥の音阿弥の評判が高まり、将軍の愛顧が音阿弥に移っていく現実を、噛みしめていたときでもある。「花が失せる」とは、役者（シテ）が老いて、以前のように姿が美しくなくなる、という状態だが、世阿弥はもはや美少年の時期は過ぎていた。それであれば、まさに枯れることのない「真の花」を「芸の道」に求めるほかない。「真の花の残りたるして（シテ）には、いかなる若きして（シテ）なりとも勝つことはあるまじきなり」（同上）。この「真の花」を会得するなら、若いシテとの勝負に負けないのみならず、戦さの場でも座敷の場でも、出入自在となり得る。そのことは、役者として生き残るか没落するかの、分かれ目ともなる。

このような真剣な立ち合いと気分の上で連動したであろう事態も、あった。すなわち申楽の役者たちが、日常的に刀を持ち歩いたという事態だ。『申楽談儀』の一節を引用しよう。「申楽者常住の歩きに」という節だ。カタカナでの叙述は読みづらいから、原文は括弧に入れて、現代文の綴りに直して引用する。

「一　申楽者の平素の常住歩きに（サルガクジヤウヂウノアリキニ）、この頃（イマホド）、小者、下僕に（コモノニ）太刀を持たせている（タチヲモタセテアル）、似合わないことだ（ニアワヌコト也）。……そうであるなら、体裁の良い袋に（サレバタヾヨキフクロニ）、着替えを入れて持たすべし（キカユ入テモタスベシ）。実際、そういうものが無いと（ゲニト、サヤウノモノナクテ）良くないときは（カナハザラントキハ）、何らかの（ナンノ）短い打ち刀を（ミジカキウチガタナ）、差させて連れ歩くべきだ（サヽセテツレベキカ）。それも昔は無かったことだ（ソレモムカシハナシ）……近江の申楽の連中に至っては（アウミナンドニテハ）、山法師の若党のようだ（山ホウシノワカタウノヤウナリ）[113]」

「山法師」とあるのは、言うまでもなく義教が焼き討ちした比叡山・延暦寺の、あるいはその麓・日吉大社の、僧兵たちのことだ。仏法の修行者たちが武器を手にする兵士でもあるという時代だから、それと呼応して、神事で申楽の演能を神社に奉納する役者たちも、日頃から従者に太刀を持たせて歩いていたというのだ。申楽者たちの勢力争いが紛争に発展することは、日常的だった。「大乗院寺社雑事記」という文書には、そのことが書かれている。[114]乱世のなかで申楽の役者たちが日常的に刀を持ち歩いたという様子は、能楽上演が優雅な会場で行われている今日からすれば、想像できないが、それが日常化していた時代があったのだ。

ここから改めて『宗湛日記』を見るなら、利休が秀吉の薩摩遠征に従軍し、その陣屋で茶会が頻繁に催されていたことが改めて注意を引く。秀吉も、しばしばその陣屋で茶を点てた。「関白様（……）カツテ（勝手）より御出アッテ（……）ヲレガ手前ニテノマウカ（俺の点前で飲もうか）ト被仰（仰せられ)」、といった記述もある。[115] 秀吉は仏法など意識していなかっただろうが、陣中で頻繁に茶の湯の催しがなされるということは、もっと注目に値する。それは秀吉が北条氏征伐で小田原城を包囲したときにも、同様だった。

しかし、単に芸能者たちや茶人たちが乱世の只中に投げ込まれていたというだけなら、「芸道」という名称を用いる必然性はない。その必然性は、「仏道」もしくは「禅」の影響という点にある。世阿弥においては、その影響は『拾玉得花（しゅうぎょくとくか）』に特に顕著となり、禅宗の公案などが引用され、[116] 仏教用語の使用や全体の雰囲気が、この伝書を刻印している。同じことは、利休の『南方録』ではもっと表明的となる。冒頭の巻には「小座敷の茶の湯は、第一仏法を以て修行得道する事也」と記される。しかし申楽はやはり寺僧たちが演ずるものではなく、また茶の湯も寺院での喫茶とはやはり一線を隔てている。それは「小座敷」で修行得道する道だったからだ。

ところで、このような仏教もしくは禅の影響のもとで浮上してくる一語がある。「遊」あるいは「遊楽」だ。世阿弥においては、『拾玉得花』の冒頭の「問。遊楽（ゆうがく）を成す当芸において」云々という語で言われるように、「遊楽（ゆうがく）」の語は申楽（さるがく）の代名詞の位置すら得ている。利休の『南方録』は真面目な叙述だから、「遊興のもてなしのやうに便々（べんべん）と居る作法にてなし」(「覚書」五)という語に見られるように、「遊」の文字は否定的にしか用いられない。しかし茶の湯は「客・亭主共ニ茶の湯三昧（ざんまい）の一心得道の物也」(「覚書」一九)であり、「茶ノ湯トハ只湯ヲワカシ茶ヲ立テノムバカリナル本ヲ知べシ」(「滅後」七五)と言われる。「只」の一文字に、尽きない意味が込められる。仏教的には「三昧（さんまい）」という意味になる。仏教ではこの語は「遊戯（ゆげ）観音」、「遊山（ゆさん）」(寺院を廻って修行すること)、「遊行（ゆぎょう）」(念仏を唱えて人々に交わること）といった語と同義であり、すべて「悟り」の境地をも意味する。そういった「三昧」の道が「遊戯」「遊山」「遊行」等々の修業のあり方となる。

戦陣の中であろうと平時の御座敷であろうと、おなじように申楽を演じ、茶を点てるという内面世界のあり方を、「遊」という語で捉えるなら、その場合の「遊」は、現実の只中にありながらこの現実から自由でもある、というような境地を意味する。この意味での「遊」は抽象的な概念ではなくて、生の只中での生き方でもある。

たとえば詳しくは第二章で述べることだが、世阿弥が最晩年に流刑となって佐渡に流された折り、書き残した一書がある。その最晩年は世阿弥の「悲劇」と形容されることが常だが、しかし世阿弥自身の心境は悲劇というイメージから大きく隔たった、満足に浸るものだった。その地で自然を堪能し、土地の人々と交わり、「山はをのづからたかく（高く）、かい（海）はをのづからふかし（深し）。かたり（語り）尽くす、さんうん（山雲）かい（海）月の心、あら面白や、さど（佐渡）のうみ（海）」と歌い、「やすんじて（安んじて）もて（以て）、たのしめり」、という心境だった。ここで言われる面白さとか、安らぎとか、楽しさとかは、「遊」の基本だ。

また、すでに「利休と豊臣秀吉」の節で述べたことだが、利休が切腹に際して詠んだ辞世の偈「吾が這（この）宝剣は、祖も仏も共に殺す」というときの「殺」の文字は、俗世界の一切の権威も束縛も切って自由になる、という方向の極限だった。[117] その心境は、日常の営みをいったん遮断して茶の湯を楽しむ「遊」の極限でもある。

このように言うと、人によっては醒めた眼でこう言うかもしれない。「ふたりの心境を理想化しすぎていないか」と。まず世阿弥について言えば、彼は申楽の芸道を貫く強烈な自我意識の持ち主だったのではないか。また利休について言えば、彼は大坂城内で権勢を持ち、名物の小道具類の売買でかなり懐を肥やした俗物の一面を持つ人物だったのではないか。そして何よりも利休の自刃は、一切の権威も束縛も切る極限の自由と言っても、自刃を命じられて死ぬという絶対的な命令に服することであり、自由の剝奪の極限であり、そこで一切の束縛から自由になるなどと言うのは、刑場に引かれていく者が最後の負け惜しみに歌う「引かれ者の小唄」にすぎないではないかと。

まず世阿弥にもどるなら、たしかに彼は単なる風雅・風流人の遊びに終始した人物ではない。河原乞食から将軍・義満の稚児となって将軍の側に侍り、公家たちの羨望と嫉妬を買うような身分となった。そして同業の座との「立ち合い」という名の競争をくぐり抜けた。そして次の将軍・義持の代には恩顧の熱は冷め、将軍・義教に至っては冷遇となり、自らの座の後継問題も意のままとならず、失意のどん底に突き落とされた。山崎正和の『世阿弥』は、義教が観世座を世阿弥の息子・元雅ではなくて世阿弥の甥の元重に継がせようとした事由を踏まえて、世阿弥にこう言わせている。「もうろくしたりといえども、そのような御命令には従えませぬ。観世大夫の名跡(みょうせき)は長男元雅にのみ与えられるべきもの。甥とは申せ技倆未熟の音阿弥などに、断じて許しはかないませぬ」[118]。フィクションのセリフではあるが、世阿弥と義教とのあいだにあったはずの確執の戯曲化だから、このセリフに類似の事態があったとしても不思議ではない。世阿弥の側に自らの栄達を賭けた強烈な自己主張があったことは、まちがいないだろう。

次に利休にもどるなら、俗物という指摘は昔からあった。たとえば『茶話指月集』にもそれに類する逸話が記される。「昔年（そのかみ）、宗易、茶器の新旧・可否をわかち、価を定むるに私曲（不正）あるよし、太閤へさかしら（差し出がましい言）申す者あり。かねて一事、上意（秀吉の意）に背くのうえ、終（つい）に生害（自害）に及ぶものか」[119]。しかし筆録者の久須見疎庵（茶話の語り手は藤村庸軒だから、庸軒の見解であるが）は、こういった利休の名物売買について、「もとより浄穢不二のことわり（理）、何ぞ怪しまん（どうして怪しむことなど、あろうか）」とも記している[120]。利休において、心を澄ませて「只湯ヲワカシ茶ヲ立テノムバカリ」という「浄」の面と、大坂城で茶器の売買をも手がける世俗的な「穢」の面とは、表裏をなしていたという見解だ。現代でも利休研究者のあいだで、利休の俗物的側面を見ようとする人と、利休がそういったことに手を染めながらも超越していたと見る人との、両方がある。大家の名を挙げるなら、桑田忠親は前者だし[121]、小宮豊隆は後者だ[122]。私自身は後者の見方に与したい。

それよりも、利休の「宝剣」は自刃を命じられて死ぬという絶対的な命令に服する、自由剝奪の極限形態ではないかという醒めた見方に、ひとこと添えたい。いちおうはその通りだと、言わなければならない。利休といえども、自ら自刃を望むということはしないだろうし、もし可能ならば存命を選んだだろうと。ただ、身体的に一切を抹殺される瞬間に、精神も抹殺されるほかないのだろうか。利休の「宝剣を天になげうつ」は、身体的存続を消される者の語としては「引かれ者の小唄」だろうが、しかし生涯のすべてを投入してきた事柄が生死を超えた大きなものとひとつになることであるなら、それは生の只中で生死を超えることだ。宝剣をそこへと抛りあげる「天」とは、生死を超えた大きな事柄すなわち「道」の名でもある。その宝剣で自らの身体を切り裂いて天に翻転入するなら、その者の小唄には天の哄笑の響きが混じり合うだろう。後に見るように、その利休を失ったことを、秀吉は後になって悔いている。利休は世俗の力関係においては弱者の末路を辿らされたが、あえて勝ち負けを言うなら、利休は精神の対峙においては勝者となっている。

利休の身体を切り裂いた宝剣は、その後どこへ行ったか。今それは、利休を初代として十六代家元を擁する茶道裏千家に、蔵されている。第十五代宗匠だった前家元の千玄室、現在九十八歳は、一九四三年十二月に、特攻隊参加をも意味する学徒出陣を控えていた。出征の数日まえ、玄室は父から茶室「咄々斎」に呼び出され、この宝剣を見せられたという。鎌倉時代の名工、粟田口吉光の作で、約二十五センチの刀身。私は見たことはないのだが、千玄室に特別インタビューをした毎日新聞の今西拓人記者が、こう記している。「利休の腹をえぐった刃先は曇っていた」（毎日新聞二〇二一年八月二十二日、日曜版、一面）。利休生誕五百年を迎える来年（二〇二二）には、その曇りは底光を発することだろう。

第二章

世阿弥と義教

一　足利義教——天魔と歌人が同居する将軍

足利義教による世阿弥の佐渡流刑の理由が、現存の史料からは不明にとどまる中で、将軍・義教と申楽の大成者・世阿弥とのあいだに芸術的感性のちがいが誘因としてあったこと、それが義教の文化政策、たとえば観世座の継承といった問題にもつながって、両者の関係の冷却あるいは破綻に至ったことの推測を、すでに述べた。推測だから多少の論拠がなければならない。まず義教と世阿弥の感性のちがいについて言えば、例として義教の和歌を一首挙げた。しかしそれだけでは根拠が薄弱すぎるから、『新続古今和歌集』に採録されている義教の十八首の歌に目を移して、義教という人物をその感性という面から見ることにしよう。歌の引用は『和歌文学大系12　新続古今和歌集』（村尾誠一、明治書院、二〇〇一年）に依る。

義教がその強権的な武断政治と政敵への仮借ない処罰で公家や家臣に恐れられていた、ということは、いろいろに伝えられている。彼が「天魔」とさえ言われた所以でもある。この表現は、『看聞御記(かんもんぎょき)』の永享六年（一四三四）二月十六日の記述に出てくる。[123]

しかし『新続古今和歌集』では、「天魔」というイメージから大きくかけ離れた「歌人」義教の像が、浮かび上がってくる。この歌集は天皇や上皇の命で編纂される「勅撰和歌集」二十一編の、最後のものだ。「勅撰」とは言いながら、実際は義教の「執奏」すなわち事実上の命令で出来たものだから、その序には義教の自負を表現する文言が記されている。

「今国家中興の運（国がふたたび勃興しはじめた運勢）を膺け、上古の風（平安朝時代の文化の風潮）と同じくす。（……）征夷大将軍源丞相（足利義教）左文右武（左には文芸、右には武芸）の資（資質）に稟れ、南征北伐の績を懋む」

ここには『新続古今和歌集』を編纂させた義教の文化的抱負が、明記されている。[124] つづいて義教の「執奏」の理由も記される。

「爰に朝（朝廷）に奏して言はく、夫れ撰集は文思（文章と思慮）の標幟（標識となる幟）にして、今作さざるは已に久し。寧ろ明時（太平の時代）の欠典（欠如している典礼）に非ずやと[125]」

義教は「明時」という語を用いている。各地の反抗的な武将たちを平定するために絶えず戦さに赴きながらも、世の中の実権はすでに手中にあり、世は治まっていると、宣言しているのだ。時代の相を示すという点では、上記の序文中の「今国家中興の運を膺け、上古の風と同じくす」というくだりも、注目される。上古の風と同じくする、ということは、上古からつづく国風を続行させ継承するということだ。義教は、平安朝以来の文化を中興することを宣言しているのだ。

義教の将軍在位十三年、正確には正長二年（一四二九）三月〜嘉吉元年（一四四一）六月、つまり十二年三ヵ月は、幕府の実権を諸国の管領たちから取り戻すための戦さの連続であり、比叡山・延暦寺との争いの折りには延暦寺を焼くという事態にまで至った。しかし上記の序文は、そういったことには言及せずに、目下の状況を「国家中興の運」と形容している。目下の戦乱は国家中興に至るプロセスにすぎないという自負を、窺わせる。その自負が勅撰集編纂の命令にもなるのだが、しかし単なる権力自慢で思いついたことではなかった。自らもそこに十八首の歌を載せるだけの和歌の技倆を持った上でのことだった。十八首といえば、採録数においてランキング十位に位置する。その事実は、編者の側による時の権力者への媚びの結果とは言えない。名だたる歌人たちの歌をあつめたこの歌集では、歌の採否は編者の見識を後世に示すものだからだ。

第三章で詳しく見ていくことだが、身分の上で源氏の血統と無縁のまま天下統一に王手をかけた織田信長も、そして統一政権を樹立した豊臣秀吉も、単なる武人政治家ではなかった。二人とも、芸術的感性において天性の素質を持つ人物たちだった。織豊（しょくほう）政権の時代に「茶の湯」が、「茶湯御政道（ちゃのゆごせいどう）」とまで言われるほど、政治の場と融合していった背景には、信長と秀吉における茶の湯への、そしてそこで用いられる茶道具の名器への、感性と鑑識眼がなければならなかった。信長も「天魔」と言われるほど残虐で苛酷な政策を断行し、秀吉も自分の出身階層である農民に対して厳しい政策をおこなったが、彼らがいずれも際立った美的感性の持ち主でもあったということは、利休研究においてあまり注目されてこなかった。

しかしこのことへの着目は、これから追っていくように、ある意外な見通しへとつながる。すなわち芸道を歩む者と権力を追求する者との矛盾対立の要素は、実はそれぞれの側自身の内部にも存在しているという見通しだ。もしそうであれば、それぞれの人生行路の悲劇的な関係破綻も、そこに最終的な深層原因を求めなければならなくなる。権力と芸道は、単に「世俗的なもの」と「純粋芸術的なもの」とから成る異質のものとして二層構造をなす、というわけではなかった。そうではなくて、双方において権力志向と美的志向とが相互否定的に混ざり合っている。その関係が、まさに「遊び」において顕在化するという予想が、本書を導いていく。貴族の世界には貴族の、庶民の世界には庶民の遊びがあるが、その遊びの中でそれぞれの世界は自己同一性の限定を抜け出して、自由空間をつくり出す。その自由空間は、自分に反する自分を自分の内部に生み出す。

足利義教の歌に、話をもどそう。天魔とされた義教が詠んだ和歌は、すでに述べたように十八首も勅撰集に入れられている。皇族や公家、あるいは僧侶たちの中には、もっと採択数の多い名前もあるが、足利一族の中では義教の歌が突出して多い。十八首のすべてを取り上げたいが、冗長を避けて、また紙数の関係で、数を絞ろう。

まず、「花」を詠んだものが三首ある。後述するように「花」は世阿弥の『風姿花伝』に一貫するモチーフだから、それとの比較をも兼ねて義教の「花」の歌三首を取り上げることにする。歌の冒頭に挙げる数字は、上記の勅撰和歌集に採録の番号、ルビは筆者の付加による。

一一七　家にて人々花歌よみ侍し時
「今年よりさらに契(ちぎ)りて我宿の花に待(ま)つべき万代(よろづよ)の春」　左大臣
(巻第一　春歌上)

一九九　百首歌たてまつりし時
「十(と)かへりの花のゆかりや紫の庭に色そふ松の藤なみ」　左大臣
(巻第二　春歌下)

二二五　家にて題をさぐりて三十首歌よみ侍けるに、山新樹といへる心を
「それとだに知らせでしげれ山桜花こそ夏の梢なりとも」左大臣
（巻第三　夏歌）

三首の歌はそれぞれの巻の歌題から当然ながら、自然の情景を詠む叙情歌だ。だからこそ、これらが「南征北伐」の戦火に奔走した人物の詠んだ歌でもあることに、注意を向けたい。情け無用の天魔的な辣腕を振るう顔と、自然風景を抒情をこめて詠む心とが、義教において同居しているのだ。

もちろんこの三首とも、よく見れば、義教が将軍として幕府の実権を取り戻し国家中興をめざす意志を詠みこんだ歌だということにも、気がつく。最初の歌（番号一一七）は、『新続古今和歌集』の「巻第一」を締めくくる位置にある。その位置で、「万代の春」が謳われている。ずっとつづくべき足利幕府の政権を願望する語だ。義教は今年咲く「我宿の花」の中に、この「万代の春」を詠みこんだ。

二番目の歌（番号一九九）は、「十かへりの花」という語を用いる。これは字義どおりには、百年ないし千年に一度咲くという松の花のことだが、いま義教は、庭の松枝に絡んで波打つ紫の藤にこの「十かへりの花」を重ね合わせている。つまり、ここに咲き出る藤の花に、百年千年とつづくべき自分の政権の隆盛を、託している。

三番目の歌（番号二二五）は、夏の山桜のこんもりと茂った枝葉を夏に咲いた花と見立てて、「そうとは知らせずに茂れ」と、語りかけている。春に桜花が咲けば、誰もがそれを見る。それに対して夏

の枝葉の繁茂には、誰も目を止めない。しかし繁茂であることに違いはない。幕府の実権はまだ天下周知と言えないが、すでに確立して繁茂している。もっと繁茂せよと、義教は謳う。その自信と自負と願望は、残りの十五首にも多かれ少なかれ表現される。そのほとんどが、自然の情景に託して将軍としての自信あるいは願望を詠みこむ、という趣を含んでいる。もっとも「歌人」義教を弁護する意味で言うなら、かなり純粋に自然の風趣を素直に詠んだ歌もあることはある。たとえば次の歌だ。

三二一「夕立の雲の衣はかさねても空に涼しき風のおと哉」

もちろんこの歌も、現状の重苦しい雲がやがて涼しい風に吹かれて空が晴れわたるように、という願望歌ともとれる。しかし叙情歌と解することもできる。それも、「雲の衣」というときの「K」音の反復、「空に涼しき」の「S」音の響き、「涼しき風」と「涼しき音」の意味の重なり、等々、和歌の技巧も巧みだ。義教は戦さや政争のことをしばらく忘れて、その涼しき風の音に耳を傾けている。そのような純粋な詩心を思わせる歌は、しかしながら十八首のなかではむしろ例外で、基調はあくまで自分の権勢欲を詩的表現に託すことにある。たとえば「恋歌」の部に載る義教の歌を、見てみよう。

一三五六「半天(なかぞら)になすなよ富士の夕煙(けむり)たつ名にかへて思ふ我身を」

「思ふ我身」は「恋する我が身」のことだから、たしかに恋歌だ。しかし欲するものは何でも手に入れうる権力者・義教が、「恋」の歌を詠むということは、すこし滑稽だ。おそらく、歌題が「恋歌」だから、技巧の上でそういう歌を詠んだのだろう。期せずしてそこに、自分の権勢願望も表現される。「半天になすなよ富士の夕煙」が、それだ。自らの名が富士の煙のように中空に消えることなかれと、義教は詠んだのだ。

ただしその権勢願望は、当然ながら自らの行手にひそむかもしれないという危惧の念と表裏をなしている。たとえばこういう歌がある。

一七二〇「夜も猶木曽路の橋のあやふきを知らでや月のすみわたるらん」

「木曽路の危うき橋」とは、信濃の国をめぐる複雑な抗争の事態を意味する。すでに義教の父・義満の頃から、信濃は幕府や鎌倉公方や地方豪族が絡む複雑な抗争の土地だった。義教の頃は小笠原氏と地元の豪族・村上氏とが直接の抗争当事者で、義教は小笠原氏を支援し、それによって小笠原氏は信濃の守護大名に復権した。しかしそれほど安定した地方政権ではなかった。案の定、嘉吉の乱で義教が赤松満祐に暗殺されたあとは、幕府の支持を失って家中は分裂していく。[126] 義教がこの時点で命を失うという運命を予感していたとは思えないが、しかし木曽路の状況が「危うき」ものだということは見ていた。この橋を照らしわたる月光になぞらえて、常に油断を許さない危うさを上から見渡す自らの立場は、権力者の孤独とでも言うべき気分にもつながる。だからこんな歌もつくられる。

一三八三　百首歌たてまつりし時、寄海恋
「おなじくは思ふ心の奥の海を人に知らせで沈みはてなん」左大臣

やはり「恋歌」の部に入れられた歌だ。しかしここでも、恋歌は偽装だ。義教の「心の奥の海」で「おなじくは思ふ」人が居るとすれば、その人は恋する女でなくて、実権を諸国の執権たちに渡して心細く生きた兄の第四代将軍・義持か、あるいは果敢（はか）なく早逝した第五代将軍・足利義量（よしかず）であろう。その両者の運命が自分には無縁だという保証は、時代の局面からしてなかった。むしろおなじ運命が自分を待っているという可能性のほうが、大きいとすら言えただろう。権謀術数と戦さの連続の中で、義教が自分の「心の奥の海」を明かす相手はいなかった。そうであれば、その海に「沈みはてなん」という表白は、またしても義教を取り巻く現実の危うさへの感情の吐露と受け取ることができる。

一八三三　百首歌たてまつりし時
「老（おい）らくののがれてむすぶ柴の庵は門さゝずとも誰（たれ）かとひ来（こ）む」左大臣

権力者といえども避けることのできない「老らくの柴の庵」には、訪い来る者はいない。深い孤独感がここに詠みこまれる。義教が単に感傷に塞ぎ込む文学好きの人物でなかったことは、彼の事跡を見れば分かることだが、しかしまた、彼が単に武断的で行動的な人物だったわけでもないことが、こういった和歌にまたしても示される。そうであれば、そういう繊細な詩的感性が無慈悲で強権的な性格と同居して、義教の中で矛盾的自己同一とも言うべき人格を形成していたことになる。人間性そのものに潜む二重性がいずれの面においても異常に肥大化して同一人物の行動エネルギーになることが、義教における「魔性」の内実だったのかもしれない。

二 『風姿花伝』の「花」

足利義教について、すでにかなり頁を費やした。それは世阿弥が生きた時代のひとつの相を見るため、そして芸道に生きる者と権力政治に生きる者との不可避の共生関係を、立ち入って見ていくためでもある。

「花」を詠んだ義教の和歌を見たので、ここで世阿弥における「花」を見てみよう。叙述の先取りをするなら、「花」は世阿弥においては「芸」の有様のことであり、また『風姿花伝』から『花鏡』への展開の鍵をなす語だ。その鍵は「遊」という形を持つ。なぜ「遊」なのか。論の運びに少し弾みをつける意味で、ここで宗教詩人、アンゲルス・シレジウス（Angelus Silesius 一六二四―一六七七）のよく知られた詩句を、想起しよう。「薔薇はなにゆえ無しにある／薔薇は咲くがゆえに咲く／薔薇は自分自身を構わない／人が自分を見るかどうかを問わない」と。[127] シレジウスが見た野に咲く薔薇は、普通の見方では自然界の因果関係の中にある。種子は芽を出すため、芽は成長して葉を出すため、葉は光合成して実をみのらせるため、という自然界の合目的性の連関で、薔薇も咲き出ている。しかしその見方は、実は、合目的的に見てしまう人間の見方を投影したものだ。カントは『判断力批判』で、自然界には自然科学で究明される機械的な連関は存在するが、合目的的連関は物理的・客観的に成立しているものではなくて、「目的論的判断力」に帰することを論じた。[128] そして「自然そのもの、我々には知られていない内的根拠」を見ようとした。[129] その内的根拠を詩人シレジウスは詩的直観で、「なにゆえ無し」と言い切った。その直観の中で、花は無心に咲いているという見方も成り立つ。自然の全体が「遊」という性格のもとで見られる。その在り方を人間自身の在り方となすとき、自然は人間本性の模範となる。そのような本性を芸において実現することは、長年の修練を要して初めて成立するし、その修練も「よりよく演じるため」という目的を持つであろうが、しかし修練の只中で一切を忘れる瞬間には、「なにゆえ無しに」の無心の境地があらわれる。世阿弥の「花」は、そういう修行の開花としての「遊」ということができる。

世阿弥が遺した現存二十一種二十四点の著書のうち、[130] 九篇が「花」という語を表題に含んでいる。1.『風姿花伝』、2.『花伝』第六花修、3.『花伝』第七別紙口伝・古本、4.『花習内抜書』、5.『花伝』第七別紙口伝・元次相伝本、6.『至花道』、7.『花鏡』、8.『拾玉得花』、[131] 9.『却来華』。この中で、一般には1の『風姿花伝』が、最もよく知られている。

『風姿花伝』の成立経緯は少し込み入っているが、そしてこれから述べる内容の解釈にも影響するのだが、その歴史的解明は本書の課題ではない。本稿では、これまで研究者たちが明らかにしてきた事実を本文に関係するかぎりで要約しておくだけにしよう。

世阿弥はこの題名の書を著すまえに、「花伝」という題名で七巻を著していた。今日では『花伝』第六花修と『花伝』第七別紙口伝・元次相伝本だけが、現存している。世阿弥はその「花伝」を編纂しなおして『風姿花伝』五巻を書いた。一般にこの題名で刊行される版は、七巻だが、それはこの五巻に、上記の『花伝』第六花修と『花伝』第七別紙口伝・元次相伝本を、「風姿花伝」の第六と第七として加えるからだ。もとの『風姿花伝』五巻は、世阿弥が三十八歳（応永九年、一四〇二年）のとき、すなわち義満の愛顧のもとで天下の名声を得て申楽の世界の絶頂にいたときに、成立した。七番目の巻である「別紙口伝」だけは、奥書が応永二十五年（一四一八）となっているから、世阿弥は五十六歳（生没年ははっきりしないから、推定で）だったことになる。

『風姿花伝』五巻と「別紙口伝」とのあいだには、十六年の歳月の隔たりがある。その隔たりは、『風姿花伝』と『花鏡』とのちがいにも、通じている。『風姿花伝』の奥書は応永九年（一四〇二）四月で、『花鏡』の奥書は応永三十一年（一四二四）六月だ。後者の奥書で世阿弥は、『風姿花伝』が世阿弥の亡父・観阿弥の言行を書き留めた記録であること、それに対して『花鏡』は、世阿弥が四十歳をすぎてから自分自身の芸の境地を書き記したものだと、述べている。このとき世阿弥は推定六十二歳。

以上のことを念頭において、まず『風姿花伝』を見てみよう。この伝書の巻一では、能役者の風姿が、幼童のときから老人になるまでの七段階にわたって、「花」になぞらえられる。どの世阿弥文献でもほとんど例外なく引用される部分だが、叙述のつながりから最小限の引用をしておきたい。

役者は七歳から稽古を始めるが、役者としての「花」は十二、三歳から咲き始める。「まづ童形なれば、なにとしたるも幽玄なり。声も立つころなり。二つの便りあれば、悪きことは隠れ、よきことはいよ〳〵花めけり」。しかしながら、「この花は真の花にはあらず。ただ時分の花なり」。「時分の花」（たまたま良い時期に咲いた花）という表現を、世阿弥は何度も「真の花」と区別して用いている。十二、三の童形の演技は、何をしても「幽玄」だ。この語は世阿弥の最重要語で、いろいろの脈絡で用いられる。たとえば文字で読み、耳で聞く和歌の幽玄と、目で見る能曲の幽幻とが、並べられたりする。一方は聴覚的で、他方は視覚的だ。さらには「時分の花、声の花、幽玄の花」（『風姿花伝』第三「問答条々」九）という三種の「花」の幽玄もある。また「人においては、女御（にょうご）・更衣、または遊女・好色・美男、草木には花の類、かやうの数々は、その形幽玄のものなり」（『風姿花伝』第六「花修」）というから、要するに今日の「美しい」とほぼ同義と言える部分もある。幽玄は日本美学の代表的な概念だが、その概念規定に踏み込むことはせずに[132]、先に進みたい。

次は十七、八歳の頃だ。「まづ声変りぬれば、第一の花失せたり」。それ以前の、天然のままで「花やか」だった時期は過ぎていく。しかし芸そのものは未熟なままだから、見物人は退屈する。ここが役者としては我慢のしどころであり、生涯稽古をつづけるほかないと、世阿弥は記す。

役者が二十四、五になると、声も身体も定まってくる。「このころ、一期（いちご）の芸能のさだまる初めなり」。新星が出現したと世間で注目され、名人と言われる役者との立ち合い勝負に勝つことすらある。しかし「これも真の花にはあらず。年の盛りと、みる人の、一旦の心の珍しき花なり」。もしそのことを自覚しないで、芸の名人の域に達したと思うなら、それはすぐに天井にぶつかる。「されば、時分の花を、真の花と知る心が、真実の花に、なほ遠ざかる心なり。ただ人ごとに、この時分の花におきて、やがて花の失するをも知らず」。

この時期を世阿弥は「初心」と名づけているが、この語の奥行きについては、あとで再述したい。世阿弥が『花鏡』で述べる「初心忘るべからず」という自覚の展開につながるからだ。

さて三十四、五となると、この頃には素質のある役者は天下の名望を得る。世阿弥自身がまさにこの年齢に達して、『風姿花伝』を書いている。「もし、この時分に、天下の許されも不足に、名望も思ふほどなくば、いかなる上手なりとも、いまだ真の花を究めぬしてと知るべし」という文言は、世阿弥自身の自信の表明でもある。しかしながら世阿弥は、「上るは三十四五までのころ、下るは四十以来なり」ということも分かっていた。目下の自分が満喫している名望すなわち「天下の許され」は、ふつうは持続しないのだ。では四十四、五になれば、どうすればいいのか。

「能は下がらねども、力なく、やうやう年たけゆけば、身の花も、よそめの花も、失するなり。まづ、すぐれたらん美男は知らず、よきほどの人も、直面(ひためん)の申楽は、年寄りてはみられぬものなり」。芸のレベルは維持しても、「身の花」は失せ始め、「よそめの花」すなわち他人から見ての花も、老醜となる。だから、たとえば直面(ひためん)すなわち仮面をかぶらずに素顔で演じる能は、見られたものでなくなる。しかしながら、年齢に応じた演じ方の工夫があるのだと、世阿弥は言う。それによって、いわば「芸の花」が維持される。それこそが本物の花だと、世阿弥は言う。「もし、このころまで失せざらん花こそ、真の花にてはあるべけれ。それは、五十近くまで失せざらむ花を持ちたるして(シテ)ならば、四十以前に天下の名望を得つべし」。

さらに五十を過ぎて「五十有余」となればどうか。平均寿命が遥かに高くなった現代では、世阿弥の頃の五十歳は八十歳くらいだろう。普通なら老醜はさらに進む。しかし「真に得たらん能者ならば、物数はみなみな失せて、善悪見所はすくなしとも、花は残るべし」。芸によって獲得した花は、自然界の花とちがって、萎れるということはない。そのように記す世阿弥はまだ花盛りの三十代だから、それは彼自身の経験ではない。彼は父・観阿弥を見て、そう述べているのだ。父の観阿弥は五十二歳で死去する十四日まえに、駿河（静岡）の浅間神社で法楽を舞った。世阿弥はそれを見ていた。「その日の申楽、ことに花やかにて、見物の上下、一同に褒美せしなり」。五十有余になった父の舞いで、「花はいやましにみえしなり」。それは老木にも残る。「これ、眼のあたり、老骨に残りし花の証拠なり」。

以上は、能役者の年齢に対応する「花」の記述だ。しかし、単に年齢のちがいだけで「花」の種類が変わるわけではない。申楽で演じられるさまざまな役柄も、さまざまな「花」になる。それは、世阿弥における「花」が自然界の花のあり方と重なり、単に自然に咲く花ではなくて、どこまでも芸の修練を、具体的には「物学」を経て、咲くものだということだ。

役者は何らかの役柄を「まねる」ことを芸としている。申楽は前にも述べたように「猿楽」とも書き、世阿弥自身は「神楽」の「神」の字の旁から「申」の字を当てたと言うが、やはり「猿まね」の連想を嫌ったのだろう。『風姿花伝』の「第二　物学条々」では、公家、武家、女、老人、物狂、法師、修羅、神、鬼、などの「ものまね」の秘訣が記され、「まね」の字に「学」という漢字が当てられる。この「物学条々」は、「ミメーシス」論という観点でも出色だ。第一章で言及したように、普通には「模倣」と訳されるアリストテレスの「ミメーシス」も、「学び」の意味を持っていた。ただし彼のミメーシス論は、概念論であって、具体的な「まねび」の秘訣を記すものではなかった。それに対して『風姿花伝』での「ものまね」論は、具体的な登場人物のものまねの秘訣を記すものだ。いくつかの例を挙げよう。

「老人のものまね、この道の奥義なり」。老人のものまねが、いちばん奥が深い。相当に熟達した役者でも、なかなか老人のものまねはできない。なぜなら、花やかなところの失せた老人をそのまま真似るなら、老醜の再現に終わって、舞台で映えないからだ。「花なくば、おもしろきところあるまじ。およそ老人のたちふるまひ、老いぬればとて、こしひざをかがめ、身をつむれば、花失せて古様にみゆるなり」。

世阿弥は、父の観阿弥が舞った最後の申楽を念頭において、そういうことを記している。しかし世阿弥自身が父の年齢に達したとき、彼は『風姿花伝』「別紙口伝」を記した。そこでは、遥かに機微に通じた細かい記述がなされる。一例だけを挙げるなら、太鼓や歌や鼓に合わせて舞うときに「ちちと遅く足を踏み、手をも指し引き、およその振り・風情をも、拍子に少し後るるやうにあるものなり」と、述べられている。かくして、もし年寄りを演じてしかも花がある舞台となるなら、その芸は「老木に花の咲かんがごとし」という事態となる。世阿弥は自分自身の芸の経験も重ねて、老父の芸をそう評しているのだ。

「物狂(ものぐる)い」(狂人)のものまねも、簡単ではない。それは「この道の第一のおもしろづくの芸能」とされる。「親に別れ、子を尋ね、夫に捨てられ、妻に後(おく)るる、か様(よう)の思ひに狂乱するものぐるひ、一大事なり」。しかしここでも、ただ単に模写するだけのものまねなら、ただ異常な様子を再現するというだけで、「花」がない。「ものぐるひにことよせて、時によりて、なにとも花やかにいでたつべし。時の花をかざしに挿すべし」。世阿弥は、このような物狂いのものまねが「ものまねの奥義」だと言う。

恐ろしい鬼を演じるときは、どうか。「恐しき心と、おもしろきとは、黒白の違ひなり」。ただ単に鬼をまねて演じるだけなら、恐ろしいだけであって、一向におもしろくない。鬼の姿が「おもしろき」ものとなるには、鬼としての「花」を表現しなければならない。それは、「巌(いわお)に花の咲かんがごとし」とも言われる。この喩えは、登山を趣味とする人ならすぐに思い当たるだろう。ごつごつした高山の岩陰に、小さな高山植物の花が咲いているのを見るとき、登山者は立ち止まる。そして、岩全体に風情が漂うことを感受する。舞台上の鬼が、その恐ろしい姿の中に、ふと哀愁を帯びた表情を見せるとき、それは巌に花が咲くがごとき幽玄の風景となる。

『風姿花伝』での「花」は、どこまでも「申楽という芸能における花」だから、義教の「和歌に詠まれる花」と、当然ながら本質的に異なっている。後者は読んだり見たりする自然界の花であり、前者は舞台で観賞する花だ。それは役者が身体でみずから演じる、役者自身のあり様だが、他方は詠嘆の対象となる外界の花である。しかしながら、そういう違いは、まだ表面的に眺めた外面的な相違にすぎない。両者の違いは、内面性への深まりを控えている。

足利義教においては、「花」は外面的な形姿であり、自らの運勢の盛大をそこに託す語だった。彼は自分の人生を花に言寄(こと)せて、花に託して自分の人生を詠んだ。その同じ感性で、彼は申楽を好んだ。義教における申楽への思い入れの深さは、父の義満をも凌ぐところがあった。

世阿弥の場合も、申楽の追究の中で「和歌」は大事な領域ではあった。義教ほどに熱心に和歌を学んだという記録には出会わないが、相当の素養を持っていたことは、たしかだ。たとえば花が萎れた有様を「しほれたる風体」と呼んで、そこに独特の美を認め、「花よりもなほ上の事」と評価するとき(『風姿花伝』第三「問答条々」八)、世阿弥は『新古今集』の歌をふたつ引用している。そのひとつは、こうだ。

「薄霧の籬(まがき)の花の朝じめり秋は夕と誰か言ひけん」

朝霧に「萎れた」花は、満開の華麗な花や、夕陽に映える秋の紅葉の華麗さにもまさると、歌は語る。その感性を、世阿弥は評価している。世阿弥自身が能曲の作者として、その機微を知っていたのだ。「花伝第六　花修」の巻では、冒頭に「一、能の本を書く事、この道の命なり」という宣言がなされる。そしてそこでの「言葉」論は、詩歌の言葉の強調となる。

とはいえ、申楽はどこまでも身体による演技を主とする。そこでは言葉は、ただちに演技とむすびつくものでなければならない。言葉を動作に合わせるとき、「ふしぎに、おのづから、人体も幽玄の風情になるものなり」。和歌の言葉と申楽の演能とは、ともに通じ合う。だから世阿弥は「歌道」という表現を用いる。それも、単に上品な趣味の世界の事柄としてではない。

第一章で見たように、世阿弥の頃になされた申楽の座あるいは役者は、絶えず「立ち合い」と呼ばれる勝負をしていた。そこでは「敵方」といった戦闘的な表現も用いられていた。敵方に勝つか負けるかという戦さは、南征北伐の戦さに終始した義教の活動とも重なる。申楽の立ち合いにおける勝負の行方は、能役者にとって死活の問題につながっていた。その重大な場面で勝利を得る武器として、世阿弥は「歌道」を挙げているのだ。同書第三「問答条々」の三では、こう述べられる。「申楽の勝負の立合の手立」は、「敵人の能に変はりたる風体を、違へてすべし」（敵方が持っていない種類の能を演ずるべし）。敵方が持っていないことがいちばん確かと言える能曲は、自分自身がつくった曲目だ。自作なら、言葉も振る舞いも自分が定められる。そこで世阿弥はこうも言う。「されば、能をせんほどの者の、和才あらば、申楽を作らん事、やすかるべし」（それなら、能をするくらいの人は、歌の才があれば、申楽の曲を作ることは容易だ）。だから「歌道を少したしなめ」と、世阿弥は重ねて述べる。

世阿弥を愛顧した義満も、世阿弥を冷遇した義教も、それぞれに勅撰集に作品が採録されるほどの歌人だったが、世阿弥自身においても、申楽と和歌はともに「花」の芸を生み出す上で相互に貫入しあう関係にあったのだ。

三　『風姿花伝』から『花鏡』へ——「秘すれば花」

しかし「世阿弥の花」は、以上の概説で尽きるのではない。もうひとつの主著『花鏡』には、これまでと打って変わった「花」の事態があらわれるからだ。もっともこの著書の中では、『風姿花伝』であれほど強調されていた「花」という語が、表題には含まれるものの、本文中ではただ一ヵ所あるだけで、あとはすっかり消える。それは何を意味するだろうか。結論を先取りするなら、それは世阿

弥が五十を過ぎてから記した『風姿花伝』の締めくくりの章でもある「別紙口伝」での、次の語の帰結でもあった。すなわち、

「秘する花を知ること。秘すれば花なり、秘せずば花なるべからずとなり」

「花」は秘されることによって花となる、と世阿弥は言う。ここに、「花」というものについての古今東西の諸見解の中で、かつて例を見ない視点が示される。そしてその視点が、義教と世阿弥の双方の「花」のちがいをあらわし、世阿弥の配流にまで連動していくのだ。

三十代後半の絶頂期の世阿弥が記した『風姿花伝』五巻は、能役者が花としての風姿と芸を表現する秘訣を述べていた。「表現する」ということは、内面のものを外部へ押し出す（ex-press）ことだ。花に喩えられる役者は、自分の芸の力の作用を外部にあらわし、顕示する。「花は心、種は態（わざ）」と言われる所以だ。しかし、『花鏡』での世阿弥は、「秘すれば花なり」と言う。百八十度の方向転換が、宣言されている。

しかし考えてみれば、秘されたはずの本音が漏れ出るとき、あからさまに言われる場合よりも心にひびくことがある。本当に深い愛情とか悲しみとかは、表面的な言葉や身振りの中ではかえって平板化される。それが秘されるときに、むしろ以心伝心といった深いレベルで伝わる。人の「顔」が、その典型となるだろう。顔を通して、人は自分自身を表に示すとともに、自分を隠す。それは人を騙すときもあるが、しかし人が本当に誰かを信じるときは、顔の表情からではなくて、顔に秘められた心を通してだ。

「蔵（かく）れ」と「あらわれ」の一体性の秘密は、実は二十世紀の現象学が発見し、掘り下げたことでもあ

る。「秘すれば花」という事柄のひとつの説明として、ハイデッガーが『有と時（存在と時間）』で述べた「現象」の定義を、挙げることができる。哲学のテキストの文言なので、回りくどいと思われるかもしれないが、「秘すれば花」への現象学的なアプローチとして用意周到だから、敢えて長い引用をしよう。

「差し当たって大抵は、それ自身をまさに示さないもの、差し当たって大抵はそれ自身を示すものに対して蔵されているもの、しかし同時に、差し当たって大抵はそれ自身を示すものに属しているもの、それも、そのように示すものの意味と根拠を形成するもの」[133]

ハイデッガーがここで説明することは「現象」の二義性、すなわち「示すこと」と「蔵す（蔵れる）こと」の表裏一体性だ。それは、「そもそも、ものが有る」という「現象」の特性だ。ハイデッガーなどを持ち出すと、ただちに批判精神の旺盛な読者からクレームがつけられるかもしれない。ハイデッガーの言う「ザイン」すなわち「有」もしくは「存在」は、西洋哲学の根本の問いの事柄なのだから、世阿弥の能楽とは次元を異にしていると。一方は哲学的な「思索」の中で浮上する事柄であり、他方は能役者の「身体」でなされる技芸の経験で、まったく別々の領域の事柄だと。しかし、思索することと芸を演ずることとは、別々の事柄だろうか。どこか根元で通じ合う事柄とは言えないだろうか。少なくともハイデッガー自身は、そのような通底性を見ていた。

ハイデッガーは「日本人」が語る「能」に関心を表明している。能楽は、「ヨーロッパ化」され「アメリカ化」された近代日本の「背後」に、いわば「日本的な世界」として存続していると、彼は言う。その具体例として、彼は能役者が身体で演じる身振りに着目した。能役者が小さな舞台上で、額に手をかざす。その身振りによって、観衆は能役者が遠くの山岳風景を見ていることを実感する。小さな身体動作で遠くを見る所作は、世阿弥の用語で言えば「遠見」のことだ[134]。ただし遠望される風景は舞台では見えない。その見えない風景が能役者の身振りによって現前せしめられる。役者が小さな舞台を数歩あるくだけで、遠い旅路を後にしたことが示される。舞台には何の装置もない。その舞台で、現実の風景が現前せしめられる。ハイデッガーが彼の「有」(存在)の思想の中で、この「遠見」に着目していることは、芸術と思索との深い通底性に彼が眼を向けていることの証左でもある。何も無い空っぽの能舞台で表現される空間性は、彼の思索の中では次のような言葉となる。

「この空は、特段の仕方での集め収めという働きをします[135]」

能役者が小さな身振りをなすだけで、遠い山の風景が集め収められる。そこでの「蔵れ」と「あらわれ」は、ハイデッガーが思索する「有」(存在)の現象構造と、根元で通じあっている。日本文化が単なる孤立文化ではないということを、先に述べたが(六九頁)、ハイデッガーの言及は、またしても世阿弥の申楽が西洋世界にも射程がとどく広さないし奥行きを持つことを、示している。

『風姿花伝』は一貫して「見せる花/見える花」を主題にしていた。それに対して『花鏡』は、どこまでも「秘する花/秘された花」を軸にしている。『風姿花伝』での「花」の喩えは一般的にも分かりやすく、叙述もきわめて魅力的だが、その「花」を申楽の芸において実現していくにはどうすればよいのかという実践的な問いに関しては、説明していなかった。それに対して『花鏡』は、その具体的な秘訣を手取り足取りで示し、能役者の心得を与える。

世阿弥はこの伝書を、息子の元雅に与えた。天才的とされながら早逝した元雅に、世阿弥は師匠として、且つ父として、懇切丁寧に自分の芸の秘訣を記し与えた。『風姿花伝』もおなじく秘伝を述べる伝書だったが、演技論としての具体性においても、演技者の内面への立ち入りにおいても、『花鏡』は『風姿花伝』を超える。もちろん後者においても、単に外面的な観賞の対象としての「花」ではなくて、花を感受する「心」を強調する個所はある。「花は、見る人の心にめづらしきが花なり」(『風姿花伝』「花伝第七　別紙口伝」)とされ、「心より心に伝ふる花なれば、風姿花伝と名づく」(『風姿花伝』「奥義」)と言われる。しかしその「心」がどういう風にして身体の芸になっていくかについては、『花鏡』に座をゆずる。それは我が子・元雅に自分の芸が伝わることを期するがゆえの、世阿弥の心根の吐露だったからだろう。

繰り返しを恐れずに言うなら、『風姿花伝』であれほど念を入れてその諸相を述べてきた鍵語の「花」は、『花鏡』では表題と本文の一ヵ所に出てくるだけで、それ以外は直接には言及されない。しかしふたつの伝書のあいだには当然ながら、深いつながりがなければならない。そのつながり、もしくは橋渡しが、『風姿花伝』の「別紙口伝」での有名な語「秘すれば花なり。秘せずば花なるべからずとなり」なのだ。

なお、利休の『南方録』でも「秘ハ秘するニ依て尊く候」(「墨引」一四)という語が出てくる。そのコンテキストは、差し当たっては世阿弥とは異なっている。すなわち、南坊宗啓が利休の言辞を書き留めて利休に呈示したとき、六巻のうちの一巻「墨引」は茶の湯の「秘事」をあまりにこまごまと記すから、利休はそれを良しとせず、「丙丁(びょうじょう)童子かものニ可被成候」(丙丁(びょうじょう)童子すなわち「火」をつかさどる童子の物語となされるべし)と言ったという。この個所は単に「火に投じて焼いてしまえ」という意味に解する人もいるようだが、それは二次的な意味だ。丙丁（びょうじょう）童子の物語とは、ある禅の公案で、火をつかさどる童子が火を求めて来る（自分自身の自性を自分の外に求める虚しい試み）という錯誤を、戒めるものだ。丙丁（びょうじょう）童子自身が火そのものであるのだから、それは自ら体現するものであり、対象的な説明という次元では「秘」されるほかない。利休の言う「秘ハ秘するニ依て尊く候」はそういう意味だから、結局は世阿弥の「秘すれば花」とおなじ事態を指すことになる。

四　「離見の見」——演者の目と観衆の目

『花鏡』の記述を、順を追って見ていこう。引用は『連歌論集　能楽論集　俳論集』（奥田勲・表章・堀切実・復本一郎校注・訳、小学館、二〇〇一年）を底本とする。ルビは筆者による。この書の前半は「題目六ケ条」で、いわば基本的な項目を、そして後半はそれぞれの節で「……の事」と題される事例を、述べる。もっとも前半の「題目」と後半の「事」は、内容の性質においてそれほど厳密に異なっているとも思えない。それぞれに「主題」とする事項を述べるという点では変わらないからだ。敢えて言えば、前者は基本的な事柄で、後者はケーススタディといったところだろうか。だから『花鏡』の全体像を得ることを主眼とするなら、まずは六つの「題目」の要旨を追っていくことが良いだろう。

第一の題目「一調二機三声」は、謡曲の歌い始めや器楽演奏の始めの場面だ。「調」は調子のこと。

これを成立させて保つ働きが、「機」（タイミングを合わせた働き、そして内なる心を外にあらわす働き）であり、具体的には「声」となる。文言としては素っ気ないが、現代の能楽者、観世寿夫の具体的な実経験の言葉に直すと、生き生きした内容に生まれ変わる。すなわち「これはいちばんはじめに、まず自分の中でこれから発する声の音高や音程、テンポといったものをからだで捉え、二番目に、からだの諸器官を準備し、息を充分に引いて調え、声を出す間（ま）をつかんで、三番目にはじめて声を出す、ということです」と。[136] 演者にとって、それは演技の始まりかたそのものだ。舞と楽奏と歌の三要素が「花」として咲き出る生成のダイナミズムでもある。ただし、その工夫が見物人に見えてしまったら興醒めとなる。それはどこまでも「秘する」べきものだ。

この「秘すること」という要素は、次の題目「動十分心　動七分身」でも含意される。およそ演劇表現の上で逆説もしくは前代未聞の指示が、ここで語られる。心は十分に働かせるが、しかし身体動作は七分に止めよと。普通の演劇や舞踊の表現なら、「心を十分に働かせて、それを身体で十二分に表現できるように」となるだろう。しかし世阿弥は、動きの三分を抑えて秘するときに、演技は「花」となり、「面白き感あるべし」と言う。そして、それは舞に限らず「立ち振舞ふ身づかひ」全般に言えることだと述べる。先に述べた、バローのパントマイムと観世寿夫の即席競演での能の「型」が、まさしくこの「動十分心　動七分身」に他ならない。

三つ目の題目は「強身動宥足踏、強足踏宥身動」（身体を強く動かすなら足は宥（ゆる）く踏む、足を強く踏むなら身体は宥く動かす）。二つ目の題目とほぼ同趣旨だが、さらに具体的だ。しかし実際にわれわれが自分の身体で試みたら、一向に容易でないことはすぐに分かるはずだ。一方を表に出すときは他方をても、それは舞台で映える演技にはならない。日常動作は舞台では秘される。なお、「舞にては踏み習ふべからず」（舞いでは足を踏むことは習えない）とある。古来、跳躍を含まない静かな「舞い」と跳躍する動的な「踊り」とは区別され、近代になってからその区別は薄れて「舞踊」という表現になっていくが、世阿弥の頃にはその区別は、練習法にまで及んでいたことが分かる。それは、「足を踏む」ということが能楽に独自の動作であることを意味する。

四つ目の題目「先聞後見」（まず聞いて／聞かせて、その後に見よ／見せよ）は、物まねという身体動作における言葉の役割、とも言うべき個所である。言ってみれば他愛のない、簡単なことにも聞こえる。「たとへば、泣くといふ事には、「泣く」と言ふ言葉を人に聞かせて、その言葉より少し後るるやうに、袖を顔にあつれば、風情にて止まるなり」。ただ、簡単であるがゆえにそれを舞台で「花」となって咲かせるということは、至難となる。先に見た「動十分心　動七分身」も「一調二機三声」も、そして「強身動宥足踏、強足踏宥身動」も、いずれも「秘する」ことの型の三態だったことを思い返そう。そうすれば、いま「泣く」という言葉を人に聞かせて、その内実をしばらく秘するという、四つ目の態勢も、秘する「型」のひとつとして明らかになる。

上の四つの題目は、いずれも「物まね」という動作に関係している。その物まねの眼目となるのが、五つ目の題目「先能其物成、去能其態似」（まずよく其の物に成り、さてよくそのわざを似せよ）だ。物をまねるということは、その物に成ることだと、世阿弥は言う。その場合の「成る」は、まねられる物——たとえば女人、老人、神霊、鬼、物狂——が、言うなれば舞台で「花」と成って現出することだ。舞台で演じられる女人、老人、神霊、鬼、物狂の態をまねることは、単なる模倣ではなくて、演技によってこれらの登場人物の「花」を表現することだから、「ミメーシス」は本当は「ポイエーシス」（創作）を内に含んでいるのだ。

六つ目にして最終の題目である「舞声為根」（舞は声を根となす）は、長い章だ。『花鏡』の叙述の結晶とも言うべき表現、「離見の見」が、そこで述べられる。この語は、独創的な視座においても含蓄においても、およそ『花鏡』の中で語られる最も意味の深い、古今に例を見ない世阿弥の創見だ。世阿弥の伝書の中では、「離見」ないし「離見の見」の語はこの『花鏡』だけでなく、『至花道』や『九位』、『五位』、『遊楽習道風見』などに、そう頻繁ではないが、出てくる。また語義の上で幅もある。たとえば『至花道』では「後心にあん（安）見する時」といったように、「後心」すなわち演技のあとに自分の演技を見る、といったニュアンスも含められる。だから一括できないという見解も、識者によって表明されたりする。[137] レヴィ＝ストロースがこの語をすこし取り違えて「遠く離れたものを見る」と理解した上で、自分の言う「はるかな視線」の語をここから採った、という逸話もある。[138]「離れて見る」という表現は、このように大いに誤解の余地も残す。しかし実際に能を演じる一流の演者は、「演技者にはこの〈離見の見〉という言葉はまことにまっすぐにうけとれる」と言う。[139]「離見の見」を語る中心的な個所はやはり『花鏡』だから、その個所を引用しよう。本稿にとっても重要な個所だから、まず現代文に直して引用し、そのあとに原文を括弧に入れて添えておこう。

「舞には、目を前に向けて心は後に置け、ということがある。これは前に述べた舞に関する秘訣の表現の要点である。観衆席から見られた役者の風姿は、自分を離れて見た役者自身の姿である。自分の眼で見るものは、我見である。離見の見ではない。離見の見で見るところのものは、観衆席と心をひとつにして見る姿である。その時、自分の姿を見ることができる。自分の姿を見ることができれば、自分の左右と前後を見ることになる。しかし、前方と左右までは見ることができても、後ろ姿はまだ知らないと、誰かが言うだろうか。しかし後ろ姿を認知しないなら、自分の姿の美的ならざるところをわきまえたことにならない」（舞に、目前心後といふ事あり。「目を前に見て、心を後に置け」となり。これは、以前申しつる舞智風体の用心なり。見所より見る所の風姿は、我が離見なり。しかれば、我が眼の見る所は、我見なり。離見の見にはあらず。離見の見にて見る所は、すなはち見所同心の見なり。その時は、我が姿を見得するなり。我が姿を見得すれば、左右前後を見るなり。しかれども、目前左右までをば見れども、後姿（うしろすがた）をばいまだ知らぬか。後姿（うしろすがた）を覚えねば、姿の俗なる所をわきまへず）

この長い章で記される題目は、小見出しは「舞声為根」（舞は声を根となす）となっていて、舞が謡の「声」とともに始まるということを冒頭部分で述べる。それは先に挙げた「一調二機三声」の言い換えだ。次に「舞の五智」（舞の五つの秘訣）、すなわち一、手智。二、舞智。三、相曲智。四、手体智。五、舞体智、の五つの秘訣が、叙述される。そのあと、最後の「舞体智」の叙述が終わったところで、「離見の見」が出てくる。

世阿弥が父・観阿弥の芸に見た「老木に花の咲かんがごとし」と言われる「芸」の域は、『風姿花伝』の芸論の極致でもあった。しかしそこでの芸の極致は、いま五十歳を超えて円熟した世阿弥からすれば、さらに一歩を深める余地を残していた。すなわち、演者の立場の極点を一歩すすめて、演者の演技を見ている「見所」、すなわち観衆という「他者」の観点への、飛躍転換だ。

観衆という他者の目は、演じている自分の目ではない。演者が自分を見つめて演技の工夫をこらし、芸に精進しても、その芸を判定するのは演者ではなくて観衆だ。観衆という他者は、演者の評判を広げたり落としたりする一般大衆であり、その真ん中に演者の生殺与奪をも決める権力者が、位置している。そういった他者たちが自分を見ている以上、芸の極致だと思うところは、自分の目だけで決められない。自分がうまくいったと思っても、それが他者の目にもそう映るとは限らない。もちろん、後述するように観衆の側にも「批判の目」が肥えているかどうかという問題が生じる。見る目を持たない観衆の前で名演技をするのは、虚しい。しかしまた、演者が自分の演技への不評を観衆のせいにすることは、さらに虚しい。見る目を持たない観衆をも惹きつけて、自分の演技に見入らせるような演技が、名人には要求される。そのためには、観衆の目を自分の目として見ることが要る。自分を離れて観衆の目となって自分の後姿(うしろ)を見ることが、要求される。それが上に引用した「離見の見」だ。

「離見の見」について、現代の演技論の視座から非常にすぐれた考察を提示したのは、西平直の『世阿弥の稽古哲学』だ。西平は、離見の見に凝縮される演技上の「稽古」を、単に演技に関する演者の内部意識の問題としてでなく、どこまでも「舞台人世阿弥の工夫」として考察している。[140] その濃密な演技論（「稽古」論）はまことに周到で、隙がない。ただ本書の視座からは、なお重要な補足を望みたい点がある。それは、「舞台人世阿弥」というときの「舞台」が、単に劇場の舞台空間ではなくて、生々しい現実社会を映す空間だったということの考察だ。

世阿弥が登場する「舞台」は、大衆を集めた河川敷であったり、神社での奉納舞台や貴族の邸宅での大座敷・小座敷であったり、宮中で皇族が見る御前舞台であったりする。それらはすべて、世俗の現実社会の縮図そのものである。このことに伴って、演者から見ての「他者」も、今日の劇場での観衆という一般的・平均的なイメージから大きくはみ出た、出自や社会的身分を前面に押し出した具体的な存在者だ。それらは時には商人や僧侶であり、神官や貴族であり、時には公家や武家であり、皇族や女房である。そのことにしたがって、西平が見事に抉り出した「稽古のダイナミズム」ないし、「無作為の作為・作為の無作為」、「交差反転」等々も、西平の言う意味を保持したままで、さらに演者個人の工夫を超えた現実社会のダイナミズムを映すものとして、考察する余地が出てくる。たとえば後述するように、他者が庇護者にして権力者であるとき、その権力者の目と世阿弥の目との交差反転は、演技というレベルを超えて世阿弥自身の生き方に浸透し、これを左右するものとなる。

演技者の視座を「他者」の視座へと拡大・転換させることは、『風姿花伝』ですでに準備されていた。「奥義」の巻で、道をたしなみ、芸を重んずるということが「私なくば、などかその徳を得ざらん」（無私でなかったら、どうして芸道に精進できようか）と、述べられていたからだ。「私なくば」とは、我見を捨てなければということと同じだ。そこでは演者は、自分が演じるという意識を秘匿し、それによって観衆という他者が、そして何よりも権力者という他者が、自分の位置を左右する眼となる。「秘するが花」という視座だ。しかし『風姿花伝』ではまだ、演者である自分の眼という在り方を完全に脱してはいなかった。それに対して『花鏡』での世阿弥は、自分（自我）という主観が見たものは「我見」だと言い切る。そしてその点をさらに煮詰め、リアルな身体経験として、「私」を離れて他者の目で見る「離見の見」として、提示した。

ここで、自分の後姿を他者の目で見るというようなことは、能楽の名人とか演技論の専門家とかいった人には分かっても、一般人にはやはり理解を超えたことだという声が、出てくるかもしれない。しかし離見の見は単に一般的ないし常識的な経験レベルを超越した特殊経験ではない。それはたとえば「隠れんぼ」の遊びなどで、誰もが自覚しないままに経験していることでもある。鬼となった子供は木立に向いて顔を隠し、背後に散っていく仲間たちがどの方向に走っていくかを、その足音を聞いて知覚している。それぞれの隠れ場所に駆け込む仲間たちは、鬼がちゃんと木立を向いて顔を隠しているかを確認しながら、それぞれの隠れ場所をさがす。鬼は、仲間たちが自分を見ていることを見ている。つまり「心を後に置いて」、四方に散っていく背後の仲間たちの目で自分を見ている。鬼は自分の姿を後ろから見ている。鬼と仲間たちとは「見所同心」だ。

その状態は、生物学的・心理学的には「背後感覚」の一種と見ることもできる。[141] 背後感覚とは、「背後に人の気配を感じる」といった、誰にでもある本能的な経験だ。そういった自覚以前の本能的能力は、日常言語でも自ずから表現されている。たとえば日本語では、「何か物音がする」「何かの匂いがする」「あれこれが見えてくる」といった表現がある。これは、欧米言語でも、それなりに類似の表現で言い表すことができる。主語は人間でなくて、出来事である。「物音」であり、「匂い」であり、「かたちの現れ」である。この事態を哲学的に表現するなら、「物となって見る」という、西田幾多郎の表現や、[142]「視覚は事物の只中から生起する」というメルロ＝ポンティの見方となる。[143] メルロ＝ポンティは、「見る」ということが「離れて持つ」(avoir à distance) ことであるとか、「山があちらから (de là-bas) 画家によって見られるようにする (se faire voir du pentre)」とかという事態を、考察した。それは前述した世阿弥の「遠見」という言い方とも通底する。ただし世阿弥において遠見される山は、実際の遠くの山ではなくて、演者の身体性の広がりにおいて現れるヴァーチャルな山である。[144]

もちろんそういった本能が、そのまま演能における「離見の見」として成立するということは、あり得ない。離見の見は、自然本能とか自然言語とかにすでに含まれた事態の「自覚」であり、習練なしには成立しない。「私」とか「我」とかは自明ではなくて、実は問題の根元だから、その根元にはたと気づく、ということが昔から求道者たちによって経験されてきた。世阿弥の離見の見も、そのような経験のひとつだ。そこでは、「私」あるいは「我」は単に否定されているのではない。物音や匂いや対象の形を感受し知覚している主体は、やはり「私」であり、「我」である。ただ、その「私」なり「我」なりが常に「他の物」に囲まれ、「他者」と交わっている、ということは差し当たって大抵は忘れられている。自己存在の自覚は他者存在の覚知と不可分だ。私が物に触れていることは、物が私に触れていることだ。ただし物我一如の事態は、そのことを自覚するとしないとにかかわらず、実は常に成立している。

稽古によって自覚化される以前に、自然にそなわっているその「自然」が、稽古の中で自覚的な経験内容となっていく。『風姿花伝』、「花伝第六　花修」では、「かやうに稽古すれば、かなはぬ所も、功入れば、自然〱にかなふ時分あるべし」（このように稽古するなら、自分にはできないところでも、習熟すれば自然にできるようになる時がある）と言われていた。「自然〱に叶う」ということは、そのつど誰においても本来は備わっているということだが、そのことを芸において自覚し実現するには、限りない「稽古」が要る。『花鏡』ではこのことを、「かへすがへす、離見の見をよくよく見得して、眼まなこ（眼）を見ぬ所を覚えて、左右前後を分明に安見せよ」と記している。

この「左右前後」が、演者を見る「左右前後の〈他者〉」であることを想起しよう。それは舞台で感受する観衆の目であると同時に、「貴人」ないし「将軍の目」でもあった。「舞台人世阿弥」はこの他者との矛盾的共生を運命とし、その亀裂の中を生きていた。天野文雄は本書の観点を基本的に先取りしたすぐれた考察『世阿弥がいた場所——能大成期の能と能役者をめぐる環境』（本書の注30参照）で、「能における対権力者意識」に注目した。本書ではこの意識が意味するところを、さらに突っ込んで見ていきたい。

五　「批判之事」——「貴人」の批評眼の意味

世阿弥がどれほどこの「将軍の眼」を意識し、その眼を背後に感じていたかは、将軍という語を出さないままに、『風姿花伝』でも『花鏡』でも何度も述べられている。『風姿花伝』では「申楽は、貴人の御出を本とすれば」（『風姿花伝』第三「問答条々」）と明記して、貴人が来場するタイミングと演能の進行具合との調和の苦心を述べる。『花鏡』の「時節当感事」（時節、感に当たる事）の節では、舞台の「橋がかり」でシテが謡うときに、顔を桟敷全体に向けるのではなくて、「顔の持ち様、貴人の御顔にあてて、その順に持つべし」と、記される。ここで言う「貴人」が、この観衆席の中でいちばん身分が高い人物であり、その最たる者が将軍であることは、言うまでもない。そうであるなら、

「貴人の御意によりて仕る能は、次第不同なれば、かねての宛てがひ変るなり」（『花鏡』「序破急」の段）という場合も生じる。貴人が気まぐれに特定の曲目を注文した場合、演ずる能の順番が不規則になってしまうが、それなりに心得て工夫しなければならない。

「貴人」という他者は、舞台でさらに厄介なことを起こすときもある。序破急の「序」とか「破」とかの段階にさしかかっているときに、「貴人」が入場してくる場合だ。「ここに大事あり。自然、能をする内に、はや破・急の時分になりて、貴人の御後来に御入りある事あり」。「貴人の御心はいまだ序なり」。もしそこで、演者も単に序にもどって演ずるなら、能の出来は良くないものになる。他の観衆たちも、それを不満に思うだろう。そこで、本来なら「破」のテンポの能が演じられる段階であっても、「心を少し序になして、しとやかにして、上意を取るべし」という工夫が必要となる。「貴人の御心を取り動かして、また座敷を破・急ににこにことしなすやうに」することが、肝腎となるのだ。

能役者にとって極めつきの困惑は、大酒盛りの席で急に能を舞えと命じられるときだ。座敷は賑わって盛り上がっているのに、命じられた曲目は序破急の「序」に属する。そこで、「少し心を破に持ちて（心持ちを少し破の段階にしながら）、さのみにねやさで（あまりこだわらずに）、軽々と機を持ちて（軽快な心持ちで）、破・急へ早く移るやうに能をすべし」（『花鏡』「序破急」の段）、という苦しい工夫になる。

「離見の見」は観衆席の他者とのあいだで成り立つ「見所同心」（見物人とひとつの心）の状態だが、言うは易い。なぜなら、まさにその同一の心において、他者性との隔たりも顕在化してくるからだ。「貴人」との心の距離も、そこで露わになってくる。「見所同心」であるがゆえに、見所のちがいが逆説的に演者に分かってくる。しかし他者との距離が分かるがゆえに、一体化の工夫がさらに要る。その反転構造は、舞台の上でなされるが、その舞台は権力構造をも映している。将軍義持は田楽の増阿弥を愛顧した。[145] そのことは、義持が世阿弥を次第に遠ざけるという結果となっていく。

世阿弥はこの問題を、「能批判」というテーマのもとでひそかに考察した。批判とは、見物する側と演技する側との関係の場で生じる出来事だ。それは精神的・内面的であると同時に、社会的・外面的でもある。このことを念頭において、『花鏡』での「批判之事」の段を見てみよう。

この段は、「能批判」に三つのレベルがあること、それに応じて三つのレベルの能が見えてくることを、述べている。「能の出で来る当座に、見・聞・心の三つあり」と。

最初の「見」は演者の姿の見栄えといった意味であり、「聞」は曲目に伴う謡の声や楽奏の音色にも聞き入るレベルであり、「心」は演者の心の動きまでをも見てとる段階だ。この三つのレベルに対応する三つの能楽段階が、「見より出で来たる能」、「聞より出で来たる能」、「心より出で来たる能」となる。

最初の「見」のレベルの能は、こうだ。「舞歌曲風面白くて、見物の上下、感声を出だして、はへばへしく見えたる当座、これ、見より出で来たる能なり。かやうなる出来庭（できばえ）は、目利きは申すに及ばず、さほどに能を知らぬ人までも、みな同心に「面白や」と思ふ当座なり」。

「見ていて面白い」と見物人の誰もが思う能が、「見より出で来たる能」だ。たとえ見物人の鑑賞眼が低い水準であっても、その大衆の人気を博することは芸能で生活する者たちにとって重要だ。否、大衆にうけるということは、芸能者にとって最重要の課題ですらある。とりわけ「貴人」が「面白い」と思ってくれるかどうかは、演者の死活問題につながる。しかしながら、だからといって見物人に迎合するだけで良いとも言えない。それに、大衆は大衆で、芸能者が自分たちに迎合すると分かれば軽蔑するだろう。大衆は大衆なりに本物を愛し、また本物かどうかを本能的に感知する能力を持つから、大衆を軽んじることは芸能者にとって命取りとなる。

このことは、「見より出で来たる能」が観衆においても演能者においても、そこにとどまれない段階だということだ。実際、見て面白い物まねには、音曲や語りや謡い（うた）といった「聞く」の要素が、まだ入ってきていない。『申楽談儀』は、「田楽」が音曲と身振り・動作を別々の要素にしていると批評し、それに対して「申楽」は「見」と「聞」を一体化させると、称揚した。そうであるなら、「見より出で来たる能」につづいて第二の能レベル、すなわち「聞より出で来たる能」が出てこなければならない。

「聞より出で来る能と申すは、指寄り（さし）（はじめは）しみじみとして、やがて音曲調子に合ひて、しとやかに面白きなり」

しみじみとした音曲をともなって、「しとやか」という印象を与えるような面白さは、外見が面白いというだけではなくてすこし内面性を伴っている。だから「かやうに出で来る味はひ（味わい）をば、田舎目利きなどは、さほどとも思はぬなり」と、世阿弥は述べる。この言葉は、田楽をもてはやす大衆への世阿弥の隠れた批判でもあるだろう。しかしながら、繰り返して言うなら、大衆を満足させることは芸能者の不可欠の課題だ。大衆との共生を拒否する反骨的な「反芸術」を、現代でも若干の芸術家たちが試みるが、本当に大衆が自分たちへの興味を失ったら、自分たちの存立基盤そのものが潰える。

大衆でなくて「貴人」を相手にするときは、ジレンマはさらに内向する。権力者の好みは、権力者自身が最初から持っている基準だから、演者が左右することはできない。演者のほうがそれに合わせることだけが要求される絶対の基準だ。たとえ将軍・足利義持の鋭い鑑賞眼が世阿弥からすれば「田舎目利き」のレベルであったとしても、それに合わせる必要がある。世阿弥の申楽と増阿弥の田楽のどちらが芸能の世界で主流を占めるかという問題は、この「貴人」という尺度にどのように合わせるかの問題でもあった。世阿弥にとり、増阿弥を好む義持の「眼」は、身をかがめてくぐるほかない隘路だった。

三番目の「心より出で来る能」で初めて、シテの苦心は「秘すべき花」というあり方に達する。「心」は身振りや動作だけをあらわす「見より出で来たる能」では表現されない。また耳に聞こえる謡曲や楽曲だけを聞く「聞より出で来たる能」にも、現れてこない。「心より出で来たる能」だけが、十分な表現となる。「為手(シテ)の心を知り分けて能を見る見手は、能を知りたる見手なるべし」。そこで改めて「動十分心、動七分身」ということになる。目に見える身振りや動作は七分程度に抑えられ、表現は抑え気味にして、動きの三分は隠しておく。それによって「心」が十分に表される。逆に、「心」を十分に働かせることが、七分に抑えられた動作の含蓄的表現となる。悲恋の宮廷女房や戦死した武士の悲しみ、老人の諦めや鬼神の怒り等々の「心」は、そのようにして表現される。しかし、その心は「田舎の目利き」レベルには通じない。

もし世阿弥が将軍・義持を「為手(シテ)の心を知り分けて能を見る見手」ではないと思っていたら、将軍の意を満たす演技はしなければならない。しかしそれは、世阿弥が本意とする申楽ではない。他方で義持は世阿弥がいちおうは恐れるほどの鑑賞眼を持っていた。この将軍は自分と世阿弥とのあいだに感性の不一致があることに、すぐに気づくだろう。

その義持は応永三十五年（一四二八）に病没した。そのあと、義教が将軍職を継いだ。義教の関心はふたたび申楽に向いた。ではこの貴人は「心より出で来たる能」を理解し、ふたたび世阿弥を重用するようになっただろうか。世阿弥はそう期待していたであろう。その期待は、前半部は当たっていた。義教は田楽でなくて申楽を庇護したからだ。しかしながら世阿弥の期待の後半部は外れた。なぜなら、義教は将軍となるまでに、門跡寺院（皇族が住持をつとめる寺院）の青蓮院で、義円という名で門跡の役をつとめ、そのあいだに世阿弥の甥の観世三郎元重（後の音阿弥）を贔屓にしていたからだ。義持を継いだ義教は、すぐ立て続けに室町御所で能を催したが、そのとき演能を任されたのは世阿弥でもなく、子の元雅でもなくて、元重だった。[146] 元重は永享五年（一四三三）に観世座の太夫（筆頭の芸能者あるいは家元の芸能者の称号）となり、観世座は元重が率いる組織となった。申楽の世界を率いる主役は、世阿弥ではなくなった。世阿弥が「子ながらも、たぐゐなき達人として」[147] 自分の能の継承を託していた観世太夫元雅は、その前年の永享四年（一四三二）に夭折していた。その夭折は実は旅興行先で暗殺されたことによる、という推測もある。世阿弥と義教とのあいだの疎遠化は、両者の個人的な好みと批評眼のちがいを発端としつつ、芸能世界と権力世界とが交差する「舞台」の亀裂として、展開しようとしていた。

観世座の太夫の継承者候補としては、もちろん世阿弥の次男の元能もいたはずだ。元能が書き記した『世子六十以後申楽談儀』は、「世子」すなわち世阿弥が六十歳になってからの晩年の談儀を聞き書きとして綴ったものだから、元能は世阿弥をよく理解した者だったと言える。彼が観世座の太夫を継ぐことは、血統の上では十分にあり得た。しかし能役者としての才能という問題もあったであろうが、何よりも義教の愛顧が元重に向けられていたということが、太夫後継において決定的だった。

　元重は能の歴史という観点では、功績の大きい人物だ。観世座の確立と繁栄には大きく寄与したからだ。庇護者の義教が「嘉吉の乱」で赤松満祐に殺されたあと、彼はしばらく困難な時期を過ごしたようだが、やがて義教の子の足利義政の代になってふたたび引き立てられ、将軍家の権力との蜜月関係の中で観世座の位置をさらに不動のものにした。[148] 義政は歴代の足利将軍の中で、とりわけ芸術的な才能を持つ将軍だったから、[149] その義政の愛顧を受けるには、芸の上でも名人でなければならなかった。そして実際その名声も、元重は得ていた。その名声の中で、彼は太夫の座を子の又三郎正盛に譲って、「音阿弥」を名乗るようになった。

「阿弥」の語を自分の名前に冠するということは、観阿弥・世阿弥とつづいた観世座の正統の三代目が、世阿弥の子である元雅や元能ではなくて自分であるということを、表明するものだ。しかし元重の栄達は、世阿弥からすれば権力の前に芸道が屈する屈辱と映ったかもしれない。山崎正和の『世阿弥』は、世阿弥と元重すなわち音阿弥の次のような会話を、戯曲『世阿弥』のなかで進行させる。

「ひとかけらの屈辱も、そなたにはないのか」と、世阿弥が言う。すると音阿弥が「屈辱、なにに向かってそれを」と反問する。世阿弥は「ただ今の境遇にだ」と、言い捨てる。[150]

　劇作品の想像でなくて実際の史料の上で、世阿弥と音阿弥との位置関係について知る手がかりは、皆無というわけではない。ひとつの参考事例が、たしかに存在する。すなわち、音阿弥が能曲のシナリオ作品を書くということを、まったくしなかった、ということだ。少なくとも後世に伝わる音阿弥の作品は、皆無だ。能を演じるということと能曲を書くということは、世阿弥においては単に投手と打者を兼ねる二刀流ではなかった。能を演じることの経験と能を書くという経験とが、深く合致し、作用しあうのだ。「作品を書く」ということは、単に自分の中のものを外に表出する、というだけでなく、「自分が自分から出て自分を見る」という要素を伴っている。「伝書を書く」という作業は「離見の見」の眼を持つことでもあるという卓見を、西平直が述べているが[151]、私もその見解に深く同意する。私自身の言葉でその内容を述べるなら、「離見の見」は、自分が自分の外に出て他者の目で自分を見る、ということに尽きる。その他者は自分の外部であって、しかも自分の中に入り込む他者だ。西田幾多郎がしばしば用いた「自己の中の他者」という表現は、自己性が他者性を含んで成り立つことを意味するが、それは外界の他者と自分とのコミュニケーションが成り立つ上での基礎構造でもある。西田は「自覚」ということを「自己が自己において自己を見る」と表現したが、「自己において」という部分は、やがて「世界において」という意味を持つようになり[152]、「我々の眼が世界の眼となること」[153]といった洞察につながっていく。その「世界」は、環境世界、生活世界、といった事柄に近い。世阿弥の「見所（けんじょ）」すなわち観客席も、西田の言う「世界」の一位相だ。だから西田の言う「自覚」は、世阿弥の言う「見所同心」あるいは「離見の見」と同じ意味になる。

　その離見の見という自覚が、世阿弥自身において「伝書を書く」という作業につながることは、『風姿花伝』で「能の本を書くこと、この道の命なり」と言われたり（『風姿花伝』第六「花修」）、元能の『申楽談儀』で三つの章（「能を書くに序破急を」、「能を書くに音曲を」）がそれに費やされたりしたことからも分かる。[154]世阿弥が元能に秘伝した彼自身の伝書『三道』でも、「一に能の種を知る事、二に能を作る事、三に能を書く事なり」という三段階の「道」の展開が、示され、その中で、「能を書く」ことが最終段階となる。[155]そうであるなら、「能を書かない」音阿弥がいかに興行で成功しても、世阿弥の目にはそれは真の名人の証拠ではなかっただろう。

しかし、それゆえにこそ、「能を書く」という作業もまた、芸道と権力との矛盾的共生が顕在化し得る場所にもなる。義教が、曲目を「書く」という、精神性を要求する作業をおこなう世阿弥よりは、大衆を面白がらせる演技に長じた音阿弥のほうを愛顧したことは、世阿弥が左右できない運命でもあった。

差し当たっては小さな隔たりだった「好み」と「批評眼」は、次第に義教の文化政策の中で拡大していき、やがて世阿弥との関係亀裂にもつながったと思われる。この結末をも念頭におきながら世阿弥の『花鏡』の後半部を見ておこう。後半部は十二の「事」（事例）を述べる。一見ばらばらに見える諸テーマだが、「秘するが花」の芸の事例という点で一貫している。

最初の「時節当感之事」（時節すなわちタイミングが、演能の場での「感」すなわち雰囲気に当たる、合う）は、すでに「秘するが花」の最初の工夫だ。舞台上での工夫が見え見えであれば興醒めだから、それは秘さなければならない。そして大事なことは、「感に当たる」タイミングが演者の側だけで決まるものではない、ということだ。「この時節は、ただ見物の人の機にあり」。一般に音楽のコンサートでも、観衆ないし聴衆が名の知れた奏者を迎えて、舞台上の楽奏の始まりを固唾を飲んで待っている場合と、宴会での誰かの余興を客席が少しざわつきながら待つ場合とでは、「見物の人の機」が天と地ほど違ってくる。そうであれば、客席の雰囲気を見定めて「万人の見心を為手ひとりの眼精（眼の中心）へ引き入るる」ことは、演者の側だけでは決まらない。このことを演能の舞台上だけでなくて世阿弥の人生の舞台に広げて、「見物人の機」を「庇護者の機」に当てはめるなら、「時節当感之事」という文言がどれだけ重大な意味を持ち得るかが分かる。このことが、次の段でもっと表明的となる。

すなわち二番目の「序破急」は、すでに見たように、「貴人」の入場に合わせてこの序破急の三つのテンポを自在に調整することが、核心部となる。「見物人」を、「貴人」に置き換えれば、そのまま前節の続きになる。中楽を演ずる演者と、それを見ている貴人との「感」は、いつも合うとは限らないし、また合わせ得るという保証もない。そのことは、「離見の見」において見えてくることだ。

三番目は「知習道事」（道を習うことを知る）だが、前半部の題目「動十分心　動七分身」（心は十分に動かし、身は七分ほど動かす）を具体例に即して反復する個所でもある。「動七分身」を、初心の人は習う。その場合、ただ単に習うというだけでなく、習うということを「知る」、ないし自覚する、という構造が、この何気ない表題に含意されている。物まねを習うということは、ただ似せるということではない。「初心の人、習ひもせで似すれば、心も身も七分になるなり」。「習う」ということが「習うことを習う」という構造を含んでいる。このような意味での「習う」が、「習道」すなわち芸道の修練となる。

四つ目の「上手之知感事」は、この「習道」に熟達してきた「上手」の演者について述べている。

イツの友人と足
業の中で苦労し
心」等々に用い
記する雰囲気でも
述べるが、その場
る。いわば「主もなく客もない」純粋経験の状態だ。この「感を知る」名人において、「私」あるいは「自我」は、消えている。観衆もまた消えている。その「見所同心」の状態の中で「離見の見」も成立する。しかしまた、その一体性のゆえに見所の観衆と演者の相互の他者性も現出する。

次の「浅深之事」は、表題とは異なって「浅」とか「深」とかという語は出てこない。その代わり演技の「大」と「小」が叙述される。「大の内には小あり。小の内には大なし」。いわゆる「大は小を兼ねる」ことだ。おそらく表題で言う「深」の意味は、次の第六テーマ「幽玄之入堺事」での「幽玄」のことであって、それへのプロローグをここで演技の「大」および「小」として述べたものと思われる。

すでに『風姿花伝』で「花」が花である所以は「幽玄」にあることが、述べられていた。「なにと見るも花やかなる為手(シテ)、これ幽玄なり」(『風姿花伝』第三「問答条々」)。ただ、『風姿花伝』で述べられる「花」は、そして花やかさとしての幽玄は、イメージとしては分かりやすいが、その反面で、どちらかと言えば対象的に眺められた花の様態だった。しかしこの『花鏡』では、「幽玄」は演能の芸の秘訣として述べられる。

「大かたは、幽玄の風体目前にあらはれて、これをのみ見所の人も賞翫すれども、幽玄なる為手（シテ）左右なく無し。これ、まことの幽玄の味はひを知らざるゆゑなり。さるほどに、その堺へ入る為手なし」

大抵の人は目の前にあらわれた幽玄の風体を見て褒めるが、本当に幽玄の風体を演ずるシテはそれほど居ないという。そのことを根拠づけるために世阿弥は、老体、女体、軍体の三体を挙げ、まずは「動十分心」（心は十分に動かす）や「強身動宥足踏」（強く身を動かして、足は宥（ゆる）くふむ）という、前半部で述べた題目を、具体的な演技の工夫として示す。

「この色々を心中に覚えすまして、それに身をよくなして、何の物まねに品を変へてなるとも、幽玄をば離るべからず」

ここで言われる「幽玄」が、もはや対象的に見られた「花」ではなくて、その花を演ずることの奥義であることが、見えてくる。幽玄は、「秘するが花」の別名となるのだ。

七つ目の「功之入用心之事」（功が入る、功を積む、ということについての用心）は、いわば「幽玄」論のエピローグだ。ここで謂う「功」は、「都に住めば、よき内にあるによって、おのづから悪き事なし。少な少なと悪しき事の去るを、よき功とす」と言われるように、練習で獲得した年功のことだ。都では目の肥えた観衆に囲まれて獲得した年功が、田舎に移れば「よき功の住して悪き功になる」。世阿弥が人生の最後を佐渡で満足しつつ暮らしたことを念頭におくなら、この節に記されることは、単なる口先だけのセリフではなくて、実地の生き方そのものだということが、伝わってくる。

八つ目の「万能綰一心事」（万能を一心に綰（つむ）ぐ事）では、この一貫した芸道追求の、そして「秘する」ということの、いわば究極形態が挙げられる。それは次のような一文から始まっている。

「見所の批判に云はく、「せぬ所が面白き」など云ふことあり。これは為手（シテ）の秘する所の案心なり」

こういう感想ないし批判を述べる「見所」すなわち観衆は、かなりの目利きと言わねばならない。その観衆は、演者がいろいろと演ずるときにその動作を止めて何もしない瞬間が、面白いのだと言う。先の題目での個所では、「身体は七分だけ動かせ」と記された。しかし今は、七分どころか、何も動かさないときが面白いのだという。なぜかと言えば、「これは油断なく心を綰（つむ）ぐ性根なり」の瞬間だからだ。身体動作は止められるが、油断なく心をつないで気合を籠める状態では、心が弛緩することなく逆に演者の内面の緊張がぐっと高まるところだ。まさに「秘するが花」の「秘する」を完璧にしたところでもある。観衆はその内的な緊張を感受する。たとえば能楽で言う「カマエ」（構え）が、これに当たるだろう。観世寿夫は、「腰の蝶番（ちょうつがい）のところに緊張を集め、一本の線のように抽象化された歩き方をめざす」と、述べている。[156]世阿弥においては、それはもっと秘めた動作を念頭においていた。すなわち、

「舞を舞ひやむ隙、音曲を謡ひやむ所、その外、言葉・物まね、あらゆる品々の隙々に、心を捨てずして、用心をもつ内心なり。この内心の感、外に匂ひて面白きなり」

世阿弥がここで「この内心の感」というときの「感」は、またしても先に挙げた「感」、すなわち演者が自分を離れて、観衆とひとつになって見ている、「離見の見」の状態とおなじだ。

「この心をば、人に見ゆべからず。もし見えば、操りの糸の見えんがごとし」。この「感」は外に匂うものだが、しかし人に意図を見抜かれては興醒めになる。だからそれは、どこまでも「秘すべき

花」でなければならない。

このことは、「何もしない瞬間が面白い」という「感」ないし「心」が、人に見せるものでないというだけでなく、自分にも隠さねばならない、ということだ。「せぬにてはあるべからず。無心の位にて、我が心をわれにも隠す案心」でなければならない。

自分の心を自分にも隠すという芸境は、「秘すべき花」の極意でもある。これは、無心になれと言われて懸命に無心になろうと努力するときに、すぐ分かることだ。それを得ようと努力すればするほど、得ようとする事柄は遠ざかっていくというジレンマに、襲われるからだ。しかし、だからといって努力しなければそれは得られない。それは限りなくつづける努力そのものが、熟柿が落ちるようにすとんと脱落することを、待たねばならない。世阿弥はこのような工夫を、「生死に輪廻する人間の有様」だとも述べている。芸そのものが生き方の芸であることを、明言している。

このような秘伝の極致を見たあとは、あとの節は省略しても良いという感じになるが、ただ最後の「奥の段」は、やはり飛ばさずに見ておこう。そこには、生き方のコツとも言うべき「初心忘るべからず」の語が、出てくるからだ。

「一切芸道に、習ひ習ひ、学し学して、さて行ふ道あるべし」。役者は歳をとっていき、花は萎れるから、人生の諸段階にはそれぞれの「学し学して、さて行ふ道」がある。この「奥の段」を記しているときの世阿弥は、すでに五十路に入っている。現代なら七十歳か八十歳に当たるだろう。

「しかれば、当流に、万能一徳の一句あり。初心不可忘」

この語は今日では、「初心のひたむきで一生懸命だった頃の心を忘れるな」という戒めと、解されている。しかし世阿弥がこの語を用いるときはそれとちがって、三つの意味がある。すなわち、ひとつは「是非の初心、忘るべからず」。次に「時々の初心、忘るべからず」。そして第三に「老後の初心、忘るべからず」と。

第一の「是非の初心」は、「前々の非を知るを、後々の是とす」という意味だ。つまり「前の段階での失敗を知って後の段階に生かす」という、あたりまえの工夫のことで、初心者か上達者かは問わない。第二の初心は、「その時分時分の芸曲の、似合ひたる風体をたしなみ」、ということで、やはり初心者であろうと上達した人であろうと妥当する。折々にベストの仕草を工夫するということだからだ。そして第三は、「老後の初心を忘るべからず」。それは「命には終りあり、能には果てあるべからず」という心得を言っている。

「老後の初心」というような語は、超高齢社会となった現代にあって、すこしぎくりとさせるものがある。しかし世阿弥が言おうとしていることは、きわめて当たり前のことだ。齢を重ねて体が思うように動かなくなってきたら「老後の風体に似合ふ事を習ふ」ということだ。あまりに当たり前の訓戒ばかりだが、それがそのまま芸道の奥義となる。

「さるほどに、一期（一生）初心を忘れずして過ぐれば、上がる位（上達して得た位）を入舞（し納めの舞）にして、終に能下らず（能の水準が下がらない）。しかれば、能の奥（行き止まり）を見せずして生涯を暮らすを、当流の奥義、子孫庭訓（家庭の教訓）の秘伝とす」

『風姿花伝』第一「年来稽古条々」で、「老骨に残りし花」と記されたときは、亡くなる二週間まえに舞った父・観阿弥の芸を讃嘆してのことで、まだ自分自身のことではなかった。しかし今は、自らが老骨となった世阿弥自身が「能の奥を見せずして生涯を暮らす」決心を、述べている。

世阿弥は父の観阿弥に限りない敬愛の念を抱いていた。世阿弥の子の元能が書き記した『申楽談儀』に、そのことの一端が記される。そこでは世阿弥は、父の観阿弥を褒めあげる語のほか、自分が父の観阿弥に比べて劣るところがあるが誰もそのことを知らない（「世子ノ位、観阿ニヲトリ（劣り）タル所有、タレモシラズ」）といった珍しい言辞を残している。[157] しかし今は、世阿弥は父と親しく相見して、自らが「老骨に残りし花」となることを、語っている。

世阿弥はこの心持ちを外部には洩らさなかった。それはどこまでも「此道を顕花智秘伝也」（此の道を花に顕わして知る秘伝である）だからだ。しかしそれは、単に「隠しておく」ということではなくて、先にも述べたように、「此道」が実際にそこを歩かないと体得できないものであり、そこを歩かない人に言葉で語っても虚しいからだ。[158] 義教は分かりやすく華やかな音阿弥の能を贔屓にし、観世座の太夫の座も音阿弥に継がせた。しかしおそらく音阿弥自身は、本当は自分ではなくて世阿弥が、芸において真の深みに達した存在だということを、知っていただろう。義教もそれを感じていただろう。申楽の人気を文化政策に取り込んでいた義教にとって、「離見の見」を旨とするような、言ってみればあまりに求道的な世阿弥の芸境は、むしろ疎ましかったであろう。疎ましいだけでなく、徐々に障害となり、消したい存在となっていたということが、推測される。そこへ、それまで世阿弥が率いていた「観世座」の後継問題も、加わった。世阿弥は芸において嘱望していた息子の元雅が観世座の太夫となって後継することを、有言か無言かは分からないが、表明したであろう。しかし義教は元重を後継にした。世阿弥と義教の観世座後継をめぐる意見の対立が義教の不興を買ったことを、世阿弥流刑の原因だと推測する研究者は多い。しかしその対立が本当だったとしても、それは原因ではなくて誘因にすぎなかったと、私は思う。誘因の背景には、両者の感性のちがい、批評眼のちがいがあった。それは「芸道と権力との矛盾的共生」の中核に穿(うが)たれた溝だった。その溝は、いつかはひび割れから断絶へと変容せざるを得ない性質のものだった。

永享六年(一四三四)、世阿弥は佐渡に流罪となった。その理由は公には定かでないが、しかし世阿弥は理屈でなくて身体感覚的に、その理由を分かっていたのではないか、という気がする。

六　『金島書』――「こがねの島」佐渡へ／から

世阿弥の人生観と芸道観を彼の伝書から窺い見てきた。ここで彼の人生の最後に到来する佐渡ヶ島での生活と心境を、彼の伝書から見届けることが、起承転結という点から必然だろう。

配流となる二年前の永享四年(一四三二)、これまで世阿弥が自分の芸の秘伝をすべて伝えていた息子の元雅が、伊勢に巡業しているあいだに没した。その痛恨の情を、世阿弥は『夢跡一紙(むせきいっし)』という一文に綴っている(「紙」の文字は、「氏」の下に「巾」と書く稀な字で、通常の辞書には出てこないが、意味は「紙」であるので、現代で通用する字を用いた)。これは、亡き息子への弔文でもある。

「さても、去(る)八月一日の日、息男(息子)善春(嫡子元雅の法名)、勢州(せしゅう)(伊勢)あのゝつ(安濃の津)にて身まかりぬ(逝去した)。老少(老人も少年も)ふぢやう(不定、人生のはかなさ)のならい

（慣らい）、いまさらおどろくには似たれども、あまりに思ひの外（ほか）なる心ち（心地）して、老心身を屈し（老いた心と身を屈し曲げて）、しうるい（愁涙）袖をくたす（朽たす、腐らせる）。云々」[159]

悲痛の情が切々とつたわる一文だ。この個所だけでなく、全体がこの悲痛の情に貫かれている。すでに見てきたように、息子・元雅は世阿弥から見て「子ながらも、たぐゐなき達人」であり、観世座の能を継承する実力を持っている唯一の能役者でもあった。しかし元雅は没する二年前に、醍醐寺清瀧宮祭礼の「楽頭職」を剝奪され、その職は従兄弟の三郎元重に与えられ、父・世阿弥と共に義教に露骨に疎んじられて、失意の中にあった。父子ともに不遇で心折れかけていた矢先で、互いに励まし合うべきときに、子が先に夭折した。世阿弥は二首の和歌を詠んでいる。

「おもひきや、身はむもれ木の、のこる世に、さかりの花の跡を見んとは」（自分は老いて世に埋もれた枯木なのに、盛りの花の元雅の死に遇おうとは、思いも寄らなかった）

「いくほどと、おもはさりせば、老いの身の、なみだのはてを、いかでしらまし」（この悲痛の涙がどれほどかを思わないのであれば、老いた自分の涙が尽きるときを知り得ようか）

第一首では、世阿弥が目にしているのは父・観阿弥の「老骨に残りし花」ではなくて、若くして散った息子の無残な花だということが、詠まれている。そして第二首では、老いた自分の涙がいつ尽きるか知り得ないと、世阿弥は涙にくれている。

この悲しみのどん底に、さらに追い討ちの矢を放つかのように、義教は世阿弥に、都から遥か遠い辺境の地、佐渡ヶ島への流罪を申し渡した。義教の父・義満は世阿弥を愛顧して引き立てたが、義満の子・義教は世阿弥を都から追放した。

配流の地、佐渡で、世阿弥は『金島書』という一書を著した。[160] 佐渡は金を産出する地として知られていたから、「金島書」は「佐渡の島で記した書」ということだ。学校の教科書では、「佐渡金山」は江戸幕府によって開山されたとされるが、そして本書一九五頁に後述するように、秀吉は「黄金の茶室」に関連して、家康の慶長小判に先立って秀吉が天正大判を造らせたが、そういったことに二世紀も先んじて、この島は金の産出で知られていた。世阿弥がこの『金島書』の終わりで記す下記の語が、金の産出の明白な史料ともなっている。

「さど（佐渡）のうみ（海）、まんもくせいざん（満目青山）、なををのづから（自ずから）、その名をとへば（問へば）、さど（佐渡）といふ、こがねのしま（島）ぞ、たへなる」

私の個人的な感想を記すなら、世阿弥が著した多くの名作の中で、私自身は実はこの『金島書』に最も心を動かされる。世阿弥の人生の最終局面の「自伝」を兼ねたこの作品から、佐渡への配流のなかで世阿弥の心境が変化していく様が手にとるように分かるからだ。それも、予想をくつがえす意外な世阿弥の心境変化のゆえだ。世阿弥はさぞかし現世からの決別に等しい辺境の地で、失意の底に沈むのではないかと、誰もが思うだろうが、実はそれまでの悲哀が一転して快活な心情へと転換するのだ。先に利休の辞世の偈の中に、現世で死を言い渡された利休の、自刃とともに死を超えた天に翻転転入する哄笑の響きを聞いた。いま世阿弥においても、同様の翻転が語られる。

これまでの多くの世阿弥研究の中で、どういうわけか、この作品だけはほとんど手つかずのままになっていた。その理由を考えるに、『金島書』は、狭義の「能曲」にも属さず、「芸論」にも属さないからだろう。敢えて言えば、『金島書』は世阿弥の能曲『融（とおる）』での「名所」記述と似ている。左大臣の源（みなもとのとおる）融が亡霊となって、旅の僧に京都近辺の名所を語る美文は、『金島書』で再現される。『融（とおる）』での一節を挙げよう。

「シテ　まだき時雨の秋なれば、紅葉も青き稲荷山、ワキ　風も暮れ行く雲の端の、梢も青き秋の色、シテ　今こそ秋よ名にし負ふ、春は花見し藤の森、……」

『金島書』との違いは、『融』での語りの主が亡霊であるのに対して、『金島書』では語り手は世阿弥自身だということだ。語られる内容は、単なる名所ではなくて、自らの流刑地の自然環境であり、心境表白であり、生活記録だ。芸論ないし能曲を研究対象とする研究者からすれば、それは対象外となるだろう。もちろん褒める研究者もいる。『金島書』が「全篇名文と言ってよく、世阿弥の創作力はここに及んでもいささかの衰えもなかったことがわかる」と。[161] しかしその褒めかたは、見当違いだ。『金島書』は『融』のような創作能ではなくて、佐渡ヶ島で綴った「体験記述」だからだ。

もっともこの著作は、叙述形式としては上に述べたような能曲『融』とおなじく謡曲の詞章を、伴う。だからしばしば文節の前に、「(歌う〽)」「(只うた〽)」「(只言葉〽)」「(下歌〽)」「(上うた〽)」といった、謡い方を指示する記号が付いている。この指示に応じる感情の抑揚やリズムを念頭におく必要がある。そこでの文章は単に「黙読」するだけでなく、「朗読」して「声」のリズムや音調を通して感情の響きを伝えるものとなっているのだ。

次に、この小謡の内容は、配流の旅程と配所の環境を記すものだ。七つの詞章からなっている。「若州（じゃくしゅう）」、「海路」、「はい処(配所)」、「時鳥（ほととぎす）」、「泉」、「十社」、「北山」だ。これに加えて、「永享八年二月日」、すなわち配流になって二年目という日付の詞章を入れた短文がつづくので、それを入れると八章ということになる。以下、叙述の流れ具合がすぐに分かるように、一々の詞章に、原文にはない番号を付して、それぞれのサワリ部分を抜き出してみよう。

「一　若州（じゃくしゅう）」

「永享六年五月四日、みやこ（都）をい（出）で、次日、若州（じゃくしゅう）をばま（小浜）と云（いう）とまり（泊まり）につきぬ。ここは先年もみ（見）たりし処なれども、いまは、らうまう（老耄）なれば、さだか（定か）ならず」

世阿弥の佐渡ヶ島行の道程は、京都を出て翌日に若狭の小浜に泊まるところからはじまる。小浜はいつか見たことがあるはずだが、耄碌（もうろく）して「らうまう（老耄）なれば」はっきり覚えていないと、世阿弥は言う。しかしその文言とは真逆に、ここから続く叙述と謡は、世阿弥の素晴らしい記憶力と感受性を証明するものであり、私の個人的感想を言うなら、鴨長明の『方丈記』や兼好法師の『徒然草』にも比肩する第一級の文章だ。

まず、眼前に開ける景観が描写される。「見れば、ゑ（江）めぐり〳〵て、いそ（磯）の山、なみ（浪）の雲とつらなつて（連なって）、つたえきく（聞く）、もろこし（唐土）のゑんぽ（遠浦）のきはん（帰帆）とやらんも、かくこそ、おもひ出られて……」。

「ゑんぽ（遠浦）のきはん（帰帆）」とは、中国の名勝「瀟湘八景（しょうしょうはっけい）」のひとつを描いた絵画『遠浦帰帆（えんぽきはん）』だ。いろいろの画家がこの景色を描いたが、世阿弥が思い出したのは、足利義満が所有した十三世紀の牧谿（もっけい）の作品だ。なぜ作者や所有者が分かるかと言えば、本書の口絵ページにも載せたように画面の左下に牧谿の鑑蔵印が捺印され、将軍義満の出家法名である「道有」の文字の印が見られるからだ。義満は明との貿易を推進したから、明に渡った僧あるいは明の商人が運んできたこの絵を、所蔵するに至ったのだろう。義満に小童の頃から仕えた世阿弥が、この絵を知っていたことは不思議ではない。単に知っていただけでない。配流の地への出立に際しても脳裏に浮かべるほど、この名作を脳裏に刻んでいたのだ。この『遠浦帰帆』は、いま京都国立博物館に収蔵されている。[162]

　いまから配流の地である孤島へ出発する人が、出発に際して海上風景からこういう絵を思い出すとは、どういう心境を意味するのだろうか。まずは、「（歌う〳〵）」という指示のもとで記される、次につづく謡を、見よう。

「（歌う〳〵）船とむる（泊むる）、つだ（津田）の入りうみ（海）、見わたせば、〳〵、さつき（五月）もはやく、たちばな（発ち花、橘）の、むかし（昔）こそ、身のわかさ（若さ、若狭）路とみえしものを、いまは老の後せ（あとせ、後背）山、され共、松はみどりにて、木ぶかき木ずゑは、けしき（景色）だつ（立つ）、あを葉の山の夏陰の、うみのにほひ（匂い）にうつろひて、さすや（差すや）うしほ（潮）も、青浪の、さもそこひ（底ひ、深い底）なき、みぎは（水際）哉、〳〵」

　すぐに分かるように、文章の中ほどの、「身のわかさ（若さ、若狭）路とみえしもの」は、「いまは老の後せ（あとせ、後背）山」と、対語をなしている。かつては「若かった」自分もいまは老いて、若狭路を後ろに港に来た。

　しかし、「され共、松はみどりにて……」とつづく。松のみどりは、枯れることのない若さの象徴だ。その梢は青々として、自分の新たな生を示唆している。青葉の山は夏らしい陰をつくる。海の匂いが伝わってくる。潮が差してきて、その青波は深い底を思わせるが、水際はあざやかだ。
世阿弥は海上から見る風景への感動を謡曲の譜にしている。彼はさらに、小浜の海辺の岩、海上にのぼる月、行き交う船、等々の光景を、感嘆して見入っている。一読して、流人（るにん）の身となった者が失意の中で記す文章とは、どうも思えない。世阿弥の内面で、何かが生じている。

「二　海路」

小浜から世阿弥は船に乗った。

「（只うた〳〵）かくて、じゆんぷう（順風）時いたりしかば、ともづな（艫綱、纜）をとき（解き）、ふねにのりうつり、かいしやう（海上）にうかむ（浮かぶ）」

この出だしには、謡い方の指示がある。「（只うた〳〵）」だ。これは物語の筋に引き入れる歌を意味している。謡曲の朗唱者は、文言を長く伸ばして、文言にこめられた思い入れに合わせるように謡わなければならない。その思い入れは、「じゆんぷう（順風）時いたりしかば」で始まる。世阿弥は単に「風が吹いて」とは書いていない。順風の時いたる、すなわち事が進む上で順調な追風が来たと、書いている。

配流の身となって佐渡の配所へ赴くこと自体を、世阿弥は順風の時が来たと形容している。やはり世阿弥の内部で、読む側の予想を裏切って、悲嘆よりはむしろ、これから生じることへの期待あるいはときめきが、生じている。あたかも将軍・義教との確執から解放されて、自由な天地へ向かうかの如くだ。もちろん初めて赴く場所だから、「さど（佐渡）のしま（島）までは、いかほどのかいろ（海路）やらん」という不安もある。船頭に尋ねてみると、「はる〴〵（はるばる）のふな路なり」という答えがもどってきた。遠い船路だという簡単な答えだ。そこで世阿弥は「下歌」と指示した謡曲の台詞を記す。「下げ歌」だ。これは、中ほどから下の低い音域の拍子で謡うように、という指示を意味する。その指示につづく台詞のあとに、今度は「上」ないし「上げ歌」と指定される台詞がつづく。高めの音調の節で謡うように、という指示だ。この「下げ歌」と「上げ歌」の部分を、つづけて引用しよう。

「(下〽）とをく（遠く）とも、きみ（君）のみかげ（御蔭）に、もれて（漏れて）めや、八島（やしま）のほかも、おなじうみ（海）山。（上〽）いまぞしる（知る）、きく（聞く）だに遠き、さど（佐渡）のうみ（海）に、老のなみ（浪）路の、ふね（船）の行するゑ」

後半の「(上〽）」以下の部分、すなわち「上げ歌」は、感情がすこし昂って、世阿弥は「老いの浪路」の行末はどうなるかを、案じている。しかしそれとの対比をなすのが、「(下〽）」で始まる前半部だ。遠く離れた八島(やしま)（日本国）の外に出たと思ったが、ここにも八島とおなじ「君の御蔭」に漏れない海と山がある。「きみ（君）のみかげ（御蔭）」の「君」は、義教のことでなくて天皇のことだろう。世阿弥は自分を流刑に処した義教に、一片の恨みも述べていない。否、まったく言及しない。もはや義教など眼中に入れていないのだ。

だんだん日がくれて、夕闇となった。海上の風景が次々と見えてくる。「五月雨の空」と、加賀・飛騨にまたがる「雪のしらやま（白山）」すなわち白山（はくさん）の遠望、蛍かとも見える「いさり火（漁火）」。そして夜となり、明け方となる。朝雲のたなびく越中の「たて山（立山）」、「下（げ）のゆみはり（弓張）の月」すなわち下弦の月、波間に見えてくる曙の「松」、等々。

夕闇と夜明けを経て、能登半島の海岸が視界を過ぎ行き、やがて別の岸影が見えてきた。ここはどこかと問えば、

「さど（佐渡）の海、大田の浦に着きにけり、〳〵」

大田の浦は佐渡ヶ島の南東部で、本州から佐渡海峡を渡ったときに最も本州に近い位置にある。以前は所在地が松ヶ崎村と呼ばれたが、現在は市町村合併でその地名は消えて、新潟県佐渡市松ヶ崎となっている。人口は約五千人。世阿弥はここに着いた。この日は世阿弥は大田の浦に、宿泊した。

「三　はい処（配所）」

翌日、世阿弥は「配所」へ向かう。罪人としての世阿弥の居場所となる場所だ。まずは山路をわけ登って笠借峠（かさかり）というところに着き、自分が乗ってきた馬を休ませた。山路を馬に乗ってすすむのだから、流罪といってもそう過酷な処遇ではなかったと推測される。世阿弥はそこでまたしても、自然の風物と土地の文化に心を奪われる。

「ここは、みやこ（都）にてもききし（聞きし）名どころ（名所）」

京都にまで知られた紅葉の名所だ。

「山はいかでか紅葉しぬらんと、なつやま（夏山）かへで（楓）のわくらばまでも、心あるさまにおもひ（思い）そめてき」

夏山で楓の病葉（わくらば）を処々に見るだけだが、その色合いからも、山はどんな風に紅葉に映

えるのだろうか（「山はいかでか紅葉しぬらん」）と、世阿弥は心を躍らせる。

山路をくだると、長谷（ながたに）観音で知られる長谷寺（ちょうこくじ）にたどり着く。「きゝし（聞きし）名仏（めいぶつ）にてわた（渡）らせ給へば、ねんごろにらいはい（礼拝）し、その夜は土地の代官に身柄を引き渡されて、世阿弥は満福寺という小さな寺に泊まった。寺の背後には寒松の林、秋を誘う山風、庭には遣（や）り水が苔を伝わり涼しく感じられる。寺の僧の言う「いとゞありがたきこゝち（心地）」という語で、世阿弥自身の感想が代弁される。そして「（下歌〽）」と指示された謡の文言が記される。

「しばし身を、をきつき（置き着き）処（ところ）、こゝながら、〳〵、月やみやこ（都）の雲ゐぞと……」

老いてここで寝起きする境遇になったが、月は都の「雲ゐ」すなわち「空」で見るのとおなじだと語る。「百人一首」の「わたの原 漕ぎ出でて見れば 久かたの 雲ゐにまがふ 沖つ白波」が、連想されているのかもしれない。「しばし身を、をきつき（置き着き）処（ところ）」という表現から、流罪が「しばし」のことであって、やがて許されるだろうという期待が、読み取れる。

しかし、このあとにつづく謡の締めくくりの語は、その読みを裏切って、愁嘆の語と真反対の心境を述べ、読む者を深く驚かせる。

「げにや、つみ（罪）なくて、はいしょ（配所）の月をみる事は、古人ののぞみ（望み）なるものを、身にも心のあるやらん、〳〵」

「罪なくして配所の月を見る」という表現は、『徒然草』に出てくる名言だ。[163] 源顕基（みなもとのあきもと）という公卿が後一条天皇に忠実に仕え、天皇の崩御のあとは悲しんで宮仕えを止め、比叡山の奥に住んだ。しかし心中では、比叡山よりさらに世間から離れた「配所」で、ただし罪人としてでなく「罪なくして」、ひとり月を見ていたいものだと、述べたという。兼好法師が『徒然草』で、その心境を賛嘆している。

世阿弥はこの源顕基の願望が、いま自分のなかにもあるようだ（「身にも心のあるやらん」）と、述べている。罪なくして佐渡に流されたと世阿弥自身は感じているから、それならば、この配所で罪なくして月を眺め暮らすことを望もうというわけだ。それほどに月は澄み、あたりは美しい。

「四　時鳥（ほととぎす）」

この四番目の詞章は、「（只こと葉〳〵）」の指示から始まる。「歌」でなくて「語り」ということだ。

「西のかたを見れば、入うみ（海）の浪、はくさ（白砂）ゆき（雪）ををゝひ（覆い）て、みなしろたへ（白妙）にみえたるなかに、せうりん（松林）一むら（一叢）みえて、まことに春六月のけしきなるべし」

六月なのに「春」と形容するのは、このあとにつづく花や鳥という風物のためだろう。世阿弥はここで小さな八幡宮の社宮を見つけた。そこでは「花になく鶯」や「水に棲む蛙（かわず）」などが、すべて「歌をよむ」と感じられる。「ほとゝぎす」もおなじ鳥類だから、歌心があるにちがいないと、世阿弥は思う。「かっこう（郭公）」もそうだが、「ほととぎす」に至っては、「みやこどり（都鳥）」にもきく（聞く）なれば、こゑ（声）もなつかし」。

こうなると、さすがに老いた世阿弥も泣けてくる。「ほととぎす、たゞなけ（泣け）や、〳〵、老の身、われにもこきやう（故郷）をなく（泣く）ものを、〱」。

さらに西を見ると、人家が立ち並んでいて、この国の都かと思われた。「いづみ（泉）と申（もうす）ところなり」。

「五　泉」

現在でも佐渡市泉という地名で残っている地区だ。この詞章の眼目は、泉という地が、順徳院が承久の乱（一二二一）で敗れて配流となったときの配所だった、というところにある。承久の乱は、後鳥羽上皇が鎌倉幕府から実権を取り戻そうとして倒幕の軍をおこした戦争だ。朝廷が最初に攻撃を始めた側だったから、反乱という意味での「乱」ではなくて、戦乱の「乱」だ。戦いはすぐに終結した。北条泰時の率いる幕府側の大軍が朝廷側を圧倒して京都を支配し、六波羅探題を設立して朝廷側を見張る役所を設けた。戦争の勝敗は、朝廷側に対する武家政権の支配の最終的な確立をもたらした。後鳥羽上皇は隠岐に、土御門上皇は土佐に、そして順徳上皇は佐渡に、それぞれ配流となった。いま世阿弥は、その順徳院のかつての配所に立っている。

「ところは、かや（萱）が軒ば（軒端）の草、しのぶ（忍ぶ）のすだれ、たえ〴〵（絶え々々）也」

萱草が軒までも生い茂って天然の簾となっている。世阿弥はここで、順徳院の御製の歌を引いている。

「人ならぬ岩木もさらに悲しきは、美豆の小島の秋のゆふぐれ」

『続古今集』に出てくる歌だが、世阿弥はこのほかにも、『壬生百首』や『新千載集』に出てくる歌なども引いている。世阿弥の佐渡配流の旅がどのような装備と随伴の人数だったのかは、『金島書』からは分からないが、多くの書籍類を持参し得たとも思えない。だから世阿弥が次々に挙げる歌や地名や歴史的事績は、七十二歳となった世阿弥の記憶力を物語るだろう。かつては河原芸人と呼ばれた世阿弥が、足利義満に引き立てられて研鑽を積み、将軍家に所蔵の一流の文物・絵画に触れ、驚嘆すべき記憶力と向上心から博学の教養を身につけていたことが、垣間みられる。

「泉」は、翌永享七年（一四三五）に世阿弥の第二の配所となった。そのことが、次の詞章で記される。

「六　十社」

「(只言葉〽)かくて、国にいくさ（戦）をこ（起こ）りて、こくちう（国中）おだやかならず。はい処（配所）も、かせん（合戦）のちまた（巷）になりしかば、在所をかへて、いまの、いづみ（泉）といふ所にしゆく（宿）す」

ここから佐渡金山跡へは、東へ数キロばかりだ。世阿弥がこの島を「こがねのしま（島）ぞ、たへ（妙）なる」と記したのは、この金山のゆえだ。近くの正法寺には、世阿弥が腰掛けたという言い伝えの石があり、文化史家・川瀬一馬（かずま）の裏書きによる「世阿弥元清供養塔」が建っている。住職の谷地田（やちだ）雅将（がしょう）さんの説明では、この供養塔は昭和四十年に建立のものだというから、まだ比較的あたらしい。ただ、世阿弥が佐渡で没したのか京都にもどって亡くなったのかという謎に関連して、川瀬一馬が世阿弥はここで没したことを宣するものとみなして裏書きした供養塔だから、注記に値する。

さて「十社」の詞章の叙述では、世阿弥はこのいづみ（泉）で「けいしん（敬神）のために、一曲をほうらく（法楽）す」とある。つまり能を舞った。佐渡へ来て一年ちかくとなり、世阿弥の心境は、罪なくして配所の月を見るのぞみがいま叶えられていることの満足の念へと、深まってきている。「やまと（大和）とあきつす（秋津洲）のうちこそ、御代（みよ）のひかりや、玉がきの、国ゆたかにて、はうねん（豊年）を楽しむ、民の時代（ときよ）……」

「御代（みよ）のひかり」は、この佐渡の島にも差し込んでくる。美しい自然の「玉がき」にかこまれた土地は豊かで、民は豊作を楽しむ。そのように謡い舞う世阿弥の満足の念は、最後の詞章でさらに強められる。

「七　北山」

「(只こと〳〵)かくて、ふるき人にあいて（逢いて）、たうごく（当国）の神秘、けいかい（結界）、たづねおくりなり」

冒頭の「(只こと〳〵)」は、前に出てきた「(只言葉〳〵)」とおなじで、「語り」を指示している。世阿弥は土地の古老たちに会って、佐渡の神秘的な結界の場所を訪ね歩き、さらに敬神の念を深めていった。そしてこのような霊的な国に身を置く縁となったことへの感慨を深める。

「我雲水（うんすい）のすむ（住む）にまかせて、そのまゝに、しゆじやう（衆生）しよ（諸）仏も、あいおかさず（侵さず）、山はをのづから（自ずから）たかく（高く）、かい（海）はをのづから（自ずから）ふかし（深し）」

「雲水」は文字通りに「雲と水」と解してもよいが、「衆生」とか「諸仏」とかという仏教用語が出てくるから、行脚して修行する僧「雲水（うんすい）」という意味も、懸けられている。世阿弥自身は配所にいなければならないから、雲や水のごとくに自由に動くというわけにはいかないが、心境においては「雲水のす（住）むにまかせて、そのまゝ」に、「山はをのづから（自ずから）たかく（高く）、かい（海）はをのづから（自ずから）ふかし（深し）」という形容となる。それは情景の描写であって、同時にその情景とひとつになった自分の心境の吐露でもある。佐渡配流に到るまで世阿弥が置かれていた状況を、もう一度想い起こそう。世阿弥は権力者の庇護のもとで芸能の世界の頂点に立ち、しかしながらその権力者と芸境を共有することを心中で拒み、ゆえに疎まれ、圧迫されていた。いまそれらの束縛から離れて、世阿弥は雲水の自由の心境となっている。

「かたり（語り）つくす、さんうん（山雲）かい（海）月の心、あらおもしろや、さど（佐渡）のうみ（海）、まんもく（満目）せいざん（青山）、なを（猶）をのづから（自ずから）、その名をとへば（問へば）、さど（佐渡）といふ、こがねのしま（島）ぞ、たへ（妙）なる」

「かたり（語り）つくす、さんうん（山雲）かい（海）月の心」という表現は、『碧巌録』[164]の中に出てくる「語尽山雲海月情」（かたりつくす さんうんかいげつのじょう）のパラフレーズだ。「情」という文字が「心」に替えられただけだ。「河原乞食」と言われた芸人の出身だった世阿弥が、このような中国の古典の語を口ずさむほどの教養を身につけていたということは、逆説的ながら、足利将軍の愛顧を受けて享受してきた待遇のゆえでもある。その将軍から島流しに処せられたことは、愛顧というものが潜在的に「憎」という要素を内在させることを改めて思わせるが、世阿弥はその矛盾的共生をいま山雲海月の雄大な自然の心に包み込んでいる。『金島書』はその心を「語り尽くす」。罪なくして島流しに遭った世阿弥は、いま深い満足に浸っている。「こがねのしまぞ、たへなる」と。そこで「北山」の詞章のあとに記される、「後書き」ともいうべき短文は、書き出しがこうなっている。

「夫（それ）、おさまれる代の声は、やすんじて（安んじて）もて（以て）、たのしめり」

天皇の御世は治まり、民は休らい楽しんでいる。この後書きは「永享八年二月日」の日付だから、世阿弥が佐渡に着いてから二年ちかくの一四三六年のものだ。この一文の最後に、和歌が付け加えられた。それは世阿弥の「辞世の歌」と見ることもできる。

「これをみ（見）ん、のこす（残す）こがねの、しまちどり（島千鳥）、跡もくち（朽ち）せぬ、世々のしるしに」

意訳するなら、こうなるだろう。「後世の人は、こがねの島の島千鳥である私が、ここに書き記す文章を、千鳥の足跡として見つけるだろう。足跡は朽ちることなく世々に伝わるだろう」。

配流の身になったことは、芸道と権力の相克という図式からすれば、敗者の身になることだ。しかし勝者である権力者・義教は、この五年後の嘉吉元年（一四四一）に、赤松満祐に謀殺された。赤松の兵が義教の酒宴の場に乱入したとき、義教は申楽の演能に興じている最中だったという[165]。申楽演能の場という以上は、そこに世阿弥が不在のまま存在している。世阿弥は配流の島で満ち足り、義教は殺された。勝者が敗者に、そして敗者が勝者に、転換したようなところがある。否、世阿弥は勝ち負けを超えたところにいる。先に引用したように、義教はかつてこう歌った。

「今年よりさらに契りて我宿の花に待つべき万代（よろづよ）の春」

しかし義教の人生は五十年に満たなかった。他方の世阿弥は、孤島で詠んだ自分の歌が、「くち(朽ち)せぬ、世々のしるしに」後世でも人の眼にとまるだろうと記し、その通りになっている。

ここで、観阿弥の原作に世阿弥が手を入れたという謡曲『自然居士』が、念頭に浮かぶ。世阿弥がどういう風に観阿弥の原作に手を入れたかといえば、「自然居士」を大人の説法僧から少年僧に替えたところにある。「これは自然居士と申す説経者にて候」と名乗るシテが、「喝食(かつじき)」すなわち禅寺で食事の知らせを喝(とな)える青年僧の面(おもて)をつけて登場する。美童として知られた世阿弥が、自分自身をそこに重ねる意図があったと思われる。その青年僧は、人買いにさらわれそうになった娘を取り返そうと、ふたりの人買いと対決する。「命を取らう」と強面(こわもて)に威嚇する人買いたちに、「もとより捨て身の行、ちつとも恐るまじ」と言い切って自然居士が対峙する場面は、先に述べたような、乱世にあって申楽の役者も普段から刀を持ち歩いたというような時代の相を、映している。しかし自然居士は刀によってではなく、自らの舞と歌の芸で人買いたちを感服させ、さらわれそうになった娘を無事に取り返す筋書きになっている。

念頭に浮かぶもうひとつの能曲は、作者未詳の『俊寛』だ。世阿弥の長男・元雅の作と推定する文献が多いが、作品の出来栄えからして、多分そうなのだろう。出典となった『平家物語』の筋書きどおり、能曲でも、平家打倒の陰謀の罪で俊寛は鬼界ケ島に流される。都から赦免の使いが来たが、赦免状に記されていたのは、同じく流罪となっていた成経と康頼のふたりだけで、俊寛の名前はなかった。「こはいかに罪も同じ罪。配所も同じ配所。非常も同じ大赦なるに、一人誓(ちかい)の網に漏れて。沈み果てなん事は如何に」と取り乱し、沖へと去っていく舟を、狂乱の相で見送る。実際の能舞台では、使者と成経と康頼の三人が縄を周りに置いて舟をあらわすのが常だ。

『金島書』での世阿弥は、狂乱していない。むしろ「やすんじて（安んじて）もて（以て）、たのしめり」と歌う「自然居士」になっている。そこでは、かつて『花鏡』や『遊楽習道風見』で到達した「さび」も、剝落してしまっている。[166] 歴史的には、世阿弥が佐渡で人生を終えたのか、それとも都にもどったのかについては、諸説がある。単にいろいろの説があるというだけでなく、諸説が混乱するときもある。[167] 上述の佐渡金山跡から少し離れたところに建つ正法寺の「世阿弥元清供養塔」は、世阿弥がこの地で没したことを語る。世阿弥は京に戻れると分かってから『金島書』を一気に書いたという推測もあるようだが（ある有力な研究者のインタビュー記事だが、ご本人自身の執筆記事ではないから、出典は略す）、それであれば佐渡での暮らしをこれほど情感ゆたかに謡いあげる必要も情熱もなかったはずだ。私には、もし世阿弥が義教から恩赦を受けたなら、望郷の念を癒したいという思いを抱くと同時に、またしても将軍義教の圧迫と、全盛を誇る甥の音阿弥の下風に立つ屈辱とを、念頭においただろうと思う。私には、世阿弥は最終的にはこの妙なる黄金の島でゆたかに暮らす人々に交わって、時に能を舞い月や花を賞でて暮すことを選んだのではないかと、思えてならない。

『金島書』での世阿弥の心境を、一語であらわすなら、どういう語がふさわしいだろうか。世阿弥自身の語群から選ぶなら、「遊」という語が浮上する。『風姿花伝』の冒頭の「序」では、申楽は「遊宴」あるいは「遊び」とも形容された。そして世阿弥の別の著書である『遊楽芸風五位』や『遊楽習道風見』では、「遊」の語は題名に含まれる。

世阿弥において申楽という名の遊楽は、大衆娯楽の桟敷でも、貴族の屋敷でも、そして戦乱の世をくぐり抜ける生き方としても、演じられた。すでに述べたように、もともと仏教では「遊戯（ゆげ）」、「遊行（ゆぎょう）」、「遊山（ゆさん）」等々はいずれも仏道修行の意味を持ち、時には九鬼周造が美化した「遊女」の存在様式をも含意し、しかしまた「遊興（ゆうきょう）」「遊俠（ゆうきょう）」といった頽落方向をも意味する。世阿弥は『風姿花伝』の「序」で、「好色、博奕・大酒」の三つを「三の重戒、これ古人のおきてなり」として厳しく戒めたが、それらはいずれも頽落としての「遊」だ。しかしこの三つを戒めつつ精進につとめる芸道も、「遊楽」だった。

世阿弥の芸は「寂々（さびさび）として冷え枯れたるさび」となるときもあるが、また華やかな「花」として咲く芸でもあり、その限りで世阿弥は足利将軍たちとの共生空間を形成し得た。権力者・義教と世阿弥の共生空間は、お互いに異質の相手の存在を自己存在の成立要件としながら、展開していった。その空間は、最後には分裂したが、しかし世阿弥自身はこの分裂をも配流の地で「たのしむ」に至った。

この「遊」については、利休をも視野に入れて少し頁を費やして述べる必要があるが、それは次の第三章での課題だ。

第三章　利休と秀吉

一　『南方録』研究史の概観――茶湯ニハ、昔ヨリ書物ナシ

世阿弥は多くの申楽論と能曲とエッセイを遺したが、利休は「茶の湯論」とも言うべきものをまったく遺さなかった。文字による説明という点では、彼は沈黙を通した。利休について語ることの基本的な困難は、ここにある。唐木順三が『千利休』の「あとがき」で次のように記したことは、利休研究の文献が積み重なる現在でも変わらない。すなわち、「利休の正体をつかむことはなかなか困難である。もともと一筋縄でつかめる人物ではない上に、利休自身の書き残した文書は僅かなもので、そこから正確に利休を描くことはむづかしいのである。従つて利休像はいまなほ伝説のうすものなかにつつまれているとゐつてよい」[168]。

利休は世阿弥と多くの共通点を持ちながら、文字では何も残さなかったという点だけは、顕著な対照をなしている。『南方録』は利休自身が書いたものではなくて、利休の「言行録」だ。いちおう南坊宗啓が利休に提示して点検してもらったことにはなっているが、百年後に立花実山（たちばなじつざん）が編集したと見られる跡もある。利休の茶の真髄を文字で伝える文献としては、利休の第一の弟子である山上宗二（やまのうえのそうじ）の『山上宗二記』もあるが、その宗二は「茶湯ニハ、昔ヨリ以来無書物」（茶の湯においては、昔から書物はない）と、記している[169]。それは、無二の師匠である利休から伝わった文書も無い、ということの表明でもある。宗二は茶の湯の真髄が文字では伝わらないことを知って、そう述べた。しかし利休はそれを黙って遂行した。

これは芸能や宗教信仰の本質でもあろう。いずれも知的で対象的な「理解」では伝わらないもの、自分の身心による「体得」ないし「会得」を旨とするほかにないものだ。もちろんそうは言いながらも、他方で芸能論も宗教論も枚挙に暇がない。仏教であれば、経典や論書を収録した『大正蔵経』は一万一千九百七十巻を数える。ただ、論じ尽くしてなおも「一字不説」というだけだ。これは「不立(ふりゅう)文字(もんじ)」を標榜しながら「五山文化」などを残した禅宗において最も典型的だが、禅宗に限ったことではない。『大般若経』などの大乗仏典にも、「一字不説」の見識は出てくる。[170] 茶の湯の文献で必見のひとつに数えられる、久須見疎庵(くすみそあん)が筆録編纂した藤村庸軒の茶話『茶話指月集(ちゃわしげつしゅう)』は、どんなに味のある茶話であってもそれらは「月を指す指」だと、記している。[171] ただし文字表現のなかには、単に「月を指す」説明だけではなくて、月そのものが発する「月光」のごときものもある。『南方録』はその両方の性格を持っている。

このような言行録を南坊宗啓に書かせた利休という人物の像は、依然として「いまなほ伝説のうすもやのなかにつつまれている」部分が多い。多くの研究者がその薄靄を見通すことを試みた。しかし六十年まえに芳賀幸四郎が利休の伝記を試みて、次のように概嘆したことは、今でも妥当するように思われる。「桑田忠親氏や唐木順三氏らに、それぞれ『千利休』と題する名著があり、それに利休関係の史料はほとんど発掘しつくされていて、従前の研究水準以上に出ることが、不可能とさえ思われた[172]」。

現存の研究者で『南方録』成立史研究の第一人者である熊倉功夫も、『南方録を読む』の「はじめに」で、こう記している。「千利休が偉大であることはわかっていても、我々が利休について知っていることはそれほど多くはない[173]」。

本書の第三章での試みは、まずはこれらの研究史の成果を確認することが出発点となる。そんな回りくどいことは止せ、という読者もいるかもしれない。現に第二章の世阿弥の部では世阿弥研究の概観など述べなかったではないかと。その責めは外れてはいないから、「あとがき」（本書二二七頁）への注266で、世阿弥研究史の一部に触れておいた。ただ、文書を遺さなかった利休については、その研究史の蓄積は「月を指す」貴重な指だから、その概観作業を前置きにすることは筆者自身には必須となる。概観は二段構えにしよう。第一段は「研究史の時期区分」という観点、第二段は「テーマ上の区分」である。便宜的な区分だから、ふたつの段落は重複する部分もある。行きつ戻りつの叙述は大目に見ていただきたい。

（Ⅰ）研究史の時期区分上の概観

西山松之助が、「近代になってからの『南方録』研究は、野崎兎園、浅田妙々斎、田中仙樵、柴山不言らのものがあり」と述べて、『南方録』研究のいわば前史に触れている[174]。研究史の研究という観点からの、貴重な言及だ。ただ本稿は研究史そのものを本題とするのではないから、今日の研究の基礎となる研究史上の成果に叙述を絞ることにしたい。

後の意味での研究史は、その第一期が太平洋戦争の直中の桑田忠親の基礎的な仕事『千利休』（一九四二）と、小宮豊隆の『中央公論』論文「利休とその時代」（一九四三年一月号）の二著から始まったと言えるだろう[175]。小宮の論文に哲学者の西田幾多郎が反応したが、これについては本書の「あとがき」で触れることにする。

第二期は一九五〇年代から一九六〇年代初頭にかけて到来する。まず一九五一年に堀口捨己の、これまた基礎的な仕事である『利休の茶』が、岩波書店から出た。次に桑田忠親の戦中の仕事でもある『千利休』が、新版として出た。これと連動するような形で、小宮豊隆が同じく戦中の上記の論文を敷衍して『茶と利休』を、一九五六年に角川書店から上梓した。そして上記の三冊につづく形で一九五八年に、唐木順三の『千利休』が筑摩書房から出た。

堀口、桑田、小宮、唐木の四人による以上の四冊はいずれも、単に過去の利休研究というだけにとどまらず、現代でも迂回を許さない黄金期の諸著だ。野上弥生子が唐木の著書の抜き書きをつくりつつ、中央公論社から代表作『秀吉と利休』を出したのも、一九六四年だった。この野上の作品は、文学の方面から上記の黄金期に輝きを添えるものだ。

この黄金期のあとにも、いくつかの良書が出ている。その第一は、一九七一年に出た村井康彦の『千利休』だ。歴史学者としての蘊蓄を利休研究においても存分に発揮した著で、二〇〇四年に講談社学術文庫として再刊されたときに、その功績を熊倉功夫が「解説」で記している。すなわち利休の書状には右筆書き（書記役の代筆）が、かなりあるという問題提起をしたが、一九六一年に『利休の書簡』（河原書店）という労作を出していた桑田忠親が、これに対する猛烈な反論を書いた、というものである。そのあと、筆跡研究者で利休の手紙の筆跡を子細に検討した小松茂美は、やはり右筆の存在に疑問を呈している。現存する利休の書簡は、基本的には自筆だというのだ。[176]

村井の著書を解説した熊倉功夫自身の、『南方録を読む』（一九八三年）、は村井の書につづく二冊目の良書だ。現在まで版を重ねるロングセラーで、『南方録』を読む場合にはまず手に取るべき書だ。[177] ただしその研究成果にもとづいた「解釈」という面では、後述するような一、二の点で、私としては留保を表明したいところもある。

次に、利休四百年忌となる一九九一年を節目とする波頭が、形成される。利休ルネサンスとも言える雰囲気があったことが、現在の時点から見えてくる。芸術家の自由な連想からのエッセイとも言うべき、赤瀬川原平の『千利休 無言の前衛』(岩波新書)が、一九九〇年に出た。学術的な利休論というよりは赤瀬川自身の型破りの前衛芸術論だ。前年に野上弥生子の『秀吉と利休』が映画化されたが、その脚本を書いたという経緯の延長で、この著書が成立した。

これらの芸術家や小説家の利休論につづいて、学術書としては前記の神津朝夫の『千利休の「わび」とはなにか』(角川選書、二〇〇五年)が出た。これは、「あらゆる先入観を捨てて、同時代の確かな史料だけを読みながら、利休の実像、その茶の湯がどのようなものだったかを求めていく」という、大胆かつ丹念な試みだった。[178]

時期は四百年忌からすこし遅れるが、一九九五年に出た矢部良明の『千利休の創意――冷・凍・寂・枯からの飛躍』は、陶磁器の専門家という立場から自分の美学を利休から得て展開する、新鮮な試みだった。[179]

裏千家の業躰(家元の内弟子として修行し、師範代をも務め得る人)だった戸田勝久の『南方録の行方』(淡交社、二〇〇七年)は、『南方録』を従来の七巻本でなくて九巻本として捉えることを提唱する。戸田の書は知識のレベルにおいて信頼できるだけでなく、茶の湯そのものの実践を通じて、利休の侘び茶に真摯に迫ろうとした仕事だ。[180]

（Ⅱ）テーマ別の概観

汗牛充棟をなす研究文献を少し系統立てて、テーマ別に分類するなら、ほぼ四つを数える。研究者たちの仕事はほとんどの場合、複数の視点にわたるから、この四点にこれらの仕事を分類するのは無理があるのだが、叙述の便宜上、重複をおそれずにこの分類に沿ってコメントを添えることにする。

（ⅰ）『南方録』の文献学的考証
（ⅱ）利休の一代記という方向
（ⅲ）侘び茶の作法、茶道具、茶室、等に関して
（ⅳ）利休の茶道の精神史的・美学的吟味

（ⅰ）『南方録』の文献学的考証

桑田、小宮、久松、西山、熊倉、戸田の六人の仕事を、代表として挙げたい。小宮の仕事は、『南方録』の成立史の本格的な研究がまだ始まっていない頃にすでにこのテキストの問題性に注目した、先駆的な仕事だ。彼は「『南坊録』の真偽」という章を設けて、当時としては驚異的な文献渉猟を経て、詳細かつ長大な『南坊録』成立史の考察をおこなった。

桑田の『千利休』は、彼が東大史料編纂所勤務以来、半生を利休研究に投入して広く史料を渉猟し、各地に足を運んでおこなった調査の結果の、文字通り基礎的な仕事だ。ただ、こういった史家と

しての仕事は金字塔であるが、史料の解釈に関しては、検討の余地を残すようにも思われる。たとえば、『南方録』について、「確かな秘伝書ではない。江戸時代の単なる教養書である。いわば、新書本のようなものである」（同書三四二頁）と指摘するが、「単なる教養書」という評価は、もし彼が存命して今日の『南方録』研究を見たら、撤回ないし訂正をするのではないかと思う。

熊倉は、『『南方録』が実山の編集した本であることを実証するなかで、……古い伝承を探しだし、利休時代の茶の湯を考える史料として使いたいものは使いたい」と述べる。つまり、『南方録』をあくまで歴史的に読もうとする。[181] 氏の研究は実証に徹して手堅く明快だ。そして物柔らかな親しみやすい文体のなかに、ときどき読者をはっとさせるような、そして「保留」をも要するようなコメントも加える。「私には南坊宗啓の禅の境地が高いのか低いのか、禅の体験がないからわからない。わからないけれど、本物の禅だったら、こんなに秘伝書を書く必要はなかったのじゃないかと思う」と。[182] 新鮮なコメントだが、ただし「本物の禅」はこんな秘伝書など書かない、という見解には、保留が要るだろう。先に述べたことの反復となるが、文字表現の中には、単に「月を指す」説明だけではなくて、月そのものが発する「月光」のごときものもあるからだ。「本物の禅」は不立文字を標榜するが、その不立文字の境地が言葉となって躍り出ることもある。『碧巌録』や『臨済録』、『正法眼蔵』、そして禅文学の最高峰である「五山文学」などは、すべて「本物の禅」が皓々たる光を放つ文言の例だと断言して、差し支えない。現在の熊倉であれば、この見解に賛成するのではないかと思う。[183]

もうひとつ熊倉の見解にすこし保留したい点は、秘伝書『南方録』の「墨引」の巻に記される個所へのコメントだ。「墨引」の奥書は、『南方録』が秘伝書として秘されてきたことを述べ、その理由を

「秘ハ秘するニ依て尊く候」（「墨引」一四、奥書）と表現している。この個所に熊倉は、「千家にも伝わらぬ秘伝が、実山の発見した『南方録』にこそ伝えられている、ということを主張せんがために、実山が作った奥書と考えられる」と、述べる。[184]しかすでに述べたように、この語のコンテキストは禅の公案に用いられる丙丁童子（びょうじょう）の物語で、火を本性とする童子が火を自分の外に求める虚しさを指すものだ。それは外部からはどこまでも届かないもの、「秘する」ものだ。「墨引」の奥書も、その意味で「秘ハ秘するニ依て尊く候」と述べており、利休本人でないと言えないような、ぴしりと決めた言い回しだ。もちろんそれは「実証」できないから、それは実山が自分の編集の権威づけに書いたという主張は、可能だ。ただ、そうであれば同時に、実山自身の次の言葉をも顧慮しなければ、不足するだろう。すなわち実山は、次のように記しているのだ。

「世に流布せる茶書に、利休の書といふものまゝ（しばしば）あり、千氏の家におゐて（於いて）、つぶさに尋ね考るに、尽く（ことごとく）偽書なり、たゞ休（利休）の名を借りて板行（発行）せるなり」（『壺中炉談』四二二頁）

まさしく熊倉が実山に向けた「奥書」創作の疑いを、実山自身が、世の流布本に対して向け、かつそれを批判しているのだ。そういう実山の執筆姿勢を斟酌した上で、なおも実山が「墨引」の奥書を偽作したと推測することは、もちろん仮定としては可能だ。ただしその場合は、実山の人物と著書の質をも考証した上での論証を、添えなければならない。第一章の第六節ですでに述べたことだから、ここでは繰り返さないが、『南方録』と実山の著書との間には、内容の密度と高さとにおいて明らかな質的相違がある。実山自身は実直な武家茶人であり、心から利休を尊崇する人だった。そういう点を顧慮するなら、実山が利休の名を借りて伝書の奥書を自分で作るような人物だったという蓋然性は乏しいものとなる。

『南方録』の実山自筆写本を発見した久松真一は、「この書が実質的に持つて居る卓絶した内容の古典的価値とに拠つて、この書は、真偽がどうであろうと、茶道の古典として採択される十分な理由を持つものといいたい」と述べている。[185] 本章第五節で、私が「利休の美学」ではなくて「『南方録』の美学」を考察する理由も、そこにある。熊倉自身も「『南方録』ほど面白い茶書は少ないと、その価値を大いに認める」から[186]、私の保留点も斟酌していただけるかなとも、思っている。

宗啓の自筆本はまだ発見されていないから、『南方録』の全体が立花実山の創作だという「偽書」説は、仮定としてはあり得る。神津朝夫は仮定にとどまらず、『南方録』は「すべて実山の創作であると確信するにいたった」とまで断言している。[187] 神津は通説に真っ向から挑む姿勢を貫くから、その周到かつ実証的な考察は敬意に値する。ただ、もし彼が言うように『南方録』をすべて実山の創作だとするなら、この書物の高度の内容からして、実山自身の著述も卓抜であってよいはずだ。しかし繰り返しとなるが、実山が記した『壺中炉談』、『岐路辨疑』、『実山茶湯覚書』などを見ると、[188] 実直な武人の著ということはよく分かるが、どうみても『南方録』のような繊細な感性と透徹した見解をちりばめる質は、持ち得ていない。加えて実山自身が、自分は利休に遥かに及ばないということを正直に何度も述べている。[189] 神津の著書は実証的に叙述をすすめる点は敬意に値するが、実証以前の解釈学的なレベルでは素朴すぎるという感想を禁じ得ない。

ともかく戸田勝久も記すように、『南方録』を書写した立花実山の自筆原本が久松によって発見されたことを契機として、それまで偽書説が有力だった『南方録』の文献的信憑性は高まり、この書の研究が盛んになった。また、利休四百年忌の一九九一年も気運となって、いろいろの企画がなされて研究状況も活発化した。[190]

（ii）利休の一代記という方向

桑田、小宮、芳賀、唐木、神津の五人を、代表として挙げたい。桑田の仕事が基礎的なものであることについては、すでに述べた。彼の『乱世と茶道』（平凡社、一九五七年）も、世阿弥と利休を乱世という時代の相に着目して考察したもので、本書の「世阿弥と利休」の視点の一部を先取りしている。なお、桑田はこの『乱世と茶道』の第二部で、文献的には実証できない利休をめぐる未解明の側面分を、四篇の「セミ・ドキュメンタリー」風の作品として創作している。桑田が実はいちばん気乗りして描いた部分だったか、とも思わせる部分だ。

利休の人生の最後は自刃だが、彼がその前に遺した遺偈について、上記五人の見解はそれぞれ異なる。遺偈をもう一度『茶話指月集』から引用するなら、「人生七十／力囲希咄／吾這宝剣／祖仏共殺／提る（ひっさぐる）わが元（え）具足の一ッ太刀／今この時ぞ天になげうつ」だ。

桑田は「豪快実に天地を圧する」（桑田『千利休』一五四頁）と記し、小宮も「稜稜たる気骨」と評したが（小宮、同上、五一頁）、唐木は、「やはり利休のうちに気負つたあるもののあつたことを思ふ」（唐木、一二九頁）と批判的だ。芳賀は「この辞世の偈の意味は第二句（「提る（ひっさぐる）わが元（え）具足の一ッ太刀／今この時ぞ天になげうつ」）がはっきりしないので、自信をもって解釈しかねる」（芳賀、二六九頁）と保留した。

この遺偈の文言はすでに述べたように、特に「囲」の文字をめぐっていろいろ議論があり、またいくつかのヴァージョンがあるが、大意に影響するものではない。私自身の解釈はすでに第一章の最終節で述べたが、小宮の見方にいちばん近い。唐木の仕事は私の学生時代から敬意を抱いて愛読してきたものだが、彼の遺偈の理解に関してだけは疑義を抱いている。しかしそれについては、まとめて後述しよう。

（iii）侘び茶の作法、茶道具、茶室、等に関して

小宮、堀口、戸田の三人の仕事が、代表的だ。裏千家の「業躰」でもあった戸田の信頼すべき仕事については、すでに（I）で言及した。

小宮の『茶と利休』も教養人としての名声に背くことのない、行き届いた目配りの詳細な叙述を提示している。しかし圧巻の仕事は、堀口の『利休の茶』だろう。堀口は「茶の素直でない数寄癖や、骨董臭みや、ひねこびた宗匠顔が、醸し出す茶の湯のある部分への堪へられない嫌はしさ」という感想のゆえに、『南方録』を茶人の閉じられた世界から外部へ持ち出し、「茶を読む」会、すなわち「読茶会」をつくっていた[191]。私としてはこの読茶会という発想に、大いに共鳴している。しかし堀口は単なる「読茶」だけでなく、実際の茶道にも詳しい人だ。建築論の専門家であるだけに、茶室についての見識も確かだし、大変な文献渉猟にも感服する。現存する「茶杓」の名品の考察は、茶の湯という芸道の深みの一端を垣間見させ、併せて日本文化の一面にまで思いを馳せさせる。とはいえ、その反

面で文献批判という点で、堀口は意外に無頓着なところもある。彼は利休が書いたとされる「数寄道大意」なる文書を引用して、「伝書ではないが、天正十三年八月廿一日付で、彼（利休）の名を奥書した〈数寄道大意〉と云ふ写本には、茶の湯の伝へ来りを真先に書いてゐた」とし、この文献を利休理解の鍵であるかのように何度も引用する。[192] しかし私が調べたかぎりでは、この文書の正体は極めて怪しい。堀口以外の研究者で、これを引用している人を私は知らない。堀口の驚嘆すべき蘊蓄が、かえって呼び水となって生じた瑕瑾（かきん）と思われる。

（iv）利休の茶道の精神史的・美学的吟味

唐木、西山、矢部の三人を挙げたい。矢部の『千利休の創意――冷・凍・寂・枯からの飛躍』にはすでに言及したが、なお敷衍するなら、彼は利休の創意に託して自分自身の創意を展開する。すなわち「冷・凍・寂・枯」という四つの美的概念を世阿弥の『花鏡』から取り出し、これを美学として展開することを試みる。そしてこれに「瘦（やせ）」「長（たけ）」という二概念を加える。「冷・凍・寂・枯の超克の美境を建立することができる人」は、「やはり実践者たる茶人以外にはありますまい」という意気が述べられるから、[193] 私も大いに期待する。ただ、この四つないし六つの「美境の建立」が、どこまで利休自身の創意と言えるのかについては、私自身はまだ十分に納得するに至っていない。

西山の「近世の遊芸論」（注174を参照）は、私が本書の根本テーマ「遊」について基本的な知識を得た名論文であり、私は大きな学恩を受けている。ただ、第一章第六節で詳述したように、「茶道の語は利休の時代にはなかった」という彼のテーゼについてだけ、検証が抜け落ちたまま後の研究者たちによって継承され一人歩きしている現状を、指摘した。これは西山の学識を貶めるものでは決してない。後世の研究者たちの忖度姿勢への疑義にすぎない。

唐木については、すこし詳しいコメントをしておきたい。私は学生の頃から唐木の著書を愛読し、唐木ファンを自称して憚らない。中世の思想と文学に関する彼の広い学識と柔軟な感性と鋭い洞察は、中世の精神史を照らすものとして、いま読み直しても光彩を放っている。ただ現在の私には、この大先輩の所見になお検討を加えたい点が残る。ずばりその焦点を挙げるなら、それは唐木が世阿弥と利休を比較するときの、「わびからさびへ」という視座に対してである。もっと特化して言うなら、「世阿弥の境地はさびに尽きるのか、それとの対比で利休のわびを見ることは、正当だったか」である。

唐木が世阿弥の境地として「さび」を正面に押し出す具体的な論拠は、世阿弥の『花鏡』に出てくる或る個所だ。すなわち『花鏡』の「批判之事」の章で、世阿弥が「見より出で来る能」と「聞より出で来る能」の次に来る「心より出で来る能」について、述べている個所だ。「さびさびとしたる内に、何とやらん感心のある所あり」と。唐木はこれを、「冷たる曲」、「無上の上手の得たる瑞風」、「無心の能」、「無文の能」、等の意味内容の表現だとしている。そして『花鏡』のあとに世阿弥が記した『遊楽習道風見書』の叙述をも引用して、こう述べる。「老枯の美をつくりあげることのむづかしさと共に、その方法を説き、成長完成の美を冬枯の美、銀椀裏の雪として象徴し、それを「色即是空」の境としてゐる。いはば寂々として冷え枯れたる世界への登りつめである」(『千利休』三二頁)。

たしかに世阿弥は『遊楽習道風見書』で「色即是空、空即是色」という章を設け、「諸道芸に於ても、色・空二あり。……万曲ことごとく意中の景に満風する所、色即是空にてやあるべき」といったことを語っている。[194] 唐木はこの「色即是空」を、「寂々として冷え枯れたる世界」と取って、これを「総じて色が空を根柢としてたちあらはれる」（同上、三三頁）ことと解し、「さび（寂び）」の表現としている。

　世阿弥の心境に「さび」とか「色即是空」とかが含まれるということ自体は、たしかであり、私も異論がない。ただ、この「さび（寂び）」を世阿弥の芸道の全体ないし究極とすることが妥当なのかどうかについては、保留せざるを得ない。なぜならまず第一に、世阿弥の主著『風姿花伝』での美学的キーワードは「花」である。それは「冷え枯れたる」のむしろ逆で、華やかに咲き出ることを本領とする。『花鏡』でのキーワード「幽玄」は、唐木の見解では中世的美意識の表現として「さび」と重ねられ得るが、しかし世阿弥における「幽玄」は「公家の御たたずまひ」、貴人の「言葉の幽玄」、舞台での「音曲の幽玄」、「舞の幽玄」、などが主な例となり、「美しく柔和なる体」を主としている。この観点は美学者・大西克礼も指摘している。[195] 大西も言うように、世阿弥の「幽玄」は、「寂々として冷え枯れたる」のむしろ逆となることが多いのだ。

　次に、何よりも世阿弥の最後の著述である『金島書』が、「さび」とは別の境地を語っている。そこでは、すでに見てきたように、佐渡ヶ島の四季の自然と一体になった自然体の心境が小謡の詞章となって歌い出される。その心境は、観阿弥の原作に世阿弥が手を入れた能曲『自然居士』の「自然」の在り方と重なる。それはあでやかに咲き出る花や、青々と繁る若葉の「自然」と一体だ。「寂々として冷え枯れた」生命が元の源泉にもどったようなところだ。

唐木は平安朝時代の「はかなし」という感傷的人生観から、中世の「無常」という自覚的人生観へという大筋の見通しの中で、中世の「さび」や「わび」といった概念を捉えようとした。それは全体としては見事な洞察だったが、その大きな流れの支流として「わびからさびへ」という構図を結論先行的に設定し、その中に世阿弥と利休を組み込もうとしたように思われる。何よりも、世阿弥の『金島書』を顧慮しなかった。それは、哲学史の大きな流れの中に個々の思想家を組みこんで見るときに生じる問題と、似ている。個々の思想家には、全体の流れからはみ出る個性の部分が必ずあるのだ。

この問題は、唐木が世阿弥論との対比において利休論を展開するときにも、あらわれる。唐木は「無の芸術、空の様式、すなはち有や色がそれ自体として固定定着するのではなく、ひとつの象徴として出現するといふ世界こそ中世の中世的性格、すなはちさびの世界である」(『千利休』三三―三四頁)という大枠的な洞察を語る。その叙述は見事で、唐木の面目躍如だ。しかしそこから、利休の茶の「わび」を「過去の豪奢に対する現在のわび、世間の豪勢に対する自分のわび、また自己の豊富に対する自己のわび」、「有に対する有」(同上、三五頁)と形容し、「対立する対象がなくなれば、わび自体の存在理由があやしくなる。……結局において利休は秀吉に対立する批評的存在の域を超えることができなかつたといつてよい」(同上、三六頁)等々と述べるとき、一方ではそれは見事な洞察だ。ただ、その利休との対照として世阿弥を取り上げるときに、問題が出てくる。なぜなら、まさに世阿弥もまた、「対立する対象」すなわち権力者・義満の寵愛の中で、申楽の世界での権勢を得ていたからだ。唐木は、「利休が無を根柢とするさびにまでゆけずに、わびに終つたのは、信長、秀吉といふ独裁的武断政治家と直接に結びついたことに由来する芸術家の必然の運命であつた」と述べるが（同上、二二八―二二九頁）、それなら世阿弥もまた「義満・義教といふ独裁的武断政治家と直接に結びついたことに由来する芸術家の必然の運命」に、服していた。

さらに付け加えるなら、利休の辞世の句に関連して、唐木は「私はやはり利休のうちに気負つたあるもののあつたことを思ふ」と評した。「光風霽月底のものではない何ものか、何クソ、といふ何ものかがあつたと思ふ」と（同上、一二九―一三〇頁）。唐木の言う「光風霽月底」という難しい表現は、明るい日光の中を風が吹き渡って雨が上って澄み切った空に月が輝く、という意味だ。自分の腹に刃を突き入れようとする人間の覚悟は、たしかに澄んだ天空の風と月、といった風にはいかないだろう。しかしまた、内にこもった「何クソ」という気負いと取ることも、大きくズレるような気がする。第一章で見てきたように、利休が辞世の偈に詠んだ語、すなわち祖も仏も共に切る太刀を「いまこの時ぞ天に抛」は、もう少し大きな境地を――少なくとも文言としては――表現している。気負った自我もそこでは切られ、天に抛り投げられているからだ。

私の唐木に対する尊敬と敬愛はいささかも変わらない。ただ、もし彼が『金島書』を読みこんでいれば彼の世阿弥観と利休観は一変していただろうにと、思うのみである。

『南方録』ないし「利休」研究の厖大な内容と広がりを、以上で尽くしたなどとは言えないが、大体の相貌はスケッチできたかと思う。研究史のなかから浮かび上がる利休像が多彩にして多様であることも、見えてきたであろう。以下、そのいずれの利休像を採るにしても、そこに「芸道と権力との矛盾的共生」という事態が横たわることを、洗い出してみたい。

二　下克上の時代の茶の湯

まず最初に、世阿弥の像と利休の像とを直接に連結させるような或る史料に、目を留めよう。茶書として第一級のものとされる『天王寺屋会記』だ。そこに収録される『宗及他会記』の、天正五年（一五七七）十二月六日の朝の茶会記に、こんな光景が記されている。[196]

荒木摂津守殿会　人数　宗易　宗及
（……）
床ニ帆帰之絵掛、壺のけて、絵　宗易かけられ候、
（荒木摂津守殿の茶会。客は宗易と宗及（……）床の間に「帆帰之絵」の絵を掛けて、壺をのけて、絵は宗易が掛けられた。）

荒木摂津守とは荒木村重のことで、後述するように「下克上」の世の典型的人物だ。ここで利休が牧谿（もっけい）（十三世紀後半の南宋から元の時代にかけての画僧）の『遠浦帰帆（えんぽきはん）』の絵を床の間に掛けた。この絵は四年まえの、天正元年（一五七三）十一月二十三日の信長の茶会にも出てくるから、そのときは

信長が所蔵していたことが分かる。いまは村重の所蔵となっているから、村重は信長からこの絵を賜ったのだろう。信長は自分が所蔵する名物を、功績ある家臣に下賜することがしばしばだった。利休が村重の茶会で床にかけたのは、この『遠浦帰帆』だった。[197]

本書第二章の終わりでも、この絵が出てきた。ただし世阿弥の脳裏においてだ。そのときは、この絵は足利義満の所蔵だった。世阿弥が配流の地・佐渡に向かうに際して小浜の港に着いたとき、彼は海上の風景に感嘆し、この絵を想起した。義満に寵愛された世阿弥はこの絵をよく知っていたのだ。単に知っていたというだけでなく、この絵に感銘を受けていた。だからこれを小浜の海の絶景のなかで想起したのだ。百四十年後に今度は利休が、その同じ絵に触れている。いずれの場合も、「芸道と権力の共生」の場面になっている。

ここで牧谿筆『遠浦帰帆』の所蔵者系譜を、すこしマニアックに追跡してみよう。

この絵は現在、京都国立博物館に所蔵されている。そこでの解説では、足利義満、織田信長、荒木村重、徳川家康、徳川家光、等々と所蔵者が移っていく。しかし「村重→家康」の部分の経緯がこの時代の歴史状況に鑑みて、不明な点を含んでいる。結論を先取りするなら、その不明点の背後には歴史のドラマの諸場面が蔵されていて、それらを照らすとき「秀吉」の名が加わる、ということだ。

まず義満が最初の所蔵者となったことは、日明貿易を背景に想定すればすぐに理解できる。明の商人もしくは明に渡った僧侶が運びこんだこの名品を所有するのは、将軍以外にあり得ないだろう。足利将軍家の「御物（ぎょぶつ）御画目録」にも記載されているこの絵が、幕府消滅のあと信長の手にわたったことも、成り行きとしてよく分かる。名物を報奨として家臣に下賜することを政策としていた信長が、これを村重に与えたことも、大いにあり得る。村重はこれを自慢して自分の茶会で利休に見せた。さて、所蔵者の系譜の「謎」というのは、「村重→家康」という個所にある。

歴史を知る人は、村重が信長に謀反を起こした人物だということも、知っているだろう。村重は当初は摂津の池田藩の家臣だったが、池田家と対抗する三好家に寝返り、信長の援助を得て池田藩を乗っ取り、かつての主人・池田知正を自分の家臣にした。「下克上」の典型だ。ところで村重の下克上的な本性は、信長の臣下となったあとも変わらず、やがて信長に謀反するに至った。謀反の理由についてはさまざまな説が乱立しているが、それは本稿のテーマの外なので立ち入らない。

村重の謀反は不首尾に終わった。彼は信長に追われ、『信長公記』では、村重は居城だった有岡城に妻女や家臣たちを置いたまま——あえて好意的に解釈するなら、態勢を立て直して後日に戻ってくるために——城を脱出し、中国地方を支配する毛利家に逃げ込んだ。『信長公記』では、有岡城に残された妻女たちや一族郎党たち「百二十二人」が、尼崎の近くの七松という所に連れていかれ、撃ち殺され、ないし刺し殺され、身分の低い女たち「三百八十八人」、下級侍の妻子と男たち「百廿余人」、合わせて「五百十余人」は、追手が「家四ツに取籠み（四軒の家に押しこめて）草をつませられ被焼殺候（草を積んで火をつけて焼き殺した）」と記述されている。それを見ていた人々は「肝魂を失ひ二目共（肝を潰して二目とも）更に見る人なし」だった。[198]

信長が自分に従わない者に加えた仮借ない弾圧と殺戮は、『信長公記』には何度も出てくる。この荒木一族殺戮も、そのひとつだ。『信長公記』は史実としての正確性は疑わしいところもあり、荒木一族の悲劇譚も月日の記述が前後したりして、首をかしげさせる個所がいくつもある。また最後の覚悟を決めた女房たちが歌を詠み、妻の歌に村重が返歌を返すといった記述などは、『信長公記』の作者・太田牛一の創作であることが見え見えの安っぽい講談だ。しかし当時は「実証的記述」といった問題意識は史書の執筆者にはない。牛一には「偽作」の意識はなかっただろう。逆に、すべてがまったくの虚構ということもなかっただろう。大筋において、記述はそのままが事実だとは言えないまでも、大体において事実を映していると思われる。

牛一の講談をそのような仕方で受け取るときに、われわれが驚くことは、置き去りにした妻や一族郎党が信長に虐殺されたあとの、村重の行動だ。彼は毛利氏のところに匿まわれていたが、信長が天正十年六月二日に本能寺の変で斃れたあとは、平然と京都にもどり、二ヵ月後の八月十六日に宗及の茶会で客として登場している。[199] 翌天正十一年正月廿日の茶会には、「荒木道薫」という茶人号が参会者として記録されている。[200] そのときの客の名は「宗易　道くん」とあるから、利休（宗易）と村重（道薫）の二人がふたたび茶会を同じくする仲間となっていたことが分かる。村重は殺された親族や郎党の菩提を弔って出家する風もなく、優雅に「茶人・道薫」として利休たちと交わっている。そして天正十四年（一五八六）に堺で生を終えた。村重の心境を立ち入って伺う史料は、私の管見に入るかぎりでは無い。

「村重→家康」という系譜の経緯が謎だと、最初に記したが、それはこういうことだ。一説では、光秀の軍勢が本能寺を急襲した六月一日の夜半、その日の茶会のあと寺内の惣見院に泊まった博多の茶人、宗室と宗湛は、火の手が上がった本能寺から信長の名物類を救出しようと一品ずつを持ち出して脱出し、宗湛が搬出したのが『遠浦帰帆』の絵だったという。これはときどき散見する風説であり、一体どういう史料にもとづくのだろうと思っていたが、井伏鱒二のエッセイ「神屋宗湛の残した日記」が、ひとつの出どころのようだ。井伏は小説家だから、一見リアルな描写をしている。曰く、
「宗湛はぐつすり眠つてゐたところ、時ならぬ矢たけびの声と銃声で目をさました。すぐ動乱だとわかつたので、床の間の掛軸を取りはづし、ぐるぐる巻いて腰に差し、南蛮寺に辿る道を逃げて行つた。信長の下僕、弥助といふアフリカ生れの黒人が道案内をしてくれた。本能寺から南蛮寺は僅か二町だが、光秀の軍勢は辺りのことを忘れ、本能寺に向つて犇(ひし)めいてゐた」[201]

　そしてこの掛軸が『遠浦帰帆』だったというのだ。「宗湛の絵を見る眼力も然りながら、急場の機転は只ならぬものがある」と、井伏は感心している。ただし井伏は、この場面がどういう史料に拠るものかは述べていない。彼のエッセイの表題は「神屋宗湛の残した日記」とあるから、読者はつい、『宗湛日記』が元になっているのかと思うだろうが、しかし宗湛の日記の起筆は天正十四年（一五八六）小春（陰暦十月）廿八日で、宗湛が秀吉に招かれて上洛したときから始まっている。つまり本能寺の変の四年後のことだ。だから本能寺での「急場の機転は只ならぬ」宗湛の活躍譚が、この日記に記されるわけがないし、実際そういう場面は日記に出てこない。

　井伏は小瀬甫庵(おぜほあん)の『太閤記』を吉田豊の新訳で読んだというところから、書き始めているから、『太閤記』の講談には載っているのだろうか。しかし吉田豊訳『太閤記』をひもといてみても、そんな記述はやはり出てこない。『太閤記』では、この一大事件の報告がすぐに秀吉のもとに届いて「秀吉公は号泣した」とか、秀吉が光秀の軍勢を打ち破ったあと京都にもどって「信長公のご遺体を丁重に取り納めてから」尾州に下向したとかと、語られている。信長の遺体が秀吉によって納棺されたということが事実な

ら、それは従来の説をひっくり返す大変な意義の出来事となる。信長の遺体はどこに消えたのかが、歴史家たちにとっての謎だからだ。しかし講談家の小瀬甫庵は史実の厳密性など気にせずに、小気味よい話を心地よいテンポで語る。本能寺で実際に起こったことの真偽など、二の次だ。[202]

ともかく井伏のような有名な小説家がリアルに描写すると、それが「実話」として広まっていくのは致し方ない。「歴史」（英語でヒストリー）はギリシア語の「ヒストレイン」すなわち「語り」を語源としている。語り（かた）りというものは語り手がそう意図しなくとも、主観的記述だから、本質的に「騙（かた）り」を含んでしまう。それだけに、いつも史料にもどり、史料そのものに語らせる必要がある。『仙茶集』という茶書には、信長が本能寺に持ち込んだとされる茶湯道具三十八点のリスト「御茶湯道具目録」が、出てくる。目録だから信憑性がある。その目録には牧谿の絵が二点挙げられているが、『遠浦帰帆』は含まれていない。[203]

『仙茶集』のリストにこの絵の記載が洩れていたという可能性は、さらに『山上宗二記』を援用すれば、もう消滅すると言ってよい。利休の忠実な高弟だった宗二は、利休から伝えられた大部の「珠光（じゅこう）一紙目録」を、そこに載せている。壺、茶碗、釜・水指、香木、香炉、墨跡、画、頭巾、肩衝、花入、等々の名品だ。そこには大抵はそれらの所有者名も付され、[204]そこから信長、秀吉の「名物蒐集」の痕跡を見つけ出すこともできる。また、「惣見院殿ノ御代（みよ）ニ火ニ入（はいり）失」と注記された物が、何十点とある。それらは、信長が本能寺で横死したときに焼失した茶道具類のことだ。しかし『遠浦帰帆』は、やはりその焼失リストにはない。ふたつの信憑性のある史料から、宗湛がこの絵を本能寺の炎の中から持ち出したという話は消滅するほかない。

しかしなぜ信長が本能寺の茶会に夥しい茶道具の名品類を運び込んでいたのかは、考えておこう。そもそも「本能寺の変」については、実に夥しい説ないし研究があり、中には首をかしげさせるものもある。たとえば井上慶雪の『本能寺の変　秀吉の陰謀』は、信長が本能寺に夥しい茶道具・茶器を運び込んだ理由として、信長が島井宗室の所持する名品「楢柴肩衝（ならしばかたつき）」を欲しくなってその譲渡の機会を茶会というかたちで画策したからだ、と言う。[205] 井上の説は多くの史料を渉猟して秀吉陰謀説を組み立てたものだから、その執念には敬意を惜しまないが、ただ、史料の出所などがしばしば未記載のままなので、たいへんもどかしい。本能寺で茶会を催した信長の動機についても、論拠となる史料を挙げないままに、上記の推測をしている。しかし、どうせ推測をするのであれば、天下統一をほぼ達成しようとしている信長が、明（みん）や朝鮮との勘合貿易を担う博多の茶人たちと茶会をするというときに、ただ単に茶器の名品が欲しいという「みみっちい」欲望でこれを企画したということは、すこし理解し難い。むしろ両者に、勘合貿易に関連する経済戦略的な関心もしくは企画があったと見るほうが、妥当だろう。この推測は、小澤富夫の論文「『宗湛日記』の世界——神屋宗湛と茶の湯」[206] からも援護され得る。

さて『遠浦帰帆』が本能寺に運び込まれてはいなかった、ということは明らかとなったから、依然としてこの絵は村重が所持していたということになる。ではそこから「村重→家康」という所蔵者系譜になったのだろうか。しかしそれは理解し難い。直接に村重が家康にこの名品を移譲したと想定することは、できない。なぜなら、村重は信長の追撃から逃れて妻子や郎党たちを見捨てて、ないしは再帰を期して、有岡城を脱出した身だ。そのとき、茶道具や絵などを城に残したままだったのか、これらを持参したかの、ふたつの可能性がある。もしこの絵を城に残したのであれば、絵は城と共に信長の手にもどったであろう。それであれば、信長から家康に贈られた可能性が生じる。その場合は所蔵者系譜は、「信長→村重→信長→家康」となる。しかしまた、村重が有岡城を脱出する際に妻子は置き去りにしたがこの絵は惜しんで帯出したのなら――この絵を差し出す見返りとして毛利家に匿ってもらう、という意図はあり得るだろう――、村重は信長が横死したあと京都にもどり、「村重→家康」という系譜を想定することは、仮定としてはあり得る。しかしながら信長に謀反した村重が、信長の遺志を継いで天下の主となった秀吉を差し置いて直接に家康にこの名品を献上することは、やはり想定できない。この時期の家康から村重が得る利益は何もないし、それよりも秀吉の不興を買ったら、もはや生きていけないからだ。また村重は秀吉の存命中に没したから、徳川の時代になって村重が家康に絵を献上するということも、起こり得ない。そうであれば、残る唯一の可能的なシナリオは、村重が秀吉に恭順の意を示してこの絵を秀吉に献上し、秀吉の死後は財宝が家康の手に渡ったということだ。

この推測を間接に証明する証拠がある。上述の『太閤記』に、「秀吉公遺物配分の記録」という記述があり、その冒頭にこう記されているのだ。

「一、遠浦帰帆の図　牧谿筆　内大臣徳川家康卿」

即物的な遺物配分の記録だから、講釈師・小瀬甫庵が虚構した語り（騙り）という可能性はほとんど無いだろう。そして遺産を配分する側は形式上は秀吉の息子の秀頼だろうが、強い者から順々に上等のものが配分されるに決まっている。家康が秀吉の遺産配分名簿の冒頭に記載されるのは、誰が見ても家康がそういう位置にあったからだ。その位置にいる家康に、牧谿の『遠浦帰帆』が配分されたのは、ごく自然のこととなる。このようにしてこの絵が秀吉の死後に家康の手にわたったことになるなら、そのことは、この絵が村重から秀吉に献上されていたという経緯の間接証拠となる。そこで所蔵者の系譜は、「信長→村重→秀吉→家康」となる。

話を混乱させることになるかもしれないが、『天王寺屋会記』に所収の『宗凡他会記』で、天正十八年(一五九〇)九月二十三日の聚楽第での茶会の記述に、秀吉が「床ニ帆帰御絵(床の間に遠浦帰帆の絵が掛けられ)但、今度北条殿より取候也(但し、今度の北条征伐で北条殿から取り上げた)」と、記されている。うっかりすると、ここまで追跡してきた絵の所蔵者系譜に「北条家」という部分が入るのかと、思ってしまうだろう。しかし近畿を中心として動いていた信長から、東国を勢力圏としていた北条家にこの絵が渡るというような経路は、地政学的に見ても政略的に見てもあり得ない。ここで浮上する『遠浦帰帆』が、玉澗(牧谿とおなじく南宋末から元の時代にかけての画家)の作であって、牧谿の『遠浦帰帆』のことではないと分かれば、混乱は解消する。玉澗の『遠浦帰帆』は秀吉から家康に下賜され、徳川家代々の所蔵となった。だから現在は、徳川家の宝物を継承した徳川美術館の所蔵だ。

秀吉と家康というふたりの天下人は、牧谿と玉澗という双璧の画家がそれぞれに描いた『遠浦帰帆』の名品を、前後して手中にしていたことになる。ふたつの絵は、あたかも世の権力の移りゆきを天空から見ている名月のような趣を持っている。

この名月が日明貿易の波に乗って海を渡ったことは、先に記した。このことを一世紀半あとに想起させる場面も、挙げておこう。『豊臣秀吉文書集』から、文禄の役と呼ばれる秀吉の朝鮮出兵のあと講和交渉に来た明の勅使に、秀吉が自慢の茶道具を見せたことが分かる。秀吉は勅使に「茶湯道具自筆目録」を示した。その目録の筆頭が「一、はんきのゑ」となっている。[207] これが牧谿筆のものか玉澗の作かは、

『豊臣秀吉文書集』の記載からは分からないが、あえてつき止める必要はもうないだろう。「世阿弥と利休」という本題から少しはなれた道筋で、道草をしてしまった。「芸道と権力の矛盾的共生」という問題にもどることにしよう。『天王寺屋会記』がひとつの好材料を提供してくれる。この茶書は、堺の三代にわたる商人にして茶人の家系、「天王寺屋」の、津田宗達・宗及(そうぎゅう)・宗凡の三人が代々記した茶会日記だ。[208] そこに、茶人たちと権力者たちとの共生空間が築かれていく。

堺の茶人だった利休はこの天王寺屋と近しい関係にあるから、彼の当時の名前「宗易」は、この茶書で何度も登場する。このほか明智光秀も、当時の「惟任日向守(これとうひゅうがのかみ)」という名で、また秀吉も当時の「羽柴藤吉郎」の名で、しばしば客として出てくる。そして何よりも、「上様」という名称で信長が登場する。宗及は天正五年から信長横死に到る天正十年までの六年間、正月になると必ず安土城に赴いて信長に正月の挨拶をしていた。彼はいつも信長に厚遇され、七重の城のあちこちを案内され、天守閣にも招き入れられ、いろいろの襖絵の座敷を見せてもらっている。堺の商人と信長との密接な結びつきが、この『天王寺屋会記』から浮き彫りになる。その信長が本能寺で横死した日、すなわち天正十年（一五八二）六月二日には、こう記されている。

「上様御しやうがい也（上様が自害なさった）、惟任(これとう)日向守（明智光秀）於本能寺御腹ヲキラせ申候（本能寺に於いて信長の腹を切らせた）、家康モ二日ニ従堺被帰候（家康も二日に堺から帰られた）、我等も可令出京と存（我らも京都を出るべきと存じ）、路次迄上り申候（帰路についた）」

宗及は堺の茶人という身分でありながら、天下の大事件の情報をただちに入手し、家康などと歩調を合わせて即座に自分の行動を決めている。そして十三日の山崎の合戦で光秀が秀吉に敗れたことも、すぐに記事となる。

「十三日ニ於山崎表（山崎の正面で）かつせん（合戦）あり、惟日（惟任日向守）まけられ（敗れ）、勝龍寺へ被取入候（勝龍寺へ退却し）、従城中夜中ニ被出候（城から夜中に出られた）、於路次被相果候（途上で命が果てられた）、首十四日ニ到来（光秀の首は十四日に到来し）、本能寺上様御座所ニ（本能寺、信長様の御座所に）、惣之首共都合三千斗（すべての首、併せて三千ばかり）かけられ候」

茶会とは関係のない政治的大事件を、茶人・宗及が茶会記に書きつづるということ自体が、すでに戦国時代の現象だ。本能寺の変が茶会記という場所で記されるのは、「茶の湯御政道」とも言われた政治と茶の湯の世界の屋台骨が、崩壊したからだ。屋台骨の主である信長は単に横死しただけでなく、そもそも遺骸もろともにこの世から消えた。遺骸が見つからないということについても、本能寺の変の謎として諸説があるが、本能寺の近くの教会にいたイエズス会の宣教師たちが同志に書き送った、かなり信憑性のある報告は、参考になる。

「我々が知っているのは、かつて声はおろかその名だけで人々を畏怖させた人物が、毛髪一本残すことなく灰燼に帰したことである」[209]

しかし信長に替わる別の屋台骨の主が、ほどなく出現した。言うまでもなく、豊臣秀吉だ。宗及は本能寺の変の翌年、天正十一年（一五八三）閏正月五日にも、これまで通り正月のご挨拶に赴くが、その行先はもはや安土ではなくて京都近郊・山崎の妙喜庵であり、「筑州殿御会」だった。

筑州すなわち秀吉が催したそこでの茶会で、「宗久（今井）　宗易（利休）　宗甫　宗二　宗及　宗安」の六人が客となった。全員が堺の茶人だ。利休はこの六人のなかの一人にすぎないが、やがて地位が上がってくる。この同じ年の五月二十四日、秀吉（筑州）が主人となった茶会では、「茶堂宗易」と記録されているから、利休が秀吉の茶会をとり仕切ったことが分かる。かつて利休は信長の茶頭だったが、いま利休は秀吉の屋根の下で、茶の湯を営むようになった。

権力者・秀吉は、茶の湯にますます入れ込むようになった。すなわち同じ年の七月二日の記事に、「筑州様（秀吉）　於大坂御城（大坂城において）　初而之御会（初めての茶会）　宗易　宗及」とある。この茶会につづけて宗及の日記には、「毎日御茶湯」と記されている。記事を追っていくと、実に十日間にわたって大坂城で茶会が毎日おこなわれたことが分かる。それは秀吉個人における茶の湯への入れ込みを示すものであると同時に、秀吉が天下泰平の事実を単に武力によってではなく文化的にも顕示するという、文化事業の意味をも持っていただろう。

三　織田信長――夢幻（ゆめまぼろし）の如く也

それにしても、このような文化事業をおこなう権力者自身の側にも、茶の湯への興味と鑑識眼がなければ、権力者と茶人たちとの共生空間は成立しなかっただろう。第二章の第一節「足利義教――天魔と歌人が同居する将軍」で、歴代の足利将軍の芸術的感性とも言うべき側面を見てきた。足利将軍たちの感性は世阿弥の感性と重なると同時に、深部もしくは先端にいくほど世阿弥と相容れないものになり、そのことが、足利義教による世阿弥の流島と無関係ではないということを、われわれは見通すに至った。芸道と権力とは、単に水と油のような相反的な関係にあるのではなくて、両者が互いに通じ合う部分をも持っている。両者は、反共生のエレメントを含んだ共生空間を形成し合う。それでは信長・秀吉と利休については、どうだろうか。

信長は「天魔」と言われても仕方がないほどに、冷酷な所業を多くおこなった。しかし他方で彼が骨董名品の蒐集に力を入れていたことは、すでに見てきた。それは信長自身にこういった品々への鑑定眼と関心がなければ、成立しない話だ。信長が本能寺の変の折り、多くの大名物（おおめいぶつ）（利休以前の名のある器物。利休時代のものは「名物」、遠州時代のものは「中興名物」と称される）を本能寺の惣見院に運びこんでいたのは、博多の豪商で茶人の島井宗室と『宗湛日記』の作者・神屋宗湛が、信長との茶会をここで催す予定だったからだが、それにしても、こういった名物を認識する眼が信長自身になかったら、そういった企画も成立しない。

乱世の戦国を駆け巡って群雄をほぼ制圧し、天下統一のほぼ手前まで来ていた信長が、戦いの明け暮れのなか、美術品に目を向けるだけでなく、自らも美的感性を働かせるような教養を、いつ、どのようにして積むことができたのだろうか。それは天性の才とも言うべきことだったのだろうか。

参考までに、ふたつの事由を挙げよう。ひとつは『天王寺屋会記』天正十年正月七日朝の、実にさりげない以下の記述だ。

正月七日　惟任日向守（これとうひゅうがのかみ）殿御会　宗二　宗及

一　床ニ上様之御自筆之御書、カケテ

「上様」とは信長のことだ。信長の「自筆の」書が、惟任日向守すなわち光秀の茶会で床の間に掛けられた。おそらく光秀は信長からこれを贈与されて、それを山上宗二と津田宗及を招いての茶会でふたりの茶人に見せたのだろう。信長自筆の墨書は、書状の形式であればかなり多数のものが現存している。多くは右筆（ゆうひつ）すなわち書記が代筆したものと鑑定されているが、本当に信長の自筆と認定されるものもある。それらは拙筆どころか、強い筆勢で機鋒の鋭さを窺わせ、流麗奔放で見事な出来栄えだ。たとえば「永青文庫」所蔵の信長自筆の書状などが、そうである。[210] 上記の『天王寺屋会記』の記録は、信長が床の間に掛けられるようなレベルの書も、墨書していたことを証言している。光秀が主君・信長を正客として招き、名だたる茶人の山上宗二や津田宗及が相伴する茶会に、二流の書を掛けることは、あろうはずがない。もしこのとき床の間に掛けられた信長自書がなお現存するなら、史的価値も高いものとなっただろう。しかし本能寺で信長を襲い、自らもほどなく落命して首が市中に晒された光秀のもとで、信長の自筆の書が保存され得たとも思えない。この書の存在は、『天王寺屋会記』だけが証人となる。そしてその証言は、慌ただしい戦さの連続のなかで信長がこういった場に掛け得るような書を能くし得た、ということの証明でもある。

ふたつめの事由は、『信長公記』からの有名な個所だ。信長が桶狭間の合戦に出陣する直前に、幸若舞（こうわかまい）の『敦盛』の一節を舞い謡ったと記されている。

「此時（このとき）信長敦盛の舞を遊（ば）し候。人間五十年下天（げてん）の内をくらふれば（比べれば）夢幻（ゆめまぼろし）の如く也一度（ひとたび）生を得て滅せぬ者の有（る）へきかとて螺（ほら）ふけ具足（武具）よこせよと被仰（仰せられ）たちなから（立ちながら）御食を参り（食事をして）[211]……」

『信長公記』は信長を仰ぎ見て讃美する書という性格を持つから、実証的な史料という観点では記述は差し引いて受け取る必要がある。しかし桶狭間の合戦を目前にして、信長が「立ちながら食事を」した、といった描写などはリアルで、虚構の必要もない場面だ。そして『信長公記』は信長が普段から幸若舞を好んだという記述もしている。これも、虚構の必要のない事実記述と見ていいだろう。本書第一章第三節で、足利義満が京都・大原の勝林院で「声明（しょうみょう）」を大衆の前で誦したということを述べた（本書二九頁）。そうであれば、代々の足利将軍を自らの文化意識において念頭においていたと思われる信長が、幸若舞（こうわかまい）を自ら謡（うた）い舞ったということも、それほど破天荒というわけではない。

書や技芸を能くするから、衣装とか色彩とかに関しても優れた感性を持つことが、当然ながら予想される。果たして、先（注197）に挙げた天正元年十一月二十三日の茶会の記述のつづきに、それが記される。信長は牧谿の『遠浦帰帆』をかけ、茶道具を揃えるなど、「自身御しい（思惟）させられ候」。つまり、自分で考えて決めた。その折りの衣装は、「上ニ桐ノモン（紋）ノ白綾、アイ（間）ニトシ（閉じ）ヲリ（織）、下ニ黄ネリ（練り）御あわせ、あを（青）茶ノ御かたきぬ、浅黄ノ御はかま、御脇差ハカリニテ」とある。[212]文字表現だけからは十分に視覚化できないかもしれないが、敢えて思い浮かべるなら、鮮やかな色彩感覚のコーディネーションだったことが分かる。

なお、信長には「歌碑」もあることに言及しておこう。それは信長が長篠の戦いで鉄砲の使用によって武田軍に大勝利したときの本陣・茶臼山（新城市）に立っている。そこに刻まれた和歌は、「きつねなく　声もうれしくきこゆなり　松風清き　茶臼山がね」だ。しかし勝利のうれしさを歌にしたものと解釈しても、これはあまりに凡庸な出来栄えの歌だから、本当に信長が作ったものとは思えない。はたせるかな出典も不明だ[213]。もし信長がこの歌碑を見たら、激怒して鉄砲隊を並べて粉砕してしまうだろう。

信長は一方で茶席の床の間に掛け得るようなレベルの書を物（もの）し、自らの茶会での衣装にも見事な色彩感覚を発揮し、幸若舞の曲を謡い舞い、茶器の名品を好むという、天性の美的感性を持っていた。しかし他方では謀反を起こした武将の一族数百人を焼き殺し、一揆の農民や女たちを容赦なく殺戮した。それが信長という人物だった。足利義教が独裁的な暴君として振る舞う一方で、勅撰集にも入るようなレベルの和歌を詠む人物でもあったことと、共通している。信長の場合も、自己内での対極性が常人ではあり得ない仕方でブレーキなしで行動にあらわれた。信長に関して、すでに当時から評価が極端に割れていたことを示す史料は、すでに挙げた（注46―49を参照）。

四　秀吉と利休――美をめぐる対峙と共生

「秀吉と利休の対峙」というテーマは、もう陳腐なまでにこれまで多くの研究者・論者によって論じられてきた。だからこの小見出しで「既視感（デジャ・ヴュ）」を抱く読者も、多いかもしれない。しかしここでも

「コロンブスの卵」的な部分が残されている。すなわち、従来の議論は両者の強烈な個性の衝突といった心理的な観察のものが、ほとんどだった。絶大な権力の主・秀吉に対する、茶の湯の世界に君臨する利休の矜持と自信、といった角度からのものだった。それは間違いではないが、しかし両者の共生空間の構造はもうすこし入り組んでいる。すなわち利休の側にも権力を嫌ってはいない部分があり、秀吉の側にも芸術に対する感性があった。いずれの側にとっても、自分の前にいる「他者」は自分の中にいる他者を映している、という構造があった。

他者との共生空間で出会う他者が「自己の内なる他者」を映すという構造は、足利将軍と世阿弥においても、また織田信長と堺や博多の茶人たちにおいても、見られた。そうであれば、秀吉と利休の対峙も、両者それぞれの内部にある美的感性と権力志向の相互浸透にもとづいていることが、予想される。いくつかの事例に即して、このことを見ていこう。

信長の墨書を垣間見たあとだから、秀吉の墨書を探してみよう。生まれが貴族でも武家でもない農民出身だった秀吉は、当時の農民がおかれていた身分的制約から、書道の練習をする暇など無かっただろう。信長の足軽となってからも、戦さに次ぐ戦さの連続だった。ところが、見事な墨書がいくつもあるのだ。自筆と鑑定された達筆の書状が、ネットで簡単に検索できる。たとえば林原(はやしばら)美術館(岡山県)に所蔵のものがある(https://images.dnpartcom.jp/ia/workDetail?id=HMA09X00008)。

この墨書に記される中身は、池田輝政に或る領地を与えるという内容だ。天正十二年のものと推定され、秀吉の姓はまだ豊臣でなくて羽柴となっている。信長の奔放流麗な書体との比較でいえば、やや行儀の良い筆遣(ふでづか)いだ。しかし天性の素質がなければ簡単には到達できない達筆という点で、信長に劣らない。

達筆かどうかという判定は主観的だから、このことを間接にも証明する記録を挙げよう。『南方録』の「会」の巻に、利休が醒ケ井の屋敷でおこなった茶会の記録があり、床の間に「上様御自筆御自詠カケ物」と記述されている。信長とおなじく、秀吉も茶会の掛け物になり得るような書を物にしていたのだ。私は調査し得ていないのだが、これがどこかに現存しているなら、ぜひ見てみたいものだ。ちなみにこの掛け物には、秀吉の自作の「歌」が書されていたことが、上記の茶会記に記録されている。茶会の前年におなじ座敷で秀吉がつくったものを、利休が表具しておいたのだという。

底ゐなき心の内を汲てこそ
お茶の湯者とハしられたりけり

「底意のない心の内」を汲むことが茶の湯をおこなう者だ、という句意だ。後に述べるような利休と秀吉の「対峙」を、そして後に秀吉が利休の無礼を怒って切腹させるに至る経緯を、念頭におくならすこし気になる語だ。しかしここは、秀吉が歌を詠むことも知っていた人物だという指摘だけにとどめて、句の意味は後で見ることにしよう。

秀吉が即興に詠んだ「歌」は、歴代の足利将軍たちのようなレベルとは到底言えないが、そして数も少ないが、それでも「書」と同様、やはり秀吉の生得の感性を垣間見させる。歌の感性は『宗湛日記』で、秀吉が花を生ける場面にもに出てくる。天正十五年（一五八七）、秀吉が島津征伐に赴き、その遠征には利休も同伴していた。戦さが終わって六月二十六日に箱崎で茶会が営まれた。

右御茶過テ（お茶が終わって）、又　関白様花を御生候也（関白様が花を生けられた）、其後ニ向ノ休夢陣屋ニ座中ノ衆ドットカンセラレ候（一座の人たちは、どっと感嘆の声をあげた）、其後ニ向ノ休夢陣屋ニテ（そのあとに向かいの休夢の陣屋で）、御袴ナトヌカセラレテ（袴などを脱いで）、又被成　御出テ（またお出ましになり）、一折センツカト御諚ニテ（懐紙ひと折れに連歌を撰ずるかと、命じられ）、

　御発句（発句は）

しほかまのはま辺涼しきまとのまへ　　上様

立よるかげのしげる松竹　　宗及

関の戸を明て（此句忘し）　　上様

　コノ後、付合ニ、

たてならべたる門のにぎわゐ　　休夢

博多町幾千代までやつの（募る）らん　　上様

秀吉の生花については後ですこし立ち入って述べるから（本書二一一頁以下）、ここではすぐに上記の連歌を見ることにしよう。

秀吉が三度、五・七・五の上の句を詠み、宗及と休夢のふたりが七・七の下の句を付けている。秀

吉の二番目の上の句を「此句忘し」と宗湛は記しているが、茶席での上様の句を参列した者が忘れるわけがない。たぶん秀吉の句の後半部分が、宗湛の眼には不出来すぎて書き留めるのを躊躇ったのではないかと、私は勘ぐっている。発句も、あえて「歌」として見るなら、秀逸というわけではない。しかし歌会での出来栄えの基準をここに持ち込むのは、見当ちがいだ。これは大きな戦さが終わって茶席でくつろいでいるときの、即席の遊びであって、歌人たちが句のレベルを競う会ではない。秀吉が思いつきですらすらと詠んだにしては、いちおうの体裁を備えているということのほうを、見なければならない。その意味では、最後の句「博多町幾千代までやつの（募る）らん」という上の句のつけ方は、居合わせた者たちがお世辞ではあれ、「此御発句ヲ博多ノモノニキカセ申サイデ（この発句博多の者たちに聴かせずにはおくまい）ト、各御ホウビ候ヘバ（各々が褒め申し上げると）上様御機嫌能也（上様はご機嫌がよかった）」、という次第になった。こんな連歌遊びが即席で出来るような才能を、秀吉は持っていたのだ。そしてそのことは、目下の問題連関ではやはり注目して良いことだ。

秀吉は狂歌に類するものをいくつか作っているが、それらは略すことにしよう。ただ、秀吉が自筆で記した辞世の歌は、さすがに神妙な内容だから、挙げておきたい。

つゆとおちつゆときえにしわがみかな
難波の事もゆめの又ゆめ

「つゆとおち（落ち）」の「ち」は「き」とも読めるので、「つゆとおき（置き）」と読ませる文献もあるが、ここは桑田忠親の言う「変体仮名」の「ち」が書かれているという説を取りたい。[214] 現世で最高権力を得たはずの自分の身が、露となって落ちると、秀吉は詠んだ。このことは、権力者・足利義教が「老らくののがれてむすぶ柴の庵は門さゝずとも誰かとひ来む」という心細い歌を詠んだことを、想起させる。また、人生は「ゆめの又ゆめ」だったという感懐は、信長が桶狭間の一戦に出陣するときに謡った幸若舞の歌詞、「人間五十年下天の内を比ぶれば夢幻の如く也」とも、響き合う。信長も秀吉も、どこまでも現実主義者として生きたが、同時にその現実を、夢のごときものとして感受していたことが、窺える。それは、この過酷で厳しい現実の中での出来事と行為とが、どこか現実の規律や強制を脱け出た「遊」という性格を帯びて受けとられている、ということでもある。

書と歌とを挙げたが、秀吉の美的感性が最も発揮される場は、やはり茶の湯だ。そしてそこに付随する生け花と茶器だ。これらを含めた茶の湯という場において、利休と秀吉のそれぞれに共通する美的感性のゆえに不可避となる本来の「対峙」も始まる。それは実は両者の最初の出会いから始まっていた。『茶話指月集』に、こんな記述もある。

「豊臣関白秀吉公、始めて千の宗易（利休の俗名）に台子（だいす）の茶の湯仕（つかまつ）るべきよし、仰せ出さる」

利休は秀吉が関白になるずっと前から茶の湯を共にしていたから、この話は利休が後年に周囲に語ったことなのだろう。利休は秀吉の求めに応じて、茶を点てた。すると秀吉は、「われもむかし台子をならう。汝が茶の湯、格にたがう（格式から外れている）ところあり」と咎めた。[215] もちろん利休がそれで引き下がることはない。「古流はそこそこ品おおく、おもわしからず候により、略して仕り候」

（昔からの流儀はけっこう種類が多く、感心しないから省略しました）と応酬した。秀吉は感じ入って、「向後茶を嗜む面々は宗易が台子見ならうべき」と言ったという。

通説では、秀吉が世俗権力世界の主であるのに対して、利休は茶の湯においては秀吉をも指導する権威の主で、両者がそれぞれの世界の主として対峙した、ということになっている。しかし、両者はそれぞれに自分自身と通じる感性を相手の中に認め、その他者が自分の中で自分と通じ合うことをも、知っていた。だから単なる対峙ではなかった。秀吉は利休に「むかし台子をならう」と述べ、相当の自信を持っていた。秀吉はまさに茶の湯の領域で、利休の点茶の仕方に批判を加えたのだ。逆に利休も、茶の湯における卓越した伎倆と鑑識眼のゆえに、当然の成り行きとして大坂城で一種の権勢を得ていた。だから、「宗易、茶器の新旧・可否をわかち、価を定むるに私曲（不正）あるよし、太閤へさかしら（差し出がましいこと）申す者あり」[216]といった讒言を招くこともあった。諸大名も秀吉の拝謁を乞うて大坂城に来ると利休に接待されたから、利休に取り入る大名も多かった。[217]利休と秀吉は相互に通じ合うところを持つがゆえに、自分自身の一部を相手の中に見るという、相互貫入の構造関係にある。

利休と秀吉の関係は、最初の頃は信長のもとで「茶頭」をつとめた利休のほうが、信長の家来のひとりに過ぎなかった秀吉よりも、むしろ上位に位置していた。桑田忠親編の『利休の書簡』を、引き合いに出そう。[218]そこに収録された書簡の番号を付して列挙するなら、利休は最初は秀吉を「筑州」（一一）と、呼び捨てにしている。それに対して、秀吉は利休宛ての手紙で「宗易公」（一七）と敬称を用い、書簡の締め括りには「恐々謹言」と記している。一般に知られた両者のイメージからすると、まるで関係がさかさまだ。もちろんその後は秀吉が信長のあとの覇者となるから、利休は秀吉のことを「秀吉公」（二七）、「羽筑様」（三一）、「関白様」（四七）、「内府様」（四九）、「関白殿」（六三、七一）、「上様」（一〇五）、「御上様」（一四七）、「殿下」（一五〇）、等々と変えていく。この変遷は、狭義の下克上の現象ではないが、しかし下克上の時代であればこそあり得た上下関係逆転の現象だ。

　このことを念頭におきながら、利休と秀吉の相互貫入的な対峙を見ていこう。あらかじめ全体展望を述べるなら、秀吉は茶の湯において茶頭の利休に「指南を命じる」姿勢をとっている。利休は茶の湯を指南する立場としては秀吉より上である。しかし、権力関係としては秀吉の臣下だ。秀吉は最初の出会いのときとおなじく、何度も利休を茶の湯において挑発し、茶の湯における上下関係をもゆさぶるような行動をとっている。『茶話指月集』から、いくつかの事例を挙げよう。

　茶席では花が生けられることが多いから、まず生花のいくつかの例を挙げることにする。ある春の日、秀吉は大きな金属の鉢に水を入れ、床の間に整え、かたわらに紅梅をひと枝おいて、「花つこうまつれ」（花を按配せよ）と利休に命じた。近習の人々が「難題かな」と囁き合う。なぜ難題かといえば、そもそも茶の湯では赤い花は好まれないからだ。利休も「うす色の芙蓉、むらさきの牡丹はよし」という好みの主だった。[219] いま秀吉は、敢えて紅梅の枝を生けてみよと利休に言う。そこで利休は紅梅を逆さにし、水鉢にさらりと花弁をしごき取って入れた。すると開いた花と蕾がうち混じって水に浮かび、見事な様となった。秀吉は「何とぞして、利休めをこまらしょう（困らせよう）とすれども、こまらぬやつじゃ」と、「御感斜めならず」（上機嫌だった）[220]。

「利休めをこまらしょう」という秀吉のいたずらは、ないしは挑発は、その後も何度かなされる。

『天王寺屋会記』天正十八年九月二十三日では、こんな露骨な場面が出てくる。秀吉は肩衝（かたつき。茶を入れる器の一種）と天目茶碗のあいだに野菊を一本挟み、床柱の前の畳の上に立て置いた。茶を立てる動作の一々が肝要となる茶会において、ルール違反とすら言える変則的な場面をつくり出して利休を試したのだ。利休はどうしたか。彼は床の間ににじり寄って、肩衝と茶碗とのあいだにあった花を取り上げ、床の間の畳の上に横たえ、肩衝はそのままにして天目茶碗に茶を入れ、もとの座にもどった。そしてお茶が終わって皆が肩衝を拝見しているあいだに、茶碗や水差しを戸棚に入れて片づけ、床の間の畳の上に横たおしにしておいた花を置きもどして、床柱に立てかけた。[221] 要するに利休は、秀吉に抗議することもなく、しかしまた秀吉の仕掛けに妥協することもなく、あたかも野菊の花がまったく存在していなかったかの如くに、点茶を進行させたのだ。利休の完璧な勝ちであることは、歴然としている。秀吉がこの一連の経緯を侮辱と取ったか、あるいは見事と感嘆したかは記されない。おそらくその両方の感想があっただろう。

そういった完璧な勝ち方がずっと続くということは、負けた側に感銘を与えつつも一種の心理的負荷を与えることにも、つながるだろう。後年の利休の切腹への遠い伏線が、そこに張られていたと見ることもできる。それは、世阿弥が将軍義教に服従しながら、義教がつけ入ることのできない「秘する花」と「離見の見」の芸境を深めていき、義教から見て疎ましさの気分を醸成させていったことと、似ている。

ここで見落とせないのは、秀吉が利休をこのように茶の湯において挑発するためにも、秀吉自身が利休の茶の湯を理解する美的感性を持っていなければならない、ということだ。秀吉が書を能くし、

写真2　大徳寺・大仙院の平らな石

歌を詠み、生花をもなし得たがゆえに、両者はこの美的感性を共有する者同士として、対峙もする。しかし、しばしば深く通じ合う仲ともなる。ある雪の夜、秀吉は利休に「こよい、町に茶の湯すべきものは誰ぞ」と尋ねた。すると利休は、「上立売（かみだちうり）の通りに住む針屋宗春だ」と答える。それを聞くや、秀吉は「さらば、汝をつれて」即刻行ってみようと言い出した。実に行動が早い。利休の側にも異論のあるはずがない。ふたりは宗春の、間口が四間の小さな家に行った。そして宗春のもとで快く茶を得て、利休は秀吉からご褒美にあずかった[222]。茶人同士の気心の通じた共同行動だ。

また、ある夏の頃、秀吉は大徳寺・大仙院に行き、またしても利休に「花つこうまつれ」と命じた。利休は窓前の、上の部分が平らな石の上に金属の花入れを置き〔**写真2**〕、水を注いで花を生けた。「時に取りての（そのときの）風流、一しお（ひとしお）に覚（おぼ）しめす[223]」。ここでも利休と秀吉は、茶の湯に夢中になっている親しい仲間同士といった感じとなる。

さらによく知られた逸話を引くなら、利休の庭にアサガオが見事に咲いていると、秀吉に知らせる人がいた。そこで朝の茶の湯に秀吉が利休宅に行くと、アサガオは庭に一輪もなかったので、秀吉は甚だ面白くなかった。しかし小座敷に入ると「色あざやかなる一輪、床（とこ）にいけたり」。秀吉は「目さ

むる心ち し給い」、利休はご褒美にあずかった。[224]

しかし美的感性において、秀吉と利休は深く通ずる部分を共有するとともに、やはり基本的にちがう方向を向いていた。おなじ「花」の色でも、利休は「うす色の芙蓉、むらさきの牡丹はよし」[225]という、ひっそりとした色の花を好んだが、秀吉は春爛漫の豪華な桜の花見を好んでおこなった。それも、単にぶらりと見るのではなくて、入念に準備をした上でのことだ。「醍醐の花見」が、よく知られている。[226]「吉野山の花見」はさらに有名だ。[227]

両者の色彩の好みがどう異なるかを、もっと単純化して言うなら、秀吉は「赤」を、利休は「黒」を、好んだ。『宗湛日記』では、利休が大坂城での茶会で宗湛と宗伝のふたりの客に「内赤ノ盆ハ、赤ハ雑ナルコヽロ也、黒ハ古キコヽロ也」と語ったと記されている。[228]そこで利休は、聚楽第で宗湛などを招いての茶会の折り、引切（ひききり）（竹の蓋置（ふたおき）。釜の蓋や柄杓などを置く台。茶道用語での「引く」は「置く」の意味となる）の上に、「黒茶椀（マヽ）ハカリ置」き、茶会のあとにこれを瀬戸茶碗に取り替えた。そして客たちに、こう言う。「黒キニ茶タテ候事、上様御キライ候ホトニ、此分ニ仕候ト也」（黒い茶碗で茶を点てることは上様が嫌っていられるから、これだけにしておこう）。[229]秀吉がいない茶席なのに、利休は秀吉の機嫌を憚って、秀吉が嫌う色の茶碗を使ったことをそそくさと隠す。しかしそのように憚りながらも、秀吉が主である聚楽第での茶席で、主君が嫌う色の茶碗で統一するような不遜を、敢えてしている。そこには、「雑ナルコヽロ」としての「赤」を好む秀吉と、その秀吉が嫌う「黒」を好んだ利休との「対峙」が、生じている。

利休の「黒」の嗜好は、「静かなる数奇道具を好みて、けうとき（気疎き、ものすごい、豪華な）物を愛せず」[230]という方向と、つながっていた。その好みに合う茶室が、大坂城内につくられた。組み立て式で移動可能な「山里ノ御座敷」だ。『宗湛日記』に頻出する。「山里」という名称が示唆するように、これは秀吉が利休につくらせた山崎の草庵茶室『待庵』を、模したものだろう。「山里ノ御座敷」はもう現存しないが、『待庵』は国宝として保存されているから、おおよその趣は現存の『待庵』から想像できる。[231]

『待庵』は二畳敷だ。「易は三畳敷をしつらいたるさえ、道のさまたげ（妨げ）かと後悔なさる」と、『南方録』「滅後」には記されているが、『待庵』は、そういった余剰を切り捨てたところに出現する建築空間だ。利休がこの二畳敷の茶室を重視したことは、『山上宗二記』にも記されている。このように利休がひたすら草庵の侘び茶を追究した背景には、俗世間で流行る金銀趣味の茶への反逆の姿勢があったであろう。茶の湯の世界の内部で、草庵茶と対照をなすのは、公家や豪商が遊ぶ広い「茶屋」での茶の湯であり、後に小堀遠州が確立していく「大名茶」の方向だ。そこでは「鎖の間」と称する書院の接客空間で、金銀の珍しい飾り物が並べられるのが常だった。しかし利休の侘び茶の場所は、こういった豪奢な茶屋ではなくて、「草庵」でなければならなかった。もっともそうは言いながら、『南方録』では草庵侘び茶とは反対の書院台子の茶について、詳しく述べている。熊倉はこれを『南方録』の最大の矛盾」と評している。[232]これは私の解釈だが、茶の湯の骨子は体験的に習得するほかないものだから『南方録』という言行記録でも「秘する」ものとして限定的にのみ語られ、儀礼的で装飾的な書院茶については気楽にいろいろ語った、ということではなかったかと思う。

「山里ノ御座敷」が大坂城の内部につくられたことと前後して、秀吉はこれと対極をなす「黄金の茶室」を、おなじ大坂城内につくらせた。以下に述べるように、「草庵茶室」と「黄金の茶室」もまた、単純な対峙的構造をなすのではなかった。対極をなしながら構造的に通じるものがあるからだ。

「黄金の茶室」は組み立て式で移動可能だったから、有名な「北野大茶会」にも運ばれ、そこで四つの茶席のうちの第二の席として使われた。このことは、『北野大茶湯之記』に記されている。[233]『宗湛日記』の天正二十年五月二十八日の記述には、名古屋城で催された「太閤様」の茶会記録での「金ノ御座敷」が、詳しく記述されているから、それを引用しよう。カタカナ文は読みづらいが文意はごく簡単だから、現代語訳は略しても良いだろう。

「金ノ御座敷ノ事、平三畳也、柱ハ金ヲ延テ包ミ、敷モ鴨居モ同前也、壁ハ金ヲ長サ六尺ホド、広五寸ホドヅヽニ延テ、……」、「台子、金ナリ、上ニ金ノ台天目ニ道具仕入テ、脇ニ金ノ四方盆ニ金ノ棗スヘテ、下ニハ金ノ風炉、釜　金ノヒシヤク立クルミグチ、金ノ水覆ガウシ（合子）　金ノ水指縁桶、金ノ蓋置五徳、金ノ井戸茶椀ニ道具仕入テ、金ノ茶杓　筅ト巾ト二ツマテ常也[234]」

記述している宗湛自身が、あまりにも「金・金・金」の金ずくめに少しげんなりしている風が見える。そのげんなり感を自分も実感してみたいと思われる方は、これを建築的に忠実に復元したものが熱海市のＭＯＡ美術館にあるから、そこへ行けばよい。熱海は遠いから手近な写真図版で見たいという人には、『茶道聚錦〔三〕千利休』という豪華本があるので、すこし値段が張るがそれを紐解けばよい。[235]

かくして、「山里ノ御座敷」と「金ノ御座敷」とがおなじ大坂城内につくられた。これは利休の「黒」と秀吉の「赤」の色彩の対照を、城内で建築的に再現したものとも言える。その場合も、単なる対照ではない。「黄金の茶室」を大坂城内に造るに際して利休がこれに関与しないということは、あり得ない。他方で秀吉も、しばしば「山里ノ御座敷」で茶を点てた記録が残っている。そしてふたつの茶室そのものに、通底するものがある。すなわち「黄金の茶室」は、たしかにげんなりさせるほど金・金・金で覆われるが、空間構造だけを見るなら、禁欲的な幾何学的空間をつくり出しているのだ。同じく金ずくめであっても、家康を祀った日光東照宮は満艦飾の装飾性を誇るが、建築造形としては凡庸だ。それに対して「黄金の茶室」では、厳しく禁欲的な空間構成と金色の色彩とのコントラストが、ある種の緊迫感を生み出している。日光東照宮に見るような自己顕示的な造作とはちがって、「黄金の茶室」には一種の芸術性がある。それは、利休の内部で秀吉が利休自身の内なる他者として存在したということの、造形的帰結と理解することができる。

「黄金の茶室」と対極をなす「山里ノ御座敷」について言えば、それはもう現存していないが、原型にして模範型でもある国宝『待庵』を、それに替わるものとして見ることができる。『待庵』の造形的な厳しさは、「太閤」の身分となった秀吉自身にも気に入るところがあったようだ。それもそのはずだ。これがつくられた場所の性格に注目すればよい。そこは、秀吉と光秀が戦った「山崎の戦い」の地であり、京都と大坂の両方を見渡す地だ。秀吉にとって、まさしく天下の帰趨を定めた戦いの地だった。この地に秀吉は、勝利のあと『待庵』を作らせたのだ。草庵の侘び茶といえば、世の中から隠れた寂びしい場所でひっそりとなされる茶席を連想しがちだが、『待庵』は、利休の草庵茶が戦国の只中でおこなわれるものだったということを、語り出している。それは「市中の山居」ならぬ「戦陣の中の山居」だった。利休自身の中に「黄金の茶室」的なものがあったとすれば、秀吉自身の中に

「草庵茶室」的なものがあったと、言うべきだ。先に見た秀吉の辞世の歌「つゆとおちつゆときえにしわがみかな　難波(なにわ)の事もゆめの又ゆめ」は、後者の側面をあらわしている。

なお、「山里ノ御座敷」の原型にして模範型でもある国宝『待庵』は、利休の遺構で残る唯一の二畳敷の茶室だが、この草庵茶室と対極の「金ノ御座敷」は、全国で金鉱・銀鉱が発見され始めて全国に金銀が出回った時代の、象徴でもある。「倭寇の時代」から「鎖国の時代」にかけて、日本は世界有数の金銀銅の産出国だったことを、川勝平太が『文明の海洋史観』で述べている。[236]秀吉は天正十六年に「天正大判」として知られる金貨を鋳造し始めた。これは通貨の小判ではないが、それでもしばらくあとの慶長小判などの金貨類が出回るまでの画期的なステップだ。その同じ時期に、秀吉は「金ノ御座敷」を利休につくらせたのだ。このことからも、この茶室をときどき通説で述べられるような、成り上がりの秀吉が成金趣味でつくったものと取る理解が、甚だ浅薄だということが分かる。「黄金の茶室」は、秀吉の産業政策の宣揚でもあったのだ。世阿弥の配流の地・佐渡が金山でもあったこと、世阿弥の最後の著書が『金島書』だったことを、ここで想起しよう。「世阿弥と利休」というテーマは、「金」をめぐっても虹のような弧を描いているのだ。

五　『南方録』の美学

（ⅰ）前置き、もしくは解釈学的な注

さて、これまで信長と秀吉の芸術的感性を垣間見てきたから、順序として今度は利休自身の芸術的感性ないし美学を、主題的に見ていかなければならない。しかしここで、この第三章の冒頭に挙げた問題にぶつかる。すなわち、利休が「茶の湯論」と言うべきものを一切、書き遺さなかったということだ。「茶湯ニハ、昔ヨリ書物ナシ」という山上宗二の語を、師匠の利休は沈黙によって実践した。それなら利休自身の美学については、どこから起筆すべきなのか。

ここで利休の言行録『南方録』が浮上するが、この書物にさまざまな文献的問題があることは、すでに述べた。ほぼ定着した見方に従うなら、この茶書は利休の言行を南坊宗啓が聞き書きし、これをさらに百年後に立花実山が編纂したものだ。だから『南方録』の叙述をそのまま利休自身の言明として受け取るには、若干の保留を要する。

では、どうすればいいか。本書の着眼は、「利休の美学」でなくて「『南方録』の美学」を見る、というところにある。

第一章でも触れたように、エッカーマンの『ゲェテとの對話[237]』という聞き書きは、一字一句すべてが文字通りにゲーテが語ったものとは実証できないが、しかしゲーテなしにはあり得なかった記録であり、これを参照しつつゲーテの考えを探るという方法は、ゲーテ研究者なら誰もが採用している。また思想史での古い例を挙げるなら、老子のテキスト『老子道徳経』は種々の版が存在し、「老子な

ら、こうも語ったであろうとして、後の人が老子になりすまして創作した言葉も、いつしか混じってきたであろう」[238]という事態が、知られている。
『南方録』は南坊宗啓による利休の聞き書きを、利休百回忌の年に立花実山が発見し、二日二晩で筆写したということになっているが、実際の実験でもこの筆写が二日二晩で十分に出来たと、熊倉功夫は報告している。[239]そうであれば、実山が利休への思慕と尊敬を基本としてこれを二日二晩で筆写したことも、あながち誇張ではなかったことが窺われる。まして実山が恣意的な創作をおこなったのではないことも、間接的ながら窺い得る。

以下「水の美学」「火の美学」「土の美学」「雪月花の美学」「会の美学」の五項に分けて『南方録』の美学を考察する。『南方録』からの引用は熊倉功夫『南方録を読む』（本書注11）を底本とする。この美学をいろいろのテーマへの分節を通して考察する試みは、すでに茶道の専門的実践者でもある戸田勝久が『南方録の行方』で、雪、雨、夏、夜会、等々の「風趣」について行っている。[240]私自身も、かつて茶道の専門月刊新聞に連載させていただいた拙稿があるので、ここではその要旨を補筆して再述してみたい。[241]

(ii) 水の美学

『南方録』には、「水」に関する驚嘆すべき細やかな気配りと美意識とが記されている。実践的に茶の湯に親しんでいる人たちにとっては、当たり前のことばかりだろうが、しかし「水」経験をこのような美意識にまで昇華した文化がかつて他にあっただろうかと問うとき、美学の世界ではそれは決して当たり前のことではなくなる。

まずは『南方録』で、どのような仕方で「水」への気配りがなされているかを、見ておこう。茶の湯とはただ「火ヲ、コシ、湯ヲワカシ、茶ヲ喫スルマデノコト也。他事アルベカラズ」（「滅後」二）とされるから、要は日常の喫茶行為と変わらないのだが、しかしその日常の行為をわざわざ茶席を設けて細心の気配りで反復するという、それほど日常的ではないことが、おこなわれる。茶室は日常世界と「露地」を隔てて再現された、日常の中の非日常だ。そこで用いられる「水」は、その非日常的な日常現象だ。

「茶ノ水ハ暁汲タルヲ用ル也。……夜会トテ、ヒル巳後ノ水不レ用レ之（昼以降の水は用いない）」（「覚書」一二）

夜明けに汲む水だけを用いて、昼以降に汲んだ水は用いないという。利休はその水を、必ず自分で運び、桶にいれた。その理由はこうだ。

「露地にて亭主の初の所作に水を運び、客も初の所作に手水をつかふ。これ露地・草庵の大本也」（「覚書」二）

「露地」は現在では茶室建築あるいは和風建築の用語で、建物の外部からそこを通って建物につづく、敷石をおいた部分のことだが、もともとは仏教用語で、清浄な場所を意味する。[242] 日常の所作を茶室で反復するということは、シンボリックに言えばこの露地を通って世の塵を払い落とす、といったことになる。だから「露地ニ水うつ事、大凡に心得べからず」（「覚書」五）と、戒められる。撒水に用いられる「水」もまた清涼でなければならない。まして茶にして呑む水は、茶人が探し求める「名水」でなければならない。その水を亭主がみずから運ぶことは「露地・草庵の大本(たいほん)」ということになる。

神社の境内に入るときに人々が入り口で手に水を注ぐことを思い出してもらえば、このことは少し合点が行くだろう。神社の境内もまた、単なる広場ではなくて、「露地」とおなじく「結界」すなわち世俗からいったん切れてつながる切れ・つづきの場所だ。もっとも、「露地」を「清浄の場所」として強調するのは経典の日本美的な読み方であって、東南アジアまで広がる仏教全般の解釈であるかどうかは、私は知らない。

「露地ニ水うつ事、大凡(おおよそ)に心得べからず」ということは、単に仏教的な観念を遵守するという抽象的な理由に依るのではない。もっと具体的に、客を送り迎えするタイミングと連動する。客が露地に入るまえに一度、中立(なかだち)の前に一度、そして茶会が終わったときに一度、合計三度の撒水すなわち「三露」が、おこなわれる。茶会での初・中・終というだけでなく、一日に三度という場合もある。「朝、昼、夜、三度の水、すべて意味ふかき事と心得べし」(『覚書』五)。

特に客が立ち出るときの水を「立水(たちみず)」という。利休の弟子のひとりが疑問を呈した。立水は、客に去れと促すようには見えないかと。それに対して利休は、こう言う。「二時(ふたとき)」すなわち四時間におよぶ茶会のあと、手水鉢にまた水をたたえ、草木にも水を打って客に帰ってもらい、客もまた頃合いをはかって出立するのだから、そこには主と客の「一期一会」の心がある。そういう心をあらわすのが立水の意味であり、宗及のような巧者にもまだそれが分かっていないと(『覚書』五)。

「水」への気配りは、雪隠(せっちん)すなわちトイレにも及ぶ。「露地ノ雪隠(せっちん)ハ、禅林ノ清規(しんぎ)、百丈の法式ツマビラカナリ」(『滅後』二一)。もっともこのくだりは、『南方録』を書き記した禅僧の南坊宗啓なのか、それとも一部の研究者が推測するように、これを編集した立花実山が利休の意を体して書き加えたのか、それは分からない。実山も禅に親しんでいた。ここで言われる「百丈の法式」とは、唐の百丈(ひゃくじょう)懐海(えかい)禅師が定めた規則がもとになって、今日に伝わる禅宗僧堂の規範「百丈清規(しんぎ)」のことだ。利休は僧の身分を与えられることを断って「居士号」(仏弟子ではあるが、僧とならずに一般人にとどまる人の号)を望み、「利休」の号をもらい、大徳寺の古渓和尚のもとで禅に深く親しんでいた。だから、やはり自ら「百丈の法式」を茶の湯の規範として明記したということも、十分に考えられる。[243] もっとも雪隠すなわちトイレまでも「清浄ナルヲ用ルコト」(清潔を保つこと)と言う個所は、『南方録』の「水の美学」よりは禅寺の清規に依るものなのかもしれない。

日本にはもともと、「水の美学」とも言うべき美意識と造形の系譜がある。「雨」が絵画のモチーフとなることは、西洋絵画では稀だが、日本絵画では繰り返し浮上する。「みずみずしい」とか「水もしたたる良い男」とか「水際だった」とかという表現は、欧米言語の「水」をどう用いても直訳できない審美的表現だ。歌舞伎の用語の「濡れ場」とか「濡れごと」も、温暖多湿の日本の風土でのみあり得る「水」への美的感覚を共有しないと、翻訳不能の表現だ。古人は日本国を「瑞穂(みずほ)の国」と呼んだが、「瑞」という字はもともと、「宝玉」を意味している。これを王朝時代の日本人がやまと言葉で読みかえるときに「みず」と読ませた。当時の日本人は、中国人が宝玉に見た美を稲穂の田の「水」に、ないし山野の清川の水に、見たのだ。そういった日本的な「水の美学」が、『南方録』ではことのほか細やかな心遣いの所作とともに、類例のない美意識へと昇華させられている。[244] 日本人にとっては自然に親しまれる美意識であるが、これが世界的な視野で見た美学一般においていかに稀な位置を持つかは、国内的視野にとどまる限りは一般に気づかれない。[245]『南方録』の「水の美学」はそのような稀な美学の枠をなしている。

（iii）火の美学

この「水の美学」と連動する仕方で、「火の美学」も『南方録』で浮上する。もともと日本の造形美術史を振り返るなら、「火の美学」とも言うべき系譜が浮上してくる。そしてそこには、自然環境に根ざした文化史的な背景がある。キリスト教西洋では、形を超えた形而上学的なものが価値観の階層秩序の中で上位を占めて、物質的なものは下位に置かれるから、水や火といった、人間の生活に必需の物質は、世界観・価値観の上でも高い位置を持たなかった。物質性を持たない「光」が、位階の最上位にあって精神界につながった。それに対して日本では、「水」や「火」といった物質そのものの中に、聖性あるいは清浄性を感得する心性が養われてきた。

絵画を例にとるなら、西洋絵画では、「水」のモチーフと同様、「火」そのものの聖性のモチーフは、ほとんど見当たらない。ターナーの作品に『国会議事堂の炎上』や『ローマの炎上』があるが、印象主義絵画の先駆けとなるターナーにおいては、そこでの主題は火事の猛火ではなくて、火事によって生じる「色」と「光」だ。それは主題を異にするターナーの別の絵『湖に沈む夕日』や『サン・マルコ広場』と、まったく同じなのだ。またバチカン宮殿にあるラファエロの作品『ボルゴの火災』も、火事は遠い背景であって、主題ではない。それに対して日本の『餓鬼草紙』の諸本や『地獄草紙』第三段の「叫喚地獄第十五別所・雲火霧」では、凄まじい火炎そのものが描かれる。『伴大納言絵詞』の一景である『応天門炎上』などは、圧倒的な迫力の火炎の図だ。このような地獄の「火」は、ダンテの『神曲』に挿絵を描いたボッティチェリや、ヒエロニムス・ボスの怪奇な地獄図を含めても、見当たらない。日本各地で現在も伝承されている「火祭り」は、そういった「火への感性」が宗教的感性へと内面化していることを、物語っている。

　絵画表現のモチーフとなるものは、人が尊ぶもの、愛するもの、恐れるもの、目に留まるもの、等々だから、風土的・文化的・宗教観的な背景と結びつく。これがさらに美的・審美的（エステティック）に伸びていくところに、『南方録』の「火の美学」がある。まず、その語りに耳を傾けよう。しきりに「火相（ひあい）」すなわち火加減の工夫が述べられる。「火相」という語は「湯相（ゆあい）」すなわち湯加減と、対をなしている。

「暁の火アイ（火相）トテ大事ニス。コレ三炭ノ大秘事ナリ」（「覚書」一一）

「三炭」は「三露」としばしば対で語られる。前者は、席入りの前の「初炭（しょずみ）」、中立前の「後炭（ごずみ）」、退席前の「立炭（たちずみ）」の三度の炭火であり、後者の「三露」は、茶会の初めと中立と終わりに釜に注ぐ湯のことだ。これに加えて、一日を三度に分けて「朝、昼、夜、三度の水、すべて意味ふかき事と心得べし」（「覚書」五）とも、語られる。「水」が一日の時刻と茶会の進行とに合わせて、それぞれの「湯相」を形成することに呼応して、「火相」もそれぞれ微妙に異なる。その結果、「茶の湯の肝要、ただこの三炭三露（さんたんさんろ）にあり」（「覚書」五）とまで、言われる。炭火を用いる生活は、われわれの現代から遠ざかってしまって、現代の茶会では電気を用いることがほとんどだから、この「火の美学」は茶会に

郵 便 は が き

料金受取人払郵便

小石川局承認

1072

差出有効期間
2023年 4 月 9
日まで
（切手不要）

1 1 2-8 7 3 1

東京都文京区音羽二丁目
十二番二十一号

講談社　学芸部
学術図書編集　行

ご購読ありがとうございました。今後の出版企画の参考にさせていただきますので、
ご意見、ご感想をお聞かせください。

（フリガナ）
ご住所　〒□□□-□□□□

（フリガナ）
お名前

生年(年齢)
（　　　歳）

電話番号

性別　1男性　2女性

ご職業

小社発行の以下のものをご希望の方は、お名前・ご住所をご記入ください。
・学術文庫出版目録　　希望する・しない
・選書メチエ出版目録　　希望する・しない

TY 000045-2103

この本の タイトル	

本書をどこでお知りになりましたか。

1 新聞広告で　2 雑誌広告で　3 書評で　4 実物を見て　5 人にすすめられて
6 目録で　7 車内広告で　8 ネット検索で　9 その他（　　　　　　　　）
＊お買い上げ書店名（　　　　　　　　）

1．本書についてのご意見、ご感想をお聞かせください。

2．今後、出版を希望されるテーマ、著者、ジャンルなどがありましたらお教えください。

3．最近お読みになった本で、面白かったものをお教えください。

ご記入いただいた個人情報は上記目的以外には使用せず、適切に取り扱いいたします。

おいてすら実感にはなりにくくなっている。われわれの日常生活全般では尚さら、「炎」に接することは台所のガスの火くらいに限定される。しかしそれでも柳田国男のエッセイ「火の昔」などを読むと、「遠い記憶」が心内に蘇ってくるし、また夏祭りでの提灯なども「火の昔」の遠さと近さへの省察に誘う。『南方録』の「火の美学」は「火の昔」の最上の記録でもある。

「火」は温めるだけでなく「照らす」機能もある。西洋絵画でもロウソクの火であれば描かれるが、それがことさらに美意識のモチーフとなることは、少ない。しかし『南方録』では、それは庭の燈籠や部屋の行燈(あんどん)の火として、茶会の美的環境の一部として登場する。

「雪の夜会にハ露地の灯籠ハ凡(およそ)とぼすべからず。雪の白きにうばハれて見所なく光うすし」(「覚書」一五)

「火の明かり」は主役ではなくて、何かを照らす脇役である。しかしそれだけに、心遣いが大事となる。

「暁会(あかつきのかい)、夜会、腰掛に行燈(あんどん)を置くべし。亭主も手燈籠にて戸口まで出て一礼し立ちかへるがよし」(「覚書」一三)

「火」は茶会の美的環境の一部と述べたが、ただし腰掛けの行燈も亭主が持つ手燈籠も、すべて不可欠の脇役だということは、付加しておかなければならない。世阿弥の語を借りるなら「秘すれば花」の美学だ。茶会での火は「照らす火」だが、決して満月の皓々たる光にはならない。そもそも暗がりで灯す火の明かりが、密教系の祭壇にも見られるように、暗さの中の明るみとして、時には宗教的空間の特色をなすものともなる。皓々たる月光や赫々たる陽光ではなくて、「ひそやかに照らす火」が、暁の会や夜会での燈籠あるいは行燈なのだ。それは「秘する花」の延長線上に出てくる美学だ。[246]

(iv) 土の美学

「水」と「火」につづいて「土」はどうなるか。造形的には「土の美学」の最初の例は、すでに上述の「庭」にも浮上していた。その情景を拡大するなら、まず「露地」が、そこでの「石」が、そして「燈籠」が、前面にあらわれる。茶庭の入り口から茶室に至るまでの、飛び石を配した通路、苔を載せた築山、それは幾何学的図形を持つフランス式庭園にも、また自然公園的なイギリス式庭園にもない「土の美学」だ。露地は『南方録』では、「露地ノ一境、浄土世界ヲ打開キ」(「滅後」二)と評され、先にも述べたように、「露地」は宗教的心性にまでとどく「土の美学」である。

庭園の外の山野でおこなわれる「野点(のだて)」も、挙げよう。『南方録』では、もともとは野山での狩を意味する「野駆け」「野ガケ」が、この野点の意味に転用されている。

「野ガケ(野駆け、野掛け)ハ就中(なかんずく)其土地ノイサギヨキ(清らかな)所ニテスベシ、大方、松陰・河辺・芝生ナドシカルベシ」(「覚書」三二)

しかし「土」が芸術的にも極点に至るのは、なんといっても「茶碗」だ。誰もが感じるように、それは古代中国の陶磁器や古代ギリシアの「壺」と比肩し得る高さないし深さを、持っている。利休は装飾を退けて侘び茶を追究したが、茶碗にだけは執心を示した。利休が大坂城において茶器の売買にかかわり、そのことが一部において利休の俗物性として酷評されたことは、すでに述べた。「休所持ノ(利休が所持していた)茶碗ニモ、秘蔵ノモノニハ、茶巾・茶筌モ相応ノ長短アリシナリ」(「滅後」

一四）とも書かれるから、「秘蔵」の茶碗もあったことが窺える。

「土」の道具連関という観点では、土の美学がその素材性を最も生かした造形性を発揮する、もうひとつの領域がある。それは「土壁」だ。草庵茶室は、ふつうの庵の板張り壁を土壁に換える。『南方録』でこの茶室の造作を記述する個所でも「張付を土壁にし……」（「棚」一）と記される。国宝『待庵』の土壁は、葭草を混ぜて練られているから、葭草の名残を室内にも残している。人工の建築空間内に、自然の空気が吹き込む感じがする。ちなみに『待庵』の土壁は風化がはげしいので、保存の観点から、部屋の中に座ってこの壁に面することは許可なしにはできなくなっている。

「土」はアリストテレス以来の形而上学的な宇宙観の価値体系では、最下位に位置する。西洋形而上学的な位階秩序では、物質全般が、価値体系において下となるが、その中でも土は最下位にある。そのことと関連するであろうが、形而上学の完成者でもあるヘーゲルは『美学講義』の中で、今日では極めて尊重される古代ギリシアの「壺」に、まったく言及しなかった。陶器が「土」から成るということから、これを考察対象から外したのだろう。「彫刻」を主題化したが、大理石という「素材」にではなくて、出来上がった優美な「形」に目を向けた。それは「精神」の表現だと考えられたからだ。このことは、彼が「庭園」をまったく論じなかったこととも関連するだろう。土と樹木と石とから成る庭園は、自然的エレメントを基本とする。しかし「自然美」は、ヘーゲルの『美学講義』の主題から除外された[247]。ヘーゲルにとって「芸術美」は「精神」が作り出すものであり、自然はその精神に至っていない段階とされる。だから彼は「自然の無力」を語る[248]。

「土」への美的評価は、「母なる自然」を語るゲーテにおいてすら、あまり高くない。たしかに『フアウスト』の一節では、「この世にあるもの皆、高くたたえられよ。水と火と風と土の四つのもの皆」(『ファウスト』八四行目)、と歌われている。しかしその土の霊(地霊)は、ファウストに「わしはお前を見るに堪えない」と言わしめるような、醜悪な顔であらわれる(『ファウスト』四八五行目)。自然の命を育む母胎としての大地は、どこまでもそれ自体としては秘されているから、そのままの姿を敢えてあらわしたら、美しい顔にならないのだ。それは、質料に対して精神を上位に置く西洋形而上学の伝統がゲーテにも作用した結果だと、考えられる。それに対して『南方録』における「土の美学」は、「茶碗」や「壺」や「庭」や「燈籠」においてあらわれる「秘するが花」の美学となる。

(v)雪月花の美学

「水・火・土」という自然エレメントは、西洋形而上学では「自然哲学」のテーマだが、『南方録』では「自然美学」となっていく。その展開の先に、自然エレメントの素材性を象徴美的なテーマに集約する「雪月花」という表現が、あらわれてくる。

「雪月花」は、天上の月、地上の雪、四季の花、という美的な自然現象の総称で、「花鳥風月」と並ぶ日本美のキャッチフレーズでもある。中国でも「風花雪月」という語があるが、それは空虚な美文を指すのだと、中国文学専攻の友人から聞いた。しかしその中国でも、たとえば『白氏文集』(白居易の詩文集)に「寄殷協律」(殷協律という名の友人に寄せる)と題する八行詩があり、その第三・第四行にこの語が含まれる。

琴詩酒友皆抛我（琴や詩や酒の友は、みな我を見捨てた）
雪月花時最憶君（雪や月や花の時に、最も君のことを憶う）

雪月花は中国では「詩」や「絵画」の世界で対象化され、すでに美意識の中で登場するが、日本では、さらに書画も香も生花も建築も含んだ、そして身体的な所作を基本とする、茶の湯という総合的な美的世界での、テーマとなる。川端康成が講演「美しい日本の私」の中で、こう語った。「そして日本の茶道も、「雪月花の時、最も友をおもふ」のがその根本の心で、茶会はその「感会」、よい時によい友だちが集ふよい会なのであります」。川端は、「今の世間に俗悪となった茶」への疑問も付け加えるが、私はそこには口をはさまないことにする。

『南方録』では、雪月花は単に「美しい自然現象」という域を突き破って、宗教的な心情に通ずる意味を持つものとして取り上げられる。まずは、雪の日に茶会をおこなった記録が何度も出てくる。

「雪の会ハ何とぞ足あと多くならぬやうに心得べし」（「覚書」一四）

「雪の夜会にハ、露地の燈籠ハ凡(およそ)とぼす（灯す）べからず、雪の白きにうばハれて見所なく光うすし」（同上、一五）

いずれも、単に雪景色の観賞とか描写とかが主となるのではなくて、まずは茶会の心配りという脈絡で、「雪」が浮上している。「雪の夜会」は、暗がりの露地に銀雪が積もる中で行われるから、雪に足あとをつけることは、なるべく避ける。何気ない心配りであるが、しかし露地が「浄土」であることと連動する。これは「水」および「火」についても、同じだった。主人も客人も雪景色の中の一部としてこの景色の中に入りこみ、雪の美学が、そこに展開され始める。このことは、次に記す夜会（「会」一〇）ではもっと明確となる。

「十一月十七日、夜、雪

四畳半ニテ　御室御所　妙法院　日野殿

初　一　床ニ定家卿　降雪に」

御室の御所で日野輝資がこの日に催した茶会では、雪が降っていた。この会は和歌の会をも兼ねていたので、床の間には藤原定家の歌が掛けられた。雪の茶会に雪の歌の掛け軸を掛けるというところが、格別の味わいだ。ここで掛けられた定家の歌は「降る雪に」という語を含むのだから、『風雅和歌集』に収録の次の歌のことだろう。

霞みあへず猶降る雪に空とぢて　春物深きうづみ火のもと

外は雪、室内は湯を沸かす埋み火。これをかこんで、雪を詠んだ和歌の掛け軸を掛ける。「雪」はここでは、単なる観賞の対象ではなくて、雪の夜の茶会と歌会を成立させる場面の中軸となる。そもそも掛け軸というものが、茶の湯の場所では不可欠の道具であることを、次の語が示している。

「掛物ほど第一の道具ハなし、客・亭主共ニ茶の湯三昧の一心得道の物也」（「覚書」一九）

「残雪故、露地水ウタズ」（「会」二三）という場合もあるから、「雪の美学」が「水の美学」の一部でもあることを、付け加えておこう。

「雪」が降り積もった日には、雪は茶席そのものの場所形成の要素になる。このことは、「雪月花」の第二のエレメント、すなわち「月」の場合には、もっと徹底している。すこし意外だが、『南方録』では月を愛でる個所はない。あえて探すなら、利休は茶室を「コノ所ノ方角、露地ノ境ニ応ジテ」(茶室の場所の方角や、露地と外との境のかたちに応じて) 作り、「月雪ノシカルベキ方」つまり茶室から月や雪を眺められる方向を、顧慮していた (「滅後」三八)。とはいえ、「却テ月ニソムキ、景色ヲフサギナドスル住居(すまい)ハ、向上ノ地位ニシテ筆ニ及バズ (かえって月に背を向け、景色の良い方角を壁で塞ぐ住居は、よほど高い境地ではじめて理解できるもので、言葉では説明できない)」(同上) とも述べているから、月を賞(め)でることも最終的には放下されるべきものとして見られている。では『南方録』は、名月の風流を解しないのだろうか。

実はそうではない。「月」は太陰暦の基本となる天体だ。『南方録』の茶会記録は、すべて何月何日という「月日」が付されている。それは、茶の湯がそのときどきの「時節」に刻印される、ということである。天上に照る月の運行は、茶会を刻印するのだ。だから茶会は、「季節」と不可分だ。茶会で茶とともに出てくる料理も、そこで生けられる花も、季節の表現にほかならない。『南方録』の「会」の章で最初に出てくる「十月朔日　御成」の会を、参照しよう。

「汁菜　ナメススキ　鮭　ヤキモノ　黒メ (海草)　ヤキ栗　椎茸」

すべて太陰暦の十月朔日という季節をあらわすものばかりだ。月ごとにその折々の花と野菜とがある。その料理を食することは、季節の月々が単なる観賞対象でなくて、茶人の血肉に入り込むということだ。「季節」という仕方で、「月」は茶の湯の内部に入り込んで『南方録』の美学の一エレメントとなる。

「雪月花」の三番目の「花」は、もっと微妙な作用を茶会におよぼす。花は香りと色を持つが、まさにそのことが、茶会にとって配慮すべき点となる。たとえば強烈な香りの花は、「禁花」すなわち用いてはならない花となる。

「花入に入（いれ）さる花ハちんちやうけ（沈丁花）太山しきミにけいとう（鶏頭）の花」（「覚書」八）

「色」も同じことだ。もっとも『南方録』では、このルールにすべて従ってはいない。

「夜会に花を嫌ふこと、古来の事なりしを、紹鷗・宗易吟味のうへ、夜会にも花によりていけ申ニ極りし也。凡色の花ハいけす、白き花不苦（白い花はかまわない）」（「覚書」九）

「生け花」もまた、まちがいなく芸道に数えることができる。現代の生け花の世界に彗星のように現われて国際的に活躍する珠寶さんが、その著『一本草』の中で「十のうち七でとどめる」という一章を書いている。[249] 世阿弥の「心を十分に動かして身を七分に動かせ」と、期せずしておなじ表現になっている。利休の言う、「小座敷の花ハ、かならず一色を一枝か二枝かろく（軽く）いけたるがよし」（「覚書」七）という心得とも、同じだろう。現代の生け花においても世阿弥や利休と呼応しあう経験が成立しているということは、「芸道」の連続性として改めて注目して良いことだ。

なお、ここでもヨーロッパに目を向けるなら、庭の花を室内の壺に挿して飾ってモチーフにする現象は、十七世紀あたりのヨーロッパ絵画で確認できる。ヨーロッパでも人々が自分の住宅の中で花瓶に花を生けることは、ごく普通だ。その場合、日本の生け花を知って工夫する人も居るが、たいていは庭に咲く花を壺にぎっしりと詰め込み、できるだけ豪華となるようにする。しかし生け花は外界の自然の縮小再生産ではなくて、自然に咲いた花をいったん「切る」ことから、始まる。自然性を切った上で創出される高次の自然性が、そこに表現される。いったん自然性を切るということは、生花に限ったことではなく、「芸道」一般に言えることだ。茶室は日常空間から露地で隔てられた空間だ。日常性がいったん「切」られ、そこで日常とおなじく茶を呑むのだ。[250]

（vi）会の美学

以上のように記すとき、ともすると、「『南方録』の美学」は上品で洗練された美的世界の表現と、思われるかもしれない。それは間違いではないが、ただ、利休の茶の湯が戦陣の中でも行われたということは、もういちど想起したい。そこには日常生活の通常の営みの中では忘れられがちのことが、否応なしに意識にのぼってくる。すなわち「一期一会」という在り方だ。不可逆の時間の中では、本来はどのような日常の触れ合いでも一期一会なのだが、その当たり前のことを共に茶を飲みながら味わう、ということが「茶会」の本質に含まれる。

もともと人と「出会う」ということ一般が、自分の「外に」出て他者と「会う」、ということでもある。自分の「外」に出るという表現は、ヨーロッパ語の「実存」、すなわち「Ek-sistenz」の、本来の意味でもある。人は日常の中に埋没した自分の「外」に出ることによって、自分自身にもどる。

「他者」との出会いが、「自覚」に含まれる。それは、綺麗事ではない。自分が置かれている「世界現実」を出て新たにそこに入り込むことは、しばしば旧現実から拒否される。プラトンの『国家』に出てくる「洞窟の比喩」では、地下の洞窟に縛られて壁に映る影を現実だと思っていた囚人が、地上に解放されて太陽光のもとで現実の事物を見て、その経験を洞窟にもどって皆に伝えようとする。しかし洞窟内の住人から狂人扱いを受けて嘲笑される。そのようにしてソクラテスも死刑となり、毒を仰いだ。世阿弥はその相克の中で他者・義教によって佐渡ヶ島に流島となり、利休は他者・秀吉によって自刃を命じられた。

芸道と権力との矛盾的共生は、一見平和な茶会でも、否、まさしく茶会で、その対峙的側面を美的な仕方で内攻させることもある。先に引用した「十月朔日」の茶会にもどろう。「御成(おなり)」と記されている。前後の関係から、「御成」の主はまちがいなく関白秀吉のことだ。

「床マキテ（床の間の掛け軸を巻いて）手籠出シ置、折敷(おしき)（うつわの下の敷物）ニ花イロ〳〵組テ。但、御花被(あそばさる)レ遊、白キ菊ハカリ」（「会」一）

秀吉は白菊を生けた。もちろん、その花材は主人の利休が準備しておいたものだ。ワリ高台（高台が割れた形の、朝鮮茶碗）で茶を呑んだあと、秀吉は皆にこう言った。

「御相伴衆(おしょうばんしゅう)、我等モ花イケ候へ」（相伴している皆も、花を生けたまえ）

心得ましたとばかりに、皆が花を生けた。「但（ただし）、菊ハ不レ出（いださず）」。さきほど主君が白菊を生けたあとに、御相伴衆がおなじ菊を生けるなど、許されるはずがない。主君が生けた花は、そのまま床柱に掛け、

「其跡ニシカラキ（信楽）花入置テ何モイケ申候」

皆が使う花入れは、さきほど秀吉が用いた格調あるワリ高台ではなくて、素朴な信楽焼となった。秀吉は一同の生け花が終わったあと、「一炭被遊」（一炭を点じて湯を沸かしあそばして）、薄茶を二、三服呑んで帰った。

秀吉は去っても、秀吉の影があとに居座りつづける。この茶席に列席できなかった家臣や茶人たちの、「御跡」の会が始まる。それは貴人や達人の茶席の跡を鑑賞にやってくる「跡見の会」と呼ばれ、「同日（この同じ日）、御跡ニ其儘　備前宰相（宇喜多秀家）、宗無（山岡宗無）、宗恵（水落宗恵）、同座敷（同じ座敷に）」とある（「会」三）。

跡見の会で拝見するのは、秀吉が生けた花だけではない。「釜アケテ御炭ノ名残一覧」とある。つまりは「火の美学」の余韻だ。そこでの残り火には、秀吉の腕前の跡という仕方で、秀吉の影がなおも赤くゆらめくであろう。「後、暮テ」、つまり日が暮れて、夜会となり、「御花取入テ　灯台」となった。つまり白菊が運び去られた。しかしそのあとに別の花を生けたとは、記されていない。主君の生花を取り去って代わりの花を生けるという不遜を、どうしてなし得ようか。そこには灯台すなわち蠟燭が、灯された。その明かりのなかに、またしても秀吉の影がゆらめくことを、客たちは感じたことだろう。

しかし、単に秀吉が権力の頂点に座る「偉い人」だから人々が「御跡」を拝見にくる、というわけでもない。先にすでに記したことだが、秀吉の生花は人々が拝見にやってくるほどの水準だったのだ。

これも反復になるが、『南方録』「会」に記される別の茶会では、「上様御自筆御自詠カケ物」が掛けられた。秀吉は「生花」だけでなく「書」においても、信長に匹敵する見事な腕を持ち、「歌」も詠んだのだ。その歌を、改めて解釈してみよう（「会」三三）。

底ゐなき心の内を汲（くみ）てこそ
お茶の湯者とハしられたりけり

「底ゐ（底意）のない心の内部を汲むことこそが、茶の湯を営む者だ」と、秀吉は詠んだ。それを詠んだときの場所は、いま茶席が設けられている利休の屋敷だ。秀吉はまちがいなくこの歌を、利休に贈るものとして詠んだはずだ。歌は掛け軸にして掛けられた。

文字レベルでの歌の意は、誤解の余地なくはっきりしている。「いま茶を汲み交わしている俺に、底意はない、こうして茶を汲み交わすことこそ、茶の湯の仲間というものだ」と。しかしすこし考えれば、奇妙な文言だ。なぜ、わざわざ「底意はない」などと利休に言うのだろうか。「語るに落ちる」典型例ともとれる。秀吉と利休の対峙の構造として述べたことが、ここでも想起される。大坂城では主君は秀吉で、利休は秀吉に仕える身だった。しかし、二畳敷の茶室空間では仮想的な逆転現象が起こる。そこでは利休が主であり、秀吉は客となる。客として「底意は無いですよ」という文言を、いま秀吉のほうが利休に対して歌で表明している。

六　「利休死後」の利休

芸道と権力の共生空間は、肉を切れば血が出る現実の空間でもあった。利休は秀吉によって自刃させられた。では両者における主従の関係を逆転させる仮想空間は、単なる無力な空想の空間にすぎないのだろうか。

この問いを仕上げる上で、利休死後に利休が秀吉にとってある意味で存在しつづけた事例を、三つ挙げよう。ひとつは『茶話指月集』に出てくる。

「休（利休）、生害（自害）の後、ある時、太閤、風炉の形（……）何かと御好みありしが、「かようのとき、利休めを殺して、ことを欠く」と仰らるるを」[251]

ふたつめは、これと似た話で『三斎公伝書』に出てくる。

「後ニ秀吉公御後悔無限事ども也（後になって秀吉公は限りなく後悔された）。利休切腹ノ後、釜の形を秀吉公御切兼候て（利休が切腹したあと、釜の形を秀吉公が切りかねて）、あれ是ニ御切せ候ども（あれこれ切らせてみたが）御意ニ不入候時被仰候ハ（満足がいかないので仰せられるには）[252]……」

三つ目は、秀吉の文禄元年（一五九二）十二月十一日の書簡にある。

「ふしミ（伏見城）のふしん（普請）、なまつ（鯰）大事にて候まゝ、いかにもへんとう（面倒）にいたし可申候間、……ふしミのふしんの事、りきう（利休）にこのませて（好ませて）候て[253]……」

最初のふたつは、秀吉が「風炉」および「釜」についてあれこれの好みが交差し、決断しかねている場面だ。風炉とは、茶釜を火に掛けて湯をわかすための炉のことで、年輩の世代の人なら、昔の「火鉢」を思い起こせば大体のイメージとなる。茶釜をそこで熱するわけだから、風炉は茶道具としてはいちばん重たい大物だ。そしてそこで熱せられる茶釜もまた、大物だ。当然ながら、さまざまな趣向が可能となり、いろいろの名品が伝わっている。秀吉も信長の趣味を継承して、また「茶湯(ちゃのゆ)御政道」の方針と併せて、権威を示威する意味でも名品をあつめていた。伏見城の普請のときも、何らかの折りに風炉を選ぶことになったのだろう。秀吉はこういった茶道具を見る眼を持った相当の通人だ。しかしながら、雲の上に突き抜けるような高さの眼を持っていたわけではない。他方で関白太閤秀吉として、天下の茶人たちにも自慢できるようなものを入手しなければ、恰好がつかない。「かようのとき、利休めを殺して、ことを欠く」と、彼はつい漏らしてしまった。その言葉の背後に、そう語らせている利休の影がある。

三つ目の「ふしミ（伏見城）のふしん（普請）」とは、利休が自害したあと、秀吉が自分の隠居城である伏見城を築いた折りのことを、指している。「ふしミのふしん、なまつ（鯰）大事にて候まゝ」とは、天正十三年十一月二十九日のいわゆる「天正大地震」を踏まえての、地中の大なまずが起こす大地震を念頭において、との意味だ。その城を、ただ地震に耐える頑丈なだけの造りでなくて、美的に「利休の好みに合わせて作った」と、秀吉は書簡に書いた。ただ単に頑丈なだけでなく、茶の湯の数寄の美的趣味にした、という意味だ。その普請事業は「いかにもへんとう（面倒）」だとも、秀吉は記している。利休を殺してしまったあとでは、利休の助言は得られないという響きが、ないし後悔が、「りきう（利休）にこのませて（好ませて）候て」の語にひびく。その語句の背後にも、利休の影が映る。

この世にはいない利休が、生きている関白太閤秀吉に現実の影響作用をおよぼしているという意味で、死後の利休が秀吉の仮想空間の中で生きている。死んで存在しない人物が、あとに残った人物に種々の影響作用をおよぼし、その意味で存在し続けるという事例は、ごく普通のことでもある。遺族が抱く故人の思い出は、その最たる現象だ。故人の悪行が後世に遺す影響作用は、マイナスの現象だ。人が死ぬと、「死体」は土に還って消滅するが、「死者」としてはいろいろの形で現在的となり、後世の生者の仮想空間で生き続ける。[254]

秀吉の「御成」の利休茶会では、その「御跡」の空白部分に、あるいは秀吉が用いた炭の残り火に、秀吉の影がゆらめいた。現実世界での絶対の覇者が誰であるかは、疑問の余地がない。ただ、その覇者である秀吉の側で大事な茶道具選びに際して、あるいは自分の隠居の城の築城に際して、自分が殺した利休の影が脳裏にゆらめく。ふたりのうち、どちらが優位に立つ者だったのか。

この問いとの関連で、利休の側で残された逸話も引用しておこう。利休が切腹を直前に控えての逸話だ。

「又、終わり（最期）にのぞんで、小姓に茶を点てさせ、飲まれけるが、この茶碗、今よりは無用の物よと嘆じて、庭に擲つ。かたわらに侍りし甫竹というもの、拾いあつめ、継ぎ合わせて、其れより伝えて今大坂にあり」[255]

自分はもう死ぬのだからこの茶碗も無用だと、これを庭に投げ捨てる行為は、絶望ないし自暴自棄をあらわすようにも見える。しかしまた、利休の辞世の偈にある「提（ひっさぐ）我得具足の／一太刀今此時ぞ

／天に抛（なげうつ）」という語とおなじ心境で、日常世界と切れてつづく自らの茶の湯そのものを太刀に喩えて天に抛擲し、天に返すという意味にもとれる。

「芸道と権力の矛盾的共生」は、粉々に割れたり、太刀で切り裂かれたりし得る空間でもある。しかしまた、俗世界の一切の権威も束縛も粉々に切り裂いて自由になる、という方向の極限にもなり得る。そのどちらの心境が利休において実際の事実だったかは、本人しか知らないことだ。ただ、利休の辞世の偈を子細に検討してきた本書としては、躊躇なく後者を採る。利休において、茶の湯の会を催すことは、現実の真っ只中にあって一期一会を味わい、日常の営みの只中で日常の営みの束縛を切って、すべてを「遊」と化して楽しむ、ということだ。実際に茶会の出席者の誰もがそういう「遊」の境地になる、ということはないだろう。しかしまた、そういう境地が本来はあり得るということを知るかどうかで、見通しはちがってくるだろう。この「遊」について「結語」でさらに述べることとして、第三章はここで閉じることにしたい。

結語

「遊」、そして現代

本書の第一章の「なぜ「世阿弥と利休」か」という問いを、反復しよう。両者の「と」の意味はどこにあるのかと。大意はすでに述べてきたが、まとめの意味をも兼ねて、それを再述しよう。

一方の世阿弥は室町幕府三代将軍・足利義満の愛顧を受けて芸能の世界で確固たる地位と名声を得ながら、やがて六代将軍義教に疎まれて冷遇され、最後には佐渡ヶ島に流された。他方の利休は織田信長に認められ、茶の湯の奥を究め、豊臣秀吉のもとで大坂城内部での権勢を得ながら、しかし最後には秀吉の勘気に触れて切腹させられた。ふたりの人生波形の類似性が、「世阿弥と利休」の「と」の最初の意味となる。

そもそもふたりが生きた時代の同類性も、「と」の意味に加わる。世阿弥も利休も、戦乱の砂塵が日本国中に舞い上がる時代を生きた。武家政権が成立した室町時代から戦国時代を経て安土桃山時代へと移りゆく時期だ。「序破急」という能楽の用語を借りるなら、初代将軍・足利尊氏から三代将軍・足利義満までの勃興期を「序」の局面、四代将軍・足利義持、六代将軍・足利義教、八代将軍・足利義政、十三代将軍・足利義輝あたりまでを、「破」の局面、そして十五代将軍・足利義昭と織田信長、そして関白の位に昇りつめた豊臣秀吉までの織豊政権を、いわゆる戦国時代の「急」の局面とみなすことができる。その序破急の舞台が鎮まるには、関ヶ原の戦いを経て徳川政権が確立することを俟つ。世阿弥と利休は、主にこの日本中世・近世の序破急の「破」と「急」の局面を生きた。

「世阿弥と利休」というときの「と」は第三に、「能楽と茶の湯」の「と」でもある。この両方のいずれも長い伝統を経て洗練され、深まり、それぞれ家元制度の枠で支えられた芸能の世界を、築いてきた。愛好者の人口は多い。ちなみに言えば、愛好者の人口は多いが一般の「門外」人には、依然として近づきにくい世界でもある。私自身も「門外漢」だ。ただその場合でも、ないしその場合はなおさら、堀口捨己が提唱した「読茶会」をさらに拡大して、「読能茶会」の精神を提唱したい。その理由は、ちょうど道元の『正法眼蔵』や親鸞の『教行信証』がそれぞれの宗門の内部での「聖典」として読まれるだけでなく、日本思想の広い分野での共有財産になっている、ということと同じだ。「読能茶会」の精神で世阿弥の諸著と利休の事績の記録に接するなら、現代のわれわれにも響くようないろいろの示唆が、浮かび上がってくる。中でも「遊」という実存の示唆がそれだ。

世阿弥は自分の著書のいくつかに「遊楽（ゆうがく）」あるいは「遊芸（ゆげい）」という文字の入った題名を、用いていた。『風姿花伝』では、申楽の縁起が神代の「天の岩戸」の物語から説き起こされるが、「その時の御（おん）遊（あそ）び、申楽の始めと、云々」と述べられる（『風姿花伝』第四「神儀に云はく」）。もしわれわれの生活の中から「遊び」が取り除かれたら、どんなことになるか、想像すればよい。それは人としての生活ではなくなる。

日本中世・近世の「遊芸」について、本書第三章でも言及した西山松之助の「近世の遊芸論」という、周到な学術論考がある。西山はそこで、「遊芸の共通項のうち、最も重要なことは、あそびであることと、そのために、参加者は、例外なく自分で演じるということである」と、述べている。[256] この西山の重要な指摘に、なおひとつ付け加える部分があるとすれば、それは「あそび」というものが、それを見ている者をもそこに引き込んで、演者と観者の、さらには芸能者と権力者の、「共生空間」を形成するということだ。これは後述のガーダマーという哲学者の説にも通じる。その場合の「共生」に構造的に「非共生」のエレメントが含まれる、ということが本書の基本的な着眼だ。

辻惟雄（のぶお）が「遊戯者の美術」で、「日本美術の中にある遊戯性の諸相」を、リゴリスティックな傾向の中国絵画を比較の材料としながら、そして利休の時代の「不整形のおもしろさ」を持つ茶碗類なども引き合いに出しながら、考察している。[257]「あそび」あるいは「遊」が、特に日本中世の美術を貫通する動向だったことが、辻のすぐれた論考からよく見えてくる。

利休の「茶道」の場合は、どうだろう。「茶道」という語は利休本人の語ではないという通説については、すでに検討した。この語が利休に帰せられる蓋然性は、むしろきわめて高いことを述べた。その茶道の「極意」は、「夏ハイカニモ涼シキヤウニ、冬ハイカニモアタヽカナルヤウニ」（「覚書」一〇）することだった。また、「規矩寸尺、式法等、アナガチニ不可云（規則やしきたりはうるさく言うものではない）、火ヲヽコシ（火をおこし）湯ヲワカシ（湯を沸かし）、茶ヲ喫スルマデノコト也、他事アルベカラズ」（「滅後」二）ということだった。火を起こし、湯を沸かして茶を飲むという、日常おこなっていることを、日常世界の追い立てから解放された場でおこなうことだ。日常生活上の必需な営みを、その必需性から解き放って「あそび」に転化させる行動だ。その場合は「あそび」といっても、「遊び半分」という意味でなくて、その奥を究めることに一生を費やす芸の道、すなわち「遊楽」だった。野点（のだて）の茶会を「野遊び」と表現することは、そこからも自然なことだった。

ところで「あそび」という日本語は、元来どういう意味を持つのだろうか。私が私淑していた国文法学者の故・森重敏（奈良女子大学名誉教授）の説を引用したい。以下の引用は故・森重教授が昭和六十二年三月八日付で、達筆のこまかい字で書かれた便箋五枚の、筆者宛て私信の一部である。[258]

「アソブという語は以下の意味を持っている。語幹アソの原形はアスで（アソブもアスブの転）、アス自体、もともと一つの動詞。アス（動詞）は満たして置くの義。神前に稲・酒などを一杯供へること。（……）アソブは、本来の目的はもってゐながら、しばらくその目的をはづれたところへ出て無目的にあること。（……）無意志、無目的、無責任である」

森重教授のこの説明を念頭におくと、不意に想起されることがある。それは、信長や秀吉の「御成」の茶会で、「被遊（あそばされる）」という表現が頻繁に出てくるということだ。庶民からすれば、貴人の行為はすべて日常性にしばられない「あそび」の性格を帯びていると、思われたのだ。かつての身分社会の庶民感覚だから幻想でもあるが、しかし幻想であればこそ現実世界で見落とされている意味があらわれる、ということもあり得る。

「あそび」は、現実の必需に追われた生活の中でしばらくその必需連関から外れる時空であり、現実の生活に不可欠の自由なゆとりと解放だ。それは最も緊迫した場面でも生じ得る。たとえば桶狭間の一戦に信長が出陣するとき、「信長（……）敦盛の舞を遊（ば）し」と書かれる。行為とはどこまでも何かを目的とするものだが、その目的連関の束縛の全体を、「しばらくその目的をはづれたところへ出て無目的にある」ことが、「あそび」のひとときとなる。

少し説明がむずかしいと感じられた方のために、小瀬甫庵の『太閤記』に出てくる面白おかしい記述を、紹介しよう。文禄二年（一五九三）六月二十八日、秀吉が朝鮮出兵の拠点として肥前（佐賀県）に築いた名護屋城の陣中で、遊戯大会がおこなわれた。

広い瓜（うり）畑のかたわらに瓜の店や旅籠屋（はたごや）を模したものを建て、秀吉はじめ、大名、奉行たちがそれぞれ、商人や旅僧、神主、虚無僧、鉢敲（たた）き、猿使い、茶屋の主人、等々の姿に変装して、一場の即興劇を演じた。秀吉は柿色のかたびらと藁の腰蓑黒の頭巾をつけ、菅笠を肩にして「味よしの瓜、召され候え、召され候え」と呼ばわる小売商人を演じた。[259]最近コロナ禍で絶命した元ザ・ドリフターズの名優・志村けんが演じる「バカ殿」をも、髣髴させるが、違いは、本物の「殿」がバカ殿を演じることにある。志村がおどけて刀に手をかけ「成敗いたす」と見得を切る場面は、本物の殿の場合には本当の成敗になる。見物する側には、笑いながらも一種の怖れの感情を、どこかに交えていただろう。もっとも、笑い興じる武将たちも、そう只者ではなかった。利休に師事した茶人で信長の弟でもあった織田有楽斎は、山伏に扮して秀吉の前に進み、「修行者の老僧に瓜をご喜捨くだされ」と乞うた。秀吉は瓜ふたつを施した。すると有楽斎は「いや、これは熟しておらぬ。もっとうまいところを」と所望した。[260]皆がどっと笑ったらしいが、虎の尾を踏みながら滑稽を演じる茶人武将・有楽斎の度胸に、皆は笑いながらも感心しただろう。家康は簣という籠を売る商人となって「あじか買わし、あじか買わし（あじかを買いなされ、あじかを買いなされ）」と売り歩いた。そういった笑いと遊びが、秀吉による伸るか反るかの朝鮮出征の陣屋でなされている、ということに注意しよう。テレビのお笑い劇ではない。それは信長が桶狭間の決戦を控えて舞った『敦盛』の舞と、おなじ意味合いだった。

「瓜畑あそび」は『太閤記』の語りだから、誇張もあるかもしれないが、虚構ではないだろう。なぜなら秀吉自身が側室の「おとら」（蒲生氏郷の妹）に出したある見舞いの手紙で、おとらを「瓜畑あそび」に誘っているからだ。秀吉は、「わづらいよく候よし申し候まゝ（病気がよくなったら）、瓜畑、又、舟あそびに越し候間（瓜畑あそびや舟あそびに来て、そのあいだに）、……」と書いている。[261]「瓜畑あそび」のほかに「舟あそび」があったことも、分かる。この「舟あそび」については、『宗湛日記』

（同上）天正十五年丁亥六月三日と十日の記述で、秀吉が島津征伐のあと箱崎で南蛮船に乗って喜ぶ記事があり、利休自筆の手紙でも、秀吉の船好きの趣味を記す記事がいくつかある。[262]

茶の湯そのものを「遊」という文字であらわすことは、『南方録』ではほとんど出てこないが、それでも「野点」を「野遊（のあそび）」と形容する個所はある（「滅後」三）。武家たちの遊びである「狩」すなわち「野駆（のが）け」が、そこで茶を点（た）てて飲む「野点」となり、両方共に「野遊」と称されたということは、またしても「戦陣の中の茶の湯」に通ずることだ。『南方録』に記述される「野点」のひとつが、島津征伐の終結を祝う「筑前ノ箱崎」という陣屋だったことも、想起しよう。利休もその場にいた。「松原ニテノ休（利休）ノハタラキ」があったことが、そこに言及されている。

「野遊」という語から、ともすれば茶室の中での細かい所作を忘れて伸び伸びと野外で野駆けし、その折りのくつろいだ一服休憩が、連想されるかもしれない。しかし利休はそれに対して厳しい戒めを、述べている。野点は「一心ノ所為（しょい）ニシテ（心を集中しておこなうものであって）、手ワザノ小事ニアラズ（手先でおこなう小さな事でない）」と（「滅後」三一）。

実際、「遊」もしくは「あそび」には、種々の次元がある。迷惑な遊びもあり、危険な火遊びもあり、身を滅ぼす遊蕩や遊興もある。『南方録』では、「茶ノ本道」が廃れて「俗世ノ遊事（あそびごと）」となるときに、かえって世間ではそれが茶の湯の繁盛と取られると、述べられている（「滅後」一二）。しかしまた、俗世の虚栄を突き抜けて宗教性の深さに転ずる真剣な「遊び」もある。すでに述べたことだが、あえて再述するなら、仏門ではこれを「遊山（ゆさん）」という。修行の場である寺を向上の場としての「山」に例えて、寺から寺へと修行に回ることを言うのだ。時宗の開祖・一遍上人や、その宗派の僧たちは、「遊行上人」と言われ、「遊戯観音」はどんな状況にも出入自在の悟りを得た姿でもある。親鸞の『教行信証』では、「薗林遊戯地門」でこう述べられる。「菩薩衆生を度すること、たとへば獅子の鹿をうつに所為はばからざるごときは、遊戯するごとし」と。[263] 獅子が鹿を殺めて餌食にすることが、菩薩の衆生済度の行為の比喩になるという、驚くべき個所だ。『妙法蓮華経』の「観世音菩薩普門品」に「観世音菩薩はいかにしてこの娑婆世界に遊ぶや」という問いが出てくるが、この場合の「遊」はサンスクリット原典の語の和訳では「歩き回る」となっている。[264]「遊」は、人間が生きていくときの最も基本的な相としての「歩き回る」ことそのものだから、生きるか死ぬかの真剣勝負の場でもあり得るし、奥深い宗教的境地としても現じるし、また遊興に身を滅ぼす危険ともなる。

「世阿弥と利休」の「と」が、最終的にはこのような「遊」に凝縮され、「芸道と権力の共生空間」での生き方になるのなら、それを開示する「世阿弥と利休」というテーマは、まさしく現代にまで伸びてくるものとなる。[265]

現代では「遊」は、テクノロジーとタイアップした「コンピューター・ゲーム」や巨大遊園地の施設で、また政治や軍事の世界での「権力ゲーム」で、中世・近世の時代には想像もつかない規模と形態をも持つようになっている。しかし、本質は変わっただろうか。世阿弥と利休における芸道の生成と、そこでの「遊」は、現代のわれわれにも限りない問いかけと示唆とを含んでいる。

あとがき　西田幾多郎の手紙（新史料）にちなんで

世阿弥も利休も、これまで能楽や茶道の専門領域の識者たちによって詳細に読まれ、仔細に研究されてきた。[266] 他方で両者の思想と人生は、それぞれの専門領域に限定されない稀有の芸術的・精神的経験を包含している。それは親鸞や道元の著作が浄土真宗や曹洞宗の「宗門」の枠を超える精神史的内実を有することと、おなじだ。能楽や茶道の「門外」から「門内」をのぞくとき、世阿弥と利休の思想および人生は、哲学・美学・宗教学の研究者にとって尽きない精神史の金鉱となる。

自分の例を引き合いに出すのは少し気が引けるが、著者の義務と心得て述べるなら、本書は三年まえに日本学術振興会の助成を得て上梓した拙著、『共生のパトス』[267]の、「ケーススタディ」でもある。この拙著で現象学的に主題化した「共生」は、本書では「芸道と権力の矛盾的共生」という歴史的事例（ケース）として、考査されている。またこの「共生」は芸道と権力の切れてつづく関係として、著者の旧著『「切れ」の構造』[268]でテーマ化した「切れ・つづき」の、社会的形態でもある。そして本書の叙述の基本姿勢とした「史料に聞く」「史料に語らせる」方法は、十六年前の旧著『聞くこととしての歴史』の自分なりの実践の試みである。海亀は自分の甲羅のかたちに似せて海浜に産卵の穴を掘るそうだが、本書は世阿弥と利休に誘われて掘った私の幾つめかの甲羅穴ということになる。

昔から多くの先達が、世阿弥や利休から刺激を感受してきた。小宮豊隆は『茶と利休』（角川新書、一九五六年）の、「あとがき」の中で、こう記している。

「……その前私は『利休とその時代』を『中央公論』で発表した。すると西田幾多郎さんが手紙で、あれはなかなか面白かつた。ついては『南坊録』を是非読んで見たい。岩波文庫にでも入れて出してはどうかと勧めて来た。……それが前に言つたやうな事情で、たうとう出版の運びに至らなかつたのである。そのうち西田さんも亡くなつてしまつた」[269]

小宮が言及する西田の手紙は、岩波書店刊行の『西田幾多郎全集』の「旧版」にも「新版」にも収録されていない[270]。この手紙の存在に気づいている人は今はもう皆無だろうから、ここに「新史料」として忘却の淵から掬い上げておこう[271]。西田の上記の手紙は小宮によって全文が書き起こされているから、以下にその全文を引用しよう。日付は昭和十八年二月二十四日となっている。

「拝啓　突然にかういふ手紙をさし上げてすみませぬが　尊兄は中央公論であつたか　改造であつたかに利休の南坊録と申す書についておかきになつてゐたかと存じます　私は茶といふものはちつとも分からないのですが、何だか面白くおもつたので御座います　さういふものを岩波文庫にでもお出し下さつてはいかゞ　早々　西田生」

西田はこの手紙を書いた同じ日に弟子の久松真一にも葉書を送って、「小宮君に南坊録を岩波文庫に出したらどうかと云つてやりました」と書いているが、久松宛ての葉書は西田の全集に収録されている[272]。久松は禅と茶の湯の体得者で、本書第三章に記したように、『南方録』を発見した立花実山の自筆の写本を発掘した人でもある[273]。

西田は利休の『南方録』を、どのような観点から「面白くおもつた」のだろうか。これについて西田は何らのエッセイをも遺していないから、こちらで推察するほかない。西田の小宮宛書簡の日付からすると、西田はその二年前に論文「歴史的形成作用としての芸術的創作」という、後期西田においては唯一の芸術論を発表しているので、そこでの問題意識との関連が、推察される。西田はこの論文で「東洋芸術の真髄」を西洋との比較において考察し、「ゴシック式の尖塔に無限の生命の表現を見るのではなく、黒楽の茶碗に天地を包むのである」と述べた[274]。

「黒楽の茶碗」とは、言うまでもなく黒の釉薬を塗った楽焼の茶碗のことで、利休の指示のもとで楽家の瓦師・長次郎が始めた「楽焼」の一タイプだ。もうひとつのタイプが赤楽で、秀吉は赤楽を、しかし利休は黒楽を好んだことを、本文に記した。

「黒楽に天地を包む」という西田の表現は、実際に黒楽の茶碗に注がれた緑の抹茶を飲むときの直覚をあらわす見事な表現だ。茶碗の素材となった土、これを産出した山、土を焼く窯の火、茶碗を焼く瓦師の長年の修行、茶碗に注がれた茶を摘んだ人々の労働、茶畑に注ぐ日光と季節の訪れ、そういったすべてのものが、黒楽の茶碗と緑の抹茶に包み込まれている。

　黒楽の「黒」は色彩を消した色という意味で、「色彩の無」でもある。しかし時に底光りによって底なき深みをも、感じさせる。だからそれは小宮が「無一物を理想とした茶」[275]として紹介した利休の茶の湯と、深く性が合う。そこからも、西田が利休の『南坊録』（『南方録』）に関心を抱いたことは不思議ではない。

　本文一二〇頁で述べたように、世阿弥の「離見の見」も、西田の言う「自覚」と通底する構造を持っていた。世阿弥の申楽も利休の茶の湯も、それぞれに時代の激動をその先端で形成していく波頭だったから、西田の言う「歴史的形成作用としての芸術的創作」として捉えることができる。西田が小宮に勧めた岩波文庫版『南方録』は、結局は出版されなかった。だから西田がこのテキストを読むことも、ついになかった。西田の書籍を保存した「西田文庫」には、『南坊録』(『南方録』)はない。

＊　＊　＊

いつもながら、執筆を助けていただいた若干の方々への謝辞を述べたい。今回はその筆頭に、かつて私が奉職していた京都工芸繊維大学の、附属図書館・閲覧参考係の皆さまを挙げなければならない。この大学は昔、その前身だった「京都高等工芸学校」の頃に西田幾多郎が二年間、「修身」の科目を担当したところだ。当時の名簿を見ると、「西田幾多郎　石川平民」とある。[276]当時は士族と平民という身分のちがいも、記載されていたことが分かる。「職工、女工、見習い工」の就業規程などを見ると、現在ならただちに問題化するであろう当時の学校制度の、厳しい差別的実態も、記載されている。教育制度を研究している人には、こういった記録も「新史料」となるのではないかと思う。縁あって私もこの高等工芸のその後の発展形態である「京都工芸繊維大学」に十幾年間奉職し、図書館長も務めさせていただいた。ほぼ二十年を経て、今度はユーザーとしてこの図書館を利用させていただいた。本書で引用したかなりの数の文献は、ほとんどがこの閲覧参考係のスタッフの懇切を尽くしたお世話で閲覧できた。スタッフの方々に、厚く熱くお礼を述べたい。

この大学には、かつて茶室建築では知らぬ人のなかった故・中村昌生教授と、アルベルティ研究を柱とする建築論の相川浩教授も、長く教鞭を執っていられた。両氏のご著作は本書でも挙げさせていただいている。特に中村教授は、一九七六年からの桂離宮の大修理を指揮した人でもあり、利休作の国宝茶室『待庵』に初めて私を連れていってくださったのも、同教授だった。共同担当で大学院での授業「造形様式論・造形空間論」を受け持っていたことが、懐かしく思い出される。

本書の最終段階では「京都市図書館」でも行き届いたサービスを受けた。京都市図書館は市内二十ヵ所以上の地域に分館があるが、そのどこかに所蔵される文献であれば、どの分館からも予約・取り寄せができ、京都府立図書館の蔵書も、ここを経由して借りることができる。この素晴らしいシステムを運用する係の方も、たいへん親切だ。

国立国会図書館や各地大学図書館の「オンラインサービス」も、私の図書館長在任中とは比較にならない格段の進歩を遂げていた。その背景にはデジタルアーカイブ（Digital Archive）の近年における急速な充実がある。本書でも一々注記したように、ひと昔まえなら閲覧が困難だったいくつかの古文献を、国会図書館その他のデジタルアーカイブで利用することができた。最近このアーカイブを利用してめざましい成果を挙げているのは、またしても西田幾多郎関係だ。「西田幾多郎記念哲学館」でおこなっているプロジェクト「西田幾多郎未公開ノート類研究資料化」が、本稿執筆時点（二〇二一年六月）で「報告4」（浅見洋・中嶋優太編集）を出しているが、西田のノート類に引用される出典調査で、西田の抜粋ノート類の出典が、新たに開発されたソフトを駆使して浮き彫りになりつつある。西田幾多郎はその「技術論」の中で、「我々の操作には、世界を表現すると云ふことが含まれて居ると云ふことができる」と述べたが、[277]このデジタルアーカイブも、そういった世界表現のひとつであることを痛感する。

本書で試論した「遊」は、こういったテクノロジーを「世界遊戯」として構想することも念頭においていているのだが、それは今後の別枠の叙述に譲りたい。

謝辞にもどろう。口絵図版にも掲げ、本文でも五度にわたって登場する牧谿の『遠浦帰帆』については、京都国立博物館編『京都国立博物館所蔵名品120選　京へのいざない』で、この絵の解説を執筆している主任研究員・呉孟晋氏から、最初の手引きとなる教示をいただいた上、データで画像を送ってくださった。呉氏の親切にお礼を申し上げる。なお本書が出る頃には、氏は京都大学人文科学研究所の准教授になっておられるはずである。

利休が秀吉の所望で花瓶をその上に置いて花を生けたという、大徳寺山内・大仙院の「庭石」(本書一九〇頁参照)の写真は、大仙院の尾関宗園老師の特別許可をいただいて撮影させていただいた。秀吉はこの庭石と縁側の手前の座敷に坐り、そこから利休に生花を命じた。庭石の写真を撮るためにその同じ座敷に座ったとき、現在と五世紀まえの歴史場面とが一瞬のあいだ私の内部で交差するような、不思議な気分に襲われた。なお、このとき特別に撮影許可をくださった尾関宗園老師も、京都工芸繊維大学と深い縁の方で、私の在任中の懇請を受けて、今年まで二十八年の長きにわたって、「生活文化史」という名目で、ユニークきわまる人気講義をつづけてくださった。その年月のあいだに受講した生徒数は、一万八千人に及ぶという。上記の庭石を撮影させていただいた日は、宗園老師が九十歳に近づいて二十八年間の講義を終えられることとなり、そのお礼に、大学関係者と共にお礼状を大仙院に持参した日でもあった。なお、このときの様子は本年三月二十日(土)の「京都新聞」朝刊の記事になっている。

最後に、本書の出版をご快諾くださった講談社の学術図書編集チーム長、互盛央氏と、実際の編集作業をおこなってくださった同社の栗原一樹氏に、心からお礼を申し上げる。互氏は名編集者としてだけでなく、数冊の名著の著者としても有名な人だが、果たして本書の表題も、考えあぐねていた私の意を察して、最終的に提案してくださった。表題はいつも最後に考える難関だが、氏に手を差し伸べていただいて、これを越えることができた。また栗原一樹氏は、かつて『現代思想』の敏腕編集長として知られていた人だ。栗原氏の作業とともに、「校閲」チームの作業は実に周到かつ厳密を極めるものとなった。もともと本書は昨年（二〇二〇）六月に起筆し、本年（二〇二一）六月にほぼ擱筆したもので、「コロナ・パンデミック」の副産物だ。すなわち予定していた国際会議（香港、テュービンゲン、デュッセルドルフ、京都）が次々に中止ないし延期になり、それならばと蟄居を決め込んで、以前から気になっていたテーマを一気呵成に書き上げたのが、本書だった。長いのか短いのか自分でも分からなかった一年と一ヵ月の作業は、大筋の方向を一直線に進むという意味では順調だったが、細部で詰めるべき個所をあちこちに残した。それらの個所を、校閲の方が丹念に指摘して下さった。実に感謝に堪えない。

ふたりの名編集者のお世話をいただくという幸運も、世阿弥と利休の縁に由ることだから、最後の謝辞はこの芸道建立者のふたりに向けなければならない。ちなみに本書が出る頃は、秋が深まっているだろう。年が明ければ、来年（二〇二二年）は利休生誕五百年という節目だ。第三章最終節で記した「「利休死後」の利休」は、なおも生きていそうだ。

注

［第一章］

1 旧著『日本的なもの、ヨーロッパ的なもの』（新潮選書、一九九二年／講談社学術文庫、二〇〇九年）の第一章「日本美を貫く「一なるもの」」で、この芭蕉の語にちなんで「風雅」について少し述べた。ここでは反復を避ける意味からも、指摘だけにとどめたい。

2 表章（おもてあきら）・天野文雄『能楽の歴史』、『岩波講座　能・狂言Ⅰ』岩波書店、一九八七年、一一二頁。

3 利休が秀吉の島津征伐・九州平定に随行の折り、箱崎の燈籠堂で茶会を催したことは、『宗湛日記』天正十五年六月十四日の記事に、見える（永島福太郎校注『宗湛茶湯日記　解題』西日本文化協会、一九八四年、七六頁）。また秀吉の北条征伐・小田原平定の際に利休が陣中から送った自筆の書状などから、利休が秀吉にも従軍していたことが分かる。桑田忠親『利休の書簡』河原書店、一九六一年、書簡番号一五三（木村吉清宛て）、一五四（古田織部宛て）、一五五（古田織部宛て）、一五六（嶋津甚四郎宛て）、一五七（南宗寺仙首座宛て）、等を参照。

4 『申楽談儀（さるがくだんぎ）』五五五頁。本書では下記の版から引用する。能勢朝次（のせあさじ）『世阿弥十六部集　評釈（下）』岩波書店、第三刷、一九五六年。この『申楽談儀』は本稿で何度も引用するので、説明しておくなら、著者は世阿弥の次男の観世元能（もとよし）。書の正式の表題は『世子六十以後申楽談儀』。「世子六十以後」とは、「世子（ぜし）」すなわち父の「世阿弥」が六十歳を過ぎてから、という意味。元能は申楽（猿楽とも書く）の役者としては凡庸のようだったが、この著書を遺したことで後世に名を残している。世阿弥の談論を書き留めるとともに、当時の世相や競合する芸能者たちや申楽以外の芸能（たとえば田楽や曲舞）などにも言及する「読み物」だ。しかし世阿弥の人生と著作への「注」として読めば、いろいろ面白い記事があり、また重要な情報を含んでいる。

5 杉本亘（わたる）「明治初年の外国貴賓饗応能――明治政府が見出していた能の価値」、『待兼山論叢』第五十四号、二〇二〇年、六三―八七頁、を参照。明治になって最初の外国貴賓となった英国の王子をもてなすときの芸能が、「能」だったこと、軽技や相撲などの見せ物が演じられた場所とちがって、能の上演場所は赤坂の和歌山藩邸だったことなどが、詳細に報告されている。能という「遊芸」が庶民のものでなく、江戸幕府の援助で特権的な芸能となっていったことは、ここからも間接に窺える。

6　小瀬甫庵原著『太閤記（三）』吉田豊訳、教育社、一九七九年、一五八―一六〇頁。この版は全四巻である。

7　名古屋市博物館編『豊臣秀吉文書集』「六」、吉川弘文館、二〇二〇年、一四九頁。文書番号四七六五、「おね宛自筆書状」。

8　『能楽古典　世阿弥十六部集』能学会、一九〇九年。これは世阿弥研究の世界では「吉田本」という略記で、知られている。この世阿弥の著述類の発見経緯については、早稲田大学坪内博士記念演劇博物館で二〇〇九年三月一―二十五日に催された企画展「世阿弥発見１００年――吉田東伍と能楽研究の歩み」で、演劇博物館助手（当時）佐藤和道が記した解説「吉田東伍と『世阿弥十六部集』」が、要領よく解説している。佐藤の解説は、下記のウェブサイトでも見ることができる（https://yab.yomiuri.co.jp/adv/wol/culture/090210.html）。

9　伝書類の総覧は、伊藤正義『花伝　諸本対観』和泉書院、二〇〇八年のほか、『日本思想大系24　世阿弥・禅竹』岩波書店、一九七四年の「収載書解題」を参照。また竹本幹夫訳注『風姿花伝・三道』、角川学芸出版、二〇〇九年、「解題」中、「世阿弥の能楽論」（四〇九―四一二頁）の個所も参照。

10　姓の「立花」は、文献によっては「橘」とも記されるが、紛らわしさを避けて、一般的に用いられることの多い「立花」を、採用する。ただし、「橘」姓を用いる文献からの引用は、もちろん「橘」を維持する。

11　『南方録』の成立経緯に関する諸研究については、第三章第一節で改めて述べるが、とりあえずは西山松之助の『近世芸道論』、『日本思想大系』61、岩波書店、一九七二年、「解説」中、六二六―六三六頁、および熊倉功夫『南方録を読む』淡交社、一九八三年、「解題」、三七二―四〇〇頁を、信頼できる文献として挙げておく。

12　『吾妻問答』は東京大学附属図書館所蔵の版（図書

番号 A00/6039）を、ウェブサイト（東京大学学術資産等アーカイブズポータル）で閲覧できるが、現代文に翻訳されてはいないから、原文解読の難儀が伴う。

13 雪舟の画については、筆者も若干の拙論を草したことがある。下記の拙稿を参照。（1）「雪舟とヨーロッパ」、『芸術に映る東西の自然観』日独文化研究所、1995. 12., S. 3-12、（2）「神性と無　デューラーと雪舟の比較精神史的考察」、『シェリング年報』Vol. 15, 2007, S. 19-31. で、雪舟と同時代のドイツの画家・デューラーとの比較を試みた。（3）上記「神性と無」の英文ヴァージョン、Dürer and Sesshū as Spiritual History: Godness and Emptiness, in: AESTHETICS, Number 13, 2009. 4., edited by The Japanese Society for Aesthetics, pp. 131-140.

14 『後愚昧記（ごぐまいき）』二、東京大学史料編纂所編纂、岩波書店、一九八四年に所収。引用は永和四年（一三七八）六月七日の記事より。

15 『信長公記』巻之八（天正三年乙亥）、国立国会図書館デジタルコレクション、巻之中、https://dl.ndl.go.jp/info:ndljp/pid/781193、コマ番号11。以下、『信長公記』からの引用はこの国会図書館蔵の版から採り、コマ番号を付す。

16 桑田忠親『山上宗二記』、千宗室編纂代表『茶道古典全集』第六巻、淡交社、一九五六年、八二頁。以下、『山上宗二記』をこの版から引用するときは、書名と頁番号のみを挙げる。

17 『津田宗及茶湯日記』は『天王寺屋会記』十六巻に所収の宗達・宗及・宗凡の三代の茶会記のひとつ。引用は、永島福太郎編『天王寺屋会記』六、「解説編」上、淡交社、一九八九年、四〇一頁より。以下、本書での引用に際しては、『天王寺屋会記』としたあとに、この版の巻数と頁番号だけを挙げる。『天王寺屋会記』という書名への変更の理由は、この日記ないし会記が天王寺屋の津田宗達・宗及・宗凡の三代の茶匠にわたるものの一部だからであり、堀口捨己の提案でなされた（『天王寺屋会記』七、四七四頁以下を参照）。

18 第三章、注253を参照。

19 桑田忠親『世阿弥と利休』至文堂、一九五六年。

20 ブルネレスキの卵の話は、ヴァザーリの『ルネサンス画家・彫刻家・建築家列伝』に出てくる（邦訳は、この厖大な著書の抄訳、森田義之監訳『ルネサンス彫刻家建築家列伝』白水社、一九八九年の、「ブルネルレスキ」の章、一一九頁)。ヴァザーリの語る逸話がどこまで客観的な史実かは、もちろん証明できないが、ブルネレスキはコロンブス(一四五一—一五〇六)より一世紀前の人だから、仮に両者の逸話がいずれも創作だとして、ブルネレスキの逸話のほうがコロンブスのそれよりも早いことだけは、確かである。

21 明石散人『二人の天魔王——「信長」の真実』講談社文庫、一九九五年、一七五頁。

22 山崎正和『世阿弥』新潮文庫、一九七四年、九四頁と一一二頁。このくだりを書いている丁度そのときに(二〇二〇年八月二十一日)、作者・山崎氏の逝去が新聞に報じられ、妙な気がした。氏の冥福を祈りたい。

23 『看聞御記』は伏見宮貞成親王(崇光天皇の孫の後崇光院、一三七二—一四五六)の日記である。引用は、国文学研究資料館のデータベース(http://base1.nijl.ac.jp/iview/Frame.jsp?DB_ID=G0003917KTM&C_CODE=0020-50402&IMG_SIZE=1000%2C800&PROC_TYPE=null&SHOMEI=【看聞御記】&REQUEST_MARK=null&OWNER=null&BID=null&IMG_NO=47)の、コマ47からおこなった。

24 『申楽談儀』十七、同上、四九六頁。

25 この二条良基の書状なるものは、私は直接には見ていない。見ても専門家の助力なしには当時の貴族のくずし字を完全に解読できる自信がない。幸い、戸井田道三『観阿弥と世阿弥』岩波新書、一九六九年、一五三—一五四頁に、さわりの部分が現代語訳で出ているので、そこから引用した。

26 百瀬今朝雄「二条良基と世阿弥　書状を中心にして」、能楽研究所紀要『能楽研究』二十三巻、一九九九年三月、一—一一頁を参照。百瀬は、世阿弥の伝書の研究で有名な表章も同意見であることを、引用している。百瀬や表の論証は、正しいと思われる。

27 松岡心平が『宴の身体』岩波書店、一九九一年で、三つの章(第五章「稚児と天皇制」、第六章「稚児としての世阿弥」、第七章「花・幽玄・しほれ——稚児の美学」)を割いて、三島由紀夫の『禁色』をも引用しながら、当時の稚児＝観音、慈童説話、稚児灌頂、といった諸現象について、詳述している。参照に値するが、ただ松岡は、前注に挙げた百瀬の研究を知らなかったのか、二条良基の世阿弥賛美の書簡を二条良基の作として引用している（一五四頁以下）。

28 引用は、『申楽談儀』序段「へ」、同上、三二四頁。なお「申楽」は「猿楽」「散楽」とも書くが、本書では「申楽」という表記を用いる。それは世阿弥がそう表記しているからだ。『風姿花伝』「神儀」で、世阿弥はその理由づけをしている。すなわち、この芸はもと「神楽（かぐら）」であり、「神」という文字の偏（へん）をのぞいて旁（つくり）を残して「申」だけとし、「申楽」と書くようにしたという。しかし表章・天野文雄「能楽の歴史」、同上、七頁には、「猿楽が平安鎌倉期猿楽の系譜を引くことは確実であり、その用字も歴史的には「猿楽」が正しく、もちろん「申楽」は世阿弥以前には存在しなかった」と述べられている。なお、世阿弥自身においても「能」の文字はしばしば用いられている。

29 桃源瑞仙（とうげんずいせん）（一四三〇―一四八九）という五山の学僧の著『史記抄』「十六」に、「……世阿（ぜあ）躬長（ミノタケ）短少、起座足蹈節ヲナス。蓋シ其ノ技能習熟ノシカラシムル所也。常ニ不二師ノ座上ニ在リ、笑談シ且ツ禅寂ノ一噱（イチキャク）（滑稽）ヲ供ス」とあることを、森末義彰という研究者が発見し、そのことを北川忠彦が『世阿弥』中公新書、一九七二年、一六二頁に記している。北川はこの一文中の「一噱」という難解な字を、「滑稽」と注記しているが、ちがうだろう。私もこの個所（京都大学附属図書館、https://rmda.kulib.kyoto-u.ac.jp）、登録番号1415938、請求記号5-42/シ/2貴）で確認してみたが、「笑談シ且ツ禅寂ノ一噱」とは、「笑い談じながらも、禅寂の笑い」（つまり静かさを失わない笑い）という意味だと思われる。「起座足蹈節ヲナス」は、「起きたり座ったり足踏みをしたりするとき、リズムをつくる」という意味で、小柄な世阿弥の動作の一々がそのような美的印象を与えるものだったことを、伝える。

30 丸山奈巳の論文「室町幕府六代将軍足利義教時代の猿楽の場についての考察」『日本建築学会計画系論文集』(Journal of Architecture and Planning)、Vol.

85, No. 772, 2020. 6で、義教の時代の申楽の催しには、公家や有力な武将が列席したことが、諸史料をもとに示されている。「義教の関係する猿楽の場は将軍を頂点とした支配構造、将軍との親疎が相互に明らかになるため、公武の支配・恭順の確認に有効であった」（一一八二頁）。丸山論文以前の文献としては、天野文雄『世阿弥がいた場所――能大成期の能と能役者をめぐる環境』ぺりかん社、二〇〇七年も、挙げておきたい。天野の著書は、世阿弥の作品分析を踏まえつつ世阿弥と足利幕府との関係を考察したものである。

31　二〇二〇年十二月二十九日、二十一―二十二時のNHK番組「歴史発掘ミステリー　京都千年蔵」で、勝林院の調査で出てきた古文書類を、番組出演者の磯田道史氏などが解読・解説した。この調査結果の活字発表はまだなされていないから、上記の放送を視聴したかぎりでの引用にとどめる。ただし、御住職の藤井宏全師にもこの古文書の存在を直接に電話で確認し（二〇二一年五月二十五日）、本書で言及する許可を頂いている。

32　『申楽談儀』、同上、序段「へ」先祖観阿、三二四頁。

33　『至花道書』、同上、は、能勢朝次『世阿弥十六部集評釈（上）』に所収。

34　正確を期して、漢文で記された原文も挙げておこう。「今国家膺中興之運、同上古之風。〔略〕征夷大将軍源丞相稟左文右武之資、懋南征北代之績。爰奏于朝言、夫撰集者文思之標幟而、今不作者已久矣。寧非明時之欠典乎」。久保田淳監修、村尾誠一著『新続古今和歌集』、『和歌文学大系』12、明治書院、二〇〇一年、四頁。

35　ウェブサイト http://dep.chs.nihon-u.ac.jp/japanese_lang/pdf_gobun/158/158_11_takahashi.pdf には、義教が参会した月次の和歌会・連歌会が、リストアップされている。そこからも、義教における和歌への打ち込みは、単なる趣味の域を越えていたことが分かる。高橋優美穂「足利義教の文学活動について」、一四九―一七五頁、をも参照。

36　『看聞御記』については、上注23を参照。引用の個所は、国文学研究資料館のデータベース、コマ47に出てくる。

37　上述の明石散人も、義教に関するありとあらゆる史料に目を配っているが、どういうわけか義教の和歌には触れていない。義教の文化的教養と資質の面に立ち入ったなら、「天魔」の内面が単に仮借なき武断政治の天才というだけではなかった、ということも見えてきたであろう。

38 上記・高橋論文の一五二頁から、転載させていただいた。

39 『千利休由緒書』の原書は千家の所蔵であるが、国立国会図書館でデジタル化された資料として、公共図書館等を通してのみインターネットで見ることができる。私は京都工芸繊維大学附属図書館からのアクセスで見ることができたが、一般からのアクセスも可能化されることを望みたい。ここに引用した個所は、このウェブサイトのコマ番号27である。

40 『信長公記』からの引用は、上記の注15を参照。国立国会図書館デジタルコレクション、巻の中、巻八、コマ番号11、に拠っている。

41 『天王寺屋会記』六、二五三頁。人数の代わりに、「堺ヨリ御見廻申たる衆」となっているから、京都からの数寄衆よりは堺からの茶人が多数だったのだろう。

42 『信長公記』の諸処の記述のほかに、信長のこういった嗜好についての詳細は、桑田忠親の『千利休』角川文庫、一九五五年、四三—五一頁の記述にほぼ尽くされているように思われる。

43 義教の延暦寺攻略と延暦寺の僧侶による延暦寺焼失、僧侶の焼身自殺、等の記事は、東京大学資料編纂所で保存されている『満済准后日記』のマイクロフィルム（No. micro2984、永享七年正月—三月〈二〉、二月—三月）で、見ることができる。

44 この滋賀県教育委員会／滋賀県文化財保護協会による一九八二年の「延暦寺発掘調査報告書Ⅲ」は、ウェブサイト https://sitereports.nabunken.go.jp/ja/4598 で閲覧できる。

45 『信長公記』国立国会図書館デジタルコレクション、同上、巻之上、巻之四、「叡山御退治之事」、コマ番号35。

46 島田大助「織田信長関連資料『當寺御開山御真筆』——「野馬臺詩」「安土山記」との関係から」、『青山語文』第四十八号、二〇一八年、青山学院大学日本文学会、四八—五八頁で、この寺の開山「牛雪和尚」が筆録した「當寺御開山御真筆」を「金西寺文書」と略称しているので、本稿もこの名称を用いる。なお、この寺の高崎俊幸住職の話では、金西寺はもともと臨済宗で十五世紀末には存在していたが、後に曹洞宗の寺になった。島田論文の存在は、高崎住職から教わった。

47 島田大助「新出　寶光山金西寺蔵『當寺御開山御真筆』――織田信長関係資料」、『東海近世』第二十五号、東海近世文学会、二〇一七年、での「金西寺文書」の翻刻、三六頁、上段。なおこの論文では「金西寺文書」という名称はまだ用いられずに「本資料」と記されている。

48 上注46の島田論文五二―五三頁に、全文が翻刻されている。

49 こういった対照は、島田論文、同上、五三―五四頁で、もうすこし詳しく述べられている。

50 『天王寺屋会記』六、三四八頁で、この茶会に用いられた釜が「宗易より来候釜也」とある。なお、この「宗及他会記」は、吟松庵松山米太郎『評註　津田宗及茶湯日記』津田宗及茶湯日記刊行後援会、一九三七年、でも刊行されており、同書では三四三頁に、この茶会のことが出てくる。しかし今後の引用に際しては、上記の『天王寺屋会記』版を用いる。

51 松山米太郎『評註　津田宗及茶湯日記』津田宗及茶湯日記刊行後援会、一九三七年。下記の国立国会図書館デジタルコレクションでも見られる。
https://dl.ndl.go.jp/info:ndljp/pid/1114543/127

52 利休が小田原陣中から送った自筆書状は、上注3に挙げた『利休の書簡』所収のもののほか、小田原陣中から秀吉が大政所に宛てた手紙を、利休が代筆したものもある。利休の「真跡」という意味では、これも数に入れてよいかもしれない。上記『利休の書簡』に所収の書簡番号一五一が、それである。

53 『長闇堂記』、『茶道古典全集』第三巻、淡交社、一九五六年、三六五頁。

54 『山上宗二記』、同上、五三頁。

55 『山上宗二記』、同上「解題」、一一三頁。

56 このことは南治好氏所蔵の『山上宗二記』の奥書にあるはずだが、私はこの南版『山上宗二記』を手にする機会を得るに至っていない。ここに記すことは、桑田忠親の上記『山上宗二記』、同上「解題」（前注55を参照）一一九―一二〇頁に、由っている。

57 『山上宗二記』、同上、九七頁。

58 桑田忠親は『新版千利休』角川文庫、一九五五年、一七一—一七四頁で、豊臣家内部にいくつかの勢力グループがあったことを、背景に挙げている。グループのひとつを率いた秀吉の異父弟の秀長に、利休が庇護されていたこと、その秀長が天正十九年正月二十二日に急死して、反対勢力だった石田三成一派との均衡が急に破れ、秀吉も利休をすこし持て余していたこと、そこへ木像事件が起こったこと、という経緯である。木像事件そのものは、桑田も利休切腹の原因として認めている。

59 立花実山は『壺中炉談』の中で、利休の死について、「将軍家譜集には、秀吉公の意を挙げて、休（利休）の所為あやまれるがごとし、実説を知らず、休（利休）の女（むすめ）、容貌美なるをもて、秀吉公、休に召つかハる（召し使われる）べきよし命あり、其前、婚姻の約ありしゆゑ、わび申されしかども事ゆかず、女もすでに自殺せり、命に背くの御いきとほり少からず」（立花実山『壺中炉談』、『茶道古典全集』第四巻、淡交社、一九五六年、四一一頁）とし、諸説は実説を知らないとして退けている。しかし事件から百年を経たあとの実山の説明も、論拠を挙げないままの断定であり——当時の叙述スタイルとしては無理もないが——、やはり他の諸説とおなじく噂の域を出ない。現代版の噂話としては、今東光が小説『お吟さま』で描いた、キリシタン大名・高山右近とお吟との悲恋と、暴君・秀吉の物語がある。しかしこれらも話としては面白いかもしれないが、利休が死を賜るというような重大な案件の理由になるとは思えない。

60 『茶話指月集』、横井清校注・林屋辰三郎他編『日本の茶書』2、平凡社、一九七二年、四五頁。

61 『千利休由緒書』、同上、コマ番号28。

62 『千利休由緒書』、同上、コマ番号30。

63 小松茂美『利休の手紙』増補版、小学館、一九九六年、三三二頁では、利休の辞世の偈として五つのヴァージョンが挙げられている。

64 桑田忠親『利休の書簡』河原書店、一九六一年、三九三頁から引用。

65 芳賀幸四郎『千利休』吉川弘文館、一九六三年、二六九頁。

66 唐木順三『千利休』、筑摩叢書、一九六三年、一二八頁では、典拠を挙げないままに若干の見解が記される。古来の禅文献を調べあげての考察としては、やはり禅門の学僧たちのほうが徹底している。これら禅門の学僧たちをも批判的に渉猟した、次注に挙げる柴山全慶の「利休居士の遺偈(ゆいげ)に就(つい)て」で、諸議論は決着しているように思われる。

67 柴山全慶「利休居士の遺偈に就て」『禅学研究』第四十一号、一九四八年、一三頁（この寄稿の再説は「利休居士の辞世を拝覧して」『茶道雑誌』一九五四年に収録されている）。なお、この柴山の調査を知らずに塩谷賛が『文学』Vol. 38, 1970 (2)、八九—九一頁で、「『力囲希咄』の読み方と意味」を寄稿したが、柴山本人から上記の調査結果を送られて、「今更何のことばもさしはさむ余地はない」（同上、Vol. 38, 1970 (6)、九四頁）と、全面的に自説を撤回している。

68 小松茂美『利休の手紙』、同上、三二七—三三二頁。

69 『臨済録』の入手しやすい版は、朝比奈宗源訳注の岩波文庫版、一九三五年。ここに引用したのは、同書八八頁。「仏に逢うては仏を殺し、祖に逢うては祖を殺し、羅漢に逢うては羅漢を殺し、父母に逢うては父母を殺し、親眷(しんけん)に逢うては親眷を殺して、始めて解脱を得ん」（読みは朝比奈宗源に従う）。

70 『千利休由緒書』、同上、コマ番号28。

71 熊倉功夫『南方録を読む』、同上、「解題」、三七二—四〇〇頁。

72 小宮豊隆『茶と利休』角川新書、一九五六年、九〇—一六四頁。小宮のほかに、『南方録』偽書説は堀口捨己の『利休の茶』岩波書店、一九五一年や、桑田忠親の『千利休』、同上、の説があるが、これらは次々注に挙げる西山論文の六二九—六三〇頁で詳細に検討されているので、その叙述に譲る。

73 桑田忠親『新版千利休』、同上、一五—二五頁。

74 西山松之助・渡辺一郎・郡司正勝編著『近世芸道論』、『日本思想大系』61、岩波書店、一九七二年、六三一—六三二頁。

75 同上、「補注」、五三五頁下段。

76 神津(こうづ)朝夫『千利休の「わび」とはなにか』角川選書、二〇〇五年、一九頁。

77 堀口捨己『利休の茶』岩波書店、一九五一年、二三一頁。

78 堀口捨己『利休の茶』、同上、二五四頁。

79 『山上宗二記』、同上、九四頁。

80 同上、一〇二頁。

81 同上、一〇〇頁。

82 同上、九一頁。

83 立花（橘）実山『壺中炉談』、同上、四一三頁。実山は、このほかにも「茶道」という語を何度も用いている。それも、特に構えて用いるのではなく、ごく普通の言い回しとしてである。利休没後百年のあいだに、この語は一般的となっていたことが窺い知られる。

84 邦訳は、亀尾英四郎訳『ゲェテとの對話』上・中・下巻、岩波書店、一九四〇—一九四二年、がいちばん古いが、訳は信頼できる。

85 村井康彦『千利休』講談社学術文庫（もとは一九七一年、その後、一九七七年にＮＨＫブックス、そして講談社版は二〇〇四年）、一三三頁。

86 村井康彦、同上、一三三頁。

87 魚住孝至の『武道と日本人——世界に広がる身心鍛錬の道』青春出版社、二〇一九年は、武道が辿った一時期の問題史を含めて、武道の歴史の概観と「身心鍛錬」の意義を、わかりやすく解説している。

88 阿波研造の言葉は『阿波研造遺文』として東北大学史料館に保存されている。この資料は阿波研造の言行録であり、「二高弓道会」のメンバーたちが『阿波範士言行録稿本』として出版するために、手書きで記したものだ。出版計画は太平洋戦争の激化で実現せず、いまは原稿類九十一点の製本という形で、残っている。メンバーたちの手書きの稿本なので、ばらつきもあり、「筆録」に近い。しかしそれでも、阿波の言行の記録として貴重である。「弓道一味、弓禅一味」の語は、この言行録の一章「射道正法」に出てくるが、類似の語は彼の語りの中で頻出する。この阿波研造の言行録も、拙著『京都「哲学の道」を歩く』増補改訂、文屋秋栄、二〇一九年、一九〇—一九五頁で少し詳しく引用したので、興味のある方は参照されたい。

89 この問題への参考資料として、下記の文献を挙げておこう。（1）西洋の騎士道との比較で武士道の道徳性を強調した新渡戸稲造の *BUSHIDO The Soul of Japan*, 1900（『武士道』、対訳としては、樋口謙一郎・国分舞訳、『武士道　BUSHIDO The Soul of Japan』ＩＢＣパブリッシング、二〇〇八年がある）、（2）封建時代の社会的現実に即して武士道の現実を見ようとした笠谷和比古の下記の諸著。（イ）「武士道概念の史的展開」、国際日本文化研究センター刊「日本研究」第三十五巻、二〇〇七年五月、二三一―二七四頁、（ロ）『武士道　侍社会の文化と倫理』ＮＴＴ出版、二〇一四年、（ハ）『武士道の精神史』ちくま新書、二〇一七年。

90 倉沢行洋『藝道の哲学　宗教と藝の相即』東方出版、一九八三年／増補版、一九八七年は、歌道、茶道、能楽、等々の諸祖の心と所作のひとつひとつを、宗教と芸が相即する「芸道」として捉えていく。その場合、「今日でも藝道と称す藝は決して少なくないが、いろいろ検討してみると、その多くは（……）厳密には〈道〉の名に価しない堕落したもの」（三六頁）だと、きびしい現状批判を表明する。そして著者の理解する真の芸道、すなわち「姿から心へ、心から姿へ」の道を究明しようとする。厳格な姿勢に敬意を表するが、それだけに利休が「茶の湯トハ只湯ヲワカシ茶ヲ立テノムバカリナル本ヲ知ベシ」（『南方録』「滅後」）と言うときの「本」の日常底からは、これと少し隔たるような気もした。

91 源了圓の『型』創文社、一九八九年と、『型と日本文化』創文社、一九九二年の二著が、金字塔的な仕事として挙げられる。

92 源了圓編『型と日本文化』、同上。

93 熊倉功夫「型の厳密性とゆらめき」、源了圓編『型と日本文化』、同上、七一―九四頁の中の九〇頁。

94 観世寿夫とジャン＝ルイ・バローとの交流そのものは、観世の『心より心に伝ふる花』、白水社、一九九一年に記載の年譜を見ると、一九六〇年代に遡る。しかし両者の「競演」は、このときが最初で最後のようだ。観世はこの競演の翌年に、人々の痛惜の念のなかで早逝した。

95 このビデオは早稲田大学坪内博士記念演劇博物館で保存され、資料名は「Ｊ・バロー　寿夫の立ち合い」（資料番号EV00007476）となっている。一九九七年に日仏演劇協会主催のシンポジウム「演劇作業の根拠」が催され、その記録フィルムに収録されたので、それは予約申し込みで閲覧できる。

96 能楽の「型」について管見に入っためぼしい論を挙げるなら、（ｉ）前の注91と92に挙げた源了圓の著のほかに、（ii）青木孝夫「能楽の〈型〉について。世阿弥の能楽論に即して」『日本の美学』十三、一九八九年、四〇—六〇頁が、図解も用いた詳細な考察を提示している。また(iii)西平直は『世阿弥の稽古哲学』東京大学出版会、二〇〇九年／増補新装版、二〇二〇年の第五章「稽古における型の問題」で、演技論の観点から突っ込んだ考察をおこなっている。(iv)観世寿夫が『世阿弥を読む』平凡社、二〇〇一年、および『心より心に伝ふる花』同上、の二著(この二著は重複する部分がかなりある)の諸処で語る「型」(観世の表記では「カタ」)の語りは、能楽の第一人者として演技上の経験をベースに語っているだけに、きわめて具体的かつ説得的だ。特に「カマエ」「ハコビ」「サシコミ」「ヒラキ」といった動作に関する語りは(観世『心より心に……』七〇頁以下、『世阿弥を読む』一九〇頁以下)、観世の独壇場だ。

97 プラトン『国家』(*Politeia*)の最終場面(第十巻)の、620a 621d(この頁数は、一般に用いられる「オックスフォード版」Platonis Opera, Tomvs IV による)。

98 関口浩「古代日本における《悲劇精神》について」、日独文化研究所・編集『共同研究　共生——そのエトス、パトス、ロゴス』こぶし書房、二〇二〇年、三六九—三七〇頁。

99 アリストテレスの『詩学』(*Peri poiētikēs*)、第四章、1448b(村治能就訳『世界の大思想2　アリストテレス』河出書房、一九六六年、三五七頁)。藤沢令夫の訳(藤沢令夫『詩学(創作論)』、田中美知太郎編『世界古典文学全集』16、筑摩書房、一九六六年、一三頁)では、「学習」・「模倣」はそれぞれ「学び」・「まねび」と訳されている。日本語の古語「まねび」もまた、「学び」と「真似」の両方を意味する。本居宣長が『うひ山ぶみ』で「物まなびのすぢ」を説き、古事記や日本書紀を「くりかへしくりかへしよくよみ見るべし」と述べ、万葉集などをまなびてよむべし、と諭すとき、その「まなび」は「まねび」でもある。いま、アリストテレスの「ミメーシス」も、「まなび」にして「まねび」を意味するとき、この意味の重なりは東西の共通理解だということが判然とする。当たり前と言えば当たり前だが、だからといって陳腐というわけではないだろう。

100 ヴァザーリ『ルネサンス彫刻家建築家列伝』(原題

Le vite de, più eccellenti pittori scultori ed architettori の抄録)、白水社、一九八九年、二〇七—二一五頁、および三八〇—三八一頁の訳注（4）と（6）を、参照。

101 中村昌生『待庵　侘数寄の世界』淡交社、一九九三年、七七—八四頁に、この観点が委細を尽くして記述されている。秀吉がここに坐ったときの利休の所作などが、目に見えてくる。

102 相川浩『建築家アルベルティ——クラシシズムの創始者』中央公論美術出版、一九八八年、八五頁以下。

103 相川浩、同上、一二五頁。

104 熊倉功夫『南方録を読む』、同上、一八一頁、に引用されている利休の手紙。

105 レオナルド・ダ・ヴィンチ「手稿」(*Leonardo da Vinci: Tagebücher und Aufzeichnungen*, herausgegeben von Theodor Lücke, 3. Aufl., Paul List Verlag, Leipzig 1953)。

106 比較的最近のものを挙げるなら、Stanca Scholz-Cionca, Christopher Balme (Hg.): Nō Theatre Transversal, München 2008、あるいはStanca Scholz-Cionca (Hg.) „Studien zum Nô der Meiji-Zeit“, in: Nachrichten der Gesellschaft für Natur- und Völkerkunde Ostasiens (NOAG) Nr. 177-178, 2005, 179-278、などの研究成果がある。アジア美学全般に広げた比較美学の視野のものとしては、Günther Wohlfart & Rolf Elberfeld (Hg), Komparative Ästhetik. Künste und ästhetische Erfahrungen in Asien und Europa, 2000、などを挙げることができる。

107 西田幾多郎『善の研究』、『西田幾多郎全集』、「旧版」第一巻、第三版、岩波書店、一九八一年、一六八頁／「新版」第一巻、二〇〇三年、一三四頁。

なお、「旧版」と「新版」の表示は上記の全集には付されていない。同一の著者の全集が同一の出版社から同一の表題『西田幾多郎全集』で、しかしながら異なった版と巻数で刊行されているので、文献表記の上で混乱が生じかねない。それで「旧版」「新版」の表示を付加しておく次第である。西田幾多郎全集の第一版（一九四七—一九五三）から第四版（一九八七—一九八九）までは十九巻で、頁番号は同じだから、これを「旧版」と名づけ、大幅な増補を含めて二〇〇二―二〇〇九年に新たな版で刊行された全二十四巻の全集版を、「新版」と名づけることにする。なお、欧文で西田の全集を表記する場合は、全集表題のあとに「旧版」には〝a〟を、「新版」には〝b〟を付すことを提案し、実行してきたが、欧文での西田文献ではこの表記がすでに定着し始めている。

108 ヴァザーリが語る「ジョットーの一円相」については、平川・小谷・田中訳『ルネサンス画人伝』白水社、一九八二年、二五―二六頁にも記述されているが、ジョットーについての詳しい「註」を求めるのであれば、中央公論美術出版社刊の森田・越川訳『ジョルジョ・ヴァザーリ　美術家列伝』第一巻、二〇一四年、一八七―二一四頁、とりわけ「註」の部分（二〇七―二一四頁）を推奨する。

109 金谷治訳注『論語』「泰伯第八」八、岩波書店、一九六五年、一〇九頁。

110 山折哲雄・川勝平太『楕円の日本　日本国家の構造』藤原書店、二〇二〇年、四九頁。なお、山折は上記の対極的な見方の中で、「世阿弥、千利休、そして雪舟の画期」の「中心」に道元の禅を見ているが（山折、同上、五〇頁）、曹洞宗の開祖・道元と利休が親しんだ臨済禅とが宗風を大きく異にすることから、これも簡単には賛成し難しい。しかし繰り返すなら、「世阿弥、千利休、雪舟」の三人に画期を見出す観点は、筆者も同感である。

111 大西克礼『幽玄とあはれ』岩波書店、一九三九年。

112 西山松之助『近世芸道論』、同上、「解説」、六三四頁。

113 『申楽談儀』（前注4を参照）、六〇〇頁。括弧内の読みは筆者・大橋による。

114 同上、五九九頁。評釈者の能勢朝次は「事はあまりに俗っぽい事件であるので、茲に記すだけの価値もないから省略に従ふ」と記している。しかし本稿では、乱世の申楽者たちの日常生活を垣間見せる資料として「茲に記すだけの価値」があると思うので、敢えて言及しておく。

115 『宗湛日記』、前注3参照。

116 たとえば『拾玉得花』、伊地知鐵男・表章・栗山理一校注・訳『連歌論集 能楽論集 俳論集』小学館、一九七三年、三八二頁には、『五燈会元』に出てくる公案が引用されるほか、仏教用語、禅宗用語がしばしば用いられる。

117 本書四九頁以下を参照。

118 山崎正和『世阿弥』、同上、八五頁。

119 『茶話指月集』、同上、四五頁。

120 同上。

121 桑田忠親『世阿弥と利休――能楽と茶道』至文堂、一九五六年、四頁に、こう記される。「(世阿弥と利休は)義満・信長・秀吉のような偉大な政治家の支持をうけ、その権威を利用したればこそ、それぞれの芸術を大成することができたのである。民主的な見地から云えば、少し情ないことのようだが、これが歴史の現実である」。

122 小宮豊隆、同上、六八―六九頁に、こう記される。「利休は千貫文を抛(なげう)つて名物を買ふといふやうな、思ひ切つて豪奢なこともしてゐる。……さういふ際でも、利休はそれがいいとかわるいとかを問題にするよりも、それを超越して、無一物に処するが如く、泰然と処理しようと志したものに違ひないし……」。

【第二章】

123 『看聞御記』(前注23参照)、永享六年二月十六日の記述。

124 久保田淳監修、村尾誠一著『新続古今和歌集』、『和歌文学大系』12、明治書院、二〇〇一年、四頁。大事な個所だから、漢文で記された原文も挙げておこう。

「今国家膺中興之運、同上古之風。……征夷大将軍源丞相稟左文右武之資、(……)爰奏于朝言、夫撰集者文思之標幟而、今不作者已久矣。寧非明時之欠典乎」。

125 同上、四頁。

126 義教の時代の信濃地方における複雑な抗争を概観するには、長野県立歴史館編の『信濃史料』巻八が手頃だ。これは「信濃史料刊行会」が一九五一―一九六九年に刊行したものだが、現在ではデジタル化されて、容易に見ることができる。

127 ドイツ語を読む人のために、原詩を挙げておこう。韻を踏んだ名調子だ。

„Die Rose ist ohne Warum./ Sie blühet, weil sie blühet./ Sie achtet nicht ihrer selbst,/ fragt nicht, ob

128 man sie sieht."
このことは、カントに即して周到に述べるべきことながら、ここではカントの『判断力批判』第六十一節での要約的な叙述を挙げるにとどめる。

129 同上、第七十一節。

130 世阿弥の伝書の成立史は簡単ではないので、伝書の数も見方によって少しちがってくる。ここでは、表章・竹本幹夫『能楽の伝書と芸論』、『岩波講座能・狂言Ⅱ』岩波書店、一九八八年、二一―二三頁の記載に依った。

131 この『拾玉得花』は当初、吉田東伍によって、それなりの根拠で金春禅竹の書とされたが、その後の別の伝書の発見で、世阿弥の作と認定されるようになった。野間光辰(のまこうしん)「世阿弥の『拾玉得花』について」京都大學文學部研究紀要＝Memoirs of the Faculty of Letters, Kyoto University (1956), 4: 763-786, URL: http://hdl.handle.net/2433/72876、を参照。

132 「幽玄」の概念的検討については、大西克礼の『幽玄とあはれ』岩波書店、一九三九年が、依然として金字塔だ。大西は、世阿弥の幽玄が平安朝の和歌のそれを基本的には継承しながらも、ニュアンスを異にしていることを指摘している。「世阿弥の「幽玄」はやはり歌道に於ける定家以後の特殊の様式概念に基づく意味が主となり、従つて優麗微妙の情趣と云ふ点を強調してゐるやうである。元来能楽は歌と違つて、一面直接に吾々の眼に訴へるところのある芸術であるから、(……)世阿弥の用法に於いては、時に〈幽玄〉の意味が余りにもやさしくやはらかな美しさと云うものに限定されてゐるやうに感ぜられる」(四七頁)。
大西は「幽玄」の概念を日本の歌道や東洋の芸術に限定せずに、「崇高」から派生する美学的範疇としても論じるが、その視座は参照に値する。大西は「又此の美学的意味の〈幽玄〉の更に特殊化された一つの形が、珠に我が中世の歌道に於いて鋭く意識され、省察された事実」にも言及している(同上、一〇一―一〇二頁)。

133 M. Heidegger, *Sein und Zeit*,(M・ハイデッガー『有と時(存在と時間)』)、*Martin Heidegger Gesamtausgabe*, Bd. 2, Frankfurt a. M., 1977, S. 47. 邦訳で前後を読みたい読者のために邦訳を挙げておこう。辻村公一／ハルトムート・ブフナー訳

『有と時』、『ハイデッガー全集』第2巻、創文社、一九九七年、五六頁。ただし本書での訳は、文体においてこの邦訳には従っていない。

134 松岡心平が『宴の身体』第八章「能の空間と修辞——世阿弥の〝遠見〟をめぐって」で、「遠見」という語が『至花道』から『申楽談儀』にかけて計十五例あることを指摘している。この第八章は松岡の論文「能の空間と修辞——世阿弥の〝遠見〟をめぐって」『国語と国文学』東京大学国語国文学会編、六十、一九八三年、九二—九九頁の、再録である。

135 Martin Heidegger, Aus einem Gespräch von der Sprache. Zwischen einem Japaner und einem Fragenden（M・ハイデッガー、「言葉についての対話より。ある日本人と質問者とのあいだでの」）, in: *Martin Heidegger Gesamtausgabe*, Bd. 12, S. 101. 邦訳で前後を読みたい読者のために、邦訳を挙げておこう。亀山健吉／ヘルムート・グロス訳『言葉への途上』、『ハイデッガー全集』第12巻、創文社、一九九六年、一二三頁。ただし本書での訳は、文体においてこの邦訳には従っていない。

136 観世寿夫『世阿弥を読む』、同上、一一二頁。

137 世阿弥『至花道』、『世阿弥十六部集評釈』、同上、四六二頁。

138 『レヴィ＝ストロース講義集』平凡社、二〇〇五年、四七頁（川田順造氏の解説）。この個所の指摘は、西平直『世阿弥の稽古哲学』第七章「伝書における二重の見」増補新装版、東京大学出版会、二〇二〇年、一三七頁に、負うている。注144をも参照。

139 観世寿夫『心より心に伝ふる花』白水社、一九九一年、一五〇頁。

140 西平直、同上、一三七—一六七頁。

141 ナウマン＝バイヤーがその著書『哲学・美学・文学の鏡で映した感覚の解剖』（Naumann-Beyer, Anatomie der Sinne im Spiegel voln Philosophie. Ästhetik, Literatur, Köln/Weimar/Wien, 2003. 邦訳はまだない）で、「五感」という設定を「時代おくれ」（veraltet）と評し、感覚にはさまざまな種類があることを述べ、その中で「背後感覚」（Rückensinn）をも挙げている。「離見の見」と「背後感覚」との異同については、拙著『共生のパトス』でも触れたので（こぶし書房、二〇一八年、二七九—二八〇頁）、本稿では反復を避けて言及のみにとどめる。なお、後述する世阿弥の「上手の感を知る事」での「感」も、基本的にはこの拙著ですでに述べた。ただ、この旧著は筆者の「現象学的」研究なので、本書の芸術論エッセイとは視座を異にしている。本書では、必要な限りにおいてのみ、こういった「感性論」の議論に言及するにとどめる所以である。

142 「物となって見る」という表現は、西田があちこちで用いる。拙著『西田哲学の世界——あるいは哲学の転回』筑摩書房、一九九五年、八三頁を参照。

143 メルロ＝ポンティ、*L'oeil et l'esprit*, Paris, 1964, p. 19.

144 レヴィ＝ストロースが、世阿弥の「離見の見」からこの「はるかなる視線」という表題を得たということを、彼の講演集邦訳（『レヴィ＝ストロース講義集』平凡社、二〇〇五年、四七頁）の訳者解説から知った。『はるかなる視線』1・2、三保元訳、みすず書房、一九八六年／新装版、二〇〇六年（上記の注138をも参照）。彼の「はるかなる視線」は「自分自身を背後から見る」という世阿弥の経験とはちがって、自分のほうから見る「我見」の延長にある。このことはメルロ＝ポンティの「離れて持つ」こと（本文一一一頁）でも、おなじだ。

145 義持の田楽愛好に関しては、伊藤喜良『足利義持』吉川弘文館〈人物叢書〉、二〇〇八年、二一二頁以下の「田楽と猿楽」の節に、詳しい記述がなされている。また吉田賢司『足利義持』ミネルヴァ書店、二〇一七年、からも知見を得ている。

146 『満済准后日記』、応永三十五年六月、七月十日、十七日の演能の記述で、このことが述べられる。国会図書館のデータベースでは、応永二十九年（一四二二）までの分しか記載されず、したがってこの個所は出てこないが、東京大学マイクロフィルム No. micro2984 には収録されているので、そこで閲覧することができる。

147 世阿弥『夢跡一紙』、能勢朝次『世阿弥十六部集』（下）、岩波書店、前注4を参照、六五六頁。

148 以上の概観は、表章、前注2を参照、「能楽史概説」、『岩波講座　能・狂言I　能楽の歴史』四二一—五八頁に、簡潔に述べられている。

149 足利義政が十三歳で将軍職につき、しかし守護大名たちを制御しかねる事態がつづき、土一揆の頻発に悩まされ、応仁の乱を招いたあと、妻・日野富子が政治を切り盛りし始めたこと、世の荒廃と民衆の疲弊のなかで「東山殿」の造営を始めたこと、しかしながら稀有の美的感性で「遊び」の世界をつくり、日本の文化史としては「東山文化」と呼ばれるエポックを遺したことは、拙著『京都「哲学の道」を歩く』増補改訂版、文屋秋栄、二〇一九年の第四章「残夢の光芒」（四九―六七頁）に、記した。乞参照。

150 山崎正和、同上、一〇二頁。

151 西平直、同上、一五五頁以下。

152 このことは拙著『西田哲学の世界――あるいは哲学の転回』、前注142参照、八五―一〇〇頁で、考究を試みた。

153 西田幾多郎の論文「歴史的形成作用としての芸術的創作」のなかの表現。『西田幾多郎全集』「旧版」第十巻、一九七九年、二四六頁／「新版」第九巻、二〇〇四年、二八六頁。

154 『申楽談儀』、同上、十四「能を書くに筋目を」、十五「能を書くに序破急を」、十六「能を書くに音曲を」の、三つの章を参照。

155 『三道』、伊地知鐵男・表章・栗山理一校注・訳『連歌論集 能楽論集 俳論集』小学館、一九七三年、三五九頁。

156 観世寿夫『世阿弥を読む』、同上、一九〇頁、『心より心に伝ふる花』白水社、一九九一年、七一頁。

157 『申楽談儀』、同上、六四六頁。

158 現代の研究者の中でも、「高踏的な能の世界を目指し、いつしか誰もついてゆくことのできない高みへと迷い込んでいった世阿弥」といった表現をする人もいる（桜井英治『室町人の精神』講談社、二〇〇一年、二三四頁）。しかし傍目からは「迷い込んだ」と見られるかもしれないが、世阿弥自身においては一筋に歩んだ「芸道」の道にほかならなかったから、この批評者と世阿弥とは永久にすれ違うだろう。

159 『夢跡一紙』、同上、六五六頁。

160 本書で用いる『金島書』の版は、能勢朝次『世阿弥十六部集評釈』（下）、同上、六九〇―七一八頁、に所収のもの。以下、引用に際して丸括弧で補ったテキストの読み方は、筆者が付したもので、評釈者・能勢朝次氏の読みはもちろん尊重して参照したが、筆者の判断で変えた個所もある。

161 北川忠彦『世阿弥』中公新書、一九七二年、一七六頁。北川の著書は世阿弥の「作品」を主軸にするという点で、他の研究書と一線を画した独自性を持っている。「書き終えてみると、私はいささか世阿弥に対し意地悪く当たり過ぎた感じがする」（二〇三頁）と記してあり、読者の私から見ても諸処にそういう感じを持たせるが、それはそれとして、もしその線に制約されて『金島書』の意義を見落としたのなら、惜しいことだったと思う。

162 本書の口絵ページの裏に載せた解説文をも参照。この牧谿（もっけい）筆『遠浦帰帆図』については、京都国立博物館編集・制作『京（みやこ）へのいざない』二〇一四年、八四頁で、呉孟晋（くれもとゆき）の解説がある。すなわち、この絵の所蔵者は、足利義満のあと、村田珠光、織田信長、荒木村重、徳川家康、松平右衛門太夫、徳川家光、戸田家、田沼意次（おきつぐ）、松平不昧（ふまい）、吉川家、と変遷している。この系譜には、後述するように秀吉の名も加わり、多少の歴史ドラマがそこに含まれる。

163 『徒然草』第五段に、「門（かど）さしこめて、待つこともなく明（あか）し暮したる、さるかたにあらまほし。顕基（あきもと）の中納言の言ひけん、配所の月、罪なくて見ん事、さも覚えぬべし」というくだりがある。

164 『碧巌録』第五十三則「百丈野鴨子」の「頌（じゅ）」に、この語が出てくる。この出典は、日本美学の研究者、アンナ・ツシャーワ（Anna Zschauer）の指摘で気づいた。彼女には、私の二年まえのエッセイ『京都「哲学の道」を歩く』のドイツ語版（*Der Philosophenweg in Kyoto*, Freiburg i. Br., 2019）で大事な助力をしてもらったが、今回は、世阿弥『花鏡』のドイツ語訳（ロルフ・エルバーフェルト（Rolf Elberfeld）との共訳で近刊）への解説論文を作成する折りに、手伝ってもらった。

165 桜井英治『日本の歴史12　室町人の精神』講談社学術文庫、二〇〇九年（原著は講談社、二〇〇一年）、一七二頁、での叙述による。桜井の著書では、表題のごとく室町時代の政治と世相と人物とが実に詳細に調べられている。

166 世阿弥が到達した境地を「さび」と形容した論者は、唐木順三だった。名著『中世の文学』では「世阿弥――すさびから、さびへ」という章を設け、おなじく名著『千利休』で「さびとわび――世阿弥と利休」の章を設けて、いずれでも世阿弥の芸道の核心を「さび」に見た。私は学生時代から唐木の愛読者であり、そこから多くを学び、いまも敬愛しているが、世阿弥解釈に関しては唐木の見方へなおもコメントを加える必要も感じている。ずばり私の疑問点を挙げるなら、「世阿弥の最後の境地をさびと形容するのは妥当か」である。唐木が世阿弥の「さび」を説く論拠は、世阿弥の『花鏡』に出てくる「さびさびとしたる内に、何とやらん感心のある所あり」にある。『遊楽習道風見』という世阿弥の著書をも援用して、彼はこうも述べる。「成長完成の美を冬枯の美、銀椀裏の雪として象徴し、それを「色即是空」の境としてゐる。いはば寂々として冷え枯れたる世界への登りつめである」（『千利休』三二頁）。「寂々として冷え枯れたる」という様相を「色即是空」と重ねたところが、唐木の言う「さび（寂び）」の意味だ。たしかに世阿弥がそういうところにも触れたが、唐木はこの部分を世阿弥の最後の境地にしてしまった。しかし世阿弥が記す「かたり（語り）つくす、さんうん（山雲）かい（海）月の心、あらおもしろや」は、「寂々として冷え枯れたる」世界をも容れ得るが、しかしまた、やがて「花」が咲く季節が到来することを知る心情でもある。つまりは、「じねん」の心境だ。

　なお、唐木への敬愛の念を変えることなしに、もうひとつ唐木への若干の異論を表明したいことがある。それは利休の自刃の解釈に関してである。これの見解については当該の個所（本書第三章、一六五頁）で述べたので、参照を乞う。

167 ありとあらゆる史料を調べ上げたかと感嘆させる桑田忠親だから、その彼が、「世阿弥が佐渡の配所にいつまでいたかは、よくわからない」（『世阿弥と利休』、六六頁）と記すとき、それは説得力がある。ただし桑田はすぐそのあとに、「そのうちに、世阿弥は罪を許されて都に帰ることができた」（同上、六七頁）と、まったく真逆のことをあっさり断定するから、読者は混乱させられる。また桑田は、「世阿弥の佐渡配流は、余りにも悲惨であった」（同上、六五頁）とも記すのだが、『金島書』に吐露された世阿弥の豊かな心境のどこが「悲惨」なのか、少なくとも『金島書』には、そのような心境を窺わせる文言は見当たらない。桑田ほどの大家でも、『金島書』を世阿弥の悲劇的人生のエピローグという先入観で読み飛ばしてしまったかなと思う。

［第三章］

168 唐木順三『千利休』、同上、二二七頁。

169 『山上宗二記』、同上、一〇五頁。

170 禅宗では『五燈会元』巻一に、「世尊咄云、文殊吾四十九年住世、未嘗説一字」（世尊が言うのには、文殊よ、自分は四十九年この世に住したが、いまだかつて一字も説いたことがない）、という個所がある。『五燈会元』は『景徳伝燈録』など五つの「燈録」（禅宗史）を総合編纂した禅籍で、十三世紀の南宋時代に成立した。ＨＵＭＩＣ花園大学情報センター（図書館）に『訓読五灯会元』上・中・下巻（禅文化研究所、二〇〇六年）および『五燈會元』二十巻（中華書局、一九八四年）が、揃っている。また禅宗の文献だけでなく大乗仏典でも、『大般若波羅蜜多経』第二会『二万五千頌般若経』第四百二十五巻で、「不説一字、汝亦不聞」（一字も説いてはいない、汝もまた聞いてはいない）、の語が出てくる。本書の脈絡からは外れるので、これ以上の詮索はしない。

171 横井清校注『茶話指月集』同上、七頁。

172 芳賀幸四郎『千利休』吉川弘文館、一九六三年／第五刷、一九六九年、二頁。

173 熊倉功夫『南方録を読む』、同上、一頁。

174 西山松之助「近世の遊芸論」、西山松之助・渡辺一郎・郡司正勝編著『近世芸道論』、同上、六二八頁。

175 小宮豊隆「利休とその時代」、『中央公論』一九四三年一月号、二二四—二四四頁。その後、後述するように小宮が『茶と利休』角川新書、一九五六年、を出したとき、その「あとがき」一九三頁で、西田幾多郎からの手紙について記している。本書の「あとがき」をも参照。

176 小松茂美『利休の手紙』増補版、小学館、一九八五年、二六九頁。

177 熊倉功夫『南方録を読む』淡交社、同上。

178 神津朝夫『千利休の「わび」とはなにか』角川選書、二〇〇五年、九頁。

179 矢部良明『千利休の創意――冷・凍・寂・枯からの飛躍』角川書店、一九九五年。

180 戸田勝久『南方録の行方』淡交社、二〇〇七年、三〇頁。

181 熊倉功夫、同上、三九八―三九九頁。もちろん熊倉も基本的には同じで、「『南方録』ほど面白い茶書は少ない」と、その価値を大いに認めている（同上、三九七頁）。

182 同上、二頁。

183 熊倉も最近の短いエッセイ「近衛家の人々（十二）」（『同心』二〇二一年三月号）一八頁では、烏丸光広という利休の同時代の人の言を引きつつ、「禅文学の最高峰は五山文学という漢詩文の大系です」と、述べている。

184 熊倉功夫『南方録を読む』、同上、二五〇頁。

185 『茶道古典全集』第四巻、淡交社、一九五六年、「解題」で、久松真一がこの原本発見の経緯を記している。同巻、四五七頁以下を参照。

186 熊倉功夫、同上、三九七頁。

187 神津朝夫『千利休の「わび」とはなにか』角川選書、二〇〇五年、二一頁。

188 実山のこの三つの著述はいずれも、『茶道古典全集』淡交社、一九五六年、第四巻に、収められている。

189 いろいろの個所があるが、スペースの関係上、実山の『壺中炉談』からの一節だけ引用しておこう。「古織（古田織部）や我等ハ、武門に身をおき、（……）露地・すきやの大躰を、かり用ひたるまでのことなり、自己の茶湯にハ、利休風をしたく思へ共、それさへ人に見咎められ、（……）」（「壺中炉談」、『茶道古典全集』第四巻、同上、四一三―四一四頁）。

190 永島福太郎編『天王寺屋会記』七、淡交社、一九八九年、四七八頁で、編者の永島福太郎が、この気運のなかでなされた刊行であることを記している。

191 堀口捨己『利休の茶』岩波書店、一九五一年、六頁。

192 堀口捨己、同上、二一頁。

193 矢部良明『千利休の創意――冷・凍・寂・枯からの飛躍』角川書店、一九九五年、三二三頁。

194 世阿弥『遊楽習道見風書』、能勢朝次著『世阿弥十六部集 評釈』上、岩波書店、一九四〇年、五二七頁。著者が用いた版は「第三刷、昭和三一年」とある。

195 大西克礼は『幽玄とあはれ』、同上、の中で世阿弥の「幽玄」に触れて、それが「歌道に於ける定家以後の特殊の様式概念に基づく意味が主となり、従つて優麗微妙の情趣と云ふ点を強調してゐるやうである」と述べる（四七頁）。大西における世阿弥の「幽玄」理解は、正確だと思う。

196 永島福太郎編『天王寺屋会記』六、淡交社、一九八九年、二七七頁。

197 同上、一九六頁。

198 『信長公記』、国立国会図書館デジタルコレクション、巻之下、同上、コマ番号15。

199 『天王寺屋会記』（全七巻）七、同上、三八七頁。

200 同上、七、三九九頁。

201 井伏鱒二『神屋宗湛の残した日記』、『井伏鱒二全集』第二十七巻、筑摩書房、一九六五年、に所収。当該の個所は、同上、二〇四頁。

202 小瀬甫庵原著『太閤記（一）』吉田豊訳、教育社、一三六頁と一六〇頁（発行年の記載なし）。小瀬が語る太閤記は、この版では全部で四巻だが、快適なテンポで語られる痛快な講談であり、歴史（ヒストリー）とは「語り」（ヒストレイン）と「騙り」（ウソ）の混合だということを、地で行く名作だ。史実かどうか、といった後世の生真面目な問いはしばらく忘れて、楽しく読む本だと思う。

203 『仙茶集』、『茶道古典全集』十二巻、淡交社、一九六一年、一三九―一四〇頁。このリストは長庵という茶人が本能寺の変の前夜、すなわち天正十年六月一日づけで島井宗叱に送ったリストで、信長が本能寺に持ち込んだ茶道具の史料として信憑性が極めて高い。

204 『山上宗二記』、同上、五三―九〇頁。

205 井上慶雪『本能寺の変　秀吉の陰謀』祥伝社黄金文庫、二〇一五年、九六頁。

206 小澤富夫は「『宗湛日記』の世界――神屋宗湛と茶の湯」(http://ajih.jp/backnumber/pdf/14_02_02.pdf)、二〇頁で、秀吉が「九州平定・朝鮮遠征の構想を実現するためには、筑前博多の商人の経済力と拠点としての博多の確保は絶対不可欠の条件であった」と述べている。信長は朝鮮遠征の構想は持たなかったが、しかし博多商人を勢力下に組み入れる構想は、秀吉とおなじく抱いていたと思われる。

207 名古屋市博物館編『豊臣秀吉文書集』「六」、吉川弘文館、二〇二〇年、一〇二二頁。文書番号四六三二「大明国勅使ニ付茶湯道具自筆目録」。なお、この文

書と前後して、明の勅使に渡した秀吉の外交交渉上の文書が、何通もある。朝鮮半島をめぐる日本と中国のせめぎ合いという、今日の情勢にも通じる図式が、そこにくっきりと浮かび上がる。

208　この三書（津田宗達・宗及・宗凡の三人が代々記した茶会日記）が一九五七年に『茶道古典全集』で翻刻・刊行されたときに、堀口捨己の提案で、これまで三書それぞれの名を付していた茶会記を一括する『天王寺屋会記』という表題が、作られた。その経緯は、永島福太郎編『天王寺屋会記』（全七巻）七、淡交社、一九八九年、「解題」、四七三頁以下に、記される。茶道研究においては、三者の茶会記それぞれから引用されることが多いが、本書ではこの『天王寺屋会記』を底本として引用している。

209　浅見雅一『キリシタン教会と本能寺の変』角川新書、二〇二〇年、「史料編」、二二八頁。この報告は、ルイス・フロイスの「信長の死について」（一五八二年十一月五日付、口之津発、ルイス・フロイスのイエズス会総長宛書翰に収録。ローマ・イエズス会文書館所蔵「日本・中国部」第九冊所収文書 Archivum Romanum Societatis Iesu, Jap. Sin. 9-I, ff. 96r. - 105v.）の、浅見氏による和訳である。イエズス会の宣教師たちは本能寺のすぐ近くの教会施設で起居していたこともあり、かなり詳しい報告を記している。本人たちも直接に現場を見たのではなくて、リアルタイムで入ってくる周囲の諸報告を総合した記述であろうが、しかしリアルタイムの迫真性がある。

210　これはネットで見ることができる（https://bunka.nii.ac.jp/heritages/heritagebig/197566/0/1）。

211　『信長公記』、同上、巻之上、「首巻」、コマ番号16。

212　『天王寺屋会記』六、同上、一九八頁。

213　新城市設楽原歴史資料館に歌の出典を照会したが、やはり「明治時代にできた歌碑で、歌の出所は分からない」ということだった。

214　桑田忠親『太閤の手紙』講談社学術文庫、二〇〇六年、二九七頁。

215　横井清校注『茶話指月集』、同上、一一頁。この茶書は藤村庸軒の茶話をその門人・久須見疎庵（くすみそあん）が筆録編集したものとされるから、久須見疎庵は編著者と表記すべきだろう。「茶書」としてランクはそれほど高いとは言えないが、しかし庸軒は千宗旦（利休の孫、千家流の茶道の創始者）の弟子であり、利休の同時代人として利休や秀吉の近辺の出来事を間近に見聞していた人物だから、この書は庸軒の学問的教養も手伝って、いわば利休の同時代人の証言としても、また読み物としても、面白い。本書もここからいろいろの知見を得ている。

216 『茶話指月集』、同上、四五頁。

217 桑田忠親は『千利休』八〇―九六頁で、「大坂城中における利休の権勢」という章を設けて、大坂城内における利休の「権勢」を多くの史料を引用して詳しく述べている。

218 桑田忠親、同上。

219 『茶話指月集』、同上、二五頁。

220 同上、三八頁。

221 『天王寺屋会記』七、同上、四三一頁。

222 『茶話指月集』、同上、四九頁。

223 『天王寺屋会記』、同上、五〇頁。

224 『茶話指月集』、二五頁。

225 上注219に同じ。

226 秀吉の「醍醐の花見」は有名だが、秀吉自身が下見を重ね、いろいろ準備を経たものだったということは、あまり知られていない。藤井雅子「醍醐の花見――豊臣秀吉と義演准后」、醍醐寺文化財アーカイブス（https://www.daigoji.or.jp/archives/special_article/index.html）を、参照。

227 醍醐の花見の場合のように秀吉自身が下見を重ねたかどうかは、特に調べてはいない。大体のことについては、吉野町ホームページの「吉野山と桜」の項に記されている（https://www.town.yoshino.nara.jp/kanko-event/sakura/yoshinoyama/）。

228 『宗湛日記』、同上、三三頁。

229 同上、一六〇頁。

230 『茶話指月集』、同上、四八頁。

231 『待庵』に関する文献としては、中村昌生『待庵　侘数寄の世界』、同上、を第一に推薦したい。

232 熊倉功夫『南方録を読む』、同上、一六四頁。

233 『北野大茶湯之記』、『茶道古典全集』第六巻、一九五六年、四頁に、「二番　金之御座敷分」として出てくる。

234 永島福太郎校注『宗湛茶湯日記　解題』、一九八四年、一一〇頁。

235 千賀四郎編集『茶道聚錦［三］千利休』小学館、一九八三年、図版五六、五七。

236 川勝平太『文明の海洋史観』中公文庫、二〇一六年、一九五頁以下。

237 第一章、注84を、参照。

238 野村茂夫「総説」、『鑑賞　中国の古典　第四巻　老子・荘子』角川書店、一九八八年、二三頁。

239 熊倉功夫『南方録を読む』、同上、三六七頁。

240 戸田勝久『南方録の行方』、同上、第五章。

241 かつて筆者が雑誌『日本の美学』に寄稿した諸論考が、以下の諸節の土台となっている。「水の美学――「日本の美学」理論に向けて」(『日本の美学』三十一号、燈影舎、二〇〇〇年、一〇二―一一七頁)、「火の美学」(『日本の美学』三十三号、燈影舎、二〇〇一年、一一三―一二七頁)、「空の美学」(『日本の美学』三十六号、燈影舎、二〇〇三年、一四七―一六三頁)。また、筆者が茶道の月刊新聞『茶の湯』(編集人・西山松之助、発行人・細川護貞、発行所・茶の湯同好会)で二〇〇五年一月から二〇〇六年一月まで、十三回にわたって連載させていただいたエッセイ、「茶の湯の美学」をも、下敷きにしている。このエッセイは、「門外」の筆者が「門内」の専門紙に丸一年を超えて掲載させていただいたもので、いまでは若書きの未熟を恥じている。ただ、「門外にいればこそ、かえって見えてくる光景もあるかもしれない」と初回に記した感想だけは、いまも保持している。

242 たとえば、よく引用されるように、『妙法蓮華経』巻二「譬喩品第三」の、「三界火宅の譬」として知られる個所で、長者が火宅から子供達を逃したあと、「露地」に安座する個所がある。

243 利休が僧の身分でなくて「居士号」を望んだことは、ふたつの文献が報告している。ひとつは立花実山の『壺中炉談』、同上、四一〇頁。曰く、「太閤秀吉公寵遇他に異して(太閤秀吉公の厚い処遇が他の場合と異なって)、法印・法眼等にもなさるべきよし、御沙汰ありしかども、休(利休)これを願はず、居士号を望みしに……」。ほぼ同趣旨のことを、実山は「実山茶湯覚書」『壺中炉談』、同上、四四七頁、でも述べている。もうひとつは『茶話指月集』。秀吉が数寄に長ずる者数人を選んで僧位を与えようとしたところ、「宗易独り辞して、命を受けず。還りて居士と称することを請う」(同上、一三頁)。また秀吉が利休に僧の身分を与えようとした背景については、桑田忠親の『千利休』(同上、七二頁以下)に詳しい。その要点を言えば、秀吉が禁中の小御所で御茶会を催すにあたり、禁中へは在野の俗人はあがれないため、この御茶会に参席させるために僧侶の号を与えようとした、というものだ。

244　日本美学における「水」については、拙稿「水の美学——「日本の美学」理論に向けて」、『日本の美学』三十一号、燈影舎、二〇〇〇年、一〇二—一一七頁に、少しまとまった考察を述べた。ただし『南方録』に示される「水の美学」は、そこではまだ取り上げていない。

245　私の個人的体験を言えば、ある国際学会で「水」をテーマとする二日間の会議に招かれた。各国の発表者たちが世界の「水」問題の諸側面を論じた中で、「水の美学」をテーマにしたのは私ひとりだった。この発表は下記の会議成果版に収載されている。Ryosuke Ohashi, Ästhetik des Wassers in Japan, in: *Wasser. Schriftenreihe Forum / Bd. 9. Elemente des Naturhaushalts* I. Herausgegeben von Kunst-und Ausstellungshalle der Bundesrepublik Deutschland GmbH. Köln 2000, S. 270-281. 水を芸術表現のテーマとするほど美的なものとして経験することは、日本では陳腐なほど当たり前だが、世界的にはそれはむしろ稀なのである。

246　日本美学における「火」については、拙稿「火の美学」、『日本の美学』三十三号、燈影舎、二〇〇一年、一一三—一二七頁、で少しまとまった考察を試みた。ただし、本稿の『南方録』の「火の美学」には、そこでは叙述がまだ届いていない。

247　これらの点に留意して試みた「ヘーゲル美学」の略述は、拙著『美のゆくえ』、燈影舎、二〇〇七年、第2章「ヘーゲル美学」、六八—一一三頁を、参照。これは筆者の大阪大学での二〇〇四年度月曜講義の「プロトコル」でもある。

248　ヘーゲル『エンツィクロペディー』、第二五〇節。

249　珠寶『一本草』徳間書店、二〇一六年、一一〇—一一一頁。この書は稀なオリジナリティの記録である。

250　この「切れ」については、下記の旧著で試論した。『「切れ」の構造——日本美と現代世界』。和文ヴァージョンは中央公論社、一九八六年。ドイツ語ヴァージョンはDuMont Buchverlag社、一九九四年。この旧著の増補改訂版は、Fink社から、二〇一四年に出た。増補部分は二編で、その一編は、ベルリンで開催された二〇一一年のH・フォン・クライスト没後二百年記念大会「作家の自殺」での、筆者の講演「三島由紀夫の切腹――死に関する、もっと深いもの」(Ein Tieferes des Todes) である。なお、私の中では本書のテーマ「芸道と権力の矛盾的共生」は、芸道と権力との「切れ・つづき」として、旧著の「「切れ」の構造」のケース・スタディでもある。

251 『茶話指月集』、同上、四一頁。

252 『三斎公伝書』、『茶道四祖伝書』校訂者・松山吟松庵、補訂者・熊倉功夫、一九七四年、所収二四二頁。

253 名古屋市博物館編『豊臣秀吉文書集』五、二〇一九年、二八八頁、文書四三四五、文禄元年十二月十一日、前田ミんふ(前田民部、豊臣政権五奉行のひとり、前田玄以)ほうゐん(法印)宛。

なお、中村修也は『利休切腹　豊臣政権と茶の湯』洋泉社、二〇一五年、『千利休　切腹と晩年の真実』朝日新書、二〇一九年で、この個所を、秀吉が実際に「伏見城の設計の一部を利休にデザインさせた」と解釈し(『利休切腹』、三〇六頁)、利休が生存して秀吉の指図を受けている証拠、ないし利休生存の証拠と取った。中村は「利休は生存しており、かつ、九州にいた」(同上、二九四頁)という新説を出す。その場合の論点は三つに集約できる。すなわち、(1)利休切腹については、同時代の諸文献に本来ならあるべき記録が皆無であり、(2)同時代のこれこれの文献で述べられている利休の切腹は、すべて伝聞であって、直接の証明になっていない。(3)利休が生きていた(九州にいた)という証拠となる文献がいくつか存在する。以上の論点から、利休切腹という事実はなかったという中村の主張のうち、(1)は「利休切腹という事件はなかった」ことの積極的な論証にはならない。(2)は、「どうしてこれだけ多くの、利休切腹についての同時代の伝聞言説があり、しかも利休自身の辞世の偈まで残っているのか」という点が、逆に問いとなる。(3)は、上記の「りきうに好ませて」という個所を論拠とするが、これを「利休に造らせた」と読む必然性はない。「利休の好みに合わせて」と読めば済むことだ。またこの他にも中村は、秀吉が文禄元年（一五九二）に九州の名護屋城から出した手紙に「きのうりきうの茶にて御せんもあかり」（昨日、利休の茶で御膳もあがり）とある個所を、利休がまだ生きている証拠としている（同上、三〇四頁）。しかしここも、「利休の仕方での茶でご飯を食べた」と読めば、済むことだ。利休が九州にいたという伝聞や風説はまったく伝わっていない中で、上の二通の手紙だけから利休が九州で生存していたと論じるのは、無理筋ではないかと思われる。

254 「死者」となった人は物理的にはどこにも存在しないが、尚且つある仕方で「現存する」という経験について、下記のエッセイを記したことがあるので、挙げておきたい。大橋良介「死者の現在」、『仏教』Vol. 22、一九九三年、四七―五五頁。

255 『茶話指月集』、同上、四三頁。

［結　語］

256 西山松之助「近世の遊芸論」、同上、六一三頁。

257 辻惟雄「遊戯者の美術」、相楽亨・尾藤正英・秋山虔編集『講座　日本思想5「美」』東京大学出版会、一九八四年、一四五―一八八頁。

258 森重敏教授は『日本文法通論』（風間書房、一九五九年）、『日本文法――主語と述語』（武蔵野書院、一九六五年）、『文体の論理』（風間書房、一九六七年）、『発句と和歌――句法論の試み』（笠間書院、一九七五年）、『上代特殊仮名音義』（和泉書院、一九八四年）、等々で、先鋭な洞察を伴った文法論・語法論を、世に問うてきた。筆者は直接に師事したことはなかったのだが、畏友・蜂矢真郷（大阪大学大学院文学研究科・名誉教授）に連れられて、ある日森重教授を訪ねた。爾来、個人的にも、また著書を通しても、教わることが多かった。あるとき筆者が「あそび」という日本語の語源を尋ねたことに対して、長い私信をくださった。それが、ここに引用する書簡である。同教授の諸著が出版されたあとの、晩年の書簡なので、どこにも印刷されていない。ここにその内容の核心部を紹介しておくことを、故人は是とされるだろう。他にも「とき（時）」という語などについて、岩波書店の『岩波 古語辞典』とは根本的に異なった、この辞典への批評をも伴った見解を、私宛ての書簡で披瀝された。他日、どこかでこれらの書簡を、印刷に付す機会があれば、と思っている。立花実山が自分の見つけた『南方録』を、死後の保存を憂慮して四人の弟子たちに複写させた心境が、他人事でないという気がしている。

259 小瀬甫庵原著『太閤記』、同上、「三」、二三二頁以下。

260 同上、二三四頁。

261 桑田忠親『太閤の手紙』、同上、二五七頁。

262 桑田忠親『利休の書簡』、同上、二九七頁、天正十六年壬五月廿二日の孝蔵主（御かうざうす様）宛の書簡。

263 親鸞『教行信証』金子大栄校訂、岩波文庫、一九五七年、二七四頁。

264 坂本幸男・岩本裕訳注『法華経』下、岩波文庫、一九六七年、二五三頁、二六一頁。

265 ここまでテーマを拡大するのであれば、ヨーロッパにも「遊び」の思想があることを指摘しておかなければならない。要点のみを「注」のかたちで記しておこう。誰もが最初に念頭に浮かべる文献は、シラーの『人間の美的教育について』だろう。シラーの思想の核心部をなす文章を、挙げよう。

「語の全き意味で人間が人間であるときにのみ人間は遊ぶ。そして人間はただ、遊ぶときにのみ全き人間だ」（Friedrich Schiller Werke, Bd. 2. Sonderausgabe. Die Tempel-Klassiker, Wiesbaden, 〈発行年記載ナシ〉, S. 612.）

これはきわめて魅力的なテーゼだ。芸道の「遊び」に鑑みても、このテーゼに特に異議は出ないだろう。ただ、異議は出なくても、問いが出てくる。すなわち、その「遊び」において「身体」はどう働くのかと。芸道の遊びは、どこまでも身体を用いる遊びだからだ。

シラーはその著書の冒頭で、ルソーの言葉をモットーに掲げた。そして「人間を形成するものが理性だとすれば、人間を導くものは感性である」と述べた。理性と感性は、シラーが親近感を寄せるカントが「認識」の二本柱とした認識能力だ。シラーはその考えを受けて、人間の「感性的衝動」すなわち身体的な欲求と、「形相的衝動」すなわち精神的な欲求とを分け、その両方を兼ね具える「遊戯衝動」という次元を、提唱した。しかしその遊戯衝動において、「身体」はどう働くかという考察は、シラーにはない。身体は宗教的な霊性への通路だが、シラーの「遊び」論は、そういった「身体」論には伸びていかない認識論に、とどまる。

ガーダマーは『真理と方法』で、「遊戯」を遊戯者の主観から見る見方を排して、遊戯がおこなわれる世界のほうから遊戯を捉えた。そこでは、遊戯する者も、それを見る者も、そこへ引き込まれる共同遊戯が成立する。ガーダマーは「芸術」を、その典型として捉えた。世阿弥の申楽や利休の茶の湯を想起するなら、まさに的確な考察だと言える（Hans-Georg Gadamer, *Wahrheit und Methode*, 3. und erweiterte Auflage, Tübingen 1972, S. 97ff, 116ff.）。ただし、宗教的な「精神性」の深みとか「身体」の修練とかといった方向には、ガーダマーの考察は伸びていかない。その後、R・カイヨワの『遊びと人間』（増補改訂版、講談社、一九七一年）も、あるいはJ・ホイジンハの『ホモ・ルーデンス』（河出書房新社、一九七四年）も、すぐれた考察を行っているが、「精神」と「身体」の深淵的な次元は見ていない。「芸道」における「遊」は、こういった比較文化の観点でも、深さと広さに特記すべきものがある。

[あとがき]

266 膨大な「利休研究史」に関しては、その一部を本書第三章の第一節、「『南方録』研究史の概観」で概観した。しかしそれでも、『南方録』研究だけに限定されている。「世阿弥研究」に関しては、そもそも研究史の概観を何もしないままに終わったが、実は尊敬すべき内容のものが多くある。本書のテーマ「世阿弥と利休」は、「芸道と権力の矛盾的共生」という特定の角度のものなので、世阿弥研究史の詳細には立ち入らなかったが、世阿弥の能の奥深い世界へ入って行く上ではそれらは必読の名ガイドなので、まったく触れないままに終わるのは、すべがない。本書に引用したものを除く良書を、著者名の五十音順に挙げておきたい。天野文雄『能楽手帖』（角川ソフィア文庫、二〇一九年。能曲の信頼すべき解説）、天野文雄、中沢新一、梅原猛、土屋恵一郎、松岡心平、観世清和『能を読む2——世阿弥神と修羅と恋』（角川学芸出版、二〇一三年。著名な論者たちによる種々の角度からの世阿弥論）、大倉源次郎『能から紐解く日本史』（扶桑社、二〇二一年。人間国宝の小鼓方による、この人ならではと思わせる奥深い語り）、白洲正子『世阿弥——花と幽玄の世界』（講談社文芸文庫、一九九六年。文芸論としての白眉の世阿弥論）、同上『能の物語』（講談社文芸文庫、一九九五年。能の名作二十一編をめぐる文芸エッセイ）、増田正造『世阿弥の世界』（集英社新書、二〇一五年。能楽の演者と研究者を兼ねる著者の、世阿弥の世界への信頼できるガイド）。

267 拙著『共生のパトス——コンパシオーン（悲）の現象学』。和文ヴァージョンとドイツ語ヴァージョンが二〇一八年に同時出版となった。前者はこぶし書房、後者はKarl Alber社。なお「コンパシオーン(Compassion)」の語は、拙著では大乗仏教の「悲」の英訳であり、「共生のパトス」はその言い換えである。なお、この「共生」というテーマを共同研究の形で展開した、日独文化研究所編『共同研究　共生 そのエトス、パトス、ロゴス』（こぶし書房、二〇二〇年）に、筆者も拙稿「総説・自然の中の反自然——「共生の中の反共生」という深層へ」を寄稿した。これは本書のケーススタディの背景でもある。

268 旧著『「切れ」の構造——日本美と現代世界』、同上。やはり和文ヴァージョンとドイツ語ヴァージョンが刊行した。注250を参照。

269 小宮豊隆『茶と利休』、同上、一九三頁。

270 『西田幾多郎全集』の「旧版」と「新版」の表示については、本書の注107を参照。

271 『西田幾多郎全集』に未だ収録されていない西田の手紙類は、なおもかなり多く存在することが推察される。拙著『西田幾多郎』ミネルヴァ書房、二〇一三年で述べたことだが、西田の「日記」と「書簡」から、西田が特定の人物たちに書き送ったが消滅した手紙、あるいは受け取り手の側で現存することがかなり確実な根拠で推定される手紙が、かなり存在すると思われる。私が知っている範囲でも、現存する書簡一通、葉書が一通、それぞれ別々のところに現存している。

272 『西田幾多郎全集』岩波書店、「旧版」第四版、第十九巻、一九八九年、書簡番号一七四二／「新版」第二十三巻、二〇〇七年、書簡番号三七三七。

273 本文にも記したが、久松真一は博多・円覚寺の龍淵環洲が所持していた実山自筆本を発見し、『茶道古典全集』全十二巻の第一回配本として、一九五六年十二月十五日に刊行紹介した。『南方録』研究者の戸田勝久は、立花実山原編著『南方録』原本現代訳、教育社新書、一九八一年、二二頁で、それまで偽書としてネガティブに見られていた『南方録』の価値評価に関して、久松の発見によって「やや明るい方向が窺えるようになった」と記している。

274 西田幾多郎「歴史的形成作用としての芸術的創作」、『西田幾多郎全集』岩波書店、「旧版」第三版、第十巻、一九八二年、二六二頁／「新版」第九巻、二六二頁。

275 小宮豊隆、同上、六八頁。

276 「京都高等工藝学校一覧目録　自明治四十五年至大正二年」、巻次「自大正二年至大正三年」、「第六章職員」、九〇頁と九二頁、に、「西田幾多郎　石川平民」という記載がある。担当科目は「修身」、開講年次は大正元年と二年。

277 西田幾多郎「経験科学」、『西田幾多郎全集』同上、「旧版」第九巻、二五〇―二五一頁／「新版」第八巻、四四八頁。

［欧文］

［マ］

［ヤ］

［ラ］

［ワ］

［ナ］

［ハ］

［サ］

［タ］

［**カ**］

人名索引

世阿弥と利休の名は本書全体にわたるので、記載は省く。また欧文名のアルファベット表記は、本文にも記載されている限りにおいて、ここにも付し、おなじく本文で苗字だけ出てくる場合は、ここでも苗字だけ記した。

［ア］

大橋良介（おおはし・りょうすけ）

一九四四年、京都市生まれ。京都大学文学部卒業。ミュンヘン大学哲学部博士号学位取得。ヴュルツブルク大学哲学教授資格取得。滋賀医科大学助教授、京都工芸繊維大学・大阪大学大学院・龍谷大学の教授を歴任。定年後、ケルン大学・ウイーン大学・ヒルデスハイム大学・テュービンゲン大学の客員教授を歴任。二〇一四年より日独文化研究所所長。著書に『ヘーゲル論理学と時間性』『感性の精神現象学』（以上、創文社）、『「切れ」の構造』（中央公論社）、『西田哲学の世界』（筑摩書房）、『西田幾多郎』（ミネルヴァ書房）、ほか多数。創文社刊の二冊と中央公論社刊の一冊は、ドイツ語版でも出版。

〈芸道〉の生成
世阿弥と利休

二〇二二年一一月　九日　第一刷発行

著者　大橋良介

発行者　鈴木章一
発行所　株式会社 講談社
東京都文京区音羽二丁目一二―二一　〒一一二―八〇〇一
電話（編集）〇三―三九四五―四九六三
（販売）〇三―五三九五―四四一五
（業務）〇三―五三九五―三六一五

装幀者　奥定泰之
本文データ制作　講談社デジタル製作
本文印刷　信毎書籍印刷 株式会社
カバー・表紙・口絵印刷　半七写真印刷工業 株式会社
製本所　大口製本印刷 株式会社

KODANSHA

ISBN978-4-06-525898-9　Printed in Japan　N.D.C.700　275p　19cm

講談社選書メチエの再出発に際して

講談社選書メチエの創刊は冷戦終結後まもない一九九四年のことである。長く続いた東西対立の終わりはついに世界に平和をもたらすかに思われたが、その期待はすぐに裏切られた。超大国による新たな戦争、吹き荒れる民族主義の嵐……世界は向かうべき道を見失った。そのような時代の中で、書物のもたらす知識が一人一人の指針となることを願って、本選書は刊行された。

それから二五年、世界はさらに大きく変わった。特に知識をめぐる環境は世界史的な変化をこうむったとすら言える。インターネットによる情報化革命は、知識の徹底的な民主化を推し進めた。誰もがどこでも自由に知識を入手でき、自由に知識を発信できる。それは、冷戦終結後に抱いた期待を裏切られた私たちのもとに差した一条の光明でもあった。

その光明は今も消え去ってはいない。しかし、私たちは同時に、知識の民主化が知識の失墜をも生み出すという逆説を生きている。堅く揺るぎない知識も消費されるだけの不確かな情報に埋もれることを余儀なくされ、不確かな情報が人々の憎悪をかき立てる時代が今、訪れている。

この不確かな時代、不確かさが憎悪を生み出す時代にあって必要なのは、一人一人が堅く揺るぎない知識を得、生きていくための道標を得ることである。

フランス語の「メチエ」という言葉は、人が生きていくために必要とする職、経験によって身につけられる技術を意味する。選書メチエは、読者が磨き上げられた経験のもとに紡ぎ出される思索に触れ、生きるための技術と知識を手に入れる機会を提供することを目指している。万人にそのような機会が提供されたとき初めて、知識は真に民主化され、憎悪を乗り越える平和への道が拓けると私たちは固く信ずる。

この宣言をもって、講談社選書メチエ再出発の辞とするものである。

二〇一九年二月　　野間省伸

ヘーゲル『精神現象学』入門　長谷川　宏
カント『純粋理性批判』入門　黒崎政男
知の教科書　ウォーラーステイン　川北　稔編
人類最古の哲学　カイエ・ソバージュⅠ　中沢新一
熊から王へ　カイエ・ソバージュⅡ　中沢新一
愛と経済のロゴス　カイエ・ソバージュⅢ　中沢新一
神の発明　カイエ・ソバージュⅣ　中沢新一
対称性人類学　カイエ・ソバージュⅤ　中沢新一
知の教科書　スピノザ　C・ジャレット　石垣憲一訳
知の教科書　ライプニッツ　梅原宏司・川口典成訳　F・パーキンズ
知の教科書　プラトン　三嶋輝夫ほか訳　M・エルラー
フッサール　起源への哲学　斎藤慶典
完全解読　ヘーゲル『精神現象学』　竹田青嗣　西　研
完全解読　カント『純粋理性批判』　竹田青嗣
本居宣長『古事記伝』を読むⅠ～Ⅳ　神野志隆光
分析哲学入門　八木沢　敬
ドイツ観念論　村岡晋一

ベルクソン＝時間と空間の哲学　中村　昇
精読　アレント『全体主義の起源』　牧野雅彦
九鬼周造　藤田正勝
夢の現象学・入門　渡辺恒夫
ヨハネス・コメニウス　相馬伸一
アダム・スミス　高　哲男
ラカンの哲学　荒谷大輔
記憶術全史　桑木野幸司
オカルティズム　大野英士
新しい哲学の教科書　岩内章太郎
アガンベン《ホモ・サケル》の思想　上村忠男
使える哲学　荒谷大輔

講談社選書メチエ　文学・芸術

MÉTIER

アメリカ音楽史　大和田俊之
ピアニストのノート　V・アファナシエフ　大野英士訳
見えない世界の物語　大澤千恵子
パンの世界　志賀勝栄
小津安二郎の喜び　前田英樹
ニッポン エロ・グロ・ナンセンス　毛利眞人
天皇と和歌　鈴木健一
物語論 基礎と応用　橋本陽介
乱歩と正史　内田隆三
凱旋門と活人画の風俗史　京谷啓徳
歌麿『画本虫撰』『百千鳥狂歌合』『潮干のつと』　菊池庸介編
小論文 書き方と考え方　大堀精一
胃弱・癇癪・夏目漱石　山崎光夫
十八世紀京都画壇　辻 惟雄
小林秀雄の悲哀　橋爪大三郎
万年筆バイブル　伊東道風
哲学者マクルーハン　中澤 豊

超高層のバベル　見田宗介
詩としての哲学　冨田恭彦
ストリートの美術　大山エンリコイサム
笑いの哲学　木村 覚
大仏師運慶　塩澤寛樹
『論語』　渡邉義浩
西洋音楽の正体　伊藤友計
日本近現代建築の歴史　日埜直彦

JN046848

太平洋戦争の真実

そのとき、そこにいた人々は何を語ったか

神立尚紀
Naoki Koudachi

写真提供／神立尚紀

まえがき

昭和二十（一九四五）年八月十五日、太平洋戦争が終わってから今年で七十八年。幸いにも日本はその間、戦争をわがこととして体験せずにすんだ。

毎年、夏になるとマスコミは「戦争の惨禍を忘れてはならない」「戦争を語り継ごう」とさまざまな特集を組むのが恒例になっているが、いまや軍人として戦いに参加した経験のある世代はほとんどが鬼籍に入ってしまった。終戦時、二十歳だった人が今年九十八歳。支那事変が始まった昭和十二（一九三七）年に二十歳で徴兵された人だと百六歳にもなるから、これはやむを得ないことだが、「忘れてはならない」の掛け声とはうらはらに、戦争の、なかでも戦場での生々しい記憶は急激に薄れつつあるように思える。

令和四（二〇二二）年二月、ロシアによるウクライナ侵略で始まった戦争は、誰かが悪意を持ってボタンをかけ違えれば、どれほど平和を希求しようとも戦争が始まってしまうという現実を、日本にも否応なしに突きつけてきた。この戦争は、遠い異国の出来事ではない。ロシアは領土問題を抱えた日本の隣国でもあるし、アジア、太平洋に勢力を拡大しようとしている中国は、沖縄、尖閣諸島を中心に、連日のように日本の領海、領空を侵犯している。稀代の「ならず者」国家である北朝鮮は、ことあるごとに日本海に向けミサイルを発射している。――こんな情勢で、日本だけが未来永劫、平和であり続けられるという保証はどこにもないのではないか。

もちろん、戦争を避ける努力をギリギリまで続けることはなによりも大事なことだ。その結果として平和が保たれるのであればそれこそ望ましいことだ。だが、万一、対話の通じない相手が理不尽に攻めかけてきたら……そんな想像力が、「戦争の記憶」が薄れつつあるいまの日本には決定的に欠けているように思う。

戦争はそもそも理不尽なものだから、いざ戦争になれば弾丸やミサイルが理不尽に飛んできて、前線で戦う将兵だけでなく無辜(むこ)の一般民衆までもが犠牲になるのは、昔もいまも変わりはない。そして、戦争を始め、遂行する国家の中枢や多くの軍上層部の者たちは戦場に出ることなく、人命をただ「数字」として見て犠牲を顧みないということも、おそらく昔もいまも変わらないところだろう。

ロシアによるウクライナ侵略戦争の戦況をみる限り、戦争の戦い方そのものも、ドローンや精密誘導ミサイルをはじめとするハイテク兵器が投入されたところで、本質は第一次、第二次大戦とそれほど変わっていない。ならばなおのこと、いまを生きる私たちは、過去の戦争から学ぶことは大きいのではないか。

私がこれまで二十八年を費やしてインタビューを続けてきた戦争体験者の取材ノートを見返したり、取材テープを聞き返すと、ときどき、ハッとする言葉に再会することがある。そこには、これまで表に出ることのなかった、そして、私自身も取材時には気づいていなかった、当事者ならではの本音や「想い」が刻まれている。なかには、現代にも通じる「金言」も含まれていると思う。それらの言葉は、どこかで世に出さなければ、誰にも知られることのないまま埋もれ、消え去ってしまうことだろう。——本書は、そんな思いから書いた一冊である。

ところで近年、私のもとへ、SNSを通じて、かつて私が取材した人や本に登場する軍人の、孫や曾孫にあたる若い親族から、「おじいちゃん（あるいはご先祖）のことが知りたい」という問い合わせがくることが増えてきた。その多くは、おじいちゃんが自分が生まれる前に亡くなったか、まだ小さい頃に亡くなった、あるいは戦争の話をいっさいしないまま亡くなったので、戦時中の話を聞いたことがなく、最近になって軍人だったことを知り、興味を持つようになったという人だ。

私の実感では、太平洋戦争の全期間を通じた話が、当事者の口から筋道たてて聞くことができたのは戦後六十年にあたる平成十七（二〇〇五）年頃までだった。それから十八年、孫や曾孫が祖父のことを知らないのもやむを得ない。それほど長い歳月が経ってしまったのだ。

SNSが発達した現代だからこそのつながりだが、もちろん、そんな問い合わせには可能な限り応えるようにしている。「おじいちゃん」が私が会ったことのある人なら、知っていることや私が感じた人となりを伝えるし、存じ上げない人の場合でも、極力資料をあたってみる。やりとりを通じて新たな発見があることも少なくない。そんななかでふと思うのは、ほとんどの「おじいちゃん」が戦争中、生死の境から奇跡的に生還した人たちで、もし敵の弾丸が少しでもそれていたら命がなかった、すなわち、いまここで私とやりとりしている若い人はこの世に生まれてこなかった、ということだ。

海軍の戦闘機を例にとれば、実戦に投入された搭乗員の約八割が戦死している。海軍戦闘機搭乗員の戦友会だった「零戦搭乗員会」の調査によると、戦場の部隊に着任した搭乗員の、戦死するまでの平均余命三ヵ月、平均出撃回数は八回という。そしてそのほとんどが、子孫を残すことなく独身のまま死んでいった。そんなことをあわせて考えると、いま、私に連絡をくれる人の命がいかに奇跡のたまものであるかが実感できるし、逆に、戦死した八割の存在できなかった子孫、生まれてこなかった命にも想いを馳せざるを得ない。

戦争を語るとき、「無名戦士」という言葉がよく使われるが、これは「Unknown Soldiers」（知られざる兵士たち）の、おそらく意図的な誤訳である。戦場に出ることのない国家の中枢や軍の上層部にとっては、戦いに斃れた将兵を「無名戦士」とひとくくりにしたほうが楽なのだろう。

だが、じっさいには「無名戦士」などいない。みんなひとりひとりに名前があり、親やきょうだいがいて、もしかしたら恋人もいたかもしれない。私が五百人を超える旧軍人や遺族の取材を通じていちばん強く感じてきたのはこのことである。

本書に登場する元零戦搭乗員・角田和男（つのだかずお）氏は、支那事変の初陣にはじまって、ラバウル、硫黄島、フィリピンで激戦をくぐりぬけ、特攻隊員となって台湾の基地から沖縄方面へ出撃を繰り返した人だが、戦後、自らの生活を犠牲にしてまで戦没者の遺族を訪ね、旧戦場をめぐる慰霊の旅を続けた。九十歳を超えて歩行が困難になったあとも、平成二十五（二〇一三）年二月十四日に亡くなるまで、朝は戦友たちの遺影のアルバムを広げて般若心経（はんにゃしんぎょう）を唱え、夜はベッドで手を合わせ、眠りに落ちる前に自分の関係した部隊の戦没者百七十七名全員の顔を思い浮かべながら、ひとりひとりの氏名を「南無阿弥陀仏」とともに唱えていたという。

「特攻隊員の死はけっしてむだ死になどではなく、日本に平和をもたらすための尊い犠牲であったと思いたい。でも、親御さんたちの、子を想う姿を見ていると、たとえ平和のためであっても、二度と戦争をしてはいけない、『遺族』をつくってはいけないと思います」

私が最後に会ったとき、「特攻」を振り返って角田氏は言った。この言葉が、私にとっては角田氏の遺言になった。もちろんこれは、特攻隊員だけでなく全戦没者やその遺族に対しての想いであっただろう。戦争を「命じた側」に、角田氏のように生涯をかけて戦没者とその遺族に誠意をもって接した人が果たしてどれほどいただろうか。

本書で紹介する二十五編は、私の取材ノートのごく一部に過ぎない。しかし、こうやって見返すことで、人の数だけ人生があり、想いがあったということを改めて実感する。と同時に、個々の人生の全てを飲み込み、一瞬で無にしてしまう戦争の怖さと哀しさを思わずにはいられない。せめて現代を生きる私たちは、こんな先人たちがいたことを、この人たちの遺した言葉とともに忘れずにいたい。そしてそれが、いままさに同じことが起きつつある世界の情勢や為政者の言動についても、なにごとかを判断する指標になるかもしれない、と思っている。

令和五年七月四日　　神立尚紀

目次

太平洋戦争の真実

そのとき、そこにいた人々は何を語ったか

01 戦争に熱狂する国民・メディアに対する一兵学校生徒の冷静な目

「熱しやすく冷めやすい国民性に大いなる不安を感ず」

昭和九（一九三四）年、宮野善治郎海軍兵学校生徒の日記

私の手元に、昭和九（一九三四）年から十三（一九三八）年にかけての二冊の古い日記帳がある。日記の主は、宮野善治郎（みやのぜんじろう）。大正四（一九一五）年十二月二十九日、大阪府に生まれ、のちに零戦隊の若き名指揮官として名高くなる人物である。

これらの日記は、宮野が広島県江田島の海軍兵学校生徒（六十五期）の頃、夏季、冬季の長期休暇のさいにつけた、いわば「宿題」だった。休暇中の毎日の行動と所感を記し、それを教官に提出、講評を受けるのである。

宮野が兵学校に入校した昭和九年当時、すでに満州事変（昭和六年－一九三一年）、続く満州国建国（昭和七年－一九三二年）を機に諸外国の日本批判が高まり、日本は国際連盟を脱退（昭和八年－一九三三年）、国際間の孤立を深めつつあった。その間、昭和七年には上海で日中の軍事衝突が起き（上海事

変）、五・一五事件で総理大臣・犬養毅が暗殺されている。

それでも、国内、少なくとも一般の国民生活はまだまだ平穏だった。街中には娯楽が溢れ、新聞も、国際間の血なまぐさいニュースよりは映画やレコード、雑誌、求人などの広告のほうが目立つ。

海軍士官を養成する兵学校であっても、夏は一ヵ月、冬は二十日間の長期休暇が与えられた。休み前、黒表紙の日記帳とともに兵学校で配布されたプリントには、日記を書くにあたってのさまざまな注意が記されているが、

一　皇室関係の語を記す時は一字画空ける事（例・天皇陛下．皇太子殿下．聖旨．等）、一　徒（いたずら）に難語を用いず普通の語を使用すべし、一　俗語を使用せざる事（例・婆婆）、一　自己を指す場合は私を用いず余とすべし、一　幼稚なる言葉遣いを避けよ（×お餅、×お握り）、一　語句は簡潔に（世間の事情――世情、つくづく感じたり――痛感せり）

……などと、なかなかうるさい。

昭和九年八月の夏季休暇から十一（一九三六）年の冬期休暇までの宮野の日記を見ると、若者らしい気負いはあっても悲壮感はなく、大阪府中河内郡龍華町大字植松（現・八尾市植松町）の実家に帰省しては毎日のびのびと、近所の子供たちをつれて山登りや川遊びをしたり、鮒釣りをしたり、中学時代の友人宅で、蓄音機でレコード鑑賞に興じたりしている。なかでも宮野が好きだったのは、「ウィリアム・テル序曲」「セビリヤの理髪師序曲」などのクラシック音楽やワルツ「波涛を越えて」、ルンバ「南京豆売り」などの軽音楽、流行歌だったという。

ところが、そんな休暇の様相が、昭和十二（一九三七）年の夏季休暇になると一変する。

同年七月七日、中国・北京郊外の盧溝橋で日中両軍が武力衝突、「北支事変」（八月に上海で勃発した「第二次上海事変」とあわせて「支那事変」と呼ぶことが九月二日、閣議決定される）が始まったのだ。

連合艦隊は急遽、臨戦態勢をとることになり、宮野たち兵学校生徒の夏季休暇も八月七日から二十日までの二週間に短縮された。八月九日に帰省した宮野は、出征兵士を熱狂的に送り出す人々の姿をまのあたりにして、日記に次のように記している。

〈一・帰省に際し車中所感　江田島に在りて社会の実情を実見せず、単に新聞紙上の見聞を以って社会の情勢を推察し居りし余は、帰省の途、（中略）社会人心が如何に北支事変に集中し、緊張しあるやを痛感せしめられたり。

即ち、駅頭には出征将士の送別に感激的光景展開し、街頭は皇軍将兵遺族慰問の叫びに満ち、鉄道沿線には国旗翻り、未明より手に手に日の丸の旗を持して軍用列車の見送りに立つ人々の姿を至る所に見る。

（中略）

二・帰省中所見　世を挙げて北支事変に眼も心も集中し居る社会の情勢は、実に涙ぐましき日本魂の発露なり。

余の町よりの出征者は勿論、軍用列車の通過する毎に、感謝と後援の心を日章旗に込め、昼といわず夜といわず、真夜中においてさえも、万歳の声に町を揺るがす。人々の心情は実に感激そのものにして、安閑と軍籍にある身を家郷に遊ばすを恥ずるの情あり。

老若男女全て心は北支の天地にあり。会する人、皆北支事変を語る。（中略）

然るに、由来、日本人には持久力少なしとの説あり。而して北支事変は何ヶ月にして終結するやは余の能く予測し得る所にあらず、不幸にして長年月にわたらんか。国民の熱意、果して現状を維持し得べきや。又、新聞、ラジオの報道する所、一つとして皇軍の勝利たらざるなく、嚇々たる皇軍の武威に国民は有頂天にならんとする傾向あり。而して此の傾向が昂ずればやがては支那を侮るの心なるべし。思うに新聞、ラジオの報道が、事変戦況の全貌とも信ぜられず、必ずや苦戦、難戦もあらん。（中略）

斯くの如き事情を考察し見るに事変の終局は予断を許さず。熱し易く冷め易き我が国民性に大いなる不安を感ず。

而して皇軍如何に勝利を重ぬるも、最後に外交工作の難事あり。国際情勢紛紛たる支那に於いて戦果を全うすることは、外交の能くする所なりや。（中略）希くば国民の熱誠、最後迄変わらざらんことを。〉

「支那」（中華民国）を侮ってはいけない。報道されていることが全てではなく、きっと苦戦もしているだろう。事変が長期化すれば、熱しやすく冷めやすい日本人が、果してこのままの気持ちで戦い抜くことができるのだろうか……。そんな疑問を、宮野は素直に吐露しているのだ。宮野は、世間の情報から隔絶された兵学校にあって、冷静にものごとの先を見通していた。そして、事変の先行きに悲観的な疑問符をつけた形のこの宮野の所感に対し、兵学校の教官・友成潔少佐は、

〈所感概ね適切なり〉

と朱筆を入れている。つまり、宮野の感じた疑問に対して、その通りだとお墨付きを与えているのである。ここまでを見ると、兵学校では、このような問題でも比較的自由にものが言える空気があったことが

うかがえる。

ところが、その続き、事変初頭に報道された海軍航空部隊の活躍に関する以下の所感に対しては、教官側から別の反応が見られる。

〈我海軍航空部隊の活躍は真に感激の極みなり。（中略）

余は艦隊修業に於いて戦艦さえも空軍に対して殆ど無力なるを知り、今又、事変により空軍の威力の卓越せるを認識せしめらる。航空将校が空軍万能を叫ぶも故なきに非じ。

太平洋の制空を狙う米海軍の優秀なる空軍を向うに廻して、吾人は益々我空軍の発展を計り優秀なる機を得ると共に、不断の努力と訓練により、技倆卓越せる航空士を生まざるべからず。〉

これに対しては特に欄外に、やはり友成少佐の朱筆で、

〈目先の華々しきのみを思わず海上武人たる本分を自覚し、教務に精励せよ〉

と、宮野の飛行機かぶれをたしなめるかのようなコメントが付けられている。「海上武人」のところに特に傍点がふってあるところを見ると、やはり航空の分野は海軍ではまだ異端視されていたということがわかる。

兵学校教官に航空出身の人が少なかったこともあり、生徒が大きな声で「飛行機、飛行機」と言うことに対して、必ずしも快く思われないような空気があった。海軍の主流はまだまだ大艦巨砲主義で、出世コースの筆頭は砲術である。仮想敵である米海軍との決戦が起きれば、最後の勝敗は巨砲を搭載した戦艦同士の海戦で決するものというのが、日本海軍の伝統的な考え方だった。

その考え方によれば、飛行機などは、決戦前に敵艦隊の勢力を漸減させるための補助手段に過ぎない。

そんな飛行機に対する認識が過小評価であったことは、太平洋戦争の結果が証明しているところである。そういう意味では、支那事変が始まってもなお、多くの海軍士官たちの認識は、ひとりの海兵生徒にさえおよばなかった。

昭和14年、飛行学生の頃の宮野善治郎。バックは九三式中間練習機

宮野善治郎大尉。昭和16年12月、開戦直前に高雄基地にて

02

霞ヶ浦海軍航空隊の教官が練習生たちに示した戦闘機乗りの心意気

「搭乗員はいつ死ぬかわからぬ。つねに身だしなみを整えよ」

昭和十二（一九三七）年、小福田租海軍中尉

「搭乗員はいつ死ぬかわからぬ。つねに身だしなみを整えよ。飛行帽には香水をたっぷりと振りかけておけ。死んだとき、血生臭いにおいや汗臭いにおいを出すのは恥だ。航空加俸はそのためにあるんだ。搭乗員は宵越しの金など持つな！」

これは昭和十二（一九三七）年六月、小福田租中尉（のち中佐）が、練習航空隊である霞ヶ浦海軍航空隊の教官として着任早々、飛行練習生たちへの訓示で語った言葉である。

この場で訓示を聞いていた練習生のなかに、本書でのちにたびたび名前の出てくる角田和男一等飛行兵（のち中尉）がいる。角田によると、これを聞いた練習生たちは、一斉に「わあっ」と喜んだという。というのは、当時は贅沢を慎み、貯金をすることが国を挙げて奨励されていて、皆、口には出さなくても息の詰まるような思いをしていたからである。小福田の言葉は、昔の武将、たとえば源平合戦の「一ノ谷の

戦い」で、熊谷直実に討たれた平敦盛が戦に臨んで薄化粧をしていたり、大坂夏の陣で大坂方の武将・木村重成が、二度と帰らぬ戦に出陣するさい兜に香を焚きしめた故事などを思い起させ、昭和のサムライであろうと張り切る練習生たちの心の琴線に触れたのだ。

じっさい、この前年（昭和十一年）の海軍航空隊の事故による死者は百名に達していて、「いつ死ぬかわからぬ」という言葉には差し迫った実感があった。

軍人と香水、一見不似合いにも思えるが、旧日本海軍では、士官から下士官兵にいたるまで、香水を愛用する者が多かった。大戦末期の昭和十九（一九四四）年、横須賀海軍航空隊に赴任した長田利平（おさだりへい）飛長（飛行兵長。のち一飛曹）は、

「最初の上陸（外出）のとき、最初に行ったのが追浜駅前にあった老舗化粧品店の『紅屋』でした。ここで買った香水を、上陸のたび軍服にひと吹きして出かけたものです」

と回想している。飛行兵長といえば、実戦部隊の戦闘機乗りとしては最下級に近い兵の階級で、ここでいう「軍服」は、水兵と同じセーラー服である。それでも最初の上陸で香水を買いに行くほど、軍人にとって香水は身近なものだった。私が出会った限りでも、出撃のとき飛行帽に香水を振りかけていたという人は何人もいたから、日本の歴史で連綿と受け継がれた武士としての矜持と心構えが、昭和になっても残っていたものと思われる。

身だしなみ、といえば、太平洋戦争もたけなわの昭和十八（一九四三）年二月頃にはこんなエピソード

もある。少佐になった小福田は、ニューブリテン島ラバウル（現パプアニューギニア）に本拠を置く零戦隊、第二〇四海軍航空隊の飛行隊長を務めていた。二〇四空の司令は杉本丑衛大佐、副長兼飛行長はのちに特攻部隊の司令を勤める玉井浅一中佐である。

海軍では、下士官兵の長髪は原則として認められていなかったが、飛行帽をかぶっていると外からは見えないからと、二〇四空の搭乗員の多くは髪を伸ばしていた。大原亮治飛長（のち飛曹長）の回想によると、多くの搭乗員がやっていたのは、散髪の時に髪の毛を直径一センチぐらい残して刈り、残ったところだけ長く伸ばすという髪型で、これは、芥川龍之介の「蜘蛛の糸」のように、いざという時はこの世に引っぱり上げてもらおうという縁起担ぎだが、不精を決め込んで全体を長く伸ばしている者もいた。

ある日、玉井浅一中佐が数十名の搭乗員を整列させて、指揮台の上から突然、「総員帽子を取れ」と号令した。抜き打ちの頭髪チェックである。髪を伸ばしているのがバレれば怒られる、そう思いながら、搭乗員たちは恐る恐る帽子を取った。玉井中佐は搭乗員の頭を見渡すと、なかでも髪をボサボサに伸ばしていた杉田庄一飛長に、「あとで俺のところに来い」とだけ命じて、解散させた。杉田が叱られるつもりで、神妙な面持ちで副長室に行ってみると、玉井中佐は、「おい杉田、伸ばすんなら手入れぐらいしておけ」と言い、ポマードを一瓶、渡してくれたという。

「整列のときには小福田隊長も玉井副長の横に立っておられたから当然、わかっておられたはずですが、副長室から出てきた杉田の顔を見てニヤッとされただけでした」

と大原亮治は言う。もとより、髪型は操縦技倆には全く関係ない。のちに海軍有数の「撃墜王」となる杉田庄一はまだ十八歳の少年だったが、その闘志は比類なく、この出来事の約一ヵ月前には難攻不落といわれた米陸軍の大型爆撃機・ボーイングB－17を空中衝突で撃墜したこともある。玉井も小福田も、毎日、命をすり減らしながら戦う最前線で、部下の手綱を引き締めるべきところと緩めるべきところのツボを押さえていたということだろう。

酷暑の南方基地でも、指揮所で飛行服に身を包み、白いマフラーをきりっと結んで待機し、敵襲があれば真っ先に零戦に乗って飛ぶ小福田の姿は、部下を奮い立たせるに十分な、侍大将の風格があったという。

小福田租大尉（当時）。昭和15年、大分基地にて

昭和17年8月、ラバウルに進出するため木更津基地を発進する直前の第六航空隊搭乗員たち。左端が飛行隊長・小福田少佐（当時）。写真の20名のうち、終戦時の生存者は3名

03

空戦の指揮官たる若き海軍航空士官たちの反骨心

「一将功成らずして数百万骨が枯れる」

昭和十三（一九三八）年から終戦まで戦闘機隊を指揮した四元（志賀）淑雄海軍少佐

「飛行学生の訓練を終えて、第十三航空隊に着任した昭和十三（一九三八）年二月のことです。南京市内の支那料理屋で私の歓迎会を開いてくれることになったんですが、乾杯のとき、みんなが『バンコーッ！』と声を張り上げて唱和する。そんな乾杯の発声、聞いたこともなかったから面食らいましたね」

と語るのは、海軍戦闘機隊の指揮官だった志賀淑雄（しがよしお）・元少佐である。「志賀」は昭和十五（一九四〇）年、結婚してからの姓で、それまでは「四元（よつもと）」だった。

海軍兵学校生徒の頃から空に憧れていた四元（志賀）は、昭和十一（一九三六）年十二月、第二十八期飛行学生を命ぜられ、茨城県の霞ケ浦海軍航空隊で飛行訓練に入った。

昭和十二（一九三七）年七月に支那事変が勃発。海軍は航空兵力をもって陸上戦闘を支援し、にわかに飛行機の重要性がクローズアップされるようになっていた。志賀は戦闘機搭乗員に選ばれ、昭和十二年九月から大分県の佐伯海軍航空隊で戦闘機の訓練をはじめる。

「そして昭和十三年一月三十日、南京に進出していた第十三航空隊への転勤命令がきて、九六戦（九六式艦上戦闘機）に乗り、済州島経由で南京へ向かいました。

その頃、中国大陸では海軍航空隊の指揮官クラスが大勢戦死していて、中攻（九六式陸上攻撃機）隊の損害も多かった。陸軍がこんな戦争を始めるから、中攻がいっぱい犠牲になるんだ、という憤りはありましたね。俺は出番があってありがたいけどな、とも思いましたが……」

四元中尉は二月十八日、南京に着任したが、着いたその日に、自分の分隊長になるはずだった金子隆司大尉が戦死したという。

「金子大尉は、私が兵学校に入校したときの最上級生、霞ケ浦でも教官で、指導を受けました。

霞ケ浦にいたとき、われわれ飛行学生に断髪令が言い渡されたことがありました。理由はわかりませんが、たまに坊主頭のほうが軍人らしいなどという、分からず屋の上官がいたんです。おとなしく坊主頭にした者もいましたが、私は絶対に切らないよ、と切らなかった。そしたらある晩、自習室に金子大尉がきて、なぜお前たちは髪を切らないのか、と言う。それで、

『わかりました。髪を切って、それだけ軍人精神が旺盛になる、それだけ操縦がうまくなるんなら切りましょう。どうですか。教官だって長いじゃないですか』

と言ったらぶん殴られましたね。結局、その後も髪は切りませんでしたが。

戦地で金子大尉のところへ行くと決まったとき、向こうも気にしてるだろうし、こんどはかわいがってもらえるかな、と思ってたんですが……」

四元が着任し、金子大尉が戦死した晩、南京市街の支那料理店に航空隊の飛行隊長、分隊長、分隊士クラスの士官が集い、歓迎会が催された。

「バンコーッ！」という乾杯の唱和に、四元が面食らったのはこのときのことである。

「傍にいた田熊繁雄大尉に『バンコッってなんですか？』ときくと、田熊大尉は澄ました表情で、『一将功成りて万骨枯る、だよ』と答えました。そうか、俺たち現場の士官はその『万骨』になる立場なんだな、と、ここで戦場に来たことを実感しましたね」

そして一週間後の二月二十五日、四元中尉は初陣を迎える。

この日、田熊大尉以下十八機の九六戦は、三十五機の中攻隊を護衛して、南昌に向け出撃した。四元ははじめての出撃ながら、第二中隊長として九機を率いることになった。

「南昌上空に差しかかると、敵は高角砲をポンポン撃ち上げてきた。そして、ベテランの新井友吉一空曹機がスッと私の機の前に出てくると、ダダダーッと機銃を発射した。敵機発見の合図です。

するともう、中攻隊のことも、列機のことも、田熊大尉のことも私の頭のなかから消えてしまって、ただ夢中で敵編隊のなかへ突っこみました。で、敵機を追うんだけどもなかなか射撃できる態勢になれなくて、そのうち誰かに追いかけられた複葉のE－15（ソ連製ポリカルポフИ－15）が一機、私の目の前を下から上に横切った。すかさずそれを撃つと、翼が吹っ飛んだ。墜とした！　と思ったら、胸がスーッと落ち着きました。あの感覚は生まれてはじめてで、その後も味わったことはありません。

一機墜として、ようやく周囲を見渡す余裕が出てきました。で、高度が下がったのでそろそろ上空に上がろうと思ったら、ピピピ……という機銃の発射音が聞こえ、同時にカーンと被弾した。こんどはその敵機と格闘戦です。そこで、ひねり込み、というのを思い出して二〜三回旋回して、これは撃てる、というときにダイブで逃げられてしまいました。

この日は、田熊大尉が帰ってきませんでした。これは明らかに私の責任だと、いまも申し訳なく思っています。はじめての空戦で、どうしていいのかわからなかった。私の三番機・越智寿男一空（一等航空兵）も帰りませんでした。

基地に帰って、撃墜一機、被弾一発、と報告しました。ところが翌日、整備員が私のところへやってきて、『分隊士、参考までに申し上げますが、被弾一発ではなくて二十八発でしたよ』と。そんなにやられてることにさえ、気がついていなかったんですね」

四元は支那事変でのべ六機の敵機を撃墜。姓が志賀に変わった翌年、昭和十六（一九四一）年十二月八日の真珠湾攻撃には空母「加賀」戦闘機分隊長として参加した。――それから三年九ヵ月におよぶ太平洋戦争は結局、三百万もの犠牲者、戦没者を出し、日本の主要都市焼尽、降伏という無惨な結果に終わる。

「結果的に『バンコッ』どころか、『一将功成らずして数百万骨が枯れる』結果になってしまいました。支那事変を始めた陸軍や、ずるずると引きずられた海軍に思うところはありますが、軍人として力至らなかったことは慙愧に耐えません」

と志賀は回想する。敗戦の七年半も前の昭和十三年二月、乾杯に「バンコーツ」と唱和した士官たちは、果たしてそんな未来をも予感していただろうか。

志賀淑雄大尉（当時）。昭和15年

昭和13年、南京基地にて。当時は結婚前で四元淑雄中尉（田中國義一等航空兵撮影）

昭和13年、南京基地にて、黒岩利雄一空曹（左）と四元（志賀）中尉

昭和20年、三四三空司令・源田實大佐（左）と志賀少佐

04

戦勝に沸く中国戦線で
戦争の行く末を案じた戦闘機隊隊長の懸念

「実に二千対一の消耗戦。こんな戦争を続けていたら大変なことになる」

昭和十五（一九四〇）年、中国戦線で零戦隊を指揮した飯田房太海軍大尉

昭和十五（一九四〇）年九月十三日、重慶上空で、進藤三郎大尉が率いる第十二航空隊の零式艦上戦闘機（零戦）十三機は中華民国空軍のソ連製戦闘機三十数機と空戦、一機も失うことなく二十七機を撃墜（日本側記録）するという一方的勝利をおさめた。零戦は七月に海軍に制式採用されたばかりで、新鋭機にふさわしい、華々しいデビュー戦だった。

重慶で壊滅的損害を被った中国空軍は成都に後退し、そこで再建を図ったが、十月四日、こんどは横山保大尉が率いる零戦八機が成都の中国空軍飛行場を急襲、六機を撃墜、十九機を地上で炎上させた。翌十月五日には、飯田房太（ふさた）大尉が指揮する零戦七機が成都の中国空軍に追い打ちをかけ、地上銃撃で十機を炎上させている。飯田大尉はさらに十月二十六日には八機を率いて十機を撃墜する戦果を挙げた。

中華民国空軍の主力を事実上壊滅させた第十二航空隊零戦隊に、同年十月三十一日、支那方面艦隊司令

長官・嶋田繁太郎（しまだしげたろう）中将より感状が授与された。

祝勝ムードの十二空で、一人浮かぬ顔の士官がいた。十月五日、二十六日の成都空襲で零戦隊を率いた飯田大尉である。飯田はすでに空母「蒼龍（そうりゅう）」分隊長への転勤の内示が出ていて、まもなく十二空を離れることが決まっていた。祝宴に同席していた角田和男（つのだかずお）一空曹は、

「奥地攻撃でわれわれに感状が授与され、みんな喜んでいる中で、飯田大尉が、『こんなことでは困るんだ』と言っていました」

と回想する。飯田は言葉を続けた。

「奥地空襲で全弾命中、なんて言っているが、重慶に六十キロ爆弾一発を落とすのに、諸経費を計算すると約千円かかる。敵は飛行場の穴を埋めるのに、苦力（クーリー）の労賃は五十銭ですむ。実に二千対一の消耗戦なんだ。こんな馬鹿な戦争を続けていたら、いまに大変なことになる。歩兵が重慶、成都を占領できる見込みがないのなら、早くなんとかしなければならない。感状などで喜んでいる場合ではないのだ」

海軍兵学校のクラスメート・志賀淑雄の回想によると、飯田は「お嬢さん」というニックネームで呼ばれ、温厚、寡黙で、気性の荒い者が多い戦闘機乗りにはめずらしく、気品を感じるほどの「貴公子」だったという。だがいったん空に上がれば、その負けず嫌いで闘志旺盛なことも比類がなかった。

空母「蒼龍」戦闘機分隊長になった飯田は、昭和十六（一九四一）年十二月八日のハワイ・真珠湾攻撃に、第二次発進部隊の「蒼龍」零戦隊を率いて参加した。飯田の部下だった藤田怡與藏（いよぞう）中尉は、私に次の

ように語っている。

「真珠湾に向け航海中、われわれ搭乗員は暇なので、よくミーティングと称して飯田大尉の私室に集まっては、いろんな話をしていました。

あるとき、分隊長が『もし敵地上空で燃料タンクに被弾して、帰る燃料がなくなったら貴様たちはどうする』と問われた。あらかじめ、被弾して帰投不能と判断したら、カウアイ島西方のニイハウ島に不時着せよ、そうすれば味方潜水艦が収容に来るから、と言われていましたが、そんなのはあてにならない。みんなああでもない、こうでもないと話をしていると、分隊長は『俺なら、地上に目標を見つけて自爆する』と。それを聞いてみんなも、そうか、じゃあ俺たちもそうなったら自爆しよう、ということになりました。ごく自然な成り行きで、悲壮な感じはなかったですよ」

十二月八日、「蒼龍」戦闘機隊は、菅波政治（すがなみまさはる）大尉率いる九機が第一次、飯田大尉の率いる九機は第二次として発進することになった。藤田中尉は第二次発進部隊である。

「この日、オアフ島上空は雲が多く、断雲の切れ目からかろうじて海岸線が見えた。いよいよ戦場だ、そう思ったとたん、体が震えるほどの緊張を覚えました。我々第二次発進部隊が真珠湾の上空に着いたときには、すでに一次の連中が奇襲をかけたあとですから、敵は完全に反撃の態勢を整えていました。後ろを振り返ると、わが中隊が通った航跡のように、高角砲の弾幕の黒煙が連なってるんですから。敵がもうちょっと前を狙っていたら私たちは木っ端微塵になったところです。

はじめ空中には敵戦闘機の姿が見えなかったので、作戦で決められた通りにカネオへ飛行場の銃撃に入りました。目標は地上の飛行機です。飯田大尉機を先頭に、単縦陣で九機が一直線になって突入しました。地上砲火は激しくて、アイスキャンデーのように見える曳痕弾が自分に向かって飛んでくる。当たるかな、と思うと、直前でピッという音を残して上下左右に飛び去ってゆく。あまり気持ちのいいものではありませんね。三度ぐらい銃撃したところで、ガン、という衝撃を感じて、見ると右の翼端に銃弾による穴が開いていました。

そこで爆煙で地面が見えなくなったので、ホイラー飛行場に目標を変更して二撃。ここでも対空砲火は激しかった。飛んでくる弾丸の間を縫うように突っ込んでいったんですからね。

ホイラー飛行場の銃撃を終え、飯田大尉の命令（バンク―機体を左右に傾ける―による合図）により集合してみると、飯田機と二番機の厚見峻一飛曹機が、燃料タンクに被弾したらしく、サーッとガソリンの尾を曳いていました。これはやられたな、と思って飯田機に近づくと、飯田大尉は手先信号で、被弾して帰投する燃料がなくなったから自爆する、と合図して、そのままカネオへ飛行場に突っ込んでいったんです。私からその表情までは見えませんでしたが、迷った様子は全然ありませんでした。分隊長は、ミーティングで自ら言った通りに行動されたわけです。煙のなかへ消えていく飯田機を見ながら、涙が出そうになりました――。

当時、戦意高揚のために、飯田大尉は格納庫に自爆したのを私が確認したように報道され、戦後も映画でそのように描かれたりしましたが、煙に遮られてそこまでは見えませんでした」

じっさいに飯田大尉機が墜ちたのは、カネオへ海兵隊基地の敷地内ではあるが、格納庫や滑走路から一キロは離れた、隊門にほど近い道路脇である。米側の証言記録によると、飛行場に突入してきた飯田機は、対空砲火を受け低空で火を発したが、最後の瞬間までエンジンは全開で、機銃を撃ち続けていたという。飯田大尉の遺体は機体から引き出され、米軍によって基地内に埋葬された。墜落地点には、真珠湾攻撃三十周年にあたる昭和四十六（一九七一）年、米軍が小さな記念碑を建てた。

支那事変ですでに戦争の無謀さに気づき、はっきりと悲観的な考えをもっていた飯田は、出撃前に部下たちに語った通りに自爆した。敵飛行場をめがけてまっしぐらに降下しながら、飯田の胸中に去来したものはなんだったのだろうか。

昭和15年、飯田房太大尉（左）と帆足工中尉

昭和16年12月8日、日本海軍機の空襲を受けるハワイ・真珠湾

昭和16年、富士山をバックに飛ぶ零戦二一型。飯田大尉が撮影した

昭和15年10月5日、成都空襲から漢口基地に帰還し、胴上げされる飯田大尉

05

真珠湾攻撃に参加した爆撃機搭乗員が明かした、攻撃前夜の意外な胸の内

「私はね、攻撃の前の晩寝るまで『引返セ』の命令があると思っていました」

昭和十六（一九四一）年、大淵珪三（本島自柳）海軍中尉

「私はもともと、母の意向もあって医者になるつもりで勉強していたんですが、中学校の受け持ちの先生に、海軍兵学校の試験はタダだから腕試しに受けてみんか、と言われて、受けてみたら間違って通ったんです。だから、軍人にはなりましたが、決して「忠君愛国」のほうではなかったですね」

と、群馬県太田市で「本島総合病院」理事長を務める本島自柳は語り始めた。真珠湾攻撃六十年の節目となる平成十三（二〇〇一）年のことである。本島は、空母「赤城」の九九式艦上爆撃機搭乗員・大淵珪三中尉（のち少佐）として真珠湾攻撃に参加したが、戦後、姓名ともに変わって取材者の目に留まらなかったためか、私のインタビューに応えるまでは一度も取材を受けたことがなかったという。真珠湾攻撃の体験について問うと、本島は開口一番、こう答えた。

「私はね、攻撃の前の晩寝るまで『引返セ』の命令があると思っていました」

大きなはっきりとした声だった。

「真珠湾作戦の計画を聞かされたときには、私なんか作戦の中枢にいるわけではありませんから、ああ、いよいよやるのか、ずいぶん訓練やったからな、とそれだけでした。しかし、日米の外交交渉がうまくいったら引き返すこともあり得ると聞かされていたし、こんな簡単に大いくさを始めていいんだろうか、そういう感じは持っていましたからね」

大淵中尉は第二次発進部隊の艦爆（急降下爆撃機）の偵察員（二人乗りの後席）として、九九式艦上爆撃機に乗って参加した。

第二次の発艦は、第一次発艦部隊より一時間ほどあとになる。空母の飛行甲板上の発艦指揮は、若手の士官搭乗員が担当するのが不文律になっていたので、大淵が第一次の発艦指揮を務めた。発艦指揮とは、艦長、飛行長の「発艦始メ」の命令を受けて、飛行甲板上に並んだ飛行機を、白（発艦）、赤（待テ）の手旗を合図に順序よく発艦させることだ。燃料、弾薬を満載した飛行機を発艦させるため、母艦は風上に向かって合成風速十五メートルになるように航行している。飛行服をつけると強風に吹き飛ばされるので、紺の軍服に飛行帽、飛行靴姿の軽装で発着艦指揮所に立った。すでに飛行甲板上には、零戦九機、九七艦攻二十七機の第一次発進部隊が、エンジンを始動し轟音を響かせていた。大淵は右手に赤、左手に白の手旗を持ち、最先頭の戦闘機隊長・板谷茂少佐機から発進の合図を出す。

「まず赤手旗を体の前に掲げて発艦用意を知らせ、次いで白、赤手旗を下方に交差し、それを開ける動作で整備員に車輪止めを外させる。車輪止めが完全に外されたのを確認して、間髪を入れず白手旗を高く上げ、搭乗員に発艦を指示します。発艦開始は十二月八日午前一時三十分（日本時間）でした」

つまり、真珠湾攻撃は大淵中尉の白手旗で火ぶたを切ったのだ。攻撃隊は大きく左に旋回しながら所定の高度をとり、進撃態勢を整えて空のかなたへ消えていった。

「続いて、私たち第二次発進部隊に発艦の順番がまわってきました。軍服の上に飛行服を着るんですが、先ほどまで強風にさらされた体は熱く火照（ほて）っていました。発艦して二時間ほど飛んだところで、オアフ島が見えてきた。島の緑は冴え、海岸線に打ち寄せる白い波頭も美しく、こんなにきれいなところを攻撃してもいいのかな、とふと思いました。双眼鏡で攻撃進入方向を偵察すると、敵地上空になにか白いものがポカポカ浮かんでいるのが見える。それで、操縦員の田中義春一飛曹に『おい田中、あれは防塞（ぼうさい）（敵機の侵入を防ぐ）気球かな』と声をかけたんですが、田中は『分隊士は呑気（のんき）だな。あれは敵が下から撃ち上げてるんですよ』と。それは対空砲火の弾幕だったんです」

島に近づいたときの高度が三千五百メートル、それからだんだん隊形を開いて目標に向かって急降下していく。大淵は攻撃目標に港内の油槽船を選んだ。

「私は初めての戦闘で、敵の弾丸の下をくぐるのはもちろん初めてでしたが、怖いという気持ちはありませんでした。機体に五発、被弾していましたが、それにも全く気がついていなかった。ただ、よく昔の英雄豪傑を形容するのに『千軍万馬（せんぐんまんば）のつわもの』なんて言うけど、戦争というのは回数を重ねれば重ねるほど怖くなる。人間というのはね、そういう弱いものじゃないかと私は思いますよ」

帰艦すると、第一航空艦隊司令長官（機動部隊最高指揮官）・南雲忠一（なぐもちゅういち）中将が艦橋からわざわざ飛行甲板に降りてきて、大淵を抱きしめて「よく帰ってきたな」とねぎらった。南雲は大淵が飛行学生になる前、戦艦「霧島」乗組のときの直属の戦隊司令官で、大淵の顔をちゃんと覚えていたのである。

「しかし、真珠湾に行ったというのは、私にとって特別なことというより、いろんな場面でいろんなことをやってきたうちの、人生のほんのひとコマだという気がしますね。

昭和十七（一九四二）年四月五日、インド洋作戦のときは、イギリス海軍の一万トン級巡洋艦二隻を撃沈しましたが、私が攻撃目標にした『ドーセットシャー』は、私たちが兵学校生徒だった昭和十一（一九三六）年、江田島を親善訪問して、見学に行ったり、向こうの乗組員が兵学校に来たり、交流したことがあったんです。だからあのときは、戦争というのはむごいものだと思いましたね。ほんの数年前には親しく肩をたたき合った仲なのに」

その後、空母「蒼龍」に転勤になり、偵察機として配備された新鋭の十三試艦上爆撃機（のちの「彗星」）二機を所管する分隊長になったが、六月のミッドウェー海戦で母艦が撃沈され、駆逐艦に救助されて生還。さらに空母「飛鷹」の艦爆分隊長としてソロモン諸島へ出撃、ラバウル基地に派遣され、内地への転勤辞令が出たのも知らずに戦い続けた。昭和十八（一九四三）年一月、横須賀海軍航空隊（横空）の特修科学生として内地に帰った大淵は、ここで偵察員から操縦員への転換訓練を受ける。

「私は、自動車でも社長は後席、指揮官は後席の偵察員の方がいいと思い、志望して偵察員になったんですが、同じように偵察員から操縦員に転換した大先輩の江草隆繁少佐から『君は今日から操縦配置』と、有無を言わせず彗星の操縦員にさせられて。それから航空戦艦『伊勢』からのカタパルト射出試験をやったり、横空の彗星艦爆隊を率いて硫黄島で戦ったり、いろんなことがありましたが、なかでも私自身、印象に深いのは戦争末期のフィリピン戦線でのことです」

昭和十九（一九四四）年十月、彗星二十七機で編成された攻撃第五（K５）飛行隊長としてルソン島のクラーク・フィールドへ進出したが、その頃にはもう、日本側は米軍相手にまともに戦争ができるような状況ではなかったという。二十七機、五十四名の搭乗員でクラークに進出したK5だったが、昭和二十（一九四五）年一月、引き揚げ命令を受け、鹿児島県の国分基地に帰還することのできた隊員はわずか四名だった。

「戦争が終わったときは、それまで、あんまりこちらのお粗末なところを見てきたから、なんでこんな戦争を始めたんだと、そういう気持ちが強かったですね。子供だって喧嘩するときは止めどきを考えてやるでしょう。それが全くなかったわけですからね。

戦後は、われわれ軍人としたら、まあ、会社が倒産して放り出されたようなものでしたが、海軍兵学校を出ていると旧制高等学校卒業相当ということで大学の受験資格があったので、二十一（一九四六）年に東京慈恵会医科大に入ったんです。二十二（一九四七）年に結婚して姓が本島にかわって、本島家

九九式艦上爆撃機。太平洋戦争中盤まで日本海軍の主力急降下爆撃機だった

の当主に代々続く「自柳」の名を世襲しました」

本島のもとへは、自衛隊や日本航空からパイロットとして来ないかという誘いもあったが、「宮仕えはもうたくさん」と断ったという。

「弾丸さえ飛んでこなきゃ、飛行機ほど面白いものはないんですけどね。生き残った残りの半分を、ひとつ楽にやってやれ、という気持ちも多少はありましたが、必ずしもこれは思った通りにはいかなかったですな。

これまでの人生を振り返ってみると、戦争で生き残ったこともふくめて、私はほんとうに運がよかった。戦争でのいろいろな体験を書き残したら、と言ってくれる人もいますが、死んでいった非常に多くの上官、戦友、部下たちのことを思えば、自分のことでなにかを書き残そうという気持ちには到底なれないまま、こんにちに至っています」

本島自柳は平成十七（二〇〇五）年、死去。享年八十八。

艦上爆撃機「彗星」。大戦後期、大淵が搭乗した

昭和17年、空母「飛鷹」
分隊長時代の大淵珪三
大尉（当時）

昭和19年6月、硫
黄島に出撃直前の
大淵大尉

06

日米開戦の日の朝、連合艦隊に所属する艦長が怒り心頭に発して叫んだひと言

「こんな馬鹿な戦争を始めやがって！」

昭和十六（一九四一）年、軽巡洋艦「長良」艦長・直井俊夫海軍大佐

「開戦の日、昭和十六（一九四一）年十二月八日の朝、艦橋に上がってきた艦長・直井俊夫大佐が、何と言われたと思いますか？　開口一番、『こんな馬鹿な戦争を始めやがって！』ですよ。相当大きな声で、艦橋には第一根拠地隊の司令官も参謀連中もいましたが、誰も異をとなえなかった。むしろ、ウチの艦長、相当な反体制派だぞ、と一同痛快に感じたものです」

と回想したのは、当時、軽巡洋艦「長良」航海長を務めていた薗田肇大尉（のち中佐）である。「長良」はこのとき、パラオに入泊していて、フィリピン・レガスピーへの急襲部隊を乗せた陸軍の輸送船団を護衛するべく、まさに出港準備を完了したところだった。

旧海軍の士官の多くは、アメリカ、イギリスを敵に回して日本が勝てるなどとは考えていなかった。戦前の海軍では、海軍兵学校を卒業、少尉候補生になれば、必ず練習艦隊で遠洋航海の実習を行う。行き先

は年度によって、アメリカ、ヨーロッパ、オーストラリアのいずれかを訪れるのが通例だったが、世界一周をしたクラスもある。薗田たち海兵六十期は昭和八（一九三三）年、アメリカ各地を巡航し、ケタ違いの国力をその目で確かめてきただけに、なおさらだった。艦長・直井大佐も大正八（一九一九）年の遠洋航海でイタリア、フランス南部の地中海を巡航し、少佐の頃には駐仏武官も務めていたから、海外経験が豊富で、日本と世界の国力を客観的に見ることができたのだ。

　とはいえ、思ったことをなかなか口に出しては言えないのが軍隊である。直井大佐の一言は、開戦に際してみんなが持っていた気持ちを代弁するものだったからこそ、誰も異を唱えなかったのだろう。

　真珠湾攻撃を主導した連合艦隊司令長官・山本五十六大将をはじめ、当時の海軍中枢は全員が海外を知っていた、と言っても間違いではない。日本が米英を敵に回しての戦争に勝てるはずがないことぐらい、皆がわかっていたはずである。それなのに、現実に戦争は始まってしまった。

「陸軍に引きずられた」「軍人としては、政府に『戦え』と言われて『いやです』と言うわけにはいかない」「日独伊三国同盟を過信していたのではないか」などと、考えられる理由をそれぞれ私に語ってくれた元海軍士官たちもいたが、一人一人は「負ける」と思っていても、起きるときには起こってしまうのが戦争というものなのかもしれない。

　日本が開戦を決意するまでの経過や、いかに反対意見が押しつぶされて、無謀な戦争に突入してしまったかについては、これからもしつこく検証してゆく必要があるだろう。

「長良」はその後、機動部隊に編入され、昭和十七（一九四二）年六月、日本海軍が機動部隊の空母四隻を失い、開戦後初の大敗を喫したミッドウェー海戦のときは、被弾した旗艦「赤城（あかぎ）」から、司令長官・南雲忠一（なぐもちゅういち）中将が移乗している。

「わが空母群全滅のときの光景、南雲長官が『長良』に逃れられて来られたときの悲痛な顔、連合艦隊から夜戦をやれと電令があったときの我が意を得たりという表情、それが取り消されたときの沈痛な顔、いずれも脳裡に焼きついていています」

という薗田大尉は、のちに海軍兵学校教官、さらに空母「葛城（かつらぎ）」航海長、駆逐艦「響（ひびき）」艦長を務め、終戦を迎えた。私が会ったのは平成九（一九九七）年だったが、心臓病のため、その数年後に亡くなった。

直井大佐はミッドウェー海戦のあと「長良」を去り、昭和十九（一九四四）年から二十（一九四五）年にかけては大分県の宇佐海軍航空隊司令を務めた。宇佐空時代、直井大佐は名司令として人望が厚かったと伝えられるが、在任中の昭和二十年四月、沖縄戦が始まると、宇佐基地からは多くの特攻機が沖縄や九州沖の敵艦めざして出撃している。

開戦時、「こんな馬鹿な戦争を始めやがって！」と叫んだ直井大佐が、二度と還ることのない特攻機を見送る心中はいかばかりであっただろうか。直井大佐は、昭和二十五（一九五〇）年二月二十二日、多くを語らないまま亡くなったという。

開戦時の「長良」艦長・直井俊夫大佐

軽巡洋艦「長良」

同じく軽巡洋艦「長良」

07 日々命がけで戦う凄腕下士官搭乗員が激戦の最中に実践していたこと

「つらいときはニッコリ笑ってみる。笑うのが無理なら、口角を上げてみるだけでいい。それだけで、けっこう気持ちが落ち着くものですよ」

昭和十七(一九四二)年、角田和男海軍飛行兵曹長

角田和男(つのだかずお)は、ラバウル、硫黄島、フィリピン、台湾と、投入された搭乗員のほとんどが戦死する激戦を戦い抜いた、日本海軍有数の戦闘機乗りである。本人の日記によると、単独で撃墜した敵機は十三機、協同撃墜は約百機にのぼる。

そんな角田でも、昭和十七(一九四二)年八月七日、初めてラバウルで米軍の大型爆撃機・ボーイングB－17爆撃機を邀撃したときには膝がガクガク震えて困ったという。

角田は、空戦に、あるいは味方輸送船団の上空直衛にと、風土病のマラリアを発症しても休む間もないほどの出撃に明け暮れた。日本海軍は、それまで少数精鋭主義を貫いてきたため、搭乗員の絶対数が少な

く、戦争が始まって急速養成されるようになったものの、補充が消耗に追いつかない。なかでも一年に数名から十数名しか養成してこなかった戦闘機隊の士官搭乗員の不足は深刻で、本来ならば古参の大尉か少佐が率いるべき零戦三十六機の大編隊を、飛行兵曹長の角田が率いて飛ぶこともあった。

新任中尉の分隊長が名目上の指揮官として出撃するときも、基地を発進すれば中尉は角田機の一歩後ろに下がり、階級が下の角田が編隊の先頭に立って事実上の指揮官を務める。その働きぶりは、まさにソロモン方面の海軍戦闘機隊の屋台骨を支えているといって過言ではなかった。

ラバウル時代の角田の言葉で私の印象に残ったことが三つある。ひとつは慰安婦との心のふれあいである。

日本海軍の一大拠点であったラバウルには、戦闘部隊だけでなく病院や慰安所の施設も完備していた。

「慰安所は士官用、下士官兵用と分かれていて、士官用の慰安婦はたいてい日本人でした。日本人は沖縄の人が多かったんですが、下士官兵用の多くは、朝鮮から来た女性でした。慰安婦はみんな若いですよ。数え年で十七、八ぐらいですか。二十歳という人が最高でしたね。

法律的なことは知りませんが、本人たちは、戦死したら特志看護婦として靖国神社に祀(まつ)ってもらえると言っていました。そういうふうに教えられていると。だから、空襲があっても防空壕に入らない子もいたんです」

角田は、「天皇陛下のために兵隊さんの奥さんの代わりを務めようと決心しました」と健気(けなげ)に語る朝鮮半島出身の若丸という慰安婦が、

「いまさら生きて帰れない、戦死したい」

と言って空襲があっても防空壕に逃げようとしないのに同情し、

「天皇陛下のためにと、この道を選んだ少女がいるのなら、万一の場合は陛下に代わって、お詫びの印に死んでやろう」

と、空襲下、若丸とともに防空壕に入らず一夜をともにしたことがある。若丸は、「今日は爆弾が当る、当る」と歌うように口ずさみ、「神様、仏様。どうか爆弾が当りますように」と祈りながら角田の胸に顔を埋めた。角田は、この子の運命がなんとかならないものかと考えながら、「当れば仕方がないが、なるべく爆弾は当りませんように」と祈ったという。彼女がその後どうなったか、生きてラバウルを出ることができたかどうかさえ、角田には知るすべがない。

「金は、確かに儲かるんですよ。昭和十八（一九四三）年当時で、若い子たちがそれぞれ三万円ぐらいの郵便貯金を持っていました。内地で千円もあれば家が建った時代、少尉の給料が月七十円だった頃のことです。内地に帰れば横浜あたりで店でも開くには十分な資金でしたが、あの子たちにそんな経営能力があったかどうか……」

二つめは、「死ぬのが怖くなった」と、飛行場に出てこなくなった中堅の下士官搭乗員のことである。戦闘機乗りも人の子だから、死ぬのが怖いのは当然だ。ふだんは使命感や敵愾心（てきがいしん）で死の恐怖を打ち消し、明るくほがらかに振る舞っていても、次々と戦友たちが死んでゆくのをまのあたりにするうち、ふと恐怖が頭をもたげてくる。ラバウルから生還した元零戦搭乗員たちから私が聞きとっただけでも、精神を病んで自殺を図ったり、戦闘に出られなくなって内地に送還されたり、内地に帰って隊から脱走したりした例がある。それらは皆、「歴戦の」という枕詞がつくような経歴を持つ搭乗員だった。

角田の部下だった松永一飛曹も、そんな一人だった。若い搭乗員たちが角田のもとにやってきて、松永が、飛行機に乗るのが嫌になった、搭乗員を辞めたい、仲間の顔を見るのもつらいと言って部屋に引きこもっているという。角田はわざとほがらかに話しかけて松永の心をほぐし、

「そう簡単にアメちゃんに墜とされてたまるか。閻魔の関所は俺が蹴破る。地獄の底までついて来い！」

と気合を入れた。松永は角田の言葉に持ち前の明るさを取り戻したが、次の出撃で、艦爆隊を敵戦闘機から守ろうと、単機でボートシコルスキーF4Uコルセア十五機の編隊に挑み、撃墜されて戦死した。角田にとって、悔やんでも悔やみきれない出来事だった。

三つめは、そんな激戦のなか、角田が実践していたということである。

「生きるか死ぬか、極度の緊張をともなう空戦で、私は敵機を一機撃墜するごとにニッコリ笑うことを心がけていました。笑うのが無理なら、口角を上げてみるだけでいい。それだけで、けっこう気持ちが落ち着くものですよ」

ところが、昭和十九（一九四四）年十一月十一日、特攻隊の直掩機（爆装機の掩護、戦果確認）としてフィリピン・マニラの湾岸道路から発進したさいのこと。

「マニラの湾岸道路から特攻出撃するとき、毎日新聞社の新名丈夫さん（従軍記者）が、片膝を立ててこちらにカメラを向けているのがわかった。それで、ここでニッコリ、と思ったけど、顔がこわばってしまって私は笑えませんでした。しかし、若い搭乗員でニッコリ笑って出ていく者がいる。すごいと思いましたね……」

角田は、ベテランゆえに爆装（敵艦に体当りする）は命じられず、直掩機として、襲いくる敵戦闘機か

ら爆装機を守り、仲間が敵艦に突入するのを見届ける、辛く非情な出撃を重ねた。大戦末期になると、飛行機の質も低下していて、同じ零戦でも所定の性能が発揮できないばかりか、エンジンのシリンダーが裂けるなど、考えられないような故障を起こすことがよくあった。

「でも私は、前線への出撃待機中、飛行機工場で、勤労動員の女学生が一生懸命作業をしている姿をまのあたりにしていますから、彼女たちがつくった飛行機で死ぬなら、たとえ故障でも本望。喜んで死のうと思っていました」

と、角田は語っている。

戦後、開拓農家となった角田は、自身の生活を犠牲にしてまで戦死した戦友たちの慰霊行脚を続け、遺族にも尽くし、かつての部下から慕われた。ギリギリの極限状態でこそ、人間性の真価が露わになるのだろう。

角田和男少尉。昭和19年5月、三沢基地にて

昭和17年、ラバウルにて。左端が角田和男飛曹長（当時）

昭和20年5月、台湾・宜蘭基地で出撃直前の神風特攻大義隊。壇上で訓示するのは玉井浅一中佐

対空砲火に被弾、火を噴きながら米空母に突入する特攻機

08

日本海軍のサラブレッドが惨敗の海戦で知った日本海軍の驕り体質

「『天命を待って人事を尽す』のが本当じゃないか。それが戦いを通じての実感です」

昭和十七（一九四二）年、巡洋艦「青葉」航海士・武田光雄海軍大尉

水上偵察機が吊光弾を投下すると、漆黒の海面に、四隻の敵艦のシルエットがくっきりと浮かび上がった。昭和十七（一九四二）年八月八日夜、日本海軍第八艦隊の八隻は、司令長官・三川軍一中将座乗の旗艦・重巡洋艦「鳥海」を先頭に、重巡「青葉」「加古」「衣笠」「古鷹」、軽巡「天龍」「夕張」、駆逐艦「夕凪」の順で、単縦陣となって次々と雷撃、砲撃の火ぶたを切った。

武田光雄は、第六戦隊司令官・五藤存知少将が座乗する二番艦「青葉」の航海士として、この夜戦に参加していた。当時、二十一歳の海軍少尉だった。

武田は大正九（一九二〇）年、東京生まれ。海軍きっての国際派として知られた海軍大将・豊田貞次郎

の次男として生まれたが、母方の武田家に跡取りがいなかったことから、祖父・武田秀雄氏の養子となった。祖父は明治海軍の草分けの機関科将校で、海軍機関中将で退役したのち三菱に招かれ、武田が生まれた頃には三菱造船の会長を務めていた。

昭和十三（一九三八）年、海軍兵学校に七十期生として入校。日米開戦を間近に控えた昭和十六（一九四一）年十一月に繰り上げ卒業すると、少尉候補生として恒例の練習航海も、天皇陛下の拝謁もないままに、クラスメート四百三十二名全員がただちに艦隊に配乗され、武田は「青葉」乗組を命ぜられた。「青葉」は、昭和二（一九二七）年、祖父が会長時代の最後に三菱長崎造船所で竣工した巡洋艦で、進水式に列席した祖父から記念品や絵葉書をもらっていたこともあって、武田には子供の頃から思い入れの深い艦だった。

海兵七十期の卒業からわずか二十三日後、太平洋戦争が始まる。武田は、水雷士（魚雷を扱う水雷長の補佐）としてグアム島、ウェーク島、ラバウル攻略、珊瑚海海戦に参加。昭和十七（一九四二）年六月、少尉に任官すると、七月、艦内の配置転換で航海士となる。

七月十四日、「青葉」「衣笠」「古鷹」「加古」からなる第六戦隊は、新編の第八艦隊（外南洋部隊）に編入された。第八艦隊が担当するのは、赤道以南で、おもにニューギニア、ソロモン諸島の海域である。アメリカとオーストラリア間の交通路を遮断し、米軍が豪州を経由して南から反攻に転じるのを防ぐため、日本軍は早くから、その中心に位置するニューブリテン島ラバウルを占領、ここを足がかりにソロモン諸島、そして連合軍の一大拠点であるニューギニアのポートモレスビーを窺っていた。

八月七日、日本海軍が飛行艇基地を置いていたソロモン諸島のツラギ島、およびその対岸で、日本海軍が建設中の飛行場がほぼ完成したガダルカナル島に、突如として米軍が上陸を開始。これは結果的に、戦争の帰趨を左右する、米軍の本格的な反攻の始まりだった。

この日、第六戦隊司令官・五藤存知少将は、「青葉」「加古」「衣笠」「古鷹」および「鳥海」を率いて、ニューギニア作戦を支援するため、ニューアイルランド島カビエンを出港したところだったが、「ツラギに敵上陸」の一報を受け、ただちに作戦を中止して第八艦隊司令部のあるラバウルに向かった。第八艦隊司令部では緊急の会議がもたれ、ツラギ、ガダルカナルの敵上陸部隊に、夜襲で一矢を報いる方針に決する。司令長官・三川軍一中将は、ラバウルで「鳥海」に乗艦、自ら陣頭に立つ決意を行動で示した。

「三川長官はラバウルに着任したばかりで、私たち乗組士官はまだ伺候(しこう)もしておらず、もちろん作戦上の打ち合わせもしたことがありません。しかし、その長官が、『鳥海』の檣頭(しょうとう)に中将旗を掲げて湾内から出てきて、先頭に立っただけで、こんどの長官は違う、やるぞと、艦隊総員の士気は非常に上がりましたね」

三川中将が自ら先頭に立ったことは、どんな言葉を弄(ろう)するよりも、将兵の闘志を奮い立たせた。ラバウルからガダルカナルまでは約千キロの航程である。ラバウル湾口で「天龍」「夕張」「夕凪」の三隻とも合流し、八隻となった第八艦隊は、寄せ集めの戦力ながら一路ガダルカナルへ向かった。

明けて八月八日、航程も半ばの午後二時四十二分、ここで初めて、戦闘要領の詳細が、「鳥海」から手旗信号で各艦に伝えられた。ガダルカナルとツラギの間に位置するサボ島の南側から進入、突入時の速力は二十四ノット、隊形は旗艦「鳥海」を先頭に単縦陣、開距離千二百メートルとする。まずガダルカナル島前面の敵を雷撃(魚雷攻撃)したのち、取舵(左に転舵)に反転、ツラギ前面の敵を砲雷撃し、サボ島北方より避退する。射撃は各艦指揮官の所信に一任、各艦の両舷檣桁(しょうこう)(マスト左右の桁)に、味方識別の吹流しを掲げる、というのがその要旨である。

午後九時過ぎ、照明隊の水上偵察機（水偵）三機が、「鳥海」「青葉」「加古」のカタパルトから射出された。戦闘に備えて、航空機用ガソリンや内火艇、魚雷用燃料などの可燃物を海中に投棄する。十時七分、「鳥海」の水上偵察機が敵艦隊を発見。十時四十分『戦闘用意』、続いて十一時三十一分、『全軍突撃セヨ』が下令される。天候は曇り、海上は平穏で視界は約十キロ、月の出まで一時間半だった。

まもなく左四度に敵艦隊発見。これはオーストラリア海軍の重巡「キャンベラ」、アメリカ海軍の重巡「シカゴ」と駆逐艦二隻だった。ただちに上空の水偵に吊光弾の投下が命じられ、各艦は単縦陣で、敵艦に対して魚雷発射、次いで全砲火を開いて猛射を浴びせた。途中、五番艦「古鷹」が、よろめいて前方に出てきた敵重巡を避けるために左に転舵し、単縦陣が崩れて左右に分かれる隊形になったが、これがかえって幸いし、次に現れた敵艦隊を挟み撃ちする形となった。

十一時四十八分、こんどは左二十度、距離七千メートルに、米重巡「アストリア」「クインシー」「ビンセンス」ほか駆逐艦二隻を発見。「鳥海」はすかさずこの敵に、探照灯を照射した。

「あれには驚きました。探照灯を照射すると、敵艦がよく見えて射撃はしやすくなりますが、同時に、敵にとっても恰好の攻撃目標になりますから。長官が、二番艦以下のために、捨て身でこういう命令をくだしたのには感激しました。この指揮官のためなら、という気持ちが自然に湧きましたね」

敵艦はみるみる近づいてくる。主砲はもちろん、高角砲や機銃まで動員しての、舷舷相摩（げんげんあいま）するような近接戦闘となった。火線が次々と吸い込まれるように敵艦に命中する。飛び交う光条、夜空を焦がして巨大な火柱が上がる。

「遮光用の黒いビロードで覆われた海図台から顔を出して外を見ると、敵艦にパッパッと火花が飛んで、搭載された飛行機が燃え上がるのが見える。息を呑んでその光景に見とれていると、航海長から、『おいコシ（航海士）、位置は大丈夫か』と声をかけられ、『ハイ、大丈夫です』と答えて、また海図台に首を突っ込んで、恰好だけ仕事をする。私としては、こんな勝ち戦の模様はめったに見られないと思って、見たくてしようがないわけです」

次々と燃え上がり、沈みゆく敵艦。本来ならば戦闘中に必要以外の声を出してはならない艦橋のなかも、このときばかりは歓声につつまれた。

第二次の戦闘が開始されてほどなく、米重巡「ビンセンス」が、満身創痍になりながらも、後部マストに星条旗をはためかせて、「青葉」に向かってくるのが見えた。

「星条旗が炎に照らされて、はっきりと見える。そこで、『あれは敵の旗艦だ、大将を討て！』とばかりに猛射を浴びせたんです。どんどん距離は近づいて、千メートルを切りました。敵は主砲を撃ついとまもなく、艦橋の機銃で応戦します。すると突然、『ビンセンス』が鳴らす汽笛の音が響いてきました。それはあたかも、断末魔の叫びのようでした」

「鳥海」が最初の魚雷を発射してからわずか三十五分で、敵艦隊は壊滅、月出前の海面にふたたび静寂が訪れた。この海戦で、連合軍側は豪重巡「キャンベラ」、米重巡「アストリア」「クインシー」「ビンセンス」の重巡四隻が沈没、重巡一隻、駆逐艦二隻が大中破、千人を超える戦死者を出した。日本側の損害は、「鳥海」に敵の二十センチ主砲弾二発が命中、戦死者三十四名を出したほかは、「衣笠」で一名が戦死、「青葉」が敵機銃弾で小火災を起こしたのみ。翌八月九日、カビエンへの帰投を目前に、「加古」が敵潜水艦の魚雷で撃沈され、三十四名の戦死者を出して画竜点睛を欠く結果となったが、海戦としては、史上まれに見る一方的勝利だった。この戦いを、日本側は「第一次ソロモン海戦」と呼んだ。

ところが、第一次ソロモン海戦の大勝から二ヵ月後の十月十一日、日本海軍は、まさにその裏返しのような手痛い反撃を喰らう。

この日、五藤少将の率いる「青葉」以下、第六戦隊の「古鷹」「衣笠」、それに駆逐艦「吹雪」「初雪」の五隻は、ガダルカナル島に人員、物資を揚陸する部隊を支援するため、敵が使用しているヘンダーソン飛行場を夜間砲撃する命を受け、ブーゲンビル島にほど近いショートランド泊地をあとにした。

「サボ島の方向を見ていた見張員が、『怪しい艦が見えます』と言ってきました。私が代わって双眼鏡をのぞいてみると、真っ暗な島陰の手前に、確かに艦首尾波が白く、左から右に走っている。味方の揚陸部隊が戻ってきたのかとも思いましたが、約束では南水道から出てくるはずが、ここは明らかに北水道。おかしいと思い、艦長に報告しました」

「青葉」の艦橋では、この艦影に対し、敵か味方か半信半疑だった。当直将校が「あれは味方だよ」と言い、司令官も、『ワレ青葉』と、味方識別の発光信号を出すことを命じた。この時点ではまだ、『総員配置ニ付ケ』の命令も出ていない。悠長な動きだった。

「みんなそろそろ配置についてきました。そのなかにとびきり目のいい叩き上げの特務少尉がいて、艦橋右側の双眼鏡を見ながら『これは怪しいです、敵らしいです』と言い、直後に『敵です！』と絶叫すると、ほとんど同時に艦長が『配置ニ付ケ』を下令、ラッパが鳴り響きました。そのとたん、敵艦から撃たれたんです」

「青葉」では、敵の軽巡「ヘレナ」の放った十五センチ砲弾が初弾から命中、艦橋内をビリヤードの玉のように跳ねまわり、五藤司令官以下の下肢をなぎ払った。艦橋へ上がるラッタルには副長以下、何人もの乗組員が取りついていたが、彼らも全員が吹き飛ばされた。武田は、たまたま艦橋の床下で炸裂した一弾の弾片を浴び、左下腿部貫通、大腿部盲管の重傷を負った。すぐ側にいた仲良しの慶應義塾大学出身の庶務主任・真崎隆(まざきたかし)主計中尉は、脊髄を射抜かれて即死していた。

突然、「青葉」の汽笛が鳴り響いた。武田は二ヵ月前の「ビンセンス」の最期を思い出した。「因果応報」という言葉が脳裏をよぎる。負傷した左脚に不思議と痛みは感じなかったが、失血によりだんだん意識が遠くなってきた——。

「サボ島沖海戦」と呼ばれるこの夜の海戦で、日本側は電探(レーダー)を駆使した敵の正確な射撃の前に応戦のいとまもなく、重巡「古鷹」と駆逐艦「吹雪」が撃沈され、「青葉」も大破した。「青葉」では多数の敵弾を浴びて、五藤司令官以下七十九名もの戦死者を出した。

このときは、出撃するさいの心構えからして前回と違っていた。防衛省防衛研究所所収の第六戦隊戦闘詳報には、「敵艦隊は夜間は遠く、あるいは湾内深くに退避していて、敵飛行場への夜間攻撃にもほとんど反撃してこないはず」という意味の情勢判断が記されている。最初の夜戦で一方的勝利をおさめたことに慢心し、敵を侮り、油断したととられても仕方のない甘さだった。

武田は負傷療養ののち、空母「隼鷹(じゅんよう)」機銃分隊長としてなおも数次の作戦にし、さらに第十七駆逐隊の駆逐艦「濱風(はまかぜ)」水雷長（先任将校）としてマリアナ沖海戦、比島沖海戦などに参加した。昭和十九（一九四四）年十月の比島沖海戦では戦艦「武蔵」の沈没を目の当たりにし、続いて十一月には、横須賀から呉に回航途中で撃沈された空母「信濃」（「大和」型三番艦を建造途中に空母に変更）の最期を見届けている。昭和二十（一九四五）年四月七日、戦艦「大和」以下の水上特攻で、「濱風」は、敵機の空襲が始まってほどなく撃沈され、武田は東シナ海を漂流しながら、「大和」が大爆発を起こして沈没するのを間近に見ていた。

「これで、祖父の代から営々と築いてきた海軍も終わりだなあ、と思いました。私は、『平家物語』を子供の頃から愛読していましたが、平知盛が壇ノ浦で、平家の水軍を指揮して奮闘したのちに、『見るべき程のことは見つ』と自ら身を沈めた場面が思い出されました」

そして八月、武田は、久里浜の水雷学校分校の教官として、大尉で終戦を迎えた。戦後はしばらく復員業務に携わったのち、東京大学経済学部に進み、卒業後は三菱電機などに勤めた。

「戦争中に乗組んだ三隻は、いずれも運のいい艦でした。よき上官、精強なよき部下に恵まれて、海軍では存分に働かせてもらったと思っています。私は終戦のとき二十五歳でしたが、自分の人生は戦争とともに終わって、残りは付録のような気がするんですよ。『人事を尽くして天命を待つ』というけれど、私はそれは人間の増長であると思っています。天命というものがまずあって、『天命を待って人事を尽す』のが本当じゃないか。それが戦いを通じての実感です」

諸行無常の人の営みは、いつの世も変わりがない。「平家物語」の平氏の盛衰は、のちの帝国海軍の終焉をも暗示していたのかもしれない。戦って勝ち、勝って驕り、そのために敗れる——現代を生きる私たちが、歴史から学ぶべきことは多い。

昭和16年、海軍兵学校最後の夏休み。祖父・武田秀雄(右)と

昭和18年、空母「隼鷹」時代の武田光雄中尉(当時)

重巡洋艦「青葉」

昭和17年8月8日、重巡「鳥海」の探照灯に照らされる米重巡「クインシー」

09

剛毅で知られた戦闘機乗りが劣勢の空戦の最中に感じた心境の変化

「空戦が怖くなった」

昭和十九(一九四四)年、硫黄島に襲来する米軍新型戦闘機と戦った宮崎勇海軍上飛曹

昭和十五(一九四〇)年九月十三日、中国大陸重慶上空で、中華民国空軍のソ連製戦闘機を相手に撃墜二十七機(日本側記録)、損失ゼロという鮮烈なデビュー戦を飾り、大陸の制空権を握った零戦は、昭和十六(一九四一)年十二月八日、日本がアメリカ、イギリス、オランダなど連合国との戦争に踏み切った後も、その長大な航続力を生かして、ときに敵の想像もおよばぬ長距離を飛翔して神出鬼没の活躍を見せた。すぐれた運動性能と、中国戦線で実戦経験を積んだ搭乗員の技倆もあいまって敵機を圧倒、一時は無敵の戦闘機だった。零戦は、日本軍の占領地域の拡大にともない、東南アジア一帯からニューギニア、ソロモン諸島へと戦いの場を広げていった。

ソロモンで戦死したある搭乗員の遺稿となった手記には、撃墜され、日本軍の捕虜になった米軍爆撃機・ボーイングB－17のパイロットが、日本側の訊問に対し、

"I saw two Zeros! And next second, I found myself in the fire. They were the angels of the hell to us"と、戦慄しながら答えたと記されている。「地獄への使者」——それが、敵である連合軍パイロットが見た零戦の姿だった。

だが、昭和十七（一九四二）年八月七日、連合軍の南方からの反攻拠点となり得るオーストラリアとアメリカとをむすぶ交通路を遮断するため、日本海軍が飛行場を設営していたガダルカナル島に米軍が上陸、島をめぐる攻防戦が激しくなって以降、その優位が揺らぎ始める。日本海軍航空部隊が主要な拠点とするニューブリテン島ラバウル基地からガダルカナル島までは、零戦の航続力でも限界に近い約千キロ。八月下旬にブカ島、十月上旬にはブーゲンビル島ブインと、前進基地が次々に整備されたが、ホームグラウンド上空で待ち構えるグラマンF4Fなど米軍戦闘機に対し、長距離飛行のハンデがある上に、帰りの燃料を積んだ重い状態で戦わざるを得ない零戦の損害は、目に見えて増加していった。

昭和十八（一九四三）年二月、日本軍はガダルカナル島から撤退。その後もラバウルの日本海軍航空部隊は、ソロモン諸島を島伝いに攻めてくる米軍を相手に必死の戦いを繰り広げたが、次々と繰り出される敵の新型機を前に、次第に苦戦の度を深めていった。この頃、米軍が、ボートシコルスキー（チャンス・ヴォート）F4Uコルセアや、ロッキードP－38ライトニングなどの新鋭高速戦闘機を投入、さらに戦力を増強してきたのに対し、零戦はエンジンを二速過給機付きとし、翼端を短縮した三二型、翼長を元に戻し、燃料タンクを増設した二二型と、若干の性能向上は果たしたものの、あくまで小改良にとどまっていた。

そんな、太平洋の空の覇権争いに終止符を打ったのが、米海軍の新型戦闘機・グラマンF6Fヘルキャットの登場である。

Ｆ６Ｆは、従来のＦ４Ｆのエンジンが千二百馬力だったのに対し、離昇出力二千百馬力という強力なエンジンを持ち、最高速度は時速三百二十七ノット（約六百五キロ）と、日本側で実戦配備が始まったばかりの零戦五二型（翼端をふたたび短縮し丸型に整形、単排気管のロケット効果で速度向上を図る）よりも約二十ノット（約三十七キロ）優速である。弾丸の初速が速く、威力の大きい十二・七ミリ機銃六挺を主翼に装備、パイロットを保護するため背面に堅牢な防弾板と自動防漏タンクを備え、速力、上昇力、運動性、あらゆる点で大幅に性能がアップしていた。

零戦とグラマンＦ６Ｆが初めて激突したのは、昭和十八年十月六日のことだった。この日、正規空母六隻、軽空母五隻などからなる米機動部隊のグラマンＦ６ＦやダグラスＳＢＤドーントレス急降下爆撃機、グラマンＴＢＦアベンジャー攻撃機など約四百機がウェーク島の日本軍基地を急襲した。

ウェーク島を発進した二五二空零戦隊はのべ二十六機。機数が圧倒的に足りない上に、離陸直後という不利な態勢から果敢に空戦を挑んだが十六機が撃墜され、残りの飛行機も地上で全滅させられるという、惨憺たる戦いになった。

二五二空零戦隊は、ウエーク島からマーシャル諸島、ギルバート諸島の広い範囲に分散配備されている。ウェーク島が空襲を受けたとの報に、二五二空と陸攻隊の七五五空を麾下（きか）におさめる第二十二航空戦隊司令官・吉良俊一（きらしゅんいち）少将は、ただちにマロエラップ環礁の零戦隊と陸攻隊とをウェーク増援に向かわせた。零戦隊は塚本祐造大尉が率いる七機、一式陸攻隊は七五五空の七機である。

ここに、一人の零戦搭乗員が登場する。零戦隊の第三小隊二番機としてマロエラップを出撃した、当時二十四歳の宮崎勇上飛曹（のち少尉）。宮崎は大正八（一九一九）年、香川県に生まれ、県立丸亀中学校を経て昭和十二（一九三七）年、水兵として海軍に入った。部内選抜の丙種飛行予科練習生を経て戦闘機搭乗員となり、将来のテストパイロット候補として、海軍航空隊のメッカである横須賀海軍航空隊で鍛えられたが、請われて二五二空に転属した。ラバウル、ソロモンではすでに幾度もの激戦をくぐり抜け、二度にわたって空戦で被弾、海上に不時着水し、一度はワニが無数にいる河口を、もう一度はフカ（鮫）が泳ぎ回る海面を、それぞれ泳いで生還したこともある。

宮崎の回想——。

「突然、敵機が上空から降ってきて、陸攻隊はパッと逃げ散りました。それで、われわれ零戦隊は空戦に入ったんですが、瞬間的に、こいつはいままでに戦った敵機とは違うぞ、と直感しました。スピードが速くて追いつけない。運動性もいいし、手ごわかったですよ。それがF6Fだったんです」

F6Fとの二度にわたる空戦で、七機の零戦は離ればなれになり、零戦二機が撃墜され、指揮官・塚本大尉機は被弾、海上に不時着水した。

グラマンF6Fとの初の対戦で、二五二空零戦隊は歴戦の搭乗員を揃えて戦いながらも十九名を失い、戦死した搭乗員のなかには、昭和十五年九月十三日、零戦の初空戦に参加した末田利行飛曹長や、やはり支那事変以来古参の中島文吉上飛曹など、操縦桿を握れば敵なし、と自他ともに認める超ベテランもふくまれていた。空戦によるＦ６Ｆの損失は六機（別に地上砲火による損失十二機）にすぎなかった。

初対決の結果は、Ｆ６Ｆに軍配が上がったのは明らかである。これは、それまで、少なくとも敵戦闘機に対しては優勢を保っていると信じられていた、零戦の神話が崩れ去った瞬間だった。

わずか一日の戦いで壊滅した二五二空の生存搭乗員たちは、数日後、輸送機でルオット、次いでマロエラップに後退した。この頃、飛行隊長・周防元成（すおうもとなり）大尉（のち少佐）が、内地への飛行機便に託し、海軍兵学校のクラスメートで海軍航空技術廠飛行実験部員（テストパイロット）の志賀淑雄大尉（のち少佐）に書き送った手紙には、

〈相手は新手。おそらくＦ６Ｆと思われる。速力、上昇力ともに手強い相手だ。ゼロではもうどうにもならぬ。次を急いでくれ〉

と、早期の新型機投入を願う切実な思いが綴られている。

ウェーク島を叩いた米軍は、その手をゆるめることなく、昭和十八年十一月二十一日、ギルバート諸島のマキン、タラワ両島に上陸を開始した。マキン、タラワの日本軍守備隊は間もなく玉砕、その後、マーシャル諸島各基地への米軍機による攻撃はさらに激しさを増していった。宮崎も連日の邀撃戦に明け暮れるようになる。昭和十九（一九四四）年一月三十日、こんどはマロエラップ基地に米機動部隊の艦上機が来襲した。敵機はＦ６Ｆをふくむ七十機以上。対する零戦は、連日の戦闘に消耗し、可動機はわずか十一機になっていた。

「この戦闘中、私は一機のＦ６Ｆが、海面すれすれの超低空をフラフラ飛んでいるのを発見しました。追

いかけて、後ろについていつでも射撃できる態勢になったんだけど、敵は気づいているはずなのに反撃しようともしない。さらに近寄って操縦席をのぞき込むと、敵の搭乗員は疲れきった表情でこちらを見るだけでした。——それを見たら墜とせなくなりましてね。

空戦してるときは相手は飛行機だから。搭乗員の顔が見えないから戦えるんだけど、顔を見てしまったら人間同士ですから。甘いと言われるかもしれんが、どうしてもとどめを刺せなかった。もっとも、戦後、アメリカから照会が来たところによると、その搭乗員は結局、そのあとすぐに海に突っ込み、戦死したらしいです」

この日、撃墜された零戦は一機だけだったが、残りも全機が不時着もしくは地上で撃破され、マロエラップにおける航空兵力は完全にゼロになってしまった。

飛行機を失った二五二空では、搭乗員のみが脱出して内地で再起をはかることになり、宮崎ら十七名は一式陸攻三機に分乗して思い出深い基地をあとにした。

宮崎が次にＦ６Ｆとまみえたのは、硫黄島へ進出した昭和十九年七月三日、四日のことである。すでに六月二十四日、米機動部隊艦上機が大挙して来襲、Ｆ６Ｆとの大空戦の末、二五二空は先発していた飛行隊長・粟信夫（あわのぶお）大尉以下十名を失い、硫黄島全体の零戦の損失は三十四機にのぼっていた。対する米軍の損害は、空戦によるものわずかに六機。宮崎によると、硫黄島でのＦ６Ｆは、マーシャルで対戦したときと比べても、じつにしつこく空戦を挑んできたという。もはや零戦は恐るべき敵ではなくなっていたのだ。

宮崎はさらに、同年十月にはフィリピンに進出。レイテ島に上陸する敵攻略部隊を迎え撃つが、ここでも零戦隊はＦ６Ｆに敗北を喫し、残った搭乗員の多くは、折から始まった神風特別攻撃隊に編入され、爆弾を積んだ零戦もろとも敵艦に体当り攻撃をかけていった。

特攻隊に指名されなかった宮崎は、「飛行機をとりに内地へ帰れ」と命じられ、帰ったところに転勤命令が出て、第三四三海軍航空隊（三四三空）戦闘第三〇一飛行隊に転じた。三四三空の主力戦闘機となる「紫電改」は、二千馬力級エンジンを搭載、グラマンＦ６Ｆとも同等に渡りあえる期待の新鋭機である。

だが、宮崎はこの頃から体の不調を覚えるようになっていた。

「腕をこすったら、赤くなってそれが消えない。三四三空に移った頃には、高度五千メートルを超えて飛行すると頭が割れるように痛くなる。軍医に診てもらうと、長い空戦生活の疲労からくる『航空神経症』とのことでした。いまはどうか知らんが、搭乗員に特有のこんな症状を合わせてそう呼んでいたんです」

結局、その後は上空哨戒や済州島付近に出没した敵潜水艦攻撃などには出撃したものの、大きな空戦に参加する機会はあまりないまま、長崎県の大村基地で終戦を迎えた。

「海軍に入って、憧れていた戦闘機に乗れた、というのは、たとえあの戦争で死んでも本望だったと思います。戦争も、受け止め方は人それぞれでしょうが、あの時代にわれわれがやるべきことはそれしかなかった。悔いなし、と思ってますよ」

と、宮崎。だが、相当長い期間、戦争の恐怖にさいなまれていたとも言う。

「いまでも夜通し眠れんことがあります。どうせやるなら、戦闘機乗りとして恥ずかしくない働きをしたいと思い、はじめのうちは撃墜機数を戦友と競争したこともありました。しかし、長いあいだ戦ううちに、達観してしまったというか、お前、何機墜とした？　なんて言いもしなくなりましたね。最初のうちは、戦果を挙げるのが嬉しかった。でも、撃墜してるうち、次々と敵機を墜としているうちに、だんだん怖ろしくなってきたんです。辛いんですよ、墜とすのが。俺もいつかはああいう形で墜とされるのかな、と我が身に置きかえて考えると、ゾッとしてた。だから、マロエラップで敵の顔を見てしまったときも、とどめを刺せなかったんだと思います。

それをいちばん強く感じたのは、硫黄島の戦いでした。ものすごい大空戦が終わって、ふと海面を見ると、あちこちに飛行機が墜ちたあとが丸い輪になって残っていました。低空を旋回しながら数えてみると、七十いくつもあったんです。あの短い時間でこれだけ多くの人間が死んだと思うと、しみじみと虚しさを感じましたね……」

空戦中、敵機を撃墜したときのことは、多くの搭乗員にとって、心ならずも人の命を奪った、できれば忘れてしまいたい心の「傷」である。しかも空戦のたびに、朝、笑いあった仲間の何人かはふたたび地上に戻ってこない。グラマンＦ６Ｆが登場してからはなおさら、撃墜した敵機の数より戦死する戦友の方が多い状況が続いた。そんな、自分が撃った弾丸で墜ちる敵機や、還らぬ戦友に自分の姿を重ねたときの感慨を、

「怖ろしくなった」

と、きわめて率直な言葉で、宮崎は吐露してくれたのだ。事実、硫黄島の戦い以降、宮崎が敵機を撃墜した記録はない。

私が、宮崎宅を訪ねてのインタビューは、都合八回におよんだ。宮崎はいつも、約束の時間の前には路面電車の停留所で待っていてくれた。話はたいてい夕食時におよび、近所の鰻屋にご一緒する。食事が終わると、宮崎は必ず、

「ごちそうさま。美味しかったよ」

と店の人に声をかける。どちらかといえば強面（こわもて）な雰囲気だったが、じつに気配りのゆきとどいた、思いやりのある人だった。こんな心根の優しい人が、かつて零戦の操縦桿を握って戦っていたのだ。

宮崎はその後、肝臓を病み、平成二十四（二〇一二）年四月十日、九十二歳で亡くなった。

いまも、宮崎の迫力ある大きな声と、そんな印象とは裏腹に見せた繊細な気配りや優しさを思い出す。そして、空戦が「怖ろしくなった」という言葉に込められた真情について、思いをめぐらせている。

昭和20年、宮崎勇飛曹長（当時）

宮崎勇。昭和18年、ラバウルにて

零戦(左)とグラマンF6Fヘルキャット

10 政治と軍事を独裁する東条英機首相に正面から楯突いた新聞記者の気骨

「竹槍では戦えぬ」

昭和十九（一九四四）年、毎日新聞記者・新名丈夫が執筆した記事より

昭和十九（一九四四）年二月十七日、日本海軍の中部太平洋の拠点・トラック島が、アメリカ海軍機動部隊の艦上機の猛攻を受け壊滅した。この事態に、東條英機内閣は十九日、一部の閣僚を交代させる内閣改造を行い、さらに二十一日には、行政と軍の統帥を分離する従来の慣例をやぶって、軍需大臣、陸軍大臣も兼務する東條首相（陸軍大将）が陸軍統帥トップの参謀総長、海軍大臣嶋田繁太郎大将が海軍軍令部総長を兼務する人事を断行した。

これは事実上、「軍」の意思が政治を支配するもので、この決定にはマスコミはもちろん、陸海軍の内部にさえも反発、あるいは疑問をもつ向きが少なくなかった。前任の参謀総長・杉山元（はじめ）陸軍大将は、「統帥権（陸海軍を指揮する天皇の大権）の独立」を盾に反対したが、東條に押し切られたと伝えられる。

たとえ反対意見を持つ者がいても、出版法、新聞紙法、国家総動員法などの法により言論が統制され、

自由にものが言える時代ではなかった。

二月二十二日、東條内閣は改造後初の閣議を行った。これまで、閣議は首相官邸で行われてきたが、東條首相はこのときから閣議を宮中で行うよう改めている。翌二月二十三日、新聞各紙はこの閣議での東條首相の発言を顔写真入りでいっせいに報じた。

毎日新聞は一面トップの扱いで、

〈皇国存亡の岐路に立つ　首相・閣議で一大勇猛心強調

秋正に危急、総力を絞り　果断・必勝の途開かん

転機に処す新方策考へあり〉

との見出し（原文の漢字は旧字体だが新字体で表記する）でこれを報じた。その内容は、

〈一、統帥と国務の更に一段の緊密化を具現し、政府と国民の持つすべての力を併せて米英撃滅に体当りさせ大東亜戦に勝ち抜かねばならぬ。

一、今こそ重大画期的の時であり、われわれは一切を白紙に返し一切の毀誉褒貶を棄て大胆率直に最善と信ずる途に突進せねばならぬ。

一、重大戦局に処する途は積極果断が御奉公の要諦である、各大臣及び各方面の指導者はこの牢固たる決意が必要である。〉

というもので、結論として

〈国民はこの際一大勇猛心を奮ひ起すの秋、そこに必ず難局打開の道がある。〉

〈私は茲に皆様方と共に必勝を固く信じて一死報国の決意を新にし、政戦両略の一致を文字通り具現し、

飽くまでも積極果断なる施策に当り、以て聖戦の目的を達成して、聖慮を安んじ奉らんことを固く期する次第である〉

と、「転機に処す新方策」に相当する具体策がどこにもない空疎な精神論が並ぶ。

それに対し毎日新聞は、同じ一面に、

〈勝利か滅亡か　戦局は茲まで来た　眦決して見よ、敵の鋏状侵冠〉

と、

〈竹槍では間に合はぬ　飛行機だ、海洋航空機だ〉

と題する二本の記事を掲載した。

〈勝利か滅亡か　戦局は茲まで来た〉の記事では、昭和十七（一九四二）年八月、米軍のガダルカナル島上陸に始まり、南太平洋の日本軍の拠点・ラバウルをめぐる攻防戦と、中部太平洋のギルバート諸島、マーシャル諸島、トラック島と攻め上ってくる米軍の動きを、日本の南と東から迫りくる鋏の刃に例え、

〈トラック乃至は同方面の制海権乃至は制空権を万が一にも敵の優越に委ねたる場合は如何なる事態を招来するかは地図を繙けば一目瞭然であろう。〉

〈大東亜戦争は太平洋戦争であり、海洋戦である、われらの最大の敵は太平洋より来寇しつつあるのだ、海洋戦の攻防は海上において決せられることはいふまでもない、しかも太平洋攻防の決戦は日米の本土沿岸において決せられるものではなくして、数千海里を隔てた基地の争奪を巡って戦はれるのである、本土沿岸に敵が侵攻し来るにおいては最早万事休すである〉

と説く。

〈竹槍では間に合はぬ　飛行機だ、海洋航空機だ〉の記事では、

〈今こそわれらは直視しなければならない、戦争は果して勝つてゐるか、ガダルカナル以来過去一年半余り、わが忠勇なる陸海将士の血戦死闘にもかかはらず太平洋の戦線は次第に後退の一路を辿り来つた血涙の事実をわれわれは深省しなければならない〉

そして、航空兵力こそが主兵力となり決戦兵力となった現在の太平洋の戦いにおいて、航空戦が膨大な消耗戦であることから目をそらしてはいけない、海上補給にせよ、潜水艦戦にせよ、飛行機の掩護なしには成り立たず、

〈航空兵力こそ勝敗の鍵を握るものなのである〉

と述べ、さらに、

〈敵が飛行機で攻めてくるのに竹槍を以(もっ)ては戦ひ得ないのだ。帝国の存亡を決するものはわが航空戦力の飛躍増強に対するわが戦力の結集如何にかかつてゐるのではないか。〉

と締めくくっている。いずれも、冷静に情勢を分析した上で戦局の見通しを述べ、日本が戦う上で必要なことを提言している。

加えてこの日、毎日新聞は、〈今ぞ深思の時である〉と題した社説を掲載した。

その論調は「増産、国民生活、防空、疎開など決戦体制がいまなお整備されていない」ことを主眼にしているが、暗に「大本営発表」に疑問を呈し、

〈必勝の信念だけで戦争には勝たれない。最後の勝利は信念あるものに帰するは相違はないが、それには他の条件において均衡が取れた上のことであつて、必勝の信念のみでは勝てるわけのものではない〉

と、チクリと刺激的な文言が並んでいる。

全体として、東條発言に疑義を唱え、否定するトーンに終始していることは間違いない。これは、具体的な方策もないまま戦争に負け続け、国民には竹槍をもって敵の近代兵器に立ち向かうような精神主義を押しつけ、政治と軍事をほしいままにする東條首相の独裁に対する、新聞社としてのせめてもの抵抗だったのだろう。

やはり、と言うべきか、この紙面が東條首相を激怒させた。

毎日新聞は大本営陸軍報道部長から掲載紙の発禁処分を受け、編集責任者と筆者の処分を求められた。「竹槍事件」と呼ばれる。

毎日新聞社はこれを受け、編集責任者を処分したが、〈勝利か滅亡か　戦局は茲まで来た〉と、〈竹槍では間に合はぬ　飛行機だ、海洋航空機だ〉の記事を書いた新名丈夫(しんみょうたけお)記者の処分は見送った。

すると、記事執筆からわずか八日後、新名に郷里・香川県の第十一師団歩兵第十二連隊への召集令状が届く。新名は明治三十九（一九〇六）年生まれ、慶應義塾大学法学部に在学中の大正十五（一九二六）年、徴兵検査を受けたが、弱視のため兵役を免除されていた。三十七歳になっての突然の召集を、本人も周囲も、東條による「懲罰召集」であると受け取った。

新名は、海軍の記者クラブである「黒潮会」の主任記者を務めていた。東條を激怒させた記事も、海軍の主張を色濃く反映し、代弁したものとも読める。新名の召集に海軍は抗議するが、陸軍は、新名と同様、これまで徴兵を免除されていた老兵二百五十名を一緒に召集することで、新名一人の「懲罰召集」ではないとの立場をとろうとした。結果的に、海軍の抗議が功を奏して新名は三ヵ月で召集解除になるが、同時に召集されたそれ以外の者はその後、硫黄島に送られ全員が戦死したという。

海軍は、陸軍による再召集を避けるため、新名を南西方面艦隊附の報道班員としてフィリピンに送り込んだ。そこで新名は、十月、米軍によるフィリピン侵攻を迎え、数少ない戦力で敵空母の飛行甲板を使用不能にさせる目的で始まった、爆弾を積んだ飛行機による体当り攻撃、すなわち特別攻撃隊（特攻隊）の隊員たちと身近に接することになる。

もともと、陸軍と海軍は仲が良くない。東條首相に盾ついて懲罰召集を受け、それを海軍が身請けする形で最前線に送り込まれた新名は、隊員たちからも好意的に受け入れられた。新名も、目前に「死」を控えた若者たちに、誠意をもって接した。

新名が遺した原稿綴りには、内地に送った記事のほかにも、写しを許された遺書や遺詠が並び、はしばしに、

〈隊員の悉くは詩人だ〉

といった感想や、

〈ある隊員の手帳にはこう書かれてゐた。

死の恐怖は目の悪戯なり心の悪戯なり落花散る前の振舞なり〉

のような印象に残った言葉が刻まれている。

昭和十九年暮れになると、いよいよルソン島への敵上陸が近いことが予想され、第一航空艦隊司令長官大西瀧治郎中将は、報道班員たちを内地に帰すことを考えた。大西は、南西方面艦隊附から第一航空艦隊

附になっていた新名を呼び、特攻隊の様子を内地に伝えることを命じて、「第一航空艦隊から出張」という名目で内地に帰らせた。

東條内閣はすでに退陣し、小磯内閣に代わっていたが、かつて、「竹槍事件」で東條英機の怒りを買い、陸軍に懲罰召集された新名をそのまま帰すと、ふたたび召集される恐れがある。「出張」という名目にしたのはそのためだった。新名が道中、不自由することのないよう、大西は「通過各部隊副長」宛てに、「道中御便宜取計相成度」との添え書きを持たせた。

日本に帰った新名は、その後も人間爆弾「桜花」部隊の初出撃や、厚木の第三〇二海軍航空隊などの前線部隊を取材し、いっぽうで、終戦工作の立役者である井上成美（しげよし）大将や高木惣吉（そうきち）少将など海軍中枢も取材している。

戦争が日本の無惨な敗戦に終わったのち、新名は、特攻隊員たちの記録がＧＨＱ（連合国軍最高司令官総司令部）に接収され、あるいは散逸するのを防ぐため、自分をふくめた報道班員たちの取材記録の多くを個人で保管し続けた。それらの記録が初めて世に出たのは、昭和四十二（一九六七）年、毎日新聞社が刊行した写真集『あゝ航空隊　続・日本の戦歴』のなかでのことである。

新名は戦後、特攻隊の慰霊祭には必ず参加し、かつての隊員たちと往時を語り合った。また、ことあるごとに元隊員たちに回想記の執筆を勧めた。

新名と特攻隊員たちの交流は、新名が亡くなるまで続いた。昭和五十六（一九八一）年、病に倒れ、横浜の病院に入院した身寄りのない新名を、多くの元特攻隊員が交代で見舞い、つきっきりで看病したとい

う。昭和五十六年四月三十日、死去。享年七十四。

「竹槍事件」から八十年近く。いま情報を伝える側に求められるのは、新名のような客観的な目と熱い心、そして権威に屈しない「肚（はら）」を持つジャーナリストではないだろうか。

勝利か滅亡か

戰局は茲まで來た

眦決して見よ、敵の鉄状侵寇

竹槍では間に合はぬ

飛行機だ、海洋航空機だ

國債

債券

昭和19年2月23日の毎日新聞紙面より。新名丈夫が書いた「竹槍では間に会はぬ」の記事

昭和50年、特攻隊慰霊祭にて。新名丈夫（左）と角田和男・元中尉（中）

昭和53年、大西瀧治郎中将夫人・大西淑惠の納骨式が執り行われた鶴見の總持寺で。左から3人め新名丈夫。前列右端に当時参議院議員だった源田實・元大佐の顔が見える

11 大惨事となったカウラ捕虜収容所暴動に参加した元海軍下士官の悔恨

「投票というのはええかげんなもの」

昭和十九(一九四四)年、豪州軍の捕虜であった高原希國海軍一等飛行兵曹

冴え冴えと晴れた満月の夜空に、ときならぬ突撃ラッパが鳴り響いた。オーストラリア東南部のニュー・サウス・ウェールズ州、シドニーの西方約三百キロに位置するカウラ・第十二捕虜収容所Bキャンプ。南半球では真冬の、昭和十九(一九四四)年八月五日未明のことである。

赤い囚人服を着た約千百名の日本人捕虜たちは、施設に一斉に火を放ち、手には思い思いに野球のバットや食事用のナイフを持って、雄叫びを上げながら、三重にめぐらされた鉄条網を、赤い川の流れのように乗り越えていった。

オーストラリア軍の機関銃が火を噴き、赤や黄色の曳光弾が横殴りに激しく飛び交う。捕虜たちはバタバタと斃れ、屍の山を築いてゆく。

——太平洋戦争の裏面史を飾る出来事として知られる「カウラ暴動」。高原希國(たかはらまれくに)は、偽名の船員・高田

一郎として、そのなかに加わっていた。

高原は大正九（一九二〇）年、兵庫県姫路市に生まれた。大西洋単独無着陸飛行を成し遂げたチャールズ・リンドバーグに憧れて飛行機乗りを志し、昭和十三（一九三八）年、海軍甲種飛行予科練習生に二期生として入隊、偵察員としての教程を経て、飛行艇搭乗員となった。

開戦時は、九七大艇で編成された東港（とうこう）海軍航空隊の一員（一等飛行兵曹）として、前進基地のパラオ島にあり、偵察飛行などに任じたが、日本軍の緒戦における破竹の進撃にともない、ダバオ（フィリピン）、ケマ（セレベス島北部）、アンボンと転戦していた。

昭和十七（一九四二）年二月十五日、電信員として搭乗していた九七大艇が、オーストラリア北方のアラフラ海を単機で索敵飛行中、敵輸送船団を発見。約二時間の触接ののち、積んでいた八発の六十キロ爆弾で爆撃を試みたが、その直後、敵戦闘機カーチスP－40と遭遇、高原が尾部銃座から放った機銃弾で撃墜したものの、自機も被弾、炎上し、海面に墜落した。

「手応えがあって、敵機が白い煙を吐いて墜ちてゆくから、勝った！　と思ったのもつかの間、後ろを振り返ったら自分の飛行機も燃えてる。墜落しながら、炎がまるで大蛇の舌のように、最後尾にいる私の尻に迫ってきました」

機長の主操縦員は機上で戦死、副操縦員が最後の力をふり絞って海面近くで機首を立て直したおかげで急角度での墜落は免れ、不時着に近い状態で着水、八名の搭乗員のうち六名は脱出に成功し、運よく搭載していた小さなゴムボートで漂流を始める。南洋の灼熱の太陽の下、水も食糧もなく、重傷を負っていた一名は三日めに死亡、残った五名は五日めにようやく、ダーウィン近くのバサースト島に漂着した。
そしてさらに、人跡未踏のマングローブの森やジャングルのなかをあてどもなく彷徨い歩き続けること十日間。飢えと疲労で半死半生でいるところを現地人に助けられる。安心して眠りに落ちたが、目が覚めると豪州兵の銃剣に囲まれていて、抵抗すらできずに、開戦以来二番めの、オーストラリア軍の捕虜となった。ちなみに第一号は、のちにカウラで捕虜の団長になった「南忠男兵曹」である。（彼が、二月十九日、機動部隊のダーウィン空襲のさいに戦死とされた豊島一一等飛行兵であることは、戦後、明らかになる。階級も、一飛曹と偽称していた）

「『生きて虜囚の辱めを受けず』という戦陣訓は、陸軍内部にのみ達せられたもので、海軍では読んだことも教わったこともありませんでしたが、日本人の道徳律として、そう考えるのが自然な時代やった。五人は示し合わせて、米潜水艦に撃沈されたトロール船の船員ということにして、それぞれ偽名で呼び合うようになりました。私は、『船員・高田一郎』として、軍人としての痕跡を残さずに死んでいこう、そう決意することが、捕虜になったいまいましい我が身を救う唯一の道と考えて、訊問に臨みました」

五人は、豪州軍の取調べに対して、徹底的に抵抗した。ある者は何を聞かれても「ハングリー」で通し、またある者は読み書きができない風を装った。取調べ官もついにさじを投げ、彼らに対する訊問を打ち切った。

オーストラリア軍は、彼らをきわめて人道的に扱った。高原ら偽船員たちは、はじめの半年はシドニーの西方約七百キロのヘイという小さな町に設けられた収容所で、拘留されている在留邦人らとともに過ごしたが、そこの団長以外には軍人であることを隠し続けた。捕虜に課せられた労働は一日八時間で、その内容も、道路の補修作業や、柵を作ったり牛馬の糞を集めたり、薪集めをしたりと、簡単なことばかりだった。労働に対しては、一日八ペンスの報酬が支払われた。

戦況の悪化にともない、「日本軍に捕虜はない」との建前にかかわらず、前線からは続々と日本人捕虜が送られてきた。ヘイの収容所は手狭となり、高原たちは、ヘイから数百キロ離れたところにあるカウラ第十二捕虜収容所（キャンプ）に移送された。ここはもともと、ヨーロッパ戦線のドイツ、イタリア人捕虜を収容するために造られた施設で、直径六八〇メートルの大きな十二角形の敷地をA、B、C、Dの四つのエリアに区切り、昭和十八（一九四三）年末頃には、Aはイタリア人、Bは日本人、Cはドイツ人、Dは日本人将校と台湾人、朝鮮人の捕虜が、それぞれ収容されていた。そこには、水道設備も食堂、炊事場などの設備も整っていて、便所も戸外ながら水洗式、水と湯の出るシャワーもあった。キャンプの外には病院もあり、通院することもできた。

一見、何不自由のない生活。しかしそこでは、互いに過去と出身を尋ね合わない不文律が守られていた。一緒に暮らす日本人どうしでありながら、互いの正体についてはなにも知らない。捕虜の多くは偽名で、近藤勇（いさみ）や長谷川一夫を名乗る者もいた。

「厚遇を与えられれば与えられるほど、より精神的な呵責（かしゃく）に苛（さいな）まれる。また同時に、生きるということが貴重で有意義にも思えてきます。死を望みながらも、現実の日々の苦悩を克服することができない。率直に言えば、命が惜しくなってくる。捕虜になった私たちは、おそらく日本に帰れることはあるまい。そのくせ、内地の家族や友人のことが気になって眠れないことがある。豪州軍に処刑されないのなら、いつかは自らの手で自分たちの始末をつけなければと考えながら、それも実行に移せないままに、人数が増えるにしたがい、海軍と陸軍の主導権争いが起こるようにもなってきました」

はじめ、キャンプの捕虜の団長、副団長はともに海軍の出身者だったが、圧倒的に数の多い陸軍側の不満がつのり、団長の南兵曹は選挙の実施に同意せざるを得なくなった。選挙の結果、陸軍の下士官が団長、副団長に就任したが、実権は依然として、南兵曹ら、英語が話せて豪州軍との交渉ができる者の手に握られていた。数によって無理やり主導権を握る立場についた陸軍の一部勢力は、ことさらに戦陣訓や軍人精神を持ち出しては、自分たちの権威を示そうとした。

戦況は、毎日、事務室に配られる新聞を通して知ることができる。サイパン島も敵手に落ち、収容所内の一部の捕虜の間では、このさい、潔く死を選ぶべきだというムードがだんだん高まってきた。そんな折、昭和十九（一九四四）年八月四日午後、豪州軍より、日本人捕虜の分離、移動が伝えられたのだ。

カウラ捕虜収容所Bキャンプ（下士官兵キャンプ）の捕虜は、その時点で約千百名、二十一班に分かれる大所帯となっていた。豪州軍から示された移送者名簿が、下士官と兵を事実上分離させるものであったことと、語学力不足によるコミュニケーションのまずさから、下士官・兵を不可分のものと考える捕虜の一部強硬派が激高、班長会議で、二、三人の班長が、この機に一斉蜂起することを主張した。多くの者は慎重な立場で、高原も、

「我々は、運命のいたずらでこんなに多くの人と暮らすようになっただけ。集合、離散はやむを得ない」

という考えだったが、

「強硬論を唱える人間に、『それでも君は日本人？　戦陣訓を知らんのか？』と問いただされると、戦陣訓は知らなくても『日本人か？』には弱い。捕虜になったとはいえ、自分も日本人だ、よし、負けてたま

るか、という気になるんです」

班長会議は紛糾して収拾がつかなくなったので、全員の投票で意思を問うことになった。結果は、八割の者が蜂起に賛成票を投じた。賛成でなかった高原も、トイレットペーパーの投票用紙に賛成の◯をつけた。

「だからそのへんはね、投票というのはええかげんなもので、周りに煽られたり、声の大きい方、耳あたりのええ方に踊らされたりして、いかに極端な方向に流されやすいかということです。いまも民主主義とは言っても、選挙には同じ危うさがつきまとうんやないでしょうか」

待遇に不満があったわけではない。脱走しても、広いオーストラリア大陸から逃げられるわけでもない。目的はただ一つ、「軍人らしく、戦って死ぬ」ことにあった。


そして八月五日午前二時、捕虜たちは一斉に蜂起する。

「私の班は、正面ゲートを突破するグループでした。武器はなにひとつない。私は、野球のバット一本と毛布二枚を持って、突撃ラッパの合図とともに飛び出しました。鉄条網に毛布を掛けて乗り越えると、そこには豪州軍の機関銃、自動小銃の猛烈な射撃が待っていました」

前団長の南兵曹（豊島一飛）は、操縦練習生になる前は信号兵だったので、軍隊ラッパの心得があった。彼は、突撃ラッパを吹き鳴らしたあと、銃弾を胸に受けて倒れ、自らナイフで喉をかき切って絶命したと伝えられる。高原たちの次に豪州軍に捕えられた捕虜番号七番の台南海軍航空隊の零戦搭乗員・柿本円次二飛曹も、首を吊って自決した。

高原は、飛行艇の戦友・古川欣一二飛曹（偽名・山川清）が、脚を撃たれて目の前に倒れているのを見て、その最期を見届けようと伏せている間に銃撃が終わり、九死に一生を得た。周囲には三十名近くが伏せているように見えたが、高原と古川二飛曹以外は全員が死んでいた。

「私の尻のところで、神戸出身の土岐さんという陸軍の兵隊が心臓を射抜かれて、一発で即死しました。サーチライトで照らされて、動くと撃たれるから、死体の山の中で死んだふり。そら、怖かったですよ。霜が降りる真冬の寒さに震えながら小便も垂れ流しで、そのまま朝を迎えました」

この暴動で、日本人捕虜二百三十一名と豪州兵四名が死に、数百名が負傷した。カウラの施設が焼け落ちたので、生き残った捕虜たちはヘイの収容所に移された。これだけの事件のあとにも、豪州軍の捕虜に対する扱いは変わらなかったという。ただ、食事時にナイフとフォークが支給されなくなったのが、小さな変化と言えた。

やがて、終戦。高原は、昭和二十一（一九四六）年四月三日、復員船で浦賀に上陸、二度と帰れるはずのなかった故国の土を踏んだ。捕虜となって四年あまり、軍人であった期間よりも長い捕虜生活だった。戦死の公報が出ていたので、自分の葬儀も四年前に済み、戒名までもらっていた。空襲で焦土と化した故郷を歩くうち、「高原の幽霊が神戸を徘徊している」という噂が立ったりもした。

役所で戸籍を回復し、戦死後の一等飛行兵曹から飛行兵曹長への進級も取り消されて、偽名の船員・高田一郎から本名に戻った高原は、もう一度生き直そうと、神戸市立外事専門学校（現・神戸市立外国語大学）で中国語を学ぶ。しかし、戦後の不況で就職口などなく、捕虜になった当初にヘイの収容所で一緒になった在留邦人の元銀行支店長を頼って、証券業界に身を投じた。

　そして二十余年、死にもの狂いで働いて、昭和五十（一九七五）年には株式会社黒川証券（五十二年、黒川木徳証券となり、現在はあかつき証券株式会社）専務になる。人に媚びない超然とした態度と金への執着心のなさがかえって客の信頼を呼び、誰言うともなく「北浜の古武士」と呼ばれるようになっていた。数々の仕手戦で勇名を馳せた「最後の相場師」、是銀こと是川銀蔵も、そんな高原に信頼を寄せた一人である。その大きな仕手戦の背後には、つねに高原の影があったと言われる。

　高原はまた、豪州カウラ会会長として昭和五十九（一九八四）年、カウラ暴動四十周年にオーストラリア再訪を果たし、以来、平成二十一（二〇〇九）年七月、八十九歳で亡くなるまで、現地に幾度も足を運び、日本庭園や桜並木をつくる活動に協力するなど、日豪の親善と戦友たちの慰霊に力を尽くした。

　カウラの捕虜収容所は、いまはその面影を全くとどめず、ただ、二百三十一柱の偽名戦士の墓標が立っている。

「これまでの人生、非常に辛かったけどね、甘んじて辛いことに耐えてきた。辛いことが嫌ではなかったし、それが私の取り柄やと思っています。しかし、いろんな大変な目に遭うても、それが人生において一つも無駄になってない。『人間万事塞翁が馬や』」

　数々の壮絶な体験を肚に沈めた上で、それでも「面白い人生やったで」と、「古武士」は笑った。

昭和15年11月、佐世保海軍航空隊にて。高原希國二等航空兵曹(当時)

昭和15年10月11日、横浜沖で挙行された観艦式上空を飛ぶ九七大艇の編隊。高原はこの一番機に搭乗していた

オーストラリアのカウラ捕虜収容所

12 乗艦が撃沈され漂流する乗組員百九十三名の命を救ったリーダーの決断

「もし多数決で動いていたなら、私たちの命はありませんでした」

昭和十九（一九四四）年、軽巡洋艦「名取」通信長・松永市郎海軍大尉

昭和十九（一九四四）年八月十八日、フィリピンのマニラから、米軍による攻略を間近に控えたパラオ諸島へ、糧食や医薬品、弾薬、航空魚雷などの緊急戦備物件と人員を輸送中の軽巡洋艦「名取（なとり）」は、フィリピン・サマール島東方三百浬（かいり）（約五百五十六キロ）の海域で、米潜水艦「ハードヘッド」の魚雷攻撃を受けて撃沈された。

「名取」は、「五千五百トン型」と呼ばれる日本海軍の主力軽巡洋艦の一隻で、十四センチ砲五門、六十一センチ魚雷発射管八門ほか対空火器を備え、竣工後二十二年を経た老朽艦ながら、それまでつねに第一線にあって活躍を続けていた。

沈没したとき、艦長・久保田智大佐以下約三百名の乗組員が艦と運命をともにしたが、生き残った者の

うち二百五名は、カッター（短艇―漕走、帆走のできる木製ボート。長さ九メートル、幅二・四五メートル、重量一・五トン）三隻に分乗して脱出。そのなかで最先任者（海軍での序列がいちばん上）であった、当時満二十六歳の航海長・小林英一大尉は、先任将校として「軍艦名取短艇隊」の編成を宣言し、その卓越したリーダーシップのもと、生存者は秩序を保ったまま櫂（かい）を漕ぎ続け、ほぼ東京－神戸間に匹敵する距離を航破して、十三日めに自力でフィリピン・ミンダナオ島北東端のスリガオにたどり着いた。途中、「名取」被弾時の負傷や衰弱のため十数名の死亡者を出したが、百九十三名が友軍に救助された。

この「名取短艇隊」の帰還は、運を天に任せての漂流の結果ではなく、生存者全員が力を合わせて運を切り開き、不可能を可能にした点で、世界海難史上に異彩を放っている。

「団体での行動を決めるのには、『決断』、『決裁』、『多数決』と三つの方法がある。『決断』はリーダーが自らの意志で決めることで、『決裁』は、幕僚の複数の案からリーダーが選び出すことです。戦略は『決断』によるものが望ましく、戦術は『決裁』でもかまわない。旅行の行き先など、どちらでもよい場合なら、『多数決』でも差し支えありません。戦後は、民主主義の名のもとに、多数決が最善の方法であるかのように思われがちですが、必ずしもそうではありません。もし、短艇隊が先任将校の決断ではなく、多数決で動いていたなら、私たちの命はありませんでした」

と、松永市郎（いちろう）は言う。松永は当時「名取」通信長の海軍大尉で、「名取」沈没後は短艇隊の次席将校として小林大尉を補佐した。

松永は大正八（一九一九）年、佐賀県に生まれた。父は、開戦劈頭、航行中の戦艦を航空機による攻撃だけで沈めた世界史上初の戦い「マレー沖海戦」で、英戦艦「プリンス・オブ・ウェールズ」「レパルス」を撃沈した第二十二航空戦隊司令官として勇名を馳せた、のちの海軍中将・松永貞市である。

市郎は、父の後を追って海軍兵学校を志望、三度めの受験でようやく合格し、昭和十二（一九三七）年、六十八期生として入校。卒業後はずっと艦隊勤務で、練習巡洋艦「香取」を皮切りに、戦艦「陸奥」（高角砲分隊士）を経て、戦艦「榛名」（副長附中甲板士官）に乗組み、ここで昭和十六（一九四一）年十二月八日の開戦を迎えた。

「開戦時、『榛名』は仏印（ベトナム）に上陸する陸軍部隊を支援する任務に従事しましたが、イギリス海軍が『プリンス・オブ・ウェールズ』と『レパルス』をシンガポールに派遣したとの情報が入った。新鋭の『プリンス・オブ・ウェールズ』も手ごわそうだが、『レパルス』の主砲は『榛名』の三十六センチ砲より射程の大きい三十八センチ砲ですから、これは海戦になったらかなわないと、士官室は悲壮な空気でしたよ。それを父の部隊が飛行機で沈めてくれた。あれはありがたかったですね」

次に乗組んだ重巡洋艦「古鷹」（測的照射分隊長）では、昭和十七（一九四二）年八月八日、敵重巡四隻を撃沈する一方的勝利をおさめた第一次ソロモン海戦と、同年十月十一日、一方的敗北を喫したサボ島沖海戦の両方に参加。サボ島沖海戦のときは乗艦「古鷹」が撃沈され、暗夜の海を泳いで救助されている。

その後、第六艦隊司令部暗号長としてトラック島にあった「香取」で勤務、約一年後の昭和十八（一九四三）年十一月、軽巡洋艦「那珂」通信長となる。ところが、その「那珂」も、昭和十九年二月十七日、トラック島沖で敵機動部隊艦上機の大空襲を受け、艦体が真っ二つになって撃沈された。

松永はまたも運よく救助されたが、休む間もなく「名取」に転勤、ここでも通信長となる。すでに戦況は決定的に不利となり、太平洋の制空権も制海権も、ほとんど敵に奪われていた。前線に補給をしようにも、速力の遅い輸送船では目的地に到着することすらおぼつかなく、代わりに巡洋艦や駆逐艦などの戦闘用艦艇までも輸送任務に投入せざるを得なくなっていた。

「名取」も、数度にわたってフィリピン－パラオ間の輸送任務についたが、そんななか、敵潜水艦の魚雷攻撃を受け、撃沈されたのだ。松永にとってはこれが三度めとなる、乗艦の沈没だった。

「総員退艦の命令に、上甲板に集まった乗組員たちは、次々と海に飛び込みました。艦長はその様子を自分の目で確かめた上で、艦長休憩室に入り、内側から留金（ケッチ）をかけられました。ぐずぐずしてる場合ではない。われわれも相次いで艦橋を下りて海に入りました。艦の沈没の渦に巻き込まれないようにと、急いで舷側から五十メートルほど離れ、振り返ったら、『名取』は艦尾を左に振って、逆立ちするような格好で沈んでいきました」

「名取」が沈没したのは、サマール島の東方約三百浬、北緯十二度二十九分、東経百二十八度四十九分の、太平洋のただなかである。周囲に救助艦の一隻もいない大海原で、内火艇（発動機のついた小型舟艇）二隻、カッター三隻、ゴムボートや急造の筏（いかだ）多数、人数にして三百名ほどの生存者が放り出された形になった。海は時化（しけ）ていた。

松永が、やっとの思いでカッターに泳ぎ着くと、航海長・小林英一大尉も続いて同じカッターに上がってきた。艦長は「名取」とともに沈み、生存者のなかに副長の姿もなかったので、最上級者である小林大尉が先任将校として指揮をとることを宣言し、松永がそれを手旗信号で各艇に伝えた。しかしほどなく、内火艇のうち一隻は損傷のため沈没、荒天のためもう一隻の内火艇や筏とも離ればなれになってしまう。

二日めに海軍の一式陸上攻撃機が頭上に飛来、駆逐艦が救助に向かっている旨の通信文を投下していった。海が凪いだときに、泳いでいた者や筏で漂流していた者を救助すると、カッターの定員四十五名はたちまちオーバーし、各艇とも六十名以上がひしめき合うようになった。

救援の駆逐艦は、待てど暮らせど姿を現さない。漂流三日め、小林大尉は、カッター三隻を集めて、自力でフィリピンを目指すことを命じた。

「命令。軍艦「名取」短艇隊は本夕一九〇〇（午後七時）この地点を出発し、橈漕、帆走をもって、フィリピン群島東方海岸に向かう。所要日数十五日間、食糧は三十日間食い延ばせ。誓って成功を期す」

そんなことはできません、それは無茶です、との声があちこちで起こった。救助艦を待つべき、との声もあった。なかには、漁師の息子の下士官からの、「海で遭難した場合は、みだりに動くべきではない」という、古くからの言い伝えをもとにした反論もあった。

「それを、小林大尉は条理を尽して説得されたのです」

と松永。「名取」の沈没現場にカッター三隻が残っていて、相当数の生存者がいたことは、味方の飛行機が確認していった。木でできたカッターは絶対に沈むことはないというのは、海軍の常識である。もし俺たちが陸岸にたどり着かなければ、「名取」乗組員六百名総員は「戦死」ではなく「行方不明」として認定される（「行方不明」の扱いでは、どこかで生きていたり捕虜となった可能性も考慮し、戦死認定、公報が大幅に遅れ、遺族への通知や給付金も概ね一年以上は遅くなる）。俺たちがだらしないために、戦死者まで巻き込んで行方不明にしては、艦と運命をともにした久保田艦長以下の戦友に申し訳ないじゃないか。それは、「命令」というよりも諭すような口ぶりだった。

「すると、さっきまで反対していた下士官が、行方不明では死んでも死にきれません。フィリピンに連れて行ってください、と言い出したのを皮切りに、そうだそうだ、頑張るぞ、という声が次々に起こってきました」

「行方不明になるな」――これを合言葉として、「名取」短艇隊の必死の漕走が始まった。とはいえ、各カッターには磁石や六分儀などの航海用具はなにもない。少々の食糧以外は、医薬品はおろか真水も積んでいない。当時の腕時計は防水ではないから、各自が身につけていた時計も次々に止まってしまう。このような条件での三百浬もの漕走は、それ自体が海事常識への挑戦といえた。彼らは、兵学校で習った航海術や気象学はもとより、ちょっとした格言や生活の知恵など、あらん限りの知識を持ち寄って、目の前の困難と闘った。と同時に、いち早く指揮系統を確立し、軍隊としてのけじめを明確にしたことも、先の予測のつかない長い漕走にはプラスに働いた。各艇の若い指揮官たちは、上陸したら賞品を出す約束でクイズを出すなどして、兵員たちの気持ちが切れないよう、士気を維持することにつとめた。

「南洋で、気温が低いわけではありませんが、海が時化(しけ)ると、風が濡れた体から体温を奪っていく。夜になると特に寒さが骨身にしみます。男同士が抱き合って、互いの体温で温め合いながら夜明けを待ったこともありました。ようやく時化もおさまり、夜が明ければ、こんどは容赦ない熱帯の太陽に照らされる。直射光と凪いだ海からの反射光にさらされて、服からはみ出た手足は、暑いというより、針で刺されるように激しく痛みました。私はそれまで、四年の艦隊勤務を経験し、海のことはよく承知しているつもりでしたが、軍艦の上から見おろしていた海と、カッターから眺める海は、まったくの別物でした」

一日二枚の乾パンと、スコールの水だけを口にしながら、炎暑の昼は艇底で休み、夜は十時間の漕走という、自ら課した過酷な日課に、彼らは黙々と耐えた。しかし、隊員たちの表情には日に日に疲労の色が濃くなり、一部には不安と不信の念に駆られた反乱の気配も見えてくるようになった。

小林大尉はその間、つねに悠然と構えて不安を表に出すことはなかった。また、当時の海軍で半ば慣用句のように使われた「天佑神助（てんゆうしんじょ）を確信し」というような、神頼みともとれる言葉はいっさい使わず、自らの力でフィリピンへ着くのだという姿勢を曲げなかった。希望を持たせるための嘘や気休めも言わない。情におぼれず、かといってけっして強権的ではなく、部下の意見にもよく耳を傾けた。ピンチに陥ると、部下は必ずリーダーの顔色を見る。泰然として芯のブレない小林大尉の態度に、部下たちの心は自然に一つにまとまった。

そして、「名取」沈没から十三日めの八月三十日、短艇隊は最後まで整然と隊伍を組んだまま、スリガオの陸岸に到達した。まさに「天は自ら助くる者を助く」の言葉通り、自ら勝ち取った奇跡だった。防衛省防衛研究所に残る『軍艦名取戦闘詳報』によると、生存者は准士官以上二十二名、下士官兵百六十九名（うち傭人二名）、戦傷者下士官兵二名、とある。

――しかし、「名取」短艇隊のその後は、そのままハッピーエンドとはならなかった。松永ら士官のうち六名は、海軍省からの帰還命令によりフィリピンを脱出したが、残る百八十七名の隊員の大半は現地に残されたまま陸戦隊に組み入れられ、ほどなく米軍の大攻略部隊の上陸を迎える。そして慣れない陸上戦闘の末、そのほとんどが戦死した。

松永はその後、空母「葛城（かつらぎ）」、内海海軍航空隊（松山基地）、岩国海軍航空隊の通信長を務め、岩国基地で終戦を迎えた。

戦後、結婚し、富子夫人の実家の銃砲店、続いて親和銀行に勤める傍ら、「名取」沈没時の体験から、ライフワークとして世界の海難史の研究を始めた。

「戦時、平時を問わず、毎年、世界各地で、大勢の人たちが海難事故に出会い、相当数の人たちが死亡している。そしてその原因が、海難事故そのものよりも、前途を悲観しての自殺とか、仲間内の争いによるものが、相当数にのぼっていることを知りました。『名取』短艇隊の成功は、先任将校の早期の『決断』とリーダーシップ、さらにはいったんは反対した隊員たちが、断行と決定するや命を懸けて漕ぎ続けたからこそと、改めて実感しました」

さらに松永は、

「戦友やクラスメートが大勢死んだから、彼らのことを書き残さなきゃいかんと思って」

と、回想記の執筆に打ち込んだ。「名取」短艇隊のことを綴った『先任将校』（光人社・一九八四年）を出版、それが機縁となって、「名取」を撃沈した米潜水艦「ハードヘッド」の艦長、フィッツヒュー・マックマスター元大佐と、恩讐を超えて会うこともできた。

晩年は、歴史、戦史を勉強する若い世代とも積極的に交わり、「松永師匠」と、親しみを込めて呼ばれていた。父が松永貞市海軍中将であることは先に述べたが、松永の三女は、「ｉモードの生みの親」として一躍、ケータイ時代の「時の人」となった松永真理である。講演やパーティーでのスピーチのさいには、「有名な父と娘にはさまれて、何の取柄もない爺でございます」

と言って、笑いをとるのがつねだった。若い人に対する松永のまなざしは、次代を担う人たちへの期待に満ちていて、さながら慈父のようだった。

海軍のことを語り出すと止まらない。だが、松永の話を聞く若い人たちのなかには、じっさいの戦闘場面そのものの話になると、とたんに口が重くなるのを、敏感に感じ取る人もいた。そんな実体験の重みに裏打ちされたユーモアだからこそ、聴く者の心を掴んで離さなかった。

乗艦が三度も撃沈されたので、松永の手元には、自らの海軍時代の写真は一枚も残っていなかった。次世代に体験を語り伝えることこそが、松永にとって唯一の青春の証だったのだ。

軍艦に搭載されたカッター（短艇）

海軍兵学校生徒時代の松永市郎

「名取」短艇隊を指揮した先任将校・小林英一大尉

13 「海軍の墜落王」が、ある参謀の暴言に激高して発した言葉

「私の隊では、毎日若い搭乗員が戦死している。遊びで死ねるなら貴方が先に死になさい！」

昭和二十（一九四五）年、四度撃墜されても生還して戦い続けた大西貞明海軍少尉

大西貞明は、昭和十三（一九三八）年十月一日、海軍甲種飛行予科練習生（甲飛）三期生として、神奈川県の横須賀海軍航空隊に入隊した。

「父が京都府議会議長や商工会議所の副会頭をしていて、身内から誰も戦死者が出ないと世間に顔向けができないからと、京都府立桃山中学校（現・桃山高校）五年一学期を修了したとき、兄弟のなかの『戦死要員』として甲飛を志願したんです」

と、大西は回想する。

「ところが、入ってみると、思っていたのと全然違う。海軍に騙されたと思いました」

「海軍に騙された」、ことの顚末はこうである。

海軍では、発達いちじるしい航空機の搭乗員を養成するため、「予科練習生」（予科練）と名づけた少年航空兵制度を導入、昭和五（一九三〇）年、その一期生が入隊した。受験資格は「高等小学校卒業程度以上の学力を有する者」とされたが、その人気はすさまじく、一期生の応募倍率は七十四倍におよび、海軍士官を養成する海軍兵学校の受験資格をもつ中学四年修了以上の志願者も多かった。

予科練習生は、一般の志願兵よりも進級が早く、飛行練習生を経て短期間で下士官に進級できたが、昭和十一（一九三六）年一月、日本が各国の海軍軍備の枠組みを定めたロンドン海軍軍縮条約を脱退、同年末、ワシントン海軍軍縮条約が失効、無条約時代に突入すると、海軍はより急速な航空軍備拡充のため、新たに「甲種飛行予科練習制度」を発足させた。

「甲飛」の受験資格は、当初、中学四年一学期修了程度とし、従来の予科練よりもさらに進級を早め、短期間で下士官、准士官を経て特務士官（兵から累進した士官）となる。しかし、ここで思わぬ齟齬が生じた。新しい制度を「甲種」と名づけたことで、より歴史の古い従来の予科練は「乙種飛行予科練習生（乙飛）」と、格下ともとれる呼称になった。しかも、乙飛が三年がかりで進級する一等航空兵に、甲飛はわずか二ヵ月でなれる、という待遇の差も、「本家本元」としての乙飛のプライドをいたく傷つけたのだ。このとき生じた甲飛、乙飛の軋轢は、戦後も半世紀以上にわたり、戦友会の運営にまで悪影響を与え続けた。

いっぽう、乙飛よりも優遇されたかに見える甲飛にも、トラブルの種が潜んでいた。

海軍では、海軍兵学校、機関学校を卒業した少尉以上の士官だけが「将校」と呼ばれる。指揮権は兵学校出身の将校が最優先で、予科練出身者が特務少尉から特務中尉、特務大尉と進級しても、いざ戦闘となった場合の指揮権は、兵学校出身者の下位に置かれていた。この問題はのちに改正されるが、予科練出身者が上級将校になる道は最初からなかったと言っていい。

ところが、海軍は、甲飛発足時の募集に際して、〈海軍航空幹部募集〉と謳い、ポスターにも、〈入隊後約五年で准士官（航空兵曹長）に累進し爾後昇進して高等武官に任ぜられる〉と明記している。このことで、合格者は短剣を吊った海軍兵学校生徒に準ずる扱いを受けるものと誤解し、志願した者が多かったのだ。発足直後で、役所の兵事係や中学校の配属将校さえ詳細を理解していなかったことも不幸な行き違いを生んだ。

大西も、中学校の配属将校に、

「陸軍にも甲種幹部候補生（短期間の教育で予備役将校になる）という制度があるが、同じようなものだろう」

と説明を受け、甲飛に入れば、栄えある航空士官として海軍に迎えられると信じたからこそ、志願したのだという。

大西の回想——。

「全国の中学校から横須賀に集った同期生は二百六十五名。ところが、私たちが案内されたのは、運動場も教室もない兵舎で、与えられた服は、兵学校生徒の詰襟、短剣の制服ではなく『ジョンベラ』と呼ばれた水兵服（セーラー服）。入隊時の階級も最下級の『海軍四等航空兵』で、最初から下士官の上に位置する兵学校生徒とは格段の違いがありました。そこではじめて、これは宣伝と違うぞ、となったんです。

このとき、東京の開成中学校から入隊してきた堀井孝行君（昭和十九年戦死）が、下士官の班長に、『君が班長？　僕はこんなつもりではなかったから、明日東京に帰るよ』と言ったとたんにボコボコに殴られ、血だらけになってデッキ（床）に転がったのを憶えています。すかさず教員から、『お前たちは軍人として入籍済みである。帰るなどとぬかすやつは即刻銃殺に処する』と、大音声が飛んできました」

だがここで、甲飛三期生は、海軍を驚かす行動に出た。帝国海軍として前代未聞のストライキを企て、実行したのだ。大西も、その首謀者の一人だった。

「幹部候補生になるつもりで故郷を送り出されて、水兵服姿で帰るのは恥だと、休暇のときにも帰郷しない。我々は軍人になってしまったから仕方がないが、後輩が来ることは阻止しなければと、出身中学校へ甲飛受験を止めるよう呼びかける檄文を送る。この気配に驚いた上層部は、扇動者がいるものと見て、海軍お得意の罰直（体罰）をまじえた厳重な調査をしましたが、同期の結束は固く、ついに誰も口を割りませんでした」

三期生たちの頑なな態度に、上層部も一転、「いったいお前たちは海軍に何を望むのか」と、対話を求めてきた。

「そこで、待ってましたとばかりに、将来の処遇、教育内容の改善、七つボタンに短剣やウイングマークをつけた制服など、盛りだくさんな要求を出した。いま思えば、子供たちが何を騒いでいるのか、と笑止千万だったと思いますが……。それらの要求のうち、服装だけは短剣が割引されて、昭和十七（一九四二）年十一月一日より、七つボタンの制服が誕生、後輩の八期生からこれを着用することになりました。われわれのいる間には間に合いませんでしたが」

予科練を卒業した大西は、水上観測機の偵察員（偵察、航法、通信を担当）となり、開戦劈頭に行われたウェーク島攻略作戦に参加したのを皮切りに、南太平洋のラバウル（現・パプアニューギニア）、ショートランド（ソロモン諸島）などを転戦。何度か撃墜され、ときには陸上戦闘にも駆り出されるなど、幾度となく死線を超えてその都度生還した。

父親の勧めで、仙台市長の孫娘だった遠藤道子との結婚が決まったのは、昭和十九年秋のことである。結婚式は十二月十六日、京都・平安神宮で挙げることになった。

しかし、その頃にはすでに日本の敗勢は決定的となっていた。サイパン、テニアンを手中に収めたアメリカ軍は、十月、フィリピン・レイテ島に来攻。第九三三海軍航空隊分隊士（分隊長の補佐）となっていた大西にも出撃命令がくだる。

「レイテでの航空戦は、雲霞（うんか）のように群がるグラマンに寄ってたかって袋叩きに遭う、思い出したくもない凄絶な戦闘だった。われわれ零観隊と水上爆撃機『瑞雲（ずいうん）』隊は、二十分おきにルソン島のキャビテ軍港を発進して、レイテの敵弾薬集積所を爆撃しました。帰還すると『ガソリン急げ』と怒鳴りながら、プロペラも止まらぬ飛行機から飛び降り、夜を徹して飛び続けた。しまいには若い整備員が、『分隊士、死ぬつもりで飛んでいるでしょう！　もう行かないでください！』と、私の飛行服をつかんで泣いてくれましたが、その少年兵も、マニラが陥落したとき、陸上戦闘でフィリピンの土になりました……」

平安神宮で、親族一同が集い、大西と道子の結婚式が挙行されたのは、まさにそんな激戦を繰り広げているさなかのことだった。花婿がいないので、代わりに、額縁に入った飛行服姿の写真が飾られた。

昭和二十（一九四五）年一月になると、米軍はルソン島リンガエン湾に上陸、マニラに迫ろうとしていた。日本軍の航空兵力はほとんど壊滅し、大西は、残存した二機の零観を率いて炎上するマニラから仏印（現・ベトナム）カムラン湾に脱出。その後も五月二十七日には敵戦闘機・ロッキードP－38に撃墜され、南シナ海を漂流、漁船に救助されるなど、なおも戦いを続けながら、プノンペン南方の秘匿基地で終戦を迎えた。階級は、海軍少尉になっていた。

開戦直前に一線部隊に出された甲飛三期の同期生は、大戦中、もっとも使い頃のベテラン搭乗員として酷使され、入隊した二百六十五名のうち、八十四パーセントにあたる二百二十三名もが、戦争が終わるまでに二十歳前後の若さで戦死、あるいは殉職していた。

予科練では海軍当局に反抗し、待遇改善を求めるストライキまで起こした彼らであったが、いざ戦争が始まると、いわゆる職業軍人としてではなく、訓練を受け実戦をくぐり抜けた「プロの飛行機乗り」としての矜持を胸に、敢然と戦ったのだ。

復員した大西は、同志社大学に入学し、戦争で失われた青春を取り戻そうとスキー部に入った。しかし、嬉しいこと、楽しいことがあるにつけ、戦死した仲間の若い顔が浮かんできたという。

「明日は出撃という前の晩、若い搭乗員が部屋の隅で、机に向かって何かを書いている。『何をしてる？』

と声をかけたら、三角函数を懸命に解いていました。『死ぬまで勉強したいんです』と。そのあどけない顔が忘れられません」

フィリピンでの激戦を経て、ベトナムに脱出した頃、第一線に立つことのない一人の参謀が大西に、

「大西少尉、戦争は人類最大の遊戯と言えないかね」

と話しかけてきた。参謀は頽廃を気取ったつもりだったのかも知れないが、大西は、思わず拳銃に手をかけるほどの憤りを感じた。

「私の隊では、毎日若い搭乗員が戦死している。遊びで死ねるなら貴方が先に死になさい！」

そのとき初めて、上層部の無責任さを感じ、戦うことに疑問を覚えたのだという。

激戦のなか、フロートのついた水上観測機で敵戦闘機と互角に渡り合うというわけにはいかず、大西は四度も空戦で撃墜され、「海軍の墜落王」を自認していた。もっとも、「撃墜王」など敗戦国にあるものか、と思っている。

大西は眉目秀麗で、戦時中、予科練の募集ポスターのモデルを務めたこともある。自分の勇姿に憧れて予科練に入隊した少年たちが、次々と特攻で戦死していったことに、終生自責の念を抱いていた。だからこそ、若い人を大切にした。

平成十五（二〇〇三）年六月十二日、道子が急逝。最愛の妻を喪った大西はやがて体調をくずし、道子

が亡くなってわずか五十六日後の八月七日、後を追うようにこの世を去った。最期はしきりに頭に手をやり、その手を振る動作をしてほどなく息をひきとったという。これは、海軍で出撃するときなど、帽子を高く掲げて振った「帽振れ」の合図で別れを告げようとしたのではないかと、親しい人は噂し合った。

昭和20年3月、仏印サイゴン（現ベトナム・ホーチミン市）近郊にて

零式観測機。大戦全期間を通じ活躍した複葉複座の水上機

昭和17年、ラバウル上空で任務飛行中の大西

昭和19年12月16日、平安神宮で挙式。花婿は戦場にいるため写真である

14 撃沈された戦艦「大和」の生存士官が公式記録に残した、戦友たちへの思い

『思ヒ付キ』作戦ハ精鋭部隊ヲモミスミス徒死セシメルニ過ギズ」

昭和二十（一九四五）年、戦艦「大和」副砲長・清水芳人（しみずよしと）海軍少佐

「准士官以上、第一砲塔右舷急ゲ」「総員集合五分前」の号令が、戦艦「大和」の艦内スピーカーを通して響きわたったのは、昭和二十（一九四五）年四月五日、午後三時過ぎのことである。

すでに米軍は沖縄に上陸し、日本陸海軍は沖縄に来攻した米軍に対し、まさに総攻撃をかけようとしているところであった。「大和」は、口径四十六センチの巨砲九門を搭載、世界最大最強の戦艦として誕生しながら、日本海軍自らが真珠湾攻撃（昭和十六年十二月八日。停泊中の戦艦を航空攻撃で撃沈）、それに続くマレー沖海戦（同年十二月十日、航行中の戦艦を世界で初めて航空攻撃のみで撃沈）などで航空戦の時代を切り拓いたこともあって、本来の威力を発揮する機会のないまま生きながらえていた。基準排水量六万四千トン、公試排水量六万九千トン、全長二百六十三メートル、全幅三十八・九メートル。主要部は厚い装甲に守られ、「不沈艦」とも称されたが、姉妹艦「武蔵」は、すでに昭和十九（一九四四）年十

月二十四日、フィリピンで米軍機の攻撃を受け、撃沈されている。

清水芳人は、当時、海軍少佐で「大和」第十分隊長（戦闘配置は副砲長。六門の十五・五センチ副砲を指揮する）を務めていた。急いで艦長・有賀幸作大佐、副長・能村次郎大佐の待つ前甲板に駆けつけた清水に、副長は黙って、手にしていた電報用紙を差し出した。そこには、次のように書かれていた。

〈1ＹＢ（大和2ｓｄ）ハ海上特攻トシテ八日黎明沖縄島ニ突入ヲ目途トシ　急速出撃準備ヲ完成スベシ〉（連合艦隊電令作第六〇三號　昭和二十年四月五日一三五九）（1ＹＢは第一遊撃部隊、2ｓｄは第二水雷戦隊を意味する。一三五九は午後一時五十九分）

「これまでも出撃するときは生還を期していなかったし、半ば予想していたことではありましたが、電文にある『特攻』の二文字が、異様なまでに目に焼きつきました。同じ特攻でも、飛行機のほうは建前として『志願』ということになっていましたが、この海上特攻は否応なしの至上命令、『大和』だけでも三千名以上の乗組員がいるわけです。しかしどういうものか悲壮な気分にもなれず、祖国の安危急迫のとき、一億特攻のさきがけとして『大和』と運命をともにするのは本望、なにも思い残すことはない、と覚悟を決めました」

前甲板に整列した全乗組員に、有賀艦長は、

「出撃に際し、いまさら改めて言うことはない。全世界が我々に注目するであろう。ただ全力を尽くして任務を達成し、全海軍の期待に添いたいと思う」

と訓示した。清水の回想――。

「飛行機の護衛のない艦隊が、敵地に乗り込んで行ったらどうなるか、これまでの戦訓からも明らかです。私たちも無事に沖縄へ着けるとは思わない。しかし、もし万が一、天候が悪かったりして、敵機の攻撃を受けずにたどり着くことができたら、命令通りに撃ちまくるだけだと思っていました。特攻と言っても、怖れていては前に進めない。死ぬまでは生きてるんだからと思って、遺書も書きませんでした」

清水は明治四十五（一九一二）年、広島県呉市に生まれた。昭和四（一九二九）年、広島県立呉中学校（現・広島県立呉三津田高等学校）四年生を修了して海軍兵学校に入校。卒業後は駆逐艦から戦艦まで、さまざまな艦で勤務し、昭和十九（一九四四）年十月の比島沖海戦では、副長として乗組んでいた軽巡「阿武隈（あぶくま）」が撃沈され、二時間あまりの漂流の末、救助されるという体験も持っていた。当時三十二歳、生粋の船乗りと言っていい。

「大和」には、出撃準備命令に続いて、すぐさま連合艦隊からの出撃命令が届いた。

〈海上特攻隊ハＹ－１日黎明時豊後水道出撃　Ｙ日黎明時沖縄西方海面ニ突入敵ノ水上艦艇並ニ輸送船団ヲ攻撃撃滅スベシ　Ｙ日ヲ八日トス〉（連合艦隊電令作第六〇七號　四月五日一五〇〇）

「この晩、艦内で最後の酒宴が行われました。可燃物はすでに陸揚げしているので、鉄の床に座っての宴会です。乾杯、乾杯で酔いつぶれた私を、部下の下士官たちが皆で私室に担ぎこんでくれました。『分隊長、最後ですから私たちで毛布を掛けさせてください』という部下に、『最後ではないぞ、この調子で明日も寝かせてもらうからな。大和が沈むものか。皆、頑張れよ』と声をかけました。そのときの毛布の温かみは、九十歳になったいまも忘れられません。そこで、『大和は絶対に沈まんぞ、沈むまではナ』と付け加えたところ、皆どっと爆笑し、『おい、撃って撃って撃ちまくろう、この大和を沈めてたまるものか』と威勢のよい声が、いつものにこやかな顔から返ってきました」

出撃当日、四月六日は、海辺近くに散在する桜がまさに満開、松の緑に映えて美しく、清水は、これが祖国の見納めと、双眼鏡をのぞきながら自分に言い聞かせた。

午後三時二十分、「大和」以下、軽巡「矢矧」、駆逐艦「冬月」「涼月」「磯風」「濱風」「雪風」「朝霜」「初霜」「霞」の十隻は、徳山沖を出撃した。

瀬戸内海を一歩出ると、そこはもう、敵潜水艦が待ち構えている戦場である。「大和」は警戒を厳重にしながら、豊後水道を南下した。

夜が明けて四月七日。この日の朝、第五航空艦隊司令長官・宇垣纏中将の命を受けた、第二〇三海軍航空隊の零戦十機と、第三五二海軍航空隊の零戦十二機が交代で「大和」上空に飛来、三時間あまりにわたって上空哨戒（護衛飛行）を実施した。

零戦隊が引き揚げた直後から、二機の米軍飛行艇が、遠く低空で「大和」に触接を始めた。「撃ち方用意」が下令され、主砲、副砲をそちらの方向へ向けると、敵機は雲のなかに隠れた（午前十時十八分。記録では、「主副砲射撃開始」とあるが、清水は、この飛行艇に対しての射撃は間に合わなかったと回想している）が、約二時間後の十二時三十二分、敵艦上機の大群が来襲した。

「雲が低くて、電探（レーダー）では捕捉しているのに、敵機の姿がなかなか見えない。飛行機に対しては電探射撃ができなかったんです。やがて雲の合間から黒い点々のような飛行機が見えたと思ったら、敵機は突然、死角の後方から急降下してきて、爆弾が後部指揮所を直撃しました。そこには後部副砲の指揮官・臼淵馨（うすぶちかおる）大尉がいたんですが、彼はその一弾で戦死してしまった。私は、ふつう真っ先に狙われるのは前檣楼だから、臼淵大尉には後部にあって、私の戦死後の副砲指揮を任せるつもりだったのが、裏目に出てしまいました。何とも無念でしたね……」

清水の戦闘配置である副砲射撃指揮所は、前檣楼（ぜんしょうろう）の上部戦闘艦橋のすぐ横下にあり、主砲と同じ方位盤照準器が装備されている。副砲はもともと対水上艦射撃用にできているので対空射撃には不向きだが、それでも低空で来襲する雷撃機（魚雷攻撃機）を捕捉しては、対空戦闘用に装備されていた三式通常弾（散開弾）で、五斉射ほどの射撃を浴びせた。

「しかし、魚雷回避のための転舵が激しくて射撃が思うに任せず、また、せっかく敵機を捕捉しても、味方駆逐艦への危険の配慮から発射できなかったりして、切歯扼腕（せっしやくわん）の思いでした。雲が低いので遠距離砲戦の機会はなく、来襲した敵機に対して、主砲は一度も撃つチャンスはありませんでした。米軍機の攻撃は、雲のなかでもよく連携がとれ、また、対空砲火の弾幕をいとわず突撃してくる勇敢さに感心しました。ただ、狙えば必ず当たりそうな巨艦に対して、魚雷や爆弾の命中率は意外に低いと思いましたね」

敵の第一波攻撃で被弾したものの、「大和」は速力も衰えず、前檣楼の被害は皆無で、なおもやる気十分で沖縄に向かおうとしていた。清水も、「この調子ならたどり着けるかも知れない」と思ったという。

しかし、敵機の攻撃はとどまるところを知らず、第二波、第三波攻撃で被害は累積し、特に左舷に集中して命中した魚雷のために、艦の傾斜は静かに増大していった。

「戦闘中は、いろんな音にかき消されて、前檣楼にいても魚雷の命中音は聞こえませんが、そのたびに艦が大きく揺れるので、数多くの魚雷が命中しているのは感じていました。爆弾のほうは、命中しても、ポンという音が聞こえるぐらいです。傾斜は、しばらく五度ぐらいで持ちこたえていましたが、こうなると主砲はもちろん、副砲ももう撃てません。高角砲も、射撃困難に陥って散発的になっています。被雷による浸水でだんだん傾きが増してきて、左十七度まで傾いたところでいったん止まりました。主砲塔の上にまで特設機銃が装備されていましたが、対空機銃だけが、最後まで心憎いまでに撃ち続けていました」

艦はまだ半速（九ノット、時速約十七キロ）程度で走り続けている。電灯はついているし、電話や拡声器も使える。水線下の機関科員の健闘がうかがえる。だが、高角砲、機銃が次々と被害を受けて対空能力が激減したため、やがて敵機は頭上を飛び交うほど、意のままに攻撃を加えてくるようになった。

「そんななか、第一波の被弾による後部火災は鎮火せず、弾火薬庫付近に立ち上る煙が、始終気になっていました。後部副砲の火薬庫が過熱して、手がつけられないとの報告も上がってきた。そしてこのことが、のちの大爆発の原因になったのではないかと、私は推定しています」

残念ながら、沈没は時間の問題になってきた。やがて、艦長より、「総員最上甲板」（総員退艦）の命令がくだる。清水は、側にいる指揮所員に、「死に急いではならない。浮いているものがあったら何でもよいから掴まってじっとしていること。絶対に一人になってはならない」と指示した。部下たちには、誰一人として動揺の気配は見られなかった。

「まもなく左舷に命中した魚雷によって傾斜は急激に増大し、私は横倒しになった指揮所に踏みとどまったまま水につかりました。海水の入るザーッという大きな音が聞こえていて、前檣楼の周りの海には、多くの乗組員が泳いでいました」

指揮所の窓から海中に吸い出され、海面に浮上した清水が振り返ると、目の前に巨大な「大和」の赤腹が、まるで山のようにそびえて見えた。これがあの「大和」か、と目を瞠った次の瞬間、「大和」は大爆発を起こし、清水の身体はふたたび海中深く吸い込まれていった。どれぐらい潜ったかはわからない。真っ暗だった。やがて周囲が明るくなり、気がつけば海面に浮上していた。「大和」の艦影はもう見えなかった。ときに午後二時二十三分。

周囲には、艦から漏れ出た重油が層をなし、空は黒々とした雲に覆われ、あたりは薄暗い。二百メートルぐらい先か、海中から赤い大きな炎が不気味に高く燃え上がり、そのなかで火薬が閃光を発し、花火のようにはぜている。主砲の発射用火薬がロケットのように滑走してこちらへ向かってくる。空からは大小無数の鉄片や鉄板が降り注ぎ、ピシャピシャと水しぶきを上げる。

「そんななか、目の前をなにか黒い丸いものがいくつか動いているのが見えた。『ああ、生存者だ』と思ったら、ふと我に返りました。脱出したときは大勢泳いでいたのに、爆発に巻き込まれたのか、多くは残っていませんでした。せっかく生き残った者を死なせてはいけない。私は思わず、『准士官以上姓名申告、近くにいる下士官兵を握って待機、漂流の処置をなせ』と叫びました」

清水は、二時間あまりの漂流ののち、駆逐艦「冬月」に救助され、翌朝、佐世保に帰還した。有賀艦長は艦と運命を共にし、生存者中最先任者（序列がもっとも上）である能村副長は頭部に重傷を負って入院しているので、清水が代わって「大和」特攻の戦闘詳報を書くことになった。現在、防衛省に保管されている「軍艦大和戦闘詳報」は、清水の手によるものである。いまでは名高い戦訓所見、

〈「思ヒ付キ」作戦ハ精鋭部隊（艦船）ヲモミスミス徒死セシメルニ過ギズ〉

……という一節を、清水は第二艦隊司令長官・伊藤整一（せいいち）中将、有賀艦長をはじめ、「大和」と運命をともにした二千七百四十名への万感の思いを込めて書いた。

ほどなく、終戦。清水は、最後に残された数隻の駆逐艦を寄せ集めて編成された第三十一戦隊の砲術参謀として駆逐艦「花月」に乗艦、再度の出撃に備えているところだった。

「悲しいことに、もはや動ける艦がこれら数隻の駆逐艦しかなかったんですよ。瀬戸内海の柳井（山口県）の沖に停泊して、艦に網をかぶせて木の枝をつけ、マストには松の木を立てて敵機から見えないように偽装していました。対空射撃をすると居場所がバレるから、敵機が上空を飛んでも見送るだけです。八月十五日、玉音放送を聞いたときは、まあこれでよかったと思いました。艦が沈むと人も沈む。『大和』をはじめ、艦と一緒に優秀な人が大勢死んでしまって、これからの時代は人を大事にしなければならないと思いました」

終戦後は七ヵ月間、呉に残って復員事業に従事したのち、帰郷。妻の実家のある愛知県で農場を開墾、精麦工場や倉庫業を営んだ。

清水は言う。

「国家民族危急のとき、『大和』とともに、身命を賭してこれにあたった乗組員たちがいたことを、後世の日本人が少しでも記憶にとどめてくれたら、彼らも浮かばれるんじゃないでしょうか。沖縄に米軍が上陸し、なんとかこれに一矢を報いなければと、自己犠牲をいとわなかった尊い気魄は、いわゆる戦争責任論とは別のもの。あの敗戦の廃墟から立ち直り、奇跡的な復興を遂げたのは、戦いに斃れた人たちの精神が、日本人の心のどこかに残っていたからだと思っています。死んだ連中の分まで頑張らなきゃと、みんなが思っていましたからね」

戦艦「大和」は、東経百二十八度〇四分、北緯三十度四十三分、水深三百四十五メートルの地点で、海底の墓標となって、幾千の骸とともに、いまも静かに眠っている。そしていつまでも、日本人の心のなかに、複雑な感情とともに生き続けることだろう。

昭和20年4月7日、「大和」は敵艦上機の波状攻撃を受け、沈没した

戦艦「大和」

昭和28年、新東宝の映画「戦艦大和」に、本人役で出演した清水芳人・元少佐（右奥）

昭和20年2月11日、紀元節に「大和」第二主砲塔前で。甲板が黒く塗られているのがわかる

15

特攻隊員たちの出撃後、兵舎だった小学校の黒板に残されていた辞世

「ジャズ恋し　早く平和が　来ればよい」

昭和二十（一九四五）年、土方敏夫海軍中尉の証言

太平洋戦争末期の昭和二十（一九四五）年三月二十六日、アメリカ軍が慶良間諸島、次いで四月一日には沖縄本島に上陸を開始し、民間人も巻き添えにした凄惨な戦いが始まった。地上戦ばかりがクローズアップされがちな沖縄戦だが、航空部隊も、押し寄せる敵の大軍に一矢を報いようと必死の戦いを繰り広げ、多くの若い命が失われた。

沖縄の空で戦ったのは、海軍兵学校や飛行予科練習生（予科練）を卒業した、いわゆるプロの軍人ばかりではない。大学や専門学校（旧制）を卒業、あるいは在学中に志願、あるいは召集されて軍に入った、学徒出身の搭乗員も次々と最前線に投入された。東京の豊島師範学校を卒業、小学校教員を経て海軍飛行専修予備学生十三期生を志願した、元山（げんざん）海軍航空隊の土方敏夫（ひじかたとしお）中尉（のち大尉）も、その一人である。

「朝鮮半島の元山基地にいた私たちにも、鹿児島県の笠之原基地に進出が命ぜられました。まずは分隊

長・山河登大尉が主力を率いて進出し、四月八日、私が第二陣の零戦十二機を率いて笠之原に到着しました。そこで山河分隊長の戦死を知らされ、愕然としました。山河大尉は四月七日、激しい空戦を終えて帰投する途中、エンジンオイルが漏れて海上に不時着水、その後の消息はわからないと。空戦の神様のような人が戦死するとは、運命というか、人の命の儚さを思い知らされたような気持ちで、涙がとめどもなく溢れました」

土方は翌四月九日の邀撃戦を皮切りに、沖縄をめぐる激戦に明け暮れることとなる。

四月十四日、土方が率いる元山空零戦隊は乗ってきた零戦ごと、鹿児島の鴨池基地で作戦中の二〇三空戦闘第三〇三飛行隊に編入するとの指令を受けた。戦闘三〇三飛行隊長は、真珠湾攻撃以来歴戦の岡嶋清熊少佐で、隊員にはベテラン搭乗員が揃っている。

「先に転勤していた同期生から戦闘三〇三のことをいろいろ教えてもらいました。岡嶋少佐は隊員みんなから尊敬されていて、さばけた面もある代わり、間違ったことをするといきなり拳銃をぶっ放すから用心しろ、と言う。岩本徹三少尉は、ライフジャケットの背中に『天下の浪人虎徹』と書いてあるからすぐにわかる。見かけは田舎の爺さんみたいだが、いったん空に上がれば向かうところ敵なしの、古参の撃墜王であると。先任搭乗員の谷水竹雄上飛曹、元山空から一緒に転勤してきた山口浜茂上飛曹、西兼淳夫上飛曹らも歴戦のつわもので人柄もよく、教わることが多かったですね」

戦闘三〇三飛行隊は、沖縄方面の敵機掃討、特攻隊直掩、九州に来襲する敵機の邀撃など、連日のように出撃を重ねた。四月二十二日、土方は敵戦闘機グラマンF6F一機を撃墜。現存する航空記録を見ると、沖縄戦の期間中、ほぼ連日のように出撃を重ね、酷使されているのが見てとれる。

「ある日、朝から邀撃に上がり、燃料、弾薬の補給に着陸、プロペラを回したまま機上で弾丸の補充を待っていると、まだ十代の若い二飛曹が主翼に駆け上ってきて、『分隊士、交代します！』と元気のいい声で叫びました。『大丈夫、まだ疲れていないから、俺が飛ぶよ』と言っても彼は引き下がらず、私の肩バンドを外しにくる。ついに根負けして交代し、彼はニッコリ笑って離陸していったんですが、ちょうどそのとき、グラマンF６Fの編隊が上空から突っ込んできて……彼の機は一瞬で火だるまになって鹿児島湾に墜落した。私は呆然としてそれを見ていました。一寸先は闇、その闇は神のみぞ知る世界なのだろう、というようなことをふと考えました」

五月十一日、「菊水六号作戦」が実施され、戦闘三〇三飛行隊は、特攻隊の前路掃討のため、稼働全機、三十二機で出撃した。

「指揮所にはZ旗が高々と掲揚されます。やはりこの旗が掲揚されると、気持ちが高揚しますね。指揮所付近には基地の人々が並び、帽を振って見送ってくれます。それに手を振って応えながら、編隊で離陸していくときの気持ちは、何とも言えません。戦闘機乗りになって良かったなあ！　というのが偽らざる気持ちでした。

空戦は、沖永良部島（おきのえらぶ）を過ぎたあたりで始まりました。上から降ってきたのはグラマンF６Fの編隊です。あっという間に混戦になりました。味方機が散り散りになり、私の列機も付近には見あたらない。とにかく、大きくスロー口ールをうちながら、半分以上は後ろを見ながらの操縦でした。

敵機の主翼前縁いっぱいに十二・七ミリ機銃六挺の閃光が走ったかと思うと、翼の下に機銃弾の薬莢が、まるですだれのようにザーッと落ちるのが見える。体をひねり、首をいっぱいに回して後ろを見ながら、敵機の機銃が火を噴くと同時にフットバーを蹴飛ばし、フットバーとは逆方向に操縦桿を倒し、機体を急激に滑らせて敵弾をかわす。横滑りのG（重力）で、体が操縦席の片側に叩きつけられますが、そうしないと命がない。空戦は、命を賭けた殴り合いの喧嘩だと思いました」

同期生や、元山空から一緒だった戦友たちも次々と空に散ってゆく。

「戦闘機の戦いは、映画で見る陸軍の戦いのように、血だらけになった相手の顔を見るようなことはありません。青い空、白い雲、そびえ立つ雲の塔が舞台で、その中で自分の技倆で精一杯の操作で飛び回るのが空戦です。狂女が髪の毛を振り乱して乱舞するような形で、黒煙を吐きながら、被弾した飛行機が青空に大きな弧を描いて墜ちていきます。海面には、撃墜された飛行機の油が円形になって浮かんでいます。

いつかは、俺もあのように終焉を迎えることになるな、とは思っていましたが、それは、実感として迫ったものではありませんでした。飛び立つときは、必ず還ってくると思っていました。しかし、戦いの日々が重なると、夜半に目が醒めると汗がびっしょりで、雑念が浮かんでなかなか眠れないこともありました」

六月十七日、鹿児島市がＢ－29の空襲に遭い、市街のほとんどが灰燼（かいじん）に帰した。戦闘三〇三の搭乗員たちも、城山に掘られた横穴式の防空壕で寝泊まりするようになった。

「ある日、綿のように疲れて、同期生の杉林泰作中尉と二人、ライフジャケットを肩にかついであぜ道を防空壕に向かっていると、向こうから鍬（くわ）を肩にかついだお婆さんと幼稚園児ぐらいの女の子が手をつないで歩いてきました。思わず『ご苦労さま』と声をかけると、二人はお辞儀をして、『兵隊さんも大変ですね』と言ってすれ違っていきました。

そのとき、何か胸にこみ上げてくるものがあって、思わず杉林に、
『おい、俺はいま、あのお婆さんと女の子のためなら死んでも悔いはないと思ったよ』
と声をかけると、彼も、
『貴様もそう思ったか。俺もいま、全く同じことを思っていたよ』
と。この緑豊かな国土、か弱いお婆さんやかわいい子供たちを守るのは、俺たちをおいてほかに誰がいるのか、というのが、当時の若者に共通した思いだったんです。これは、本職の軍人も、私たちのようにペンを操縦桿に持ち替えた臨時雇いの予備士官も、変わるところはありませんでした。杉林中尉はその後、七月二十五日、大分県宇佐上空の邀撃戦で戦死しました」

特攻隊こそ出さなかったが、戦闘三〇三飛行隊は、八十九名の搭乗員のうち三十八名が沖縄戦から終戦までの間に戦死、戦死率は四十三パーセントにのぼっている。これは、たとえば特攻専門部隊として編成された第二〇五海軍航空隊（百三名中特攻戦死者三十五名）よりも高い数字だった。

土方が、私の取材ノートに残した言葉より――。

「戦闘三〇三飛行隊が、鹿児島基地で沖縄戦に出撃したり、邀撃戦に明け暮れていた頃のことです。搭乗員は、鹿児島市内の涙橋近くの民家に分宿していました。私たち予備学生は一軒の家にまとまって分宿していました。夜になるとブリッジをしたり、お酒を飲んで、たわいもない話に興じたりしていました。

明日をも知れぬ命と知りつつも、それを顔に出すことはなく、明るく振る舞うことによって、自分自身を抑制していたのかも知れません。これまでに、習った戦術にしても戦略にしても勝つという結論は出て

きません。それで議論にはならぬことはしませんでした。国家の捨て石になればそれで本望、あるいは講和の条件が少しでも良くなるのなら、喜んで死のう。そんな気持ちだったと思います。

ある晩のことです。誰かが『おい、神様がもしも二十四時間フリーな時間をくれたら、貴様たちは何をしたいか』と言いました。いろいろな意見が出ました。

恋人に会いたい、母親に会いたい、甘いものを腹いっぱい喰いたい、などなど。

そのなかでいちばん、みんなが賛同したのは、

『書斎で、コーヒーを飲みながら、ゆっくり本が読みたい』

でした。

鹿屋基地では、特攻隊の隊員の宿舎は小学校でした。その教室の黒板に、特攻隊員が出撃のときに書いていった川柳が残っていました。『雲流るる果てに』に、これが掲載されています。そのなかで、同期生の次の句を読むたびに、私はいつも目頭が熱くなります。

〈ジャズ恋し　はやく平和が　来ればよい〉

いまもよく空を見上げます。そして、零戦で飛行機雲を曳きながら飛んだ日のことを思い出します。大空に舞う零戦は、美しいの一言で事足ります。美しいものは、すぐれたものです。その美しい零戦とともに全力で戦った日々は、何ものにも代えられない私たちの青春そのものでした。抜けるような青い空に一筋の飛行機雲を引きながら飛んでいる飛行機を見ると、何となく自分の一生を見ているような気がするのです」

こんな、ペンを操縦桿に持ち替えて、誇り高く戦った学徒出身の若者たちがいた。そして彼らのうち、戦争を生き抜いた者の多くは、それぞれに学んだ学問を生かして、あらゆる分野で戦後日本の礎となった。戦争と戦後日本を振り返る上で、このことはけっして忘れたくないものである。

土方敏夫中尉（当時）。零戦の操縦席で

昭和20年4月、元山基地から鹿屋基地に飛び立つ。搭乗員の左端が土方中尉

昭和20年、笠之原基地を出撃する搭乗員たち。訓示するのは蔵田脩大尉

16

終戦直後、上官からのある「指令」に昂然と反発した、歴戦の戦闘機乗りの矜持

「理由もなく自決なんてできるもんですか」

昭和二十(一九四五)年、日本海軍の切り札部隊の一員だった佐々木原正夫元海軍少尉

「離陸してみると、長崎上空は黒雲に包まれ、その下は雨が降っているようでした。一通りの飛行テストを終えて、午後三時頃、着陸前に雲の下に入ってみたんです。地上は完全な焼野原だったですね。真黒な雲が広がっていて、雨がザーッと降っていて。高度五百メートルぐらいで、残骸と化した浦上天主堂のまわりを旋回して見てみましたが、そりゃあ酷いもんでしたよ」

と、歴戦の戦闘機搭乗員だった佐々木原正夫(ささきばらまさお)少尉は語る。

佐々木原は昭和十四(一九三九)年、甲種飛行予科練習生四期生として海軍に入り、空母「翔鶴(しょうかく)」零戦隊の一員として、昭和十六(一九四一)年十二月八日の真珠湾作戦(機動部隊上空哨戒)を皮切りに、翌昭和十七(一九四二)年、史上初の空母対空母の戦いとなった珊瑚(さんご)海(かい)海戦、そしてガダルカナル島攻防

戦、南太平洋海戦などの激戦に参加、空母「瑞鶴（ずいかく）」に異動して昭和十八（一九四三）年二月、ソロモン諸島の戦いで重傷を負った後は、主に戦闘機の空輸任務と、新鋭機「紫電（しでん）」「紫電改（しでんかい）」の、実戦部隊に配備される前のテスト飛行に任じていた。

昭和二十（一九四五）年七月末、「紫電改」で編成された防空部隊、第三四三海軍航空隊（三四三空）戦闘第七〇一飛行隊に転勤を命じられ、長崎県の大村基地に着任したばかりだった。当時二十三歳。

「大村に赴任したのは、すでに全軍が、来たるべき本土決戦に備えている時期で、もしも米軍が九州に上陸してきたら、三四三空は全力を挙げて迎え撃ち、一週間以内に総員が戦死するという見込みを聞かされました。『なんだ、俺たち、みんな死ぬのが決まっているのか』と。仕方ない、ここで死ぬんだな、と覚悟を決めました。ただ、三四三空では、一度だけ敵艦上機邀撃に出撃したものの、私自身、空戦の機会はありませんでした」

八月九日――。

「この日はトラックを十台ぐらい連ねて、搭乗員を荷台に乗せ、総員で飛行場裏手の山登りに行きました。三四三空には戦闘七〇一、三〇一、四〇七の各飛行隊があり、それぞれ三十何人かの搭乗員がいましたから、かなりの人数です。途中、私たちの乗ったトラックが故障して、修理の間、たまたまアイスキャンデー屋があったので、みんなでなかに入ってアイスキャンデーを食べていました。

すると突然、ガラスがビリビリと震えて、しばらくしてドーン、とものすごい音がした。爆撃か？　と外に飛び出すと、南西の方向の青空に、真白い大きな玉が上がっていくのが見えるんですよ。その真白い玉の間から真っ赤な炎がはしり、そこがすぐ水蒸気に包まれて、まん丸い玉が大きくなりながらゆっくりと上がってゆく。

あれはなんだ？　広島に落ちたのと同じ『新型爆弾』じゃないか、そうだそれだ！　などと口々に言いながら、とはいえ、どうしようもないので車に飛び乗ってとりあえずみんながいる山頂までは行き、弁当を食べながらきのこ雲を観察すると、どうやら爆弾は長崎に落ちたようでした。それを見ながらみんな無言になってね……。そのまま帰路について、基地に戻ったのは午後二時頃でした」

大村基地に帰ると、戦闘七〇一飛行隊の整備員が、佐々木原に整備のできた「紫電改」のテスト飛行を依頼してきた。ベテラン搭乗員の多くが戦死し、いまや佐々木原以上にテスト飛行の経験が豊富な搭乗員は、ほとんど残っていなかったのだ。

「大村基地と長崎は、直線距離で二十キロ足らずですから、飛行機なら目と鼻の先です。高度をとって急上昇、急降下、そして宙返りやクイックロール、スローロール、垂直旋回など、エンジンの調子も見ながら特殊飛行を実施してテスト飛行を終え、しかし、どうにも長崎のことが気になるので黒い雲の下に入ってみた。放射能のことなど、そのときは知らなかったですからね。

――雨の降るなかを低空で見た長崎の情景は、一生忘れられません。浦上天主堂の残骸はかろうじてわかりましたが、一面、廃墟となって人の気配も感じられない。思わず息を呑みましたよ。たった一発の爆弾でこんなふうになるなんて、これまで長く戦ってきた経験からも想像もつかない。惨状という言葉では足りない、あまりに酷いありさまでした」

昭和二十年八月九日午前十一時二分、米陸軍の爆撃機、ボーイングB－29が投下した一発の原子爆弾によって長崎市街は壊滅、焦土と化した。佐々木原は、原爆投下直後の長崎上空を、おそらく最初に飛んだ日本海軍の搭乗員となった。

「飛行機の調子はよく、着陸して『今日は非常にいいよ』と言ったら整備員は喜んでいましたが、私はいま見たばかりの長崎の光景が目に焼きついて、沈痛な気持ちでした……」

夜中になって、大村海軍病院に、長崎で被爆した重傷患者が次々と運び込まれ、海軍基地からも整備員や搭乗員の一部が救援に向かった。

「私は、翌朝は当直で、敵襲があれば出撃する『即時待機』（燃料、弾薬を満載し、命令があれば即座に出撃できる状態）に入ることが決まっていたので行きませんでしたが、帰ってきた連中が言うには、トラックの荷台から腕をつかんでひっぱり上げて乗せようとすると、腕の皮がズルズルと剥けるんだそうですよ。それで、痛い、痛いと、かわいそうで困ったとのことでしたね……」

そして八月十五日。戦争終結を告げる天皇の玉音放送は、大村基地にいる三四三空搭乗員の総員が、飛行場に整列して聴いた。佐々木原の予科練の同期生は、この日までに二百六十四名中二百十五名（約八十一パーセント）、うち戦闘機専修者は二十一名中十九名（約九十パーセント）が戦没している。

「終戦を知らされて、人間って不思議なもので、みんなホッとした顔をしていましたね。これで家に帰れる、と。これからどうなるか、先行きの見えない不安はありましたが」

十五日午後、源田司令は状況を確かめに、大分基地にあった第五航空艦隊司令部に飛んだ。さらに八月十七日、司令は自ら紫電改を操縦、横須賀に向かい飛び立った。

源田司令が、大村基地に帰ってきたのは八月十九日午前のことだった。このとき、司令は、東京で授けられてきた新たな任務を、出迎えた飛行長・志賀淑雄少佐に打ち明けている。それは、近く連合軍が進駐してきて日本は占領されるが、天皇の処遇および国体（天皇を中心とする国家体制）の維持に対しては不透明なままであることから、天皇の処刑をふくむ最悪の事態にそなえて、皇統を絶やさず国体を護持するため、皇族の子弟の一人をかくまい、養育する、という秘密の作戦だった。

ことの性質上、作戦準備は隠密裏に進めなければならない。このとき、志賀少佐は、行動をともにする隊員を選抜するために一計を案じた。司令が自決すると装い、その供連れとなる覚悟のある者のみを、この作戦に参加させるというものである。

この日の昼、飛行場に三四三空の全搭乗員が集められ、源田司令が総員に「休暇を与える」として、部隊解散の訓示をした。訓示が終わり、司令が号令台から降りると、志賀少佐が、

「解散。ただし搭乗員、准士官以上は残れ」

と命じた。そして、残った者に、

「司令は自決される。お供したい者は午後八時に健民道場に集まれ」

と伝えた。健民道場は、飛行場の裏山の途中にあり、隊員の一部の宿舎としても使われている。志賀少佐は私のインタビューに、

「司令とは事前に、『自決の直前までもっていきますから。みな拳銃に弾丸はこめさせます。銃をとるとき、私が〝待て〟と声をかけますから、そこでほんとうのことをおっしゃってください』と打ち合わせをしていた」

と語ったが、佐々木原の記憶は、志賀の回想とは少しニュアンスがちがう。

「私は、司令が自決されるから、搭乗員総員、拳銃を持って道場に集まれ、と聞いたと記憶しています。われわれは寝耳に水で、なんで自決しなきゃいけないんだ、と反発しましたね。

飛行機に乗って、戦争して死ぬのはちっとも構わない。命が惜しくて戦争やってたんじゃない、飛行機で死ぬならいつでも死んでやる。負けたといっても、俺たちが負けたわけじゃない。われわれは一生懸命やるだけやったじゃないか。それを、国が負けたからって自決せよとはなにごとだ、と私ら行かなかったんです。部下たちも、戦って死ぬのならいいけど、いったい、なんの責任をとって自決しなきゃいけないんですか、とみんな言ってました。

ずっと後になって、これは『皇統護持の秘密作戦の人員を選抜するための芝居』だったという事情はわかりましたが、まったくね、赤穂浪士じゃあるまいし、まるでわれわれの人格を疑って試されたみたいで不愉快でしたよ。戦後、志賀さんに、あんなカラクリで私らをだましたんですか、と食ってかかったことがありますよ。誰だって自決なんてくだらないと思う、それより部下をみんな無事に帰してやるのがほんとうじゃないですか、と。

みんな、戦争をやってきた搭乗員ばかり。役に立ってきた自負があります。それならそうと、ちゃんと命令してくれれば不服は言いません。せめて分隊士以上にでも話してくれればよかったと思います。しかし、ただ自決と言われてもね、なにを言いやがる、と。理由もなく自決なんてできるもんですか」

志賀少佐から搭乗員たちへの話の伝わり方に誤解があったのかもしれない。志賀は、

「不満はいっさい、私が負います。それほど大切な問題でしたから」

と言う。しかし、歴戦の搭乗員としての誇りが自決を拒んだ、佐々木原の気持ちは痛いほどに察せられた。

戦争が終わり、海軍も解体すると、軍人だった者は新たな仕事を自分で見つけなければならない。父が森永食糧工業株式会社（昭和二十四年、森永製菓株式会社と改称）で総務課長を務めていて、息子を雇ってくれるよう会社に掛け合ってくれ、佐々木原は昭和二十一（一九四六）年一月一日付で森永に入社、三島工場で働き始めた。同年四月には結婚、自衛隊の発足時には、パイロットとして熱心なスカウトを再三にわたって受けたが、「飛行機は危ない」との妻の反対もあって断念、昭和五十三年（一九七八）に定年退職するまで、森永ひと筋に勤め上げた。

森永に在職中の昭和四十六（一九七一）年、佐々木原は、アメリカのエース・パイロット協会（American Fighter Aces Association）が、カリフォルニア州サンディエゴで開催する年次総会に招待を受け、かつての零戦搭乗員仲間とともに初めて訪米している。

「空戦は、飛行機と飛行機の戦いで、相手の顔を見ることは稀ですし、戦いは一瞬で、そこへ行くまでの空への思いとか訓練とか、共通する部分が多いので、すぐに打ち解けられるんですが、やはり文化の違いとか、戦勝国と敗戦国の差を感じましたね。

しかし、あのときアメリカに行ったのはよかったですね。アメリカの軍事力、国力の一端に触れただけでも、よくこんな大きな国と戦争する気になったなあ、と、無知の恐ろしさを実感することができました。これは、頭で考えるだけでは駄目で、やはり行って交流してはじめてわかることだと思います」

戦争を振り返ってどう思いますか？　という私の問いに佐々木原は、

「『戦争とは』、とか、あんまり気の利いたことは言いたくないんですわ。戦争をくぐり抜けてきた人間としたら、戦争は起こすもんじゃないとは、私も思います。勝っても負けても、その惨禍は想像を絶するものがありますからね。しかし、現実に戦争が世のなかからなくなるということは、考えられないんじゃないか。

戦争をどう思いますか、と聞かれても答えようがない。世界中が平和になるか、というとならないじゃないか。いまも世界中、戦争の渦巻きじゃないか。

日本が戦争を放棄したら戦争が起こらなくなるわけじゃない。国それぞれに利害があって、宗教や人種や思想もちがう。そういう前提に立ってものを言わないと、『戦争をしない国』という概念的なものだけで国家を律し去ろうというのは大きな間違いなんじゃないかと思います。

かつての帝国陸軍のように、世界を知らず独善的になっちゃ困るんですが、即発の事態への対応力を失ったら国家は滅亡しますよ」

と言い、なおも言葉を継いだ。

「私らは戦っていたときに、はっきり言って『天皇陛下のために』なんて思ったことはありません。そのために死ぬなどというのはまやかしだと思っていましたから。

『上御一人(かみごいちにん)』なんて、あれは陸軍の思想ですよ。陸軍はそれで縛らないと兵隊がまとまらなかったんでしょうが、海軍はもっと大らかだったんじゃないですか。そんな思想で縛られなくても、われわれは国民の負託を受けて、そのために戦う。いつどこで死ぬかはわからないが、それでいい、戦って死ぬことはちっとも嫌じゃない、そんな気持ちでしたよ」

佐々木原は平成十七（二〇〇五）年没。いまも「プロの戦闘機乗り」としての誇りに満ちた言葉の数々を思い出す。

飛行練習生の頃、九三式中間練習機の前で

局地戦闘機「紫電」。搭乗するのは佐々木原正夫飛曹長（当時）

昭和17年6月、アリューシャン作戦で乗組んだ空母「隼鷹」艦上で

昭和20年、三四三空戦闘第七〇一飛行隊の集合写真より。前列左から山田良市大尉、源田實大佐（司令）、志賀淑雄少佐（飛行長）。二列め右から2人め佐々木原飛曹長

17
捕虜となった凄腕パイロットが米本土の収容所で知った衝撃の事実

「日露戦争でロシア軍の捕虜になった人が、日本に帰れずアメリカに渡って浄土真宗の僧侶になっていて、面会に来たことがありました。立派な人でしたが、我々も日本がもし勝ってたら帰れなかったでしょうな。負けて、日本の軍隊がなくなったから帰ってこられたようなもんですよ」

昭和十八年、南洋で捕虜となった中島三教元海軍飛行兵曹長

「生きて虜囚の辱を受けず」という言葉は、近代日本の軍隊の道徳律を表すものとして、いまや広く知られている。この文言自体は、昭和十六（一九四一）年一月、東条英機陸軍大臣の名で陸軍内部に示達（したつ）された「戦陣訓」の一節にすぎず、海軍はこれには縛られない。そもそも陸海軍には「俘虜（ふりょ）査問会規定」という規則があって、軍人が戦闘で捕虜になりうることは想定されていたから、示達にすぎない「戦陣訓」の

教えは絶対的な拘束力を持つほどのものではない。海軍に籍を置いた人のなかには、陸軍にこのような示達や文言があったこと自体、知らなかったという人も多い。

——だが、当時の一般的な日本人の通念とすれば、やはり、捕虜になることは「恥」であった。「戦陣訓」のなかった海軍でも、将兵に対し、捕虜になったときの心構えなどを教えることはなかったし、捕虜になるなら潔く死を選べ、と教え込んでいた。

捕虜を、最前線で義務を果たした戦士として、むしろ英雄的に扱う西洋的価値観とは正反対の世間の「気分」が、軍民問わず、理屈抜きに醸成されていたと言える。そのため、あたら助かるべき命が数多く失われ、残された家族を悲嘆の淵に追いやったのだ。

それでも、支那事変から太平洋戦争で、敵軍の捕虜になった日本軍将兵は意外に多い。ほとんどが不可抗力によるものだが、そんな戦中の日本的な「気分」は、戦後も長い間、彼らを苦しめた。

大分県別府市に暮らす中島三教（なかしまみつのり）を初めて訪ねたのは、平成八（一九九六）年春のことだった。音に聞こえた名戦闘機パイロットだったが、ガダルカナル島へ出撃の途中、エンジン故障で不時着し、米軍の捕虜になった経験をもつ人である。

「私は、アメリカに捕まってから頭がおかしゅうなって。何もかも忘れてしまったんです。戦争が終わるまでは戦死の扱いで、靖国神社にも祀（まつ）られとった。戦死認定後、家族に合祀（ごうし）の通知があったらしいです。戦後、靖国神社に生きて帰ったことを申し出ましたが、一度合祀したものは取り消しはできん、ということで、いまも『中島三教命（なかしまみつのりのみこと）』は祀られたままなんです。東京に行ったとき、『遺族でも戦友でもなく、祀られてる本人じゃ』と言うて、お参りさせてもらったこともありました」

中島は大正三（一九一四）年四月一日、大分県宇佐郡に、七人きょうだいの三男として生まれた。大分県立中津中学校（現・県立中津南高等学校）を経て、一般志願兵として海軍を志願、昭和八（一九三三）年五月一日、海軍四等水兵として佐世保海兵団に入団した。

基礎教育を終えて空母「加賀」乗組を命ぜられ、砲術科に配属された中島は、そこで見た飛行機の姿に心奪われ、搭乗員を目指して操縦練習生を受験。数十倍の難関を突破し、昭和十（一九三五）年五月、第二十九期操縦練習生となる。練習機での操縦訓練を経て、選ばれて戦闘機専修と決まり、同期生十三名とともに大村海軍航空隊に入隊した。

昭和十二（一九三七）年七月七日、北京郊外の盧溝橋で日中両軍が衝突した「盧溝橋事件」を皮切りに「北支事変」が勃発すると、海軍はただちに航空兵力を大陸に派遣することを決定、第十二航空隊を大分県佐伯基地で、第十三航空隊を長崎県大村基地で編成した。

八月九日、上海で大山勇夫（いさお）海軍中尉、斎藤與蔵（よぞう）一等水兵が中国兵に射殺されたことをきっかけに「第二次上海事変」が勃発、海軍は空母「加賀」「龍驤（りゅうじょう）」「鳳翔（ほうしょう）」を上海沖に派遣、艦上機をもって南京、広徳、蘇州の中国軍飛行場攻撃を開始、早くも烈（はげ）しい航空戦が展開された。戦火は拡大の一途をたどり、九月二日、これら両事変を総称して「支那事変」と呼称することが閣議決定されている。

中島は第十三航空隊に配属され、上海・公大（クンダ）飛行場に進出した。乗機は当時の最新鋭機・九六式艦上戦闘機（九六戦）である。中島は連日のように続いた戦闘で、中国空軍のソ連製戦闘機ポリカルポフE－

15、E-16やアメリカ製戦闘機カーチス・ホークなどを相手に撃墜を重ねた。その活躍はめざましく、のちに「勲功抜群」のあかしである功六級金鵄勲章を授与されている。ところが、いざ話題が戦闘におよぶと、中島の口はとたんに重くなった。

「空戦の話はあまりしたくない。人を殺したわけですからね。誰に聞かれてもしたことはありません。戦争はもう嫌です。戦争なんかないほうがいい……」

空戦の話をしたがらない中島だったが、それでも特に印象的な出来事はあったらしく、心を開くにしたがい、ポツリ、ポツリと戦闘の話も出てくるようになった。九六戦は最初の頃、故障が多く、敵地上空でエンジンが止まり、死を決意したこと。味方の軍艦から敵機と誤認され、対空砲火で撃墜され、負傷した経験――。

昭和十六（一九四一）年十二月八日、日本は米英をはじめとする連合国との戦争に突入。中島は、大分海軍航空隊でそのニュースを聞いた。昭和十七（一九四二）年十一月、准士官の飛行兵曹長に進級した中島は、十二月、いよいよ第一線部隊である第二五三海軍航空隊に転勤を命ぜられ、妻と生後半年の長男を大分に残して、昭和十八（一九四三）年一月五日、ラバウルの北、ニューアイルランド島カビエン基地に展開していた二五三空に着任した。

昭和十七年八月七日、米軍のツラギ島、ガダルカナル島上陸にはじまったソロモン諸島の戦いは、すでに泥沼化の様相を呈していた。米軍に占領されたガダルカナル島飛行場の奪還作戦は失敗に終わり、島に上陸した陸軍部隊への補給もままならない。

海軍は、ガダルカナルにほど近いニュージョージア島ムンダに前進基地を設け、零戦隊を進出させたが、間断のない敵機の空襲を受けあっという間に壊滅、日本側は、せっかく作ったムンダ基地を常駐基地として使用することをあきらめざるを得なくなった。

十二月三十一日の御前会議でガダルカナル島撤退の方針が決定され、一月四日、ついに大命が下る。中島が二五三空に着任したのは、そんな時期だった。

「着任してしばらくは、訓練やら当直やら基地の上空哨戒やらをしていました。そして一月二十四日、不時着機を捜索する飛行艇を護衛して、私が指揮官で六機を率いて飛んだんです。途中、燃料補給をしながら十五時間。これだけ飛ぶとくたくたですな」

ガダルカナル島からの撤退を成功させるための航空作戦が、始まろうとしていた。一月二十五日には、戦闘機、爆撃機協同による大規模な作戦が行われることになる。前日、十五時間におよぶ飛行から帰ったばかりの中島も出撃を命ぜられた。

中島は、二五三空第二中隊第三小隊長として、二番機・前田勝俊一飛曹、三番機・入木畩次二飛曹を従えていた。

「いよいよガダルカナル島が見えてきて、高度を上げ始めました。ところが、六千メートルより上がろうと思ったらエンジンの調子が突然悪くなって、ブスブスと息をつき始めました。これはいかん、と思って列機に先に行け、と合図するんだけどもどうしても離れない。そこで二機を連れたまま、もと来た道を引き返しました。ふと攻撃隊の行った先を見ると、空戦しているのが見えました。それを見て、おう、やっとるやっとる、と。

しかし、私の飛行機はエンジンに力がなくなって、だんだん高度が下がってくる。そして、間もなくムンダの飛行場が見えるというところで、とうとうプスッと止まってしまった。これはもう不時着するしかない。そこで、島の海岸近くの海に降りたんです。そしてバンドを外して翼の上に出て、海に飛び込んで、約三百メートル、泳いで岸にたどり着きました。列機は上空をしばらく旋回していましたが、やがて帰っていきました。私の零戦は、海が浅いから全部は沈まず、尾翼の一部が海面から出ているのが見えました」

不時着水して岸に泳ぎ着いた中島が、さてどうしたものかと海を見ると、岩の間をウツボがたくさん泳いでいるのが見える。試しに木の棒でつついてみると、ガブッと噛みついてきた。いざとなればこれを捕って食べられないこともない。椰子の実もある。少し安心した気持ちで服を脱ぎ、乾かしていると、ジャングルの奥から「ニッポンバンザイ、ニッポンバンザイ」という声が聞こえてきた。

「拳銃を抜いて構えたら、出てきた男たちは現地人で、持っていた蕃刀（ばんとう）を地面に捨て、『ニッポンバンザイ、ムンダ行こ行こ』と日本語で言う。ラバウルやカビエンでも現地人が日本軍に友好的で、不時着機を担いできたりと協力的だったのを思い出して、これは味方だ、助かったわい、と思いました」

中島が不時着水したのは、ニュージョージア島の南東、ガダルカナル島寄りに位置するウィックハム島だった。列機の報告をもとに、一月二十六日、二十七日と、二日連続で零戦十二機が飛行艇とともに捜索に発進、浅瀬に不時着した中島機を発見している。

「不時着から一夜明けて次の日でしたが、上空を盛んに飛行機が飛んでいました。それで、探しに来てくれたと思って出ようとしたら、現地人が、出ちゃいかん、撃たれる、と言って怖がるんですよ。こっちは拳銃を持ってるんだし、無理にでも出ればよかったんだけど、まあ、ムンダまで案内すると言うんだし、と、私の方が折れてしまいました」

そうして、ムンダももうすぐという二日めの晩――。

「その晩は、現地人の集落で歓待されて、酋長のような偉いのが出てきたり、鶏の丸焼きを食べさせてもらったり、すっかりええ気分になってしまいました。

そしたらいきなり、現地人に後ろ手に押さえつけられて、拳銃を盗られて。すると奥からイギリス軍の大尉が出てきて、現地人のやつはそいつに私の拳銃を手渡しました。いままで仲良くしていた連中も私に銃を突きつけて、こっちは丸腰でどうにもならん。隙を見て拳銃を取り返そうとしたけどダメでした。それで、これもわしの運命だと諦めて捕まったんです。それまでは、もうすぐムンダの友軍基地に着くと信じてたんですが」

中島は、現地人に売られたわけである。中島は逃亡を試み、それが無理と悟ると自殺を図ったりもしたが果たせず、数日後、ガダルカナル島の収容所に送られた。

日本では中島は「行方不明」として扱われたが、のちに戦死と認定され、海軍少尉に進級、正八位勲六等功五級に叙せられた。そして、靖国神社に合祀する旨の通達が、家族のもとに届いた。生きながらにして「英霊」になったのだ。

ガダルカナル島の収容所に送られた中島が見たのは、栄養失調で幽鬼のように痩せ衰えた陸軍将兵の姿だった。

捕虜になった現実が日に日に実感できるようになると、もう二度と日本には帰れないとの思いが胸に重くのしかかってくる。中島は、何もかもを忘れようと努力するうち、ほんとうに精神に異常をきたしたという。

「ガダルカナルに送られてしばらくして訊問を受けました。中佐か大佐の前に出されて、通訳が名前を書きなさい、と言うんだけど、書けなかった。中だけ書いて、島という字がどうしても思い出せなかった。忘れてしまったんです。

どうして名前を書かんのか、と言われて、いや島の字がわかりませんが、と言うと、バカヤロー！　とえらく怒られた。なんぼ怒られてもわからんものはわからんのだから。結局、ガダルカナルにいる間、自分の名前が書けないままでした」

中島は、昭和十八（一九四三）年四月頃、他の数名の捕虜と一緒に、ニューカレドニア・ヌメアの捕虜収容所に送られた。ここで、海兵六十八期出身の艦上爆撃機搭乗員で、のちに直木賞作家になった豊田穣中尉と会っている。

その後、中島らは船でハワイの捕虜収容所に送られ、そこで約半年を過ごした。さらにアメリカ本土のサンフランシスコに送られ、カリフォルニア州サクラメントの収容所で約二ヵ月。ハワイまでは捕虜になったときの服装のままだったが、ここではじめて、デニム地に白いペンキでＰＷ（Prisoner of War の略）と大きく書かれた服を支給された。

「それからこんどは、ウィスコンシン州のマッコイキャンプにつれていかれました。汽車に乗せられて、だいぶ時間がかかったですよ。

マッコイでは、真珠湾攻撃の特殊潜航艇で捕虜第一号になった酒巻和男少尉と会いました。酒巻さんは豊田さんと海兵の同期生です。しっかりした人でマッコイキャンプのリーダーでした。英語も堪能でしたし、アメリカ側からも信任されて、彼だけは自由に町に出たりしていました。酒巻さんが押さえてたから、マッコイでは捕虜たちの統制が保たれて、オーストラリアのカウラ収容所のような暴発は起きなかったんだと思います」

捕虜に対する米軍の扱いは、きわめて人道的かつ丁重なものだった。捕虜には労働が課せられるが、マッコイキャンプでは、日本軍の風船爆弾への対策として、防火施設のための道路をつくる作業に駆り出されたという。

囚われの身ながら、何不自由のない暮らしが続いた。ただ、捕虜になった現実は誰の心のなかにも澱のように溜まっていて、少しでも先ゆきを考えれば、胸が締めつけられるような気持ちになるのであった。

「それから最後に、テキサス州の砂漠の端にあるケネディキャンプに移されました。そこでは、サイパンやらあちこちで玉砕した陸軍の兵隊がずいぶん増えました。みんな痩せ衰えた姿で、陸軍さんは大変じゃな、と思ったですよ。テキサスでは、いままで扱いをよくし過ぎたと、煙草を止められたり食事が悪くなったり、ちょっといじめられました。

戦況は、現地の新聞で読むことができるし、容易ならざる事態であることは、新たに送られてきた捕虜の話を聞いていても想像がつきます。私は、いまは負けていても最後には必ず日本が勝つと信じていましたが、豊田さんはしっかりしてましたな。もう長くは続かん、日本は負ける、と。特攻隊で、撃墜されて海に放り出されて捕まった搭乗員もいて、負けた、どうしても勝てん、と言ってました」

そして終戦。

「その頃の我々の長は、海軍の中村中佐という人でした。ある日、重大発表があると集められ、そこで日本が降伏したことを知らされました。

泣く人も騒ぐ人もなく、みんな静かに聞いていました。日本に帰ったら、軍法会議にまわされて死刑になるかもしれんが、じたばたしても始まらん。とにかく日本政府の命令を待つしかないと、船に乗せられて帰国の途についたんです。

しかし、日本に帰れることが嬉しいとは思わなかったですな。なにしろ、私らは捕虜になったんじゃから。いつまでも気持ちは落ち着きませんでした」

昭和二十一（一九四六）年一月四日、中島らアメリカ本土より送還された捕虜たちは、三浦半島の浦賀に上陸した。

「戦場ではいつでも死ぬ覚悟ができていると思っていたのに、命が助かったとなると生への執着が頭をもたげてくる。人間は弱いもんですな。捕虜になった自分たちを日本はどう扱うのか、不安におびえながら帰ってみたら、一人一人、係官の簡単な聞き取り調査があって、それで終わり。拍子抜けしました。

電話や電報は通じないと言われ、汽車も何時に出るかわからないけど、とにかく復員者用の無料乗車証となにがしかの現金をもらって、そのまま郷里に帰りました。

しかし、日本に帰ってみたら、人の心は荒（すさ）んでいるし、歯がゆくて悔しくて、やっぱり戦争は負けるもんじゃない、と思ったですな。

郷里に帰るまでは心配でした。あちこち焼野原になってることは聞いていたから、はたして家はあるんじゃろうか、捕虜になった私が帰ったら、長男坊がいじめられやせんかと。もし長男坊がいじめられるようなことになったら、暴れて、長男坊を殺して自分も死ぬわい、などといろいろ覚悟しながら帰りました。宇佐の家に帰ったら、母と弟がいました。私は戦死したことになっていたから、信じられなかったみたいでした。母が私の体をなで回して、おうおう泣き出して……。弟が私の位牌を庭に投げて、『焚き物じゃ、焚き物じゃ』と。すぐに高田の実家にいた家内のもとへ連絡がいって、翌朝、義父が大きな鯛をもって、家内と長男坊をつれてきてくれました。

最後に見たときは一歳にもならず、まだ歩けなかった長男坊が、もう四つになっていました。

家内から写真を見せられて父親の顔は知ってたでしょうが、こっちに来んかい、と言うのに人見知りしてなかなか寄りつかない。

私の体のまわりを二回か三回、ぐるぐるまわって観察して、やっとわかったんでしょう、突然、『わあ、父ちゃんじゃ』言うて飛びついてきました。感激したですよ」

中島の予想に反して、郷里の人々はみな、あたたかく迎えてくれた。

「捕虜になって帰ってきたのに、まわりはみんな歓迎してくれる。みんな喜んでくれる。しかし私は、なんだかそらごとのような気がして、ほんとうは蔑（さげす）まれてるんじゃないかと、相当悩みましたよ。いつまでも長い間、『恥』という感覚は消えませんでしたなあ。

日露戦争でロシア軍の捕虜になった人が、日本に帰れずアメリカに渡って浄土真宗の僧侶になっていて、マッコイに面会に来たことがありました。立派な人でしたが、我々も日本がもし勝ってたら帰れなかったでしょうな。負けて、日本の軍隊がなくなったから帰ってこられたようなもんですよ」

中島は役場で戸籍を回復し、少尉進級と戦死認定後の勲六等功五級の叙勲は取り消された。だが先に述べたように、いったん合祀したものの取り消しはできないとの建前から、靖国神社には祀られたままになっている。

戦後は地元・宇佐で薬局に勤めたあと、小さなおもちゃ屋を営んだ。その後、高田にある妻の実家の食料品店を引き継ぎ、店はやがて小さなスーパーマーケットに発展した。

占領軍によって禁じられていた日本の航空活動が再開されると、中島の操縦技倆を惜しむ関係者を通じ、自衛隊や日本航空からパイロットへの誘いがあったが、すべて断ったという。

「操縦にはいささか自信があったし、ほんとうは飛行機にまた乗りたかった。しかし、捕虜になった私は、過去を忘れて生きなきゃいかんと思っていましたから。マッコイで一緒だった空母『飛龍』の萬代（ばんだい）久男さんは、自分の経験を後輩に伝えようと海上自衛隊に入られて、そういう考え方もあったのかもしれませんが、私にはできなかった。戦闘機で一緒だった斎藤三郎少尉が自衛隊の教官になっていて、何度も誘ってくれたですがね」

中島は、高田市の中央市場の組合長、役員を経て、私が出会った頃にはすべての役職から身を引き、息子たちが建ててくれた別府の自宅をベースに、平日は店を手伝ったりと、自適の日々を送っていた。

「私は海軍では上官に恵まれていました。みんなかわいがってくれましたし、海軍で嫌な思い出は一つもありません。ええ、一つもない。

子供にも恵まれたし、家内にも恵まれたし、幸福な人生でしたよ。人には笑われるかもしれんが、いまはほんとうに楽をさせてもらっています」

と、中島は言う。だが、戦争についてどう思うかとの問いに対しては、

「戦争は嫌いですな。戦争はないほうがいい。あればもちろん負けちゃいかんが、戦争は悪いですな。戦争は悪い……ほんとうに戦争は悪い。戦争のない時代にならないと、いつまでも。戦争はいかんです」

と、首を振り振り、何度も繰り返した。

「幸福な人生だった」との述懐に偽りはあるまい。だがその表情には、戦争に翻弄された人生の重みが、年輪となって宿っているように感じられた。

昭和13年、九六式艦上戦闘機の前で

昭和17年、ラバウル方面に出撃前、長男と

18

終戦後、開拓農民となった名パイロットが抱いた戦争指導者たちへの怒り

「戦後、GHQの占領政策を聞いたときにガッカリしました。なんだ、二・二六の青年将校がやろうとしていたことと同じじゃないかと」

昭和二十一（一九四六）年、台湾の特攻基地から復員した角田和男元海軍中尉

ラバウル、硫黄島の激戦を生き抜き、フィリピン、台湾では特攻機の直掩機として約二十回も出撃しながら奇跡的に生還した海軍有数の歴戦の零戦搭乗員・角田和男（つのだかずお）中尉は、昭和二十（一九四五）年八月十五日の終戦を、「全機特攻」の命を受け、出撃待機中の台湾・宜蘭（ぎらん）基地で迎えた。

「正直言って、ああよかったと思うと同時に、どうしてもっと早く止めてくれなかったんだと思いましたね。逃げようとも生き残ろうとも思いませんが、早くやめなくちゃ大変だなあとは、ずっと思っていましたから」

台湾には、中華民国軍が、GHQの委託に基づき、日本軍の武装解除のために進駐してきた。中国軍の

占領方針は、蒋介石総統の「仇に報いるに徳を以てせん」の言葉どおり、旧怨を感じさせない紳士的かつ穏やかなものだった。台中の宿舎が「収容所」と名を変えただけで、日本の軍人は帯刀を許され、自由に外出することもできた。日本にいつ帰れるかわからないので、隊員たちは畑を耕し、自給自足の準備を始めた。

昭和二十年十二月二十六日、突然、角田たち二〇五空の隊員に帰国命令がくだる。その日のうちに台中を引き払うことになり、ここではじめて武装解除を受けた。搭乗員の武装は軍刀と拳銃だけだが、それらを中国軍に引き渡した。一人一人の飛行経歴を記した「航空記録」は、要務士がまとめて焼却した。

基隆港の倉庫で一泊ののち、十二月二十七日、兵装を撤去した小型海防艦にすし詰めの状態で乗せられ、台湾をあとにする。

十二月二十九日、鹿児島に上陸すると、そこは一面の焼け野原であった。海軍の鴨池飛行場があってなじみの深かった鹿児島の街は、山形屋デパートの残骸にかろうじて面影をとどめるのみで、完全に瓦礫の山と化していた。

焼け残った市外の小学校で復員手続きを終え、三十日、隊員たちは復員列車に乗せられて、流れ解散の形でおのおのの郷里に帰ることになる。

夜通し汽車に揺られて、三十一日早朝、広島駅に到着すると、ここも一面の焦土だった。広島市内出身の香川克己一飛曹がここで降りる。その意気消沈した後ろ姿に、皆、かける言葉もなかった。原子爆弾の跡には百年は草木も生えないと聞かされていていたが、瓦礫を片づけたところどころに蒔かれた麦が力強く芽吹いているのが見え、その青さが角田さんの目に沁みた。

「生きてさえいればなんとか暮らせるのか」
と、角田は思った。

房総半島の突端近くに帰る角田は、東京駅で総武線に乗り換え、昭和二十一（一九四六）年元旦、故郷の南三原の駅に着いた。

これまでは国のためにと働いてきたが、これからは自分が生きてゆくための戦いである。妻子がいる農家の次男の身で、いつまでも生家にいるわけにはいかない。だが、兄弟たちが戦地から帰ってくるまでは母と祖父を置いて出るわけにもいかない。角田は、生家の農作業の手伝いをしながら、職を探した。

そんなある日、角田はGHQの占領政策を聞かされて驚いたという。

「財閥解体、農地解放。昭和十一（一九三六）年の二・二六事件で、青年将校がやろうとしていたことと同じじゃないかと。私は貧しい農家の生まれですから、二・二六のときは予科練の同期生たちと決起に加わることを真剣に考えたぐらいで、その行動をいまでも支持しています。あれが成功していたら、満州事変だけでそれ以降の戦争はしなくてすんだと思うんです。いかにもああいう人たちが戦争の導火線になったように言われていますが、全然違うと思います。それで、彼らがやろうとしていたことをアメリカがやってくれて、これは一体どうなってるんだ、と思いました。俺たちは何のために戦争してたんだろうと思って、心底がっかりしましたよ」

いかにその動機が、社会をよくしようという「公憤」に基づくものとはいえ、独断で兵を動かし重臣を殺傷した二・二六事件の叛乱将校の行動には一片の正義もない。しかし、角田のようにその行動を支持する人は、特に農村出身者のなかに多くいた。それだけ日本の農村は貧しかったのだ。

昭和二十一年の夏、妻の実家のある常磐線友部駅で降りると、同年兵の草地武夫少尉とばったり出会った。草地は、茨城県にできた緊急開拓食糧増産隊に入っているという。昭和二十一年四月に入隊したばかりの一期生で、ここで一年間、農家を助けて食糧増産に働けば、新しい開拓地が一町五反（約一・五ヘクタール）払い下げてもらえ、自作農になることができる。

「どこへ行っても追放で就職は無理だから、百姓になろうよ。土地さえ確保しておけば、また羽を伸ばすこともできるよ」

草地も農家の次男で、子供が三人いる。角田と似た境遇だった。

「一生奉公できると、大船に乗ったつもりでいた海軍でさえ潰れちゃうんだから、こんど就職するときは、いつ会社が潰れても安心して帰れるところをつくっておいてから出直そうよ。いま、十一月一日入隊予定の三期生の募集が行われている。奥さんの実家に寄留して茨城県民になれば応募資格はできるよ」

草地の熱心な勧誘に心が動いた。確かに、食糧増産は急務だ。腹が減っては戦はできない。――突然のように、フィリピン・ルソン島で、サツマイモ二本と塩湯を口にしただけでリンガエン湾の米軍輸送船団に突っ込んでいった特攻隊の戦友のことが思い出された。角田は、これからは百姓として生きていくことを決意した。

昭和二十一年暮れ、角田たち十八歳から四十六歳までの三十数名は、茨城県緊急開拓食糧増産隊三期生として、茨城県内原町（現・水戸市）の、旧満蒙開拓青少年義勇軍訓練所の兵舎に入った。ここで、開拓農業を基礎から教わるのである。さらに二ヵ月後、角田たちは、鍬、斧が各々に一挺ずつ、鋸は共同で二挺、天幕二張りと若干の付属物の支給を受けて、神立地区（現・かすみがうら市）の仮兵舎跡に移された。

このときから、火山性灰土の酸性土壌との戦いが始まった。はじめ、馬鈴薯の種芋を植えてみたが、人の親指ぐらいの大きさにしか育たない。そこで、まずは鶏を飼い、鶏糞を肥料にし、つぎに豚、牛と飼ってその糞も肥料にして、根気よく土地を肥やしていった。

昭和二十九（一九五四）年には、新たに発足した航空自衛隊から、入隊するよう再三の勧誘を受けたが、

「二度と飛行機は操縦するまい、戦争はするまい」

と、かたくなに拒み続けた。自衛隊に入る気はないが、飛行機の操縦ならいつでもできる自信がある。もし万が一、日本がふたたび戦争に巻き込まれるようなことがあれば、敗戦で牙をもがれ、物資もない日本が戦うにはやはり「特攻」以外に手はないだろう。そのときは真っ先に志願して、第一陣で出撃する決意でいた。

日本が高度成長期に入りつつあった昭和三十（一九五五）年頃からは、農作業の合間をみては東京・北千住のメッキ工場に季節労働者として通うようになった。農繁期は農業に専念し、畑でサツマイモ、白菜、大根、スイカなどを収穫しては東京の市場に届ける。農閑期には毎朝四時に起き、牛の飼料の草刈をして六時の汽車で北千住に出、工場で残業をして夜十時に帰ってくるという生活で、文字どおり寝食を忘れて働き通しに働いた。

昭和三十九（一九六四）年、ようやく念願の自宅を新築できた頃からは、いくつかの戦友会に参加することができるようになり、ここから角田の生涯をかけた慰霊の旅が始まった。

二・二六事件発生翌日の2月27日、戒厳令が敷かれ、九段の軍人会館に戒厳司令部が置かれた

角田和男は戦後、茨城県で開拓農民となった。写真は昭和37年頃

19

海軍兵学校と東京大学。凄惨な戦場から生還した海軍士官が学んだこと

「海軍兵学校では『国家』と『義務』ということを教えられましたが、大学では『世界』と『権利』とを学ぶことができました」

戦後、弁護士として活躍した前田茂元海軍大尉

敗戦を境に、日本人は価値観の一大転機を迎えた。一般市民はもとより、それまで「国のために戦う」以外の選択肢を持たなかった陸海軍将兵の全てが、新たな価値観のもと、否応なしに第二の人生を歩まされることとなった。昭和二十（一九四五）年大晦日の朝日新聞の記事によると、旧軍人の失業者は、陸軍二百九十万人、海軍五十万人に達していたという。

戦時中、海軍士官としてソロモン諸島の極限の戦場で戦い、戦後は弁護士となって東京・愛宕山で弁護士事務所を開業していた前田茂も、そんな戦後の人生の選択を迫られた、数多くの将兵のなかの一人だった。

「大正に生まれ、昭和に戦いし若人は、平成に八十路を歩む。思えば波乱に満ち、起伏に富んだ人生を、私たちみんなが歩んできた。運命であったかもしれません。しかしながらその犠牲は、あまりに大きく残酷でした」

前田は、大正九（一九二〇）年、静岡県生まれ。幼い頃に父親を亡くし、母親に女手ひとつで育てられた。中学校まで出してくれた母を早く楽にさせたいとの思いと、遠洋航海などで海外にも行かれるかもしれないという期待から、県立榛原中学校五年生のとき、官費で学べる海軍兵学校を志願。昭和十三（一九三八）年、六十九期生として入校し、海軍の正規将校への道を歩んだ。

――前田の脳裏には、戦争中に遭遇した三つの場面が、老境に入ってなお、強烈な残像として残っていたという。

一つは、昭和十七（一九四二）年六月五日のミッドウェー海戦。真珠湾攻撃以来、無敵を誇った日本海軍の精鋭、「赤城」「加賀」「蒼龍」「飛龍」の四隻の空母が被弾、炎上し、水平線の彼方を紅蓮の炎を上げながら、いっせいに風下に向けて航走している姿である。機動部隊を直衛する戦艦「榛名」に、少尉の通信士として乗組んでいた前田は、この悪夢のような光景の一部始終を艦橋から見ていた。

二つめの局面は、昭和十八（一九四三）年四月三日、中尉の甲板士官（艦内の軍紀、風紀、雑用いっさいを取り仕切る）として乗組んでいた「青葉」が、ニューアイルランド島のカビエン湾内で、敵爆撃機数機の爆撃を受けたときのこと。この日、「青葉」は直撃弾一発を受け、それが搭載していた魚雷の誘爆を呼んで、艦は大破、乗組員約八百名のうち三十六名が戦死、七十五名が負傷した。

「甲板士官は、戦闘時にはダメージコントロールを担当する応急指揮官附になるので、被弾の現場を見に行かなければなりません。急いで左舷の魚雷甲板に駆けつけると、すでに魚雷の頭部は熱を帯びて、火のついた煙草のように真っ赤になっていました。本来ならばこんなとき、魚雷は海中に落としてしまって後から回収するんですが、発射管がやられてしまってどうにもできない。付近にいた兵隊たちと、梶棒で魚雷を押してみたけどびくともしない。これは危険だと右舷に退避したところで、大爆発を起こしたんです」

日本海軍自慢の九三式魚雷（酸素魚雷）の威力はすさまじく、その火柱は天に冲し、黒煙が空を覆った。艦体に亀裂が入り、艦はだんだん沈み始めた。「青葉」は浅瀬に乗り上げて沈没は免れたものの、受けた損傷はきわめて大きかった。

「青葉」は修理のため内地に回航されることになったが、前田はそのまま、ニューブリテン島ラバウルにあった第八艦隊司令部に転勤を命ぜられた。すでに昭和十八年二月、ガダルカナル島は敵手に落ち、米軍はここを足がかりに、ソロモン諸島を島伝いに攻め、日本軍の拠点であったラバウルを窺っている。前田が着任してほどなく、第八艦隊は、ソロモン諸島の米軍の反攻を迎え撃つ形で、最前線のブーゲンビル島ブインに拠点を進めた。その頃の第八艦隊は、前年八月、ガダルカナル島沖で敵重巡四隻を撃沈した「第一次ソロモン海戦」当時の威容はすでになく、艦隊とは名ばかりで、陸上部隊を中心に編成されていた。保有する艦艇は、主に「大発」と呼ばれる木造の輸送用舟艇ばかりだったので、「第八艦隊」をもじって、部内では通称「大発艦隊」と揶揄されていた。以後、終戦までの二年四ヵ月、前田はソロモン諸島の戦場で戦うことになる。

前田の脳裏に刻まれた三つめの局面は、ソロモンの戦場の惨状である。昭和十八年九月以降、ソロモン方面の日本陸海軍は、政府が策定した「絶対国防圏」構想の圏外に置かれ、本国から事実上見捨てられた遺棄部隊となった。十一月一日、米軍はブインから約八十キロ離れたブーゲンビル島中南部のトロキナ（タロキナ）に上陸、みるみるうちに飛行場を建設、島全体の制空権を完全に掌握する。同時に、ブイン地区の日本軍陣地に対する空襲も激しさを増していった。いっぽう、日本軍の補給は途絶え、食うものは自給自足を余儀なくされ、医薬品も足りない。そんななか、多くの将兵が、栄養失調やマラリア、デング熱などの風土病に斃れた。前田自身も栄養失調に陥り、生死の境を幾度もさまよった。

「海軍で食糧がないなんて、それまでは考えたこともありませんでした。ジャングルを切り拓いて部隊ごとにイモ畑を作ったり、手榴弾を海に投げ込んで魚をとったりはしましたが、数万の将兵をそれで養えるものではありません。コウモリやトカゲがご馳走で、虫も、ムカデ以外はなんでも食べました。

栄養失調になると、まず痩せ細り、肋骨が浮いて見えてくる。次に下腹が膨れてくる。顔がむくんでくる。歩けなくなって杖にすがるようになる。幽霊のような姿です。そのうち自分の体が自分で動かせなくなってくると、生きたいのか死んだ方がいいのかもわからなくなってくる。まったくひどい戦場でした。毎日毎日、部下が死んでゆく。戦死じゃない、餓死、病死です。それでも軍人は軍人なんだから、敵が来たら戦わなくてはならない。

武器弾薬も底が見えてきて、玉砕覚悟というより、いずれ全滅する以外に道はない。先行きに希望はまったく持てず、主戦場からも置き去りにされ、全般の戦局に寄与することさえない辛い戦いでした」

昭和二十（一九四五）年八月、戦争が終わったときには、前田は二十五歳。海軍大尉で、ブーゲンビル島トリポイルの、第八十二警備隊副長を務めていた。米軍と交代でブーゲンビル島に進出していたオーストラリア軍が、まさに味方陣地に攻め入ってくる寸前の終戦だった。

ブーゲンビル島は当時の表記では「ボーゲンビル島」と書き、略して「ボ島」と呼ばれていたが、まさしくそこは「墓島」と呼ぶにふさわしい、凄惨な戦場だった。「墓島」には、陸軍でも、日本最強の精鋭部隊として伝統を誇る熊本の第六師団が遺棄されていた。終戦時、ブーゲンビル島に生き残った日本軍は、軍人、軍属合わせて二万四千人あまり。昭和十八年秋から終戦までの約二年の間に、四万三千人近くが犠牲になっていた。そのうち戦死者は約九千人にすぎず、残りは栄養失調や風土病で死亡した者である。せっかく終戦まで命を保ちながら、日本に還るまでに命を落とした者も少なくなかった。

極限の戦場をかろうじて生き延びた前田は、五ヵ月の捕虜生活ののち、昭和二十一（一九四六）年二月八日、復員輸送の元空母「葛城（かつらぎ）」に乗って内地に帰還した。復員してみると、浜松の家は空襲で焼かれ、母もすでに亡くなり、前線に出る前に呉の水交社（すいこうしゃ）（海軍士官の集会、宿泊施設）に預けておいた私物も空襲で焼失していて、前田の財産はなにひとつ残っていなかった。

「戦争ですべてを失いましたが、私には二十五歳の若さがありました。行き場をなくして姉の家に身を寄せていたとき、新聞に、われわれのような軍人にも大学受験の道が開かれるという記事が出ました。それまで、大学の受験資格を得るには高等学校を卒業しないといけなかったのが、海軍兵学校、陸軍士官学校など軍の学校を卒業した者でも受験できることになったんです。私はまだ栄養失調の癒えない体でしたが、思い切って東京に出て、四月十五、十六日に行われた東大法学部の入学試験を受けました。旧軍人には定員の一割制限という枠がありましたが、幸いにも合格。これが人生のターニングポイントになりましたね」

　大学での勉強は、前田がそれまで受けてきた海軍の教育とはまったく違うものだった。とまどいよりも、いままで学んだことのなかった新しい世界への探究心の方がまさり、前田は、『六法全書』を刊行する出版社「有斐閣」や家庭教師のアルバイトをしながら、夢中で勉学に励んだ。世の中が急に開けてくるような気がした。戦後の食糧難の時代、生活は楽ではなかったが、それでもソロモンでの生活を考えればそう大変なものではなかった。

「海軍兵学校では『国家』と『義務』ということを教えられましたが、大学では『世界』と『権利』とを学ぶことができました。勉強を通して世の中の成り立ちが理解できて、その点は非常によかった。五・一五事件でも二・二六事件でも、軍人の無知による視野狭窄のゆえに起こった事件であると私は思っていますが、総理大臣や重臣を殺せば変わるほど、世の中は単純なものではない。いま思えば、軍隊の教育には世界観が欠けていました」

　海軍兵学校の教育は、士官として人の上に立つための教育で、意味がないものだったとは、前田も思っていない。規律とか責任感といった大切なことを叩き込まれる、得難い教育であったのは事実である。しかし、戦後の大学教育で新たに目を開かされたことが多かったのも、また確かなことだった。

「たとえば軍人勅諭、『死は鴻毛よりも軽しと覚悟せよ』なんて書いてある。ところが法律家になると、一人の命は地球よりも重いと言われます。人の命と地球の重さを比較するのは、理屈には合わないが、生命の尊貴なることを的確に表していて、精神論としては評価できる。軍隊は自由や民主主義の世界ではありません。むしろ、敵弾が飛んでくるなか、それがあったら成立しないのではないでしょうか。進んで死地に飛び込む教育。海軍兵学校の服務綱領にも、服従をもって第二の天性となすべし、と書かれていましたが、軍隊というのは義務の世界です。ところが、法律は権利の世界である、自分に不利益なことは言わないでいいと、そこが根本的に異なるんですね」

前田は、大学三年の昭和二十四（一九四九）年、司法試験に合格、第三期司法修習生となった。そして昭和二十六（一九五一）年より第二東京弁護士会に登録、以来半世紀以上の長きにわたり、弁護士として、海軍時代とは正反対の価値観のなかで生きてきた。それはまさに、二度めの人生だった。

「弁護士も、当事者の代理として勝敗をかけた戦いですから、闘争的な仕事です。しかし、法の支配のもとに一定のルールにしたがって、紛争を合理的に解決しようという点、裁判は戦争とは本質的に異なる。私は自分の体験から、裁判というのはファジーなものだと考えています。刑事事件でも民事事件でも、裁判は自由心証主義というのが原則です。証拠、法律に基いて裁判官の良心で裁くわけですが、これは野球のボールとストライクの判定のようなもの。同じ証拠を基にしても、裁判官の心証で判断は変わってくる。自然科学や数学だと、データが同じなら誰がやっても結論は同じになりますが、それとは違う。人間が人間を裁くことの難しさですね。

しかし裁判官の決めたことは、仮に誤判であっても国家の意思だから、絶対的な拘束力を持っている。そのことをしっかり知って、真剣に取り組まないと大変なことになる。最近よくあるテレビのバラエティ番組のように気軽なものではない。弁護士のタレント化、裁判のエンターテインメント化はよくないと思いますね」

弁護士という仕事を語る前田の口調は、いつも熱気を帯びていた。「やりがいのある仕事」だとも、つねづね言っていた。戦場での苦難を乗り越え、天職に出会ったという喜びが、半世紀あまりを経ても情熱を持続させていたのだ。

「昔がよかったとはちっとも思いませんね。いろんな問題があるにしても、いまの憲法、いまの世の中の方がいいと思います。なにより自由があるし、なんでも言いたいことが言えますから。人間の自由のないところに平和はありません。……しかし、あの戦争で亡くなった人たちのことはいつまでも忘れてはならないと思いますし、幾多の犠牲を無駄にしてはならない、との思いには切なるものがあります」

前田は平成二十二（二〇一〇）年四月十八日、九十歳で心不全で亡くなるまで、現役の弁護士であり続けた。

「人生は一瞬一瞬の積み重ね。いま、このときを大事にしないといけないというのは、この年になるとつくづく感じますね。『誰かその生を知らず、いずくんぞ死を知らんや』、私も天に召されるその日まで、人生行路を歩み続けていきたいと思っています」

と、私に語った通りの生き方だった。

「二十一世紀は戦争のない、平和の栄光に包まれた時代であって欲しいと願っています。それを実現させることが、戦争犠牲者のみたまに報いる唯一の道である、と」

——地獄の戦場で「英霊」となるはずだった先人からの、世紀を越えた遺言である。

海軍兵学校生徒の頃、母、姉と

昭和16年、少尉候補生時代

昭和20年5月、戦車とともにブーゲンビル島の日本軍攻略に向かうオーストラリア陸軍部隊

20 銃後を守り続けた戦闘機乗りの妻が、戦後、涙ながらに訴えたこと

「なんぼ貧乏してもついて行きますから、飛行機だけはやめてください」

昭和二十七（一九五二）年、「零戦の神様」と呼ばれた岩井勉元海軍中尉の妻・君代

太平洋戦争の話といえば、どうしても戦場で戦った男たちのことが主になり、彼らを支えた女性たちの存在が顧みられることはあまりないように思える。だが、当然ながら人口の約半分は女性であり、「銃後」を守った女性たちにもそれぞれの思いや戦いがあった。

「なんぼ貧乏してもついて行きますから、もう飛行機だけは勘弁してください」

というのは、戦時中、生死もわからない夫を待ち続けた妻が、終戦後、ＧＨＱによって禁じられていた日本の航空活動が再開されたさい、また飛行機に乗りたいと日本航空を受験しようとする夫に向けて、心の底から絞り出すようにして放ったひと言である。

妻の名は岩井君代。長崎県大村で生まれ育った。夫・岩井勉（つとむ）は京都府出身、昭和十五（一九四〇）年、

中国・重慶上空で中華民国空軍のソ連製戦闘機と戦った零戦のデビュー戦にも参加した歴戦の戦闘機乗りである。岩井夫妻の結婚は、結婚式からして波乱に富んだものだった。

昭和十七（一九四二）年二月、岩井勉に転勤命令が届いた。任地は、戦闘機搭乗員に最後の仕上げの訓練を行う大村海軍航空隊だった。同年九月、下宿先の娘だった君代と結婚する。

「このときの気持ちは、率直に言って、ここで俺が死んだら俺の血筋が絶える、一人ぐらいは子供を作っておきたいと思ったのと、もし自分が戦死しても、家内は『軍神の妻』とあがめられて遺族年金で生きていけるやろうと思ったのと。しかし家内は女学校を出たばかりで、まだ十八歳。そんな気持ちで結婚されたんではさぞ災難やったろうなあ、と思います」

分隊長・蓮尾隆市大尉の媒酌のもと、大村の料亭で結婚式と披露宴を催したが、岩井の兄が「高砂や、この浦舟に帆をあげて……」と謡い始めたとき、海軍航空隊随一の豪傑として知られた赤松貞明飛曹長が泥酔状態で遅れてやってきて、全裸の肩から料亭の白いカーテンを前に垂らし、脚の脛には藁で新聞紙をくくりつけた姿で「色は黒いが南洋じゃ美人……」（「酋長の娘」昭和五年のヒット曲）などと歌いながら座敷の真ん中で踊り狂い、大混乱になってしまった。大村空の教員仲間が合唱してくれた歌もまた、ふるっていた。

♪飛行機乗りにはお嫁にゃ行かぬ

今日の花嫁明日は後家ダンチョネー（ダンチョネ節。大正末期から昭和のはじめにかけ流行、歌詞をさまざまにアレンジして歌い継がれた）

「戦争中はもう、地獄のような日々でした」

と、君代は言葉少なに回想する。

新婚わずか四十五日、昭和十七年十一月一日付で、岩井に空母「瑞鳳(ずいほう)」への転勤が発令された。以来、岩井はラバウル、マーシャル、フィリピンと激戦地を渡り歩き、自らの飛行機には一発の敵弾も受けないまま、支那事変から通算して二十二機の敵機を撃墜している。だが、夫がどこでどんな戦いをしているか、君代には知るすべもない。

「新聞に戦況が載るでしょう。誰某が名誉の戦死を遂げたとか……そんな記事を隅から隅まで読んで、戦死者のなかにうちの人の名前がないのにホッとする、そんな毎日でした。私は大村の実家にいて、主人は戦地から帰ると何日か立ち寄るんですが、どこへ行くとも言わずにすぐいなくなる。私は主人が飛行機乗りだということしか知らないんですから、夫婦ってなんだろうと思いましたよ」

と君代は回想する。そして昭和二十(一九四五)年八月十五日、戦争は終わり、ほどなく岩井は君代のもとに帰ってきた。

「戦争から帰ってきても、どこでなにしたとか、戦争のことはなにも話しませんでした。ただ、夜中に寝ていてうなされるんですよ。戦争してるみたいな寝言も言ってました。『まわせー!』とか、私にはなんのことかわからないんですけど。五十年経ったいまでも、寝ながらよくうなされてますね」

岩井は、君代の実家に暮らしながら、大村の第二十一航空工廠の軍需物資を連合国に引き渡すために設立された「兵器処理委員会」に一年間勤め、のちにその関係者が「天野組」という土建会社を興すとそこに入社した。ところが、社長の天野元機関大佐が、「未亡人や復員者を助けてやれ、困っている人から金をもらうな」という主義で、ほどなく会社はつぶれてしまう。「天野組」で経理の大切さを知った岩井は、殖産会社の経理課に職を求め、元海軍主計大尉の経理課長から経理を習った。

「海軍では、『主計看護が兵隊ならば、蝶々トンボも鳥のうち』なんて言って馬鹿にしていましたが、習ってみると、なんて難しいものなんや、と思いました」

と岩井。昭和二十五（一九五〇）年暮れには妻子をつれて郷里に帰り、翌昭和二十六（一九五一）年、食糧公団が民営化されるのを見込んで食糧会社が多くできたのを機に、「奈良米麦卸売株式会社」に入社した。

しかし岩井は、飛行機への思いが断ちがたく、昭和二十七（一九五二）年に一度、かつての戦闘機仲間に誘われて、日本航空に受験を申し込んでいる。岩井が航空会社に行くと言い出したとき、それまで一度も夫に異を唱えることのなかった君代が、

「戦争が終わってやっと安心したのに。なんぼ貧乏してもついて行きますから、もう飛行機だけはやめてください」

と叫ぶように言って涙を流した。新婚当時からずっと抑えていた感情が、初めて表に出た瞬間だった。

「それでもわし、四十歳で死んでも好きなことをやる、と言って履歴書を出したんです。ところが、ちょうど試験のときに十二指腸潰瘍になってしまい、泣く泣く行くのを諦めた。すると、先に日航に入社していた予科練の同期生から電話がかかってきました。彼が言うには、『お前、どうして来んかった。フリーパスで合格することになっていたのに、えらいことしたなあ』と。返ってきた履歴書を見ると、㊕（マルトク）パイロット、松尾、と、松尾静磨（しずま）専務のサインがしてある。フリーパスの印です。これが、運命の

分かれ目になりました」

君代の言葉も胸にこたえたのだろう。岩井は以後、ずっと経理の道を歩み、昭和四十六（一九七一）年、奈良県の食糧卸売会社四社が合併して「奈良第一食糧株式会社」が発足したときには経理部長として迎えられ、以後、常務取締役を五年、専務取締役を六年、そして取締役社長を九年間勤めた。

航空会社への道は諦めたが、岩井の飛行機への未練はなかなか断ち切れるものではなかったという。

「いまも夢に見ますんや。飛行機で狭い山道に、木に引っかからないように降りたり、火葬場の真っ暗な煙突のなかを、ぶつからないようぐるぐる旋回しながら飛んでる夢とか。空戦の夢もだいぶ見ました。

七十歳の頃、大阪の八尾空港で自家用飛行機の教官をやってる友達に、金はとらんから乗りに来い、と誘われて行ったことがありました。離着陸二回。うまいこと着陸できました。まだ、勘は残ってるみたいですな」

と、岩井は平成八（一九九六）年、私のインタビューに応えて語っている。平成十六（二〇〇四）年死去。その数年後、君代も夫のあとを追うように世を去った。

岩井勉（撮影時期不明）

岩井勉（撮影時期不明）

昭和19年10月、比島沖海戦に出撃直前。手前右が岩井飛曹長

昭和18年、岩井勉飛曹長(当時)と妻・君代

21

戦後、撃墜した敵パイロットと奇跡の再会を果たした零戦搭乗員の感慨

「個人的に何の恨みもない者同士が殺し合う、こんな愚かなことはありません。この愚行を二度と繰り返してはならない、ほんとうにそう思いますよ」

平成十（一九九八）年、三上一禧（かつよし）元海軍少尉

昭和十五（一九四〇）年九月十三日金曜日——。

この日、中国大陸重慶上空において、日本海軍に制式採用されて間もない零式（れいしき）艦上戦闘機（零戦）十三機が中華民国空軍のソ連製戦闘機、ポリカルポフE－15、E－16（正しくはИ－15、И－16。И－15は改良型のИ－15ｂｉｓ〈И－１５２〉だが、日本海軍、中国空軍両軍ともにこう呼んだ）、あわせて約三十機と交戦、うち二十七機を撃墜（日本側記録）、空戦による損失ゼロという一方的勝利をおさめた。

新鋭戦闘機にふさわしい、華々しいデビュー戦であった。

零戦はその後、中国大陸上空でつねに一方的な勝利をおさめ、さらに太平洋戦争の緒戦期にも、航空先

進国と自他ともに認めていたアメリカ、イギリスをはじめとする連合軍機を圧倒。「ゼロ・ファイター」の名は、敵パイロットに神秘的な響きさえもって怖れられることになるが、その「無敵零戦」神話の始まりこそが、この重慶上空の初空戦だった。いまから八十三年も前のことである。

この日の空戦に参加した十三名の零戦搭乗員のなかで、いまなお存命の人がいる。百六歳の三上一禧（かつよし）がその人である。

私が三上とはじめて会い、インタビューを申し込んだのは、平成八（一九九六）年八月、元零戦パイロットが集う「零戦搭乗員会」総会の席上だった。このとき三上はこう答えた。

「私に零戦のことをいま話せって言われても何も言えませんよ。憶えていません。忘れるために大変な努力をしてきたんですから。過去は一切合切（いっさいがっさい）捨てて、戦後を生きてきたんですから」

だが、その後もしばしば手紙を出し、戦友会で顔を合わせたりしているうちに、根負けしたのか親しみを感じてくれたのか、三上の姿勢に少しずつ変化が見られた。そして一九九七年、ようやく岩手県陸前高田市の自宅でロングインタビューが実現した。

三上一禧は大正六（一九一七）年、青森県弘前市の生まれ。子供の頃から飛行機に憧れ、海軍内部から飛行機搭乗員になる道があることを知り、中学四年のとき海軍を志願。昭和九（一九三四）年六月一日、海軍四等水兵として横須賀海兵団に入団した。

「搭乗員になるために、できることは何でもやりました。隊で運動会があれば、陸上競技の400メートル走に手を挙げるとか、柔道、スキーなんかも一生懸命にやって人には負けなかった。それが、上官の目に留まるいい機会になったと思います。ある日、分隊長から、『お前、操縦練習生に行く気はないか』と言われ、待ってました、と」

昭和十三（一九三八）年四月、晴れて戦闘機搭乗員となった三上は、南支（中国南部）方面作戦のため編成された第十四航空隊に配属され、五月、マカオ南方の三灶島（さんそうとう）基地に進出した。搭乗したのは、三菱の堀越二郎技師が設計主務者となって開発した、低翼単葉固定脚の九六式艦上戦闘機である。三上はここで、広東攻略のための陸軍部隊の支援を中心に、のべ十七回におよぶ空襲に参加している。

「初めて敵地上空に差しかかったときには、体がガタガタ震えて困りましたが、慣れるにつれ、平常心で臨めるようになりました」

と、三上は言う。

ただ、半年におよぶ最初の戦地勤務でも、実戦に出た時間は限られたもので、あとはひたすら、訓練に明け暮れる日々だった。戦闘機の機銃は前方に向けて装備されているので、相手機の後方についた方が勝ちとなる。格闘戦の空戦訓練ではいかに相手の後ろに回り込むかを競うことになるが、そのためには少しでも小さな円を描いて旋回、あるいは宙返りする技術が求められる。宙返りの頂点で操縦操作に工夫を加え、小さく回る「ひねり込み」と呼ばれる操縦法を搭乗員一人一人が編み出し、それぞれ「秘伝」とも呼べる技を誇っていた。

十四空には多くのベテラン搭乗員がいたが、新米の三上は、単機同士で戦う一騎打ちの空戦訓練、吹流しを的にした射撃訓練とも、誰にもひけをとらなかった。

「それは、東北の厳しい自然のなかではぐくまれて、自分を守る本能というか、勘が研ぎ澄まされていたからじゃないでしょうか。目立たないけど決められた任務はきちんと果たす、そんな東北人は搭乗員に向くんですよ。しゃべると言葉の訛りで笑われるから、黙々と努力するのがわれわれ東北人のスタイルでした。一つはっきりと言えるのは、空を飛ぶことの基本は誰でも身につけることができる。しかし、勘は一様には備わっていない。これは天性のものですね。飛行機の操縦は、年数や飛行時間じゃないんです」

すぐれた操縦技倆を見込まれた三上は、昭和十三年の末、横須賀海軍航空隊（横空）に転勤を命ぜられた。横空は海軍でもっとも古い歴史をもつ航空隊で、新型機の実用実験や航空戦技の研究を主任務とし、その性格上、海軍航空隊選りすぐりの搭乗員たちが集まっている。

三上はここで新型の十二試艦上戦闘機のテスト飛行に従事し、この飛行機が零式艦上戦闘機（零戦）として海軍に制式採用されると、零戦とともに中国・漢口に拠点を置く第十二航空隊へ転勤した。昭和十五年八月十二日のことである。

「漢口基地に到着したのは、中国大陸の、無限にひとしいとも思える大地の地平線に、いままさに真っ赤な太陽が沈む直前でした。そのあまりの美しさに、一瞬、戦場であることも忘れてしまうほどで、ただあるのは茫然たる感動のみでした」

と、三上は回想する。

八月十九日、零戦による初の出撃の日はやってきた。

横山大尉、進藤大尉が率いる零戦十二機は、陸攻隊五十四機を護衛して重慶空襲に出撃。しかし中国空軍は、新型戦闘機の出撃を察知したのか一機も飛び上がってはこなかった。三上の零戦による初出撃は、その翌日、八月二十日のことだった。この日、伊藤俊隆大尉、山下小四郎空曹長が率いる十二機がふたたび陸攻隊とともに重慶に向かうが、この日も敵機と遭うことはなかった。

その後、しばらくは悪天候のため出撃の機会がなく、零戦隊がようやく三度めの出撃ができたのは、九月十二日のことである。横山大尉、白根斐夫（あやお）中尉の率いる十二機は、陸攻隊の爆撃後も重慶上空にとどまったが、またもや敵機は現れず、飛行場を銃撃しただけで還ってきた。

しかし帰投後、重慶上空を監視していた偵察機より、重要な情報がもたらされる。

零戦隊が引き揚げるのを見届けたかのように、敵戦闘機三十二機が重慶上空に飛来、二十五分間にわたって上空を旋回していたというのである。敵は交戦を避け、あたかも日本機を撃退したかのようにデモンストレーション飛行を行っているものと考えられた。

ならば、明日はその逆を衝けばよい。翌日の指揮官に決まっていた進藤大尉の発案で、いったん引き返したと見せかけて、敵戦闘機が重慶上空に戻ってきたところを叩くという作戦が採られることになった。

九月十三日。進藤大尉、白根中尉の率いる零戦十三機は、支那方面艦隊司令長官・嶋田繁太郎中将じきじきの見送りを受け、八時半に漢口基地を発進。中継基地の宜昌基地で燃料補給ののち十二時に離陸し、高度二千メートルで誘導機の九八式陸上偵察機と合流した。

午後一時十分、爆弾を搭載した九六陸攻二十七機と合流、零戦隊は高度を七千五百メートルにとり、陸攻隊の後上方を掩護しつつ重慶上空に到達。すさまじい対空砲火のなか、一時三十分に爆撃が終了すると、引き返したと見せるため、陸攻隊とともに反転、帰投方向に針路をとった。

約二十分後、偵察機からの電信が、レシーバーを通して指揮官・進藤大尉の耳に届く。

〈B区高サ五〇〇〇米（メートル）戦闘機三〇機　左廻リ　一三五〇〉

進藤大尉は陸攻隊に手を振ると、ただちに反転、零戦隊は高度六千五百メートルでふたたび重慶上空に取って返した。

午後二時、高度五千メートル付近を反航してくる敵機、ソ連製複葉機E－15、単葉機E－16の、戦闘機計約三十機からなる編隊を発見、進藤大尉はただちに、より有利な態勢で敵機に攻撃がかけられるよう、太陽を背にして敵編隊の後上方に回り込んだ。進藤機が、空気抵抗になる増槽（落下式の燃料タンク）を投下すると、各機がそれに倣う。

三上の回想──。

「進藤大尉は、口数は多くないし派手さはありませんが、胆の据わった頼りになる指揮官でした。いつも飄々としていて何があっても表に出さない。腕もいいし、空の指揮官として一級の人でしたよ。

そして進藤機を先頭に敵編隊に攻撃をかけて、一撃めは奇襲になったから全部で七機ぐらいは墜とせたと思うんですが、敵はすぐに編隊を立て直し、きちっと編隊を組んでしまったんです。それがぐるぐる左旋回しながら、容易に崩せる態勢じゃないんですよ。一機を攻撃すると、すぐさま別の敵機が反撃してくる。

それで敵は回りながら、どんどん奥地の方へとわれわれを誘い込もうとする。こちらは手を出しきれないいままそれについて行かされる。敵ながら見事なチームワークでした。飛行機の性能こそこちらが圧倒的にまさっていましたが、搭乗員の実戦的レベルは中国空軍の方が優れていたんじゃないでしょうか。

こんなことをしていたら、燃料がなくなって帰れなくなってしまう。敵は、こちらが帰ろうとするところを狙って攻撃してくるに違いない——そう思って私は、意を決して敵機の輪の中に飛び込んで、暴れまわって編隊をかき回したんです。するとようやく、敵の隊形が崩れて、味方機が攻勢に転じることができました」

敵味方が高速で飛び交う空戦は、搭乗員にとっては短距離走のような無酸素運動であると言われ、数分で終わるのがふつうである。ところが、この日の空戦は三十分以上にわたって続いた。それだけ、中国空軍も死力を尽くして戦ったのだ。

はじめ、五千メートルだった高度が、戦ううちに五百メートル付近にまで下がっていた。敵影もまばらになった頃、三上は前下方を単機で飛ぶE－15を発見した。高速で追尾して至近距離から一撃を浴びせると、敵機は白い煙を吐いて降下していった。

「もう大丈夫、と思ったら、そいつが機首を持ち上げてこちらに向かってきました。距離は二百五十メートル。この距離で撃たれても当たるもんかとタカをくっていたら、それが、カンカーンというすごい音とともに、操縦席をはさんで左右の主翼に二発ずつ、命中したんです。思わずゾッとしましたよ。見事な射撃の腕前でした」

下方を見ると、いまの敵機が、力尽きたように降下するのが見えた。ふたたび追尾して地面すれすれで銃撃を加えると、敵機は黒煙を吐いて水田に突っ込んだ。

三上は撃墜した敵機の上を数回旋回したが、この恐るべき腕前のパイロットに、とどめの銃撃を加える気にはならなかったという。

全機が中継基地の宜昌に帰還、燃料補給の間に進藤大尉が十三名の搭乗員を集め、戦果を集計すると、報告された撃墜機数は、遭遇した敵機の機数よりも多い撃墜確実三十機、不確実八機にのぼった。三上も四機を撃墜していた。零戦隊の損害は被弾四機、また、一機が引込脚のトラブルで、宜昌に着陸したさい転覆、機体は大破した。

進藤大尉はとりまとめた戦果に、自身が上空から見た結果を加味し、空戦でありがちな戦果の重複も考慮に入れて、二十七機撃墜確実と判断、早速司令部に報告の無電が打たれた。

〈支空襲部隊機密第二八番電　十三日　一七三〇

本日重慶第三十五回攻撃ニ於テ我ガ戦闘機隊（零戦十三機）ハ敵戦闘機隊（二十七機）ヲ敵首都上空ニ捕捉其ノ全機ヲ確実撃墜セリ〉

それから五十余年――。元中華民国空軍パイロット・徐華江（じょかこう）は、東京で開かれた「特空会（とくくうかい）」の慰霊祭に列席した。特空会は、旧日本海軍航空隊の、元下士官兵出身者で組織する集まりである。この会には台湾出身の元日本海軍軍人も名をつらねていて、徐はその縁で招待されたのだ。

徐は、対日戦から対中国共産党軍の戦いまでの長い期間、複葉機からジェット機までさまざまな戦闘機を駆って戦い、多くの敵機を撃墜してきた。その後も軍の要職を歴任、一九七三年、空軍少将で退役したのちも、国会議員にあたる国民大会代表などを務めた。その徐が、唯一不覚をとったのが、零戦のデビュー戦である昭和十五年九月十三日、中華民国が「壁山空戦」と呼ぶ戦いだった。撃墜王を自任していた除

にとって、自分を撃墜した零戦の搭乗員を探し出すのは長年の悲願だった。その話を聞いて、

「坂井三郎さんに聞けば、何かわかるかもしれない」

と、誰かが知恵を出した。坂井は『大空のサムライ』ほかのベストセラーで知られる元零戦搭乗員である。徐は、台湾出身で日本海軍の整備兵だった陳亮谷に案内されて、東京・巣鴨の坂井宅を訪ねた。坂井自身は、この空戦のとき十二空にいなかったが、参加した十三人の搭乗員のことはよく知っている。徐の話を聞いて、坂井は、旧知の三上一禧から以前聞いた話と符合するのに気づいた。坂井はその場で、陸前高田市でいまは教材販売会社を経営している三上に電話をかけた。

「あなたが撃墜した中国空軍のパイロットが、いま、私の家にいる」

三上は耳を疑った。電話口に徐が出たが、もちろん言葉は通じない。二人はその後、手紙のやり取りを通じて、互いの記憶の糸を手繰り始めた。徐機の墜落の状況が、三上の記憶、日本側に残された記録とほぼピッタリ重なった。

零戦初空戦から五十八年が経った平成十（一九九八）年八月十五日。東京、霞が関ビルで、かつて重慶の空でまなじりを決して戦った日中二人の搭乗員は、奇跡的な「再会」を果たした。

「やっとお会いできましたね」

「よかった、ほんとうによかった」

あとは、言葉にならなかった。同年生まれの、ともに八十一歳の二人の老紳士は、目に涙を浮かべてガッチリと抱き合った。

「三上さんは、重慶上空で戦火を交えたときは敵でした。しかしいまや、私たちは素晴らしい友人になれたのです」

という徐に、三上も思いを同じくして語る。

「個人的に何の恨みもない者同士が殺し合う、こんな愚かなことはありません。この愚行を二度と繰り返してはならない、ほんとうにそう思いますよ」

再会に際して、徐は三上に一幅の書を贈った。「共維和平」——ともに手を携え、平和のために尽くしましょう、という意味である。

再会の翌平成十一年三月には、三上が台湾に徐を訪ねた。その後も、二人の友情は、平成二十二（二〇一〇）年に徐が亡くなるまで続いた。

平成二十三（二〇一一）年三月十一日——東日本大震災で、陸前高田市街地のほとんどが津波に流されたというニュースが入った。私は三上に電話を試みたが、もちろん繋がらない。安否不明の不安なときが過ぎ、ようやく連絡がとれたのは、二週間後のことだった。

三上は、奇跡的に家族とともに無事だった。

電話口に出た三上は、

「いやいや、声が聞けて涙が出ますよ。心配くださってる皆さんによろしく。頑張るよ」

と、途中、感極まったのか涙声になったが、力強い言葉だった。

あの日、三上は、予定の外出先に出るのが遅れ、偶然、高台の自宅にいて難を逃れたのだという。津波は、その自宅の直前まで押し寄せていた。

かつて三上は、

「人生に対し、死ぬまでファイティングポーズでありたい」

と、私に語ったことがある。震災のあと、三上の無事な声を聴き、この言葉を思い出したとき、「不死鳥」の三文字が、零戦の雄姿とともに、ふと頭をよぎった。三上は令和五（二〇二三）年五月、百六歳の誕生日を迎え、零戦搭乗員の長寿記録をなおも更新中である。

昭和13年頃の三上一禧

昭和15年9月13日、重慶上空の空戦で、三上と戦った徐華江中尉。バックは愛機・ポリカルポフE-15

平成10(1998)年、奇跡的な「再会」を果たした三上(左)と徐華江

22

徳川幕府直参の跡取りである学徒搭乗員が晩年に残した達観の言葉

「革命によって社会がよくなったり、豊かになることはありません」

幼少時、生きているハチ公を見て、令和まで生きた小野清紀元海軍中尉

「そういえば、父に連れられて渋谷に行ったとき、忠犬ハチ公を見たことがありますよ」

と、九十七歳の小野清紀（きよみち）は言った。二〇一八年のことである。小野は大正十（一九二一）年生まれの元零戦搭乗員だ。

「ハチ公って、あの銅像の……」

「いや、銅像じゃなくて、生きてるハチ公。渋谷駅で、帰らぬ飼い主を何年も待ち続けているという新聞記事が出て、すでに有名だったたから、あれがハチ公かと。見た感じはふつうの犬でしたよ。秋田犬でも、それほど大きな犬じゃなかった。銅像が立ったのは、それから一年ぐらい後のことでした」

これにはちょっと不意を衝かれた。私はこれまで、旧日本海軍の軍人をはじめ延べ数百人の戦争体験者

の取材を重ねてきたが、近年では、長時間のインタビューで高齢の相手に負担をかけないよう、生い立ちはそこそこに戦時中の話題に入ることが多い。小野がふと漏らした一言から、太平洋戦争で軍隊に行った世代は、戦後世代が銅像や映画でしか知らない「ハチ公」を生で見ていた世代であることに、改めて気づいたのだ。

小野は東京市小石川区（現・東京都文京区）音羽に生まれた。祖父は徳川幕府の旗本で、フランス語通訳を務めた小野清照（きよてる）。きょうだいは姉が一人である。旧幕府の直参だった家に、跡取り息子として生まれた小野は、安政生まれの厳格な祖母に躾けられて育った。

「いちばん古い記憶は関東大震災（一九二三年九月一日）のときです。地面が揺れるなか、私を背負った女中が木にしがみついていた光景。それと、うちの庭に雨戸を敷いて、それを囲んでお昼ご飯を食べている光景。――当時私はまだ二歳半ですから、あとで人から聞いた話が自分の記憶に置き換わっているのかもしれませんが」

小野の生家は、護国寺に隣接する皇族専用の豊島ヶ岡御陵（現・豊島岡墓地）の、不忍通りをはさんだ正面にあった。三歳だった大正十三（一九二四）年、家の前の不忍通り（しのばずどお）りを東京市電（路面電車）が走るようになり、小野は幼心に電車に憧れを抱くようになる。

「当時の市電は横にドアがなく、運転手が立って運転している様子が外から見える。それがカッコいいと思い、飽きずに眺めていました。このときから動く機械に惹かれるようになったんです。子供の頃は模型も作りましたよ。ラジオなんかは動かないから興味がなかったですね」

市電がきっかけで電車に興味を持つようになった小野は、旧制第一東京市立中学校（のち都立九段中学校と改称、新制都立九段高校を経て二〇〇九年閉校。校舎は千代田区立九段中等教育学校に引き継がれた）に進むと、ベストコダック（通称ベス単）という、アメリカ製の蛇腹式カメラを持って、東京近郊の電車の写真を撮り歩くようになった。撮った写真は、車両ごとに分類してアルバムに貼る。いわば、現在「撮り鉄」と称される鉄道マニアのはしりと言える。

「当時、撮りに行った私鉄電車は、武蔵野電鉄（現・西武池袋線）、西武鉄道（現・西武新宿線）、東京横浜電鉄（現・東急東横線）、玉川電気鉄道（現・東急世田谷線など）、京王電気軌道（現・京王電鉄）、小田原急行（現・小田急）、京浜電気鉄道（現・京浜急行）……小学一年生の頃まで、東武東上線は蒸気機関車が走っていましたが、二年生の年（一九二九年）に電車になりました。私は、原点が市電だったもので、機関車よりも電車が好きです。山手線の内側は、市電と、いまの地下鉄銀座線の他には、王子電車と呼ばれていた王子電気軌道、現在の都電荒川線だけでした。当時、隅田川の向こうの下町には用もないし、うちからは電車の便も悪いので、行ったことはなかったですね」

中学二年生だった昭和十一（一九三六）年二月二十六日には、登校時に二・二六事件に遭遇している。

「当時の公立中学はみんなそうだったと思いますが、第一市立中学も遊ぶことに関しては厳しかった。授業が終わったらまっすぐ家に帰れ、生徒が喫茶店や映画館に行くのも、保護者が同伴でない限りいっさい禁止、という具合です。でも中学五年にもなればこっちも生意気になってきて、学校が終わると飯田橋の駅にカバンを預け、丸の内の帝国劇場に映画を見に行ったりもしました。初めて日本語字幕のついたトーキー映画『モロッコ』や、ルネ・クレール監督の『巴里（パリ）祭』が印象に残っています」

小野が中学五年生になったのは昭和十三（一九三八）年。この年、国家総動員法が施行され、すでに前年（一九三七）、中国大陸では支那事変（日中戦争）が始まっていたが、まだ街は賑やかで、カフェやダンスホールにはジャズが流れ、映画館では洋画が上映されていた。

「昭和六（一九三一）年の満州事変、七（一九三二）年の第一次上海事変から、日本はずっと戦争をしていたわけですが、私たちには遠い世界の出来事というか、実感はなかったですね。どこか他所事のようで、ピンとこないんです」

小野は、昭和十四（一九三九）年、慶應義塾大学予科に進学。母親は中学三年のとき亡くなり、小野の日常は、安政生まれの祖母が世話をしつつ目を光らせていた。

「旗本だった祖父は私が三つか四つのときに他界しましたが、祖母は昭和十七年の九月まで生きていて、その祖母が厳しかった。慶応に入ったとき、祖母が煙管で煙草をくゆらせながら、

『慶應の書生、ここへお座り』

と言う。祖母は学生を『書生』と呼んでいました。言われたままに祖母の前で正座すると、

『慶應の書生は軟派が多いと聞きます。あんたも良家の子女に変なことをしたら承知しないからね』

そこで反抗心が湧いてきて、

『良家の子女じゃなければいいんですか？』

と言ったら祖母がほんとに怒った。吸っていた煙管を火鉢に叩きつけると、

『直参の跡取りが、馬鹿をお言いでない！』

と、えらく叱られた。祖母は、私がなにかヘマをやるたびに『直参の跡取りが——』と言ってましたね」

昭和初期には、まだ江戸時代の価値観を拠りどころにする世代が存命だったことは、記憶にとどめておいてよいと思う。

小野の祖母は厳しい人だったが、それでも、当時の民法上、家族のなかで戸主（小野の父・清一）の次に位置する「跡取り」である小野を叱るときは、「お言いでない」と言い、跡取りではない小野の姉を叱るときは「言うんじゃない」と、言葉遣いをきっちり分けていたという。「お言いでない」の方が「言うんじゃない」よりもやや丁寧な言い方だから、「直参の跡取り」に対して一定の配慮をしていたのだ。

昭和十六（一九四一）年十二月八日、日本はアメリカ、イギリスをはじめとする連合国と開戦。太平洋戦争がはじまった。真珠湾攻撃を皮切りに、日本軍の連戦連勝が報じられたが、それでも戦争の実感は小野にはなかった。戦争を最初に身近に感じたのは、昭和十七（一九四二）年四月十八日、米空母「ホーネット」を発艦した、ジェームズ・H・ドゥーリットル陸軍中佐率いるボーイングB－25爆撃機が、日本本土を初めて空襲したときのこと。

「十二時ぐらいだったと思います。中央本線の大久保駅に入ろうとしたところで突然、空襲警報が鳴った。空襲警報なんてはじめてのことですし、避難しなきゃというより、なんで米軍機が？　という気持ちの方が強かったですね。空を見上げると、頭上を双発機が六機ぐらい飛ぶのが見えました。最初は日本機だと思ったんですが、どうも音が違うんです。キーンと金属的で、いつもの日本機よりも調子がよさそうな、澄んだいい音でした。駅にはかなり人がいましたが、誰も逃げようとせず、ただ空を見上げていました。ホームに上がって飛行機が飛び去った方角を見ると、市電の早稲田の車庫のあたりから茶色い煙が斜めに上がっているのが見えて、ああ、あれが米軍機だったんだな、と。これが戦争かと思いましたが、意外に恐怖心は湧かなかったですね」

昭和十八（一九四三）年九月、慶應義塾大学法学部を繰り上げ卒業した小野は、一般の大学、高専卒業者から飛行機搭乗員の指揮官要員を募集する「第十三期飛行専修予備学生」を志願。二十倍ともいわれる難関を突破して同年十月、三重海軍航空隊に入隊する。

「自分たちが行かなきゃ、という気持ちはありましたが、国のためにと大上段に構えるんじゃなく、はっきり言えば、陸軍に入って鉄砲を担いで歩かされるのがいやだった。兵役は義務でしたから、遅かれ早かれ軍隊に行くことは避けられない。だったら海軍に行こうと。機械いじりが好きだったから、飛行機にさわれるチャンスだとも思いました」

そして猛訓練を経て零戦搭乗員となった小野は、二度にわたり特攻を志願したものの、出撃することなく谷田部海軍航空隊で終戦を迎えた。

戦後は、凸版印刷株式会社に勤めたのち、昭和三十一（一九五六）年、海上自衛隊に入り、ふたたび飛行機の操縦桿を握ることになる。昭和四十五（一九七〇）年、退官後は全日空でボーイング７３７のフライトシミュレーター教官をつとめ、昭和五十七（一九八二）年に退職するまで、パイロットの養成、訓練につとめた。飛行機とともにあった人生。しかし小野は、それでも、

「飛行機より電車の方が好きです。だって、路面電車だけ見ても、東京、大阪、仙台、みんな違う。バリエーションが広くて面白いじゃないですか」

と言う。まさに「三つ子の魂百まで」なのである。さらに小野は、次のような言葉を残している。

「人の運命は、誰が決めるのか知らないけれど、従わざるを得ない。自分の死後のことなんかわかりっこないし、深く考えずに呑気に、リラックスして毎日過ごすのがいちばんと思います。

いまの世の中を見ていて感じるのは、よく『改革』とか『革命』という言葉を聞くけど、これは政治の問題で、生活とは離れてるんじゃないか、ということです。掛け声は勇ましいが、人間の力には限りがある。革命によって社会がよくなったり、豊かになることはありません。

いちばん利口なのは、革命じゃなく、自然に政体を変えていくことなんじゃないか。憲法改正とかの問題でも、議論を盛り上げて変えるのではなく、人間の感覚として自然に変わっていくのを待つのがいいんじゃないか。逆に言えば、いま議論したって最善の結論は出てこないと思うんですよ」

「革命で社会が豊かになることはない」——おそらく小野自身は意識していなかっただろうが、徳川幕府の「直参の跡取り」の言葉として捉えれば、重い実感がある。太平洋戦争の第一線で戦ったのは、まぎれもなく江戸時代の道徳律を幼い頃に身につけた「武士の孫」の世代だったのだ。令和二（二〇二〇）年四月、死去。享年九十九。

沖縄戦が始まり、谷田部基地から鹿屋に向け出発する特攻隊員たちの別杯

昭和20年、谷田部基地で零戦の翼に乗って

昭和20年5月頃、谷田部の写真館で

23

日本海軍きっての名戦闘機隊隊長が晩年に語った戦争への苦い思い

「私は『散華』という言葉が嫌いでね。『決戦』と『手柄をたてる』というのも嫌いな言葉でした」

零戦初空戦から終戦まで飛行隊を指揮した進藤三郎元海軍少佐

「私は〝散華〟という言葉が嫌いでね。『華と散る』なんて言うが、じっさいの戦死はそんなきれいごとじゃない」

と語ったのは、進藤三郎・元海軍少佐である。進藤は昭和十五（一九四〇）年九月十三日、中華民国重慶上空で、制式採用されたばかりの零式艦上戦闘機十三機をもって中国空軍のソ連製戦闘機三十三機と空戦、二十七機を撃墜（日本側記録）、空戦による零戦の損失ゼロという一方的勝利をおさめた指揮官（当時大尉）として知られる。その「活躍」はしばしば新聞紙上に顔写真入りで取り上げられた。

進藤はまた、昭和十六（一九四一）年十二月八日の真珠湾攻撃では、空母「赤城」分隊長として第二次発進部隊制空隊（零戦三十五機）を率いた。

その後は昭和十七（一九四二）年末から第五八二海軍航空隊飛行隊長をつとめ、ニューブリテン島ラバウルを拠点に、ガダルカナル島をめぐる長く苦しい戦いで零戦隊を指揮して戦った。海軍戦闘機隊有数の歴戦の指揮官パイロットである。

「ラバウルの頃、いちばん辛かったのは搭乗割（とうじょうわり）を書くことでした。というのは、搭乗割を書くとね、そのうちの何人かはかならず死ぬんですよ。それを決めるのは私ですから……。搭乗員には無理な戦いをするな、命を大切にしろというんですが、敵が強くなったんだからどうしようもない。毎日、本当に辛かったですね」

進藤は、昭和十九（一九四四）年三月十日付で第六五三海軍航空隊（六五三空）飛行長として転勤を命ぜられ、ひさびさに呉に帰ってきた。六五三空は、作戦時には空母「千歳」「千代田」「瑞鳳」からなる第三航空戦隊に搭載される、母艦部隊である。

休暇を許された進藤は、背広姿で広島の街に一人遊びに出た。下士官兵は外出時も軍服姿だが、士官は私服でよいことになっている。また、頭髪も、下士官兵は原則として坊主頭だが、士官はきちんと整えている限りは自由である。ことに飛行機乗りは、長めのオールバックにしている者が多かった。

進藤は、体質的に酒を受け付けないが、戦場から帰ったばかりで夜の街の空気が懐かしかった。南洋灼けした肌に、夜風がひんやりと心地よい。灯火管制で薄暗い通りを、煙草をプカプカやりながら歩いていると、

「こらこらッ！」

と呼び止める者がいる。見れば、カーキ色の国民服にゲートル（巻脚絆）姿の、中年の警防団員だった。戦争が始まってから、空襲に備える身支度として、すべての男子は防空服装としてゲートルを着用することが奨励され、また、坊主頭こそが「非常時」の身だしなみとされる風潮があった。折悪しく防空演習がはじまり、ゲートルも巻かず、髪を伸ばした進藤の姿が、男の癇に障ったのに違いなかった。

「こら、何じゃ、その格好は。煙草を消せ、煙草を」

居丈高に怒鳴る男に、

「なぜですか」

と進藤は聞いた。

「なぜもへちまもあるか、敵機に見つかったらどうする」

「上空から煙草の火が見えますか」

「見えるに決まっとる。貴様、口答えしよるか」

「そうですかねえ、私は夜間飛行もだいぶやっとるけど、上空から煙草の火を見つけたことは一度もないですがね」

相手は決まりの悪そうな顔をして黙ってしまったという。

飛行長の仕事は、指揮下の零戦や艦上攻撃機の機材調達や訓練計画、人事などの実務を全て統括しなければならず、多忙をきわめた。

四月のある日、要務で長崎県の大村基地に赴いたさい、背広姿で長崎から汽車に乗った進藤は、またも国民服を着た中年の男に絡まれた。

「なんばしよっか、この非常時に髪なんか伸ばしよって」

「どうもすみません、必要なもんでつい伸ばしております」

「なんで必要か」

「いや、飛行機がひっくり返った時に怪我せんように……」

進藤が答えると、男は、エッと驚いて態度を豹変させ、

「これは大変失礼しました。海軍さんでしたか、いや、結構であります。ご苦労さまなことです」

と、揉み手せんばかりに機嫌をとり始めた。

「『銃後』は戦意旺盛で、かえって軍人の方が窮屈に感じるほどでした。世の中が戦争一色に染められているような空気は、前線帰りの身にも、申し訳ないが異様に感じられたものです。外地や航空隊内部の方が、むしろ自由な雰囲気でした」

と、進藤は回想している。


日米機動部隊が、マリアナ沖で激突したのは同年六月十九日のことである。二日間にわたって戦われた「マリアナ沖海戦」は日本側の完敗に終わった。進藤は、未帰還機のあまりの多さに愕然としたという。

「とにかく、情けない時代でした。若い士官たちは、自分がやらなきゃ、と使命感に燃えていたようですが、この頃になると、飛行機の性能の面でも、搭乗員の技倆の面でも、敵に大差をつけられて、よほど有利な態勢でなければ絶対に空戦に入るな、という教育をせざるを得なかった。かつて中国大陸では、中国空軍のソ連製戦闘機を一方的に追い回していたのが、いまや零戦が、そのときの中国軍機の立場になって

しまっている。緒戦の勝ち戦の手痛いしっぺ返しを食わされているような気がしたものです」

敗残の機動部隊は内地で再建を図るが、その準備もままならないうちに、米軍はこんどはフィリピン・レイテ島に来攻。進藤は、またも六五三空の飛行機隊を率いてフィリピンに向かうが、圧倒的に優勢な米軍戦力を前になすすべもなく、ふたたび部隊は壊滅してしまう。

レイテ島に上陸する米軍を迎え撃つため、日本海軍は総力を挙げて出撃したが、十月二十三日から二十五日にかけて戦われた「比島沖海戦」で戦艦「武蔵」以下、多くの艦艇を失い、またも惨敗を喫した。わずかな残存航空兵力で敵空母の飛行甲板を破壊し、一週間程度使用不能にすることを目的として、飛行機に爆弾を搭載したまま敵艦に突入する「特攻」作戦がはじまったのは、この戦いのときである。

進藤は、ルソン島のマバラカット基地から発進する特攻隊を見送った。

「ついにここまで、と思いましたが、馬鹿なことを、とは思いませんでした」

だが、その後、九州、沖縄の制空任務をおびた第二〇三海軍航空隊飛行長になった進藤は、部下のなかから特攻隊員を出すことを頑なに拒んだという。

「昭和二十年四月、沖縄戦が始まってしばらくした頃、司令の山中龍太郎大佐が、『そろそろ特攻隊を出さにゃいかんだろうか』と言ってきました。私は、『うちの隊には、いっぺんこっきりで死なせるような搭乗員は一人もおりません。何べんも出撃して戦果を挙げてもらわなきゃいかんのだから、特攻は出したくありません』と答えた。司令は言葉少なに『そうだな』と。司令部からなにを言ってきたのか知りませんが、それきりその話は立ち消えになりました」

そして八月十五日正午、戦争終結を告げる天皇の玉音が放送された。進藤は、筑波海軍航空隊福知山派遣隊指揮官として、新鋭戦闘機「紫電改」部隊の錬成中に終戦を迎えた。

「しかしラジオの雑音が多くて、陛下のお言葉がなんだかよくわからない。激励されたぐらいに思って、放送が終わってから、それじゃこれから訓練だ、と、平常通り訓練を始めたんです。ちょうどその日、宝塚歌劇団の月組が基地に慰問に来ていましたが、予定通りやってもらいました」

八月二十一日、進藤は、筑波空司令・五十嵐周正中佐の命により、十三機の紫電改を率い、姫路基地に着陸した。五十嵐中佐の口から出たのは、

「本日より休暇を与える。搭乗員は皆、一刻も早く帰郷せよ」

という、思いがけない命令だった。搭乗員たちはその場で武装解除され、着剣した衛兵の監視つきでトラックの荷台に乗せられ、姫路駅まで十キロ近い道のりを護送された。

広島の街は、原子爆弾で一面の焼け野原になっていた。進藤の生家は、爆心地から南東へ約二・八キロの距離にある。帰ってみると、爆風で壁が落ち、畳や建具も吹っ飛び、柱も「く」の字に折れ曲がったような状態だったが、蓮田のなかの一軒家であったため類焼を免れ、父・登三郎と母・タメが二人で暮らしていた。

厳格だった父が、目に涙を浮かべて、

「三郎、ご苦労さんじゃったなあ」

と迎えてくれたとき、初めて負けた実感が、悔しさとともに体中から湧いてきた。父子は、抱き合って

長いこと泣いた。

それからしばらくは放心状態が続き、毎日、原爆の爆風で屋根瓦が飛び室内がめちゃくちゃになった家の片づけをしたり、自宅から三キロほど南の宇品海岸で釣りをしたりして過ごした。

秋も深まったある日、いつものように生家近くの焼け跡を歩いていると、遊んでいた五、六人の小学校高学年とおぼしき子供たちが進藤の姿を認めて、

「見てみい、あいつは戦犯じゃ。戦犯が通りよる」

と石を投げつけてきた。新聞でしばしば写真入りで報道されていたので、地元の子どもたちは進藤の顔を知っていたのだ。「こら！」と怒鳴ると逃げ散っていったが、やるせない思いが残った。

年が明け、昭和二十一年になると、広島駅南口前あたりでは、闇市のバラックがぽちぽち立ち並ぶようになった。広島に最初に進駐してきたのは、オーストラリア軍を中心に編成された英連邦軍である。進藤は、広島駅前で、進駐してきた豪州兵にぶら下がるように腕を組み、歩いていく日本人女性を見たとき、つくづく世の中がいやになったという。

この変わり身の早さ。

「それ以来、日本人というものがあんまり信じられなくなったんです」

つい昨日まで、積極的に軍人をもてはやし、戦争の後押しをしてきた新聞やラジオが、掌を返して、あたかも前々から戦争に反対であったかのような報道をしている。

批判する相手（＝陸海軍）が消滅して、身に危険のおよぶ心配がなくなってからの軍部、戦争批判の大合唱は、進藤には、時流におもねる卑怯な自己保身の術としか思えなかった。「卑怯者」は、いわゆる

「進歩的文化人」や「戦後民主主義者」と呼ばれる者のなかに多くいて、敗戦にうちひしがれた世相に巧みに乗って世論をリードしていた。

「さかんに宣伝されている、『自由』にも『民主主義』にも興味はない。私は、自分はこれからの時代に生きてゆくべき人間ではないような気がしました。『生き残った』のではなく、『死に損なってしまった』という意識の方が強かった。自決することを考えましたが、あいにく姫路基地で武装解除されたので拳銃を持っていない。生命を絶つ方法をあれこれ考えているうち、終戦直前、生まれたばかりの長男に会いに庄原へ行ったとき、差し出した人差指を小さな手で無心に握ってきた感触が甦り、死ねなくなってしまった。われながら情けない気がしました」

戦後の風潮は、戦時中の日本のやってきたことをことごとく「悪」と断じるものだった。戦没者のことを犬死によばわりすることさえ、「進歩的」と称するインテリ層の間では流行していた。そんな言説を見聞きすると、「何を言いやがる」と進藤は悔しかった。

直属の部下だけで、百六十名もの戦死者を出している。なかでも、昭和十八年、ガダルカナル島をめぐる航空戦では、部下たちの最期を幾度も目の当たりにした。対空砲火を浴びて、ソロモンの海に飛沫を上げて突っ込んだ艦上爆撃機や、襲いかかる敵戦闘機から艦爆を守ろうと、自ら盾になって弾丸を受け、空中で火の玉となり爆発した零戦の姿を思い出すたび、あれが犬死にだというのか、と、やりきれない思いに涙が溢れた。

進藤はその後、横須賀でトラックの運転手、福島県の沼沢鉱山で鉱山長の仕事についたのち、広島に帰って東洋工業株式会社に就職。やがてディーラーの山口マツダに出向し、昭和五十四（一九七四）年、常務取締役を退任するまで勤めた。戦時中とはうって変わった平凡な会社員生活で、戦争のことはよほど心を許した一部の相手以外、話すことを好まなかった。

平成十二（二〇〇〇）年二月二日の午後、進藤は、いつも午睡をしていたソファに座ったまま、眠るように息を引きとった。その顔はおだやかで、微笑んでいるようにさえ見えたという。享年八十八、大往生といえるのかもしれない。

進藤が遺した冒頭の言葉には続きがある。

「私は『決戦』と『手柄をたてる』というのも嫌いな言葉でした。『決戦』というのはその一戦で勝敗を決することなのに、決戦、決戦と何べんも。それでどれだけ部下を死なせたかわかりません。それと『手柄』をたてようと、無理な戦いをして戦死する者が多かった。誰かが戦果を挙げる陰には、必ず整備員など裏方の力がある。だから部下には、手柄を立てようなどとは考えるな、と言っていたし、個人の殊勲を当てにするような作戦は作戦じゃない、と考えていました」

いつの取材のときだったか、進藤に、これまでの人生を振り返っての感慨をたずねてみたことがある。

進藤は即座に、

「空しい人生だったように思いますね」

と答えた。

「戦争中は誠心誠意働いて、真剣に戦って、そのことにいささかの悔いもありませんが、一生懸命やってきたことが戦後、馬鹿みたいに言われてきて。つまらん人生でしたね」

予期せぬ答えに、この言葉をどう受け止めるべきなのか、戸惑いを感じたことを昨日のことのように憶えている。おそらくこれが、国のため、日本国民のためと信じて全力で戦い、その挙句に石を投げられた元軍人たちの本音なのかもしれない、と思った。

――進藤歿後二十三年が過ぎたが、この言葉はずっと、私の胸に棘のように刺さったままだ。

昭和18年、ラバウルにて

昭和15年9月13日、重慶上空で零戦のデビュー戦を指揮、漢口基地に帰還した進藤大尉(当時)

昭和18年6月16日、ブイン基地を発進する進藤少佐乗機(零戦二二甲型)

24 特攻の一部始終を見届けた主計科士官が語った あの戦争の真実

「安全地帯にいる人の言うことは聞くな、というのが大東亜戦争の大教訓」

「特攻の生みの親」と称された大西瀧治郎中将の副官・門司親徳元海軍主計少佐

昭和十九（一九四四）年二月十七日から十八日にかけて、中部太平洋における日本海軍の一大拠点・トラック島（現・チューク諸島。環礁と二百四十八もの島々からなるが、当時はこれらを合わせてトラック島と呼んでいた）が、米海軍の機動部隊艦上機の大規模な空襲を受け、基地機能を喪失するほどの損害を被った。

艦上攻撃機「天山（てんざん）」を主力とする第五五一海軍航空隊（五五一空）主計長としてトラック空襲に直面し、のちにフィリピンで「特攻の生みの親」とも称される大西瀧治郎（たきじろう）中将の副官として特攻の一部始終を見届けた門司親徳（もじちかのり）は、

「『特攻』を語るならば、必ず、トラック大空襲から語り起こさないといけない」
と、しばしば口にしていた。

門司は、東京帝国大学から短期現役主計科士官として海軍に入り、空母「瑞鶴」乗組で真珠湾作戦に参加したのを皮切りに、ニューギニア・ラビの敵前上陸に参加するなど各地を転戦、トラック島空襲当時は主計大尉だった。東京帝大－海軍の同期には鳩山威一郎（元外務大臣）、中曽根康弘（元総理大臣）らがいる。戦後は日本興業銀行勤務を経て丸三証券社長をつとめた。

「太平洋戦争は、真珠湾、マレー半島への日本軍の奇襲攻撃、それに続く快進撃に始まり、ミッドウェー海戦の敗戦でその勢いが止まり、ガダルカナル島失陥からは完全に守勢に転じた。それでもなんとか必死の防戦で重要拠点は守り通してきたのが、トラック空襲を境に、敵を迎え撃つことすらままならなくなった。あとは、坂道を転がり落ちるだけです。神風特別攻撃隊の出撃まで八ヵ月。この間の戦争の推移が、そのまま特攻隊に自然につながってゆくように、私には思えてならないんです」

二月十五日、司令部が敵機動部隊の無線を傍受し、索敵機二機も未帰還になったとのことで、トラック全島に緊張が走った。近海に敵機動部隊がいると判断した第四艦隊司令部は、二月十六日午前三時三十分、トラック方面の各部隊に、戦闘配備にあたる「第一警戒配備」を下令した。隊員たちはそれぞれ戦闘配置につき、飛行機は燃料、機銃弾、あるいは爆弾、魚雷を積載し、敵艦隊発見の報告があればただちに出撃できる状態で待機する。

「ところが、この警戒配備が、なぜか解除されたんです。敵信傍受で敵機動部隊が近くにいるのはわかっているのに、変だな、とは思いましたが」

飛行場に待機した零戦の機銃弾は、上空哨戒につく数機を残しておろされ、攻撃機の爆弾や魚雷もはずされた。非番の者には外出も許された。

そして二月十七日――。

「早朝、まだ仮設ベッドに寝ていたわれわれは、突然の『空襲警報！』という声に飛び起きた。空はもう明るくて、よく晴れていました。その空を見上げて肥田隊長が、『グラマンだ！』と叫んだ。指さす方向を見ると、敵の艦上機はすでにトラック上空に飛来している。完全に奇襲を食った形になりました」

警戒配備が解かれていたので、トラック島の零戦隊の大部分は機銃弾も積んでいなかった。やがて燃料、機銃弾の準備のできた零戦から順に離陸し、敵機を迎え撃ったが、離陸直後の不利な態勢で襲われ、被弾して火を吹き墜ちるものも多かった。

空襲は翌二月十八日にも続き、撃沈された日本側艦船は、艦艇十隻、船舶三十三隻にのぼり、そのほか十二隻の艦船が損傷した。まさに真珠湾攻撃のお返しをされたかのような大損害で、失われた飛行機は、南方の戦線へ補充するため基地に保管されていた機体もふくめ、約三百機にのぼる。

こうして、トラックは、海軍の拠点としての機能を事実上失った。壊滅したトラックに戦力を補充するために、最前線ラバウルに展開していた航空部隊はすべてトラックに引き揚げさせることになり、二年間にわたり南太平洋の最前線基地として、ソロモン諸島やニューギニアからの米軍の侵攻を食い止めてきたラバウルも、ついにその戦力を失った。これは、海軍が、南太平洋での戦いを事実上放棄したということでもあった。

門司の瞼には、トラックの環礁内で、敵機の爆撃を受けて火焔を上げる油槽船や、みるみるうちに沈んでゆく貨物船の姿が焼きついた。晴れた空と青い海がひどく澄んでいて、そこで繰り広げられる一方的な殺戮が、ことさら凄惨な光景として胸にこたえた。

夜になって、緊張と不安のなか、空襲を敵上陸の前触れと早合点した菅原司令が玉砕命令をくだした。

「我が隊は最後の一兵まで戦い、玉砕する」

というのである。門司が司令に、

「玉砕は戦った結果だから、ここは、あくまで戦えと言うべきですよ」

と反論する。司令もふと我に返って、もっともだと思ったらしく、

「この期におよんでも帝大出は理屈を言う。こんどからはそうしよう」

と言い、一瞬、その場の緊張がほぐれたと、飛行隊長だった肥田真幸は回想するが、敵が上陸してくれば、いずれ全滅するのは間違いない。隊員たちは「えい、クソ！」と、簡単に玉砕の覚悟を決めた。門司は、防空壕で、同じ基地にいた第二五一海軍航空隊司令の中佐が空襲の恐怖におののき、部下の下士官たちに蔑まれる姿をまのあたりにした。

ところが、米軍はトラックには上陸してこなかった。もはや戦力を失ったトラックは捨ておいて、次なる目標に向かおうとしていたのだ。

トラック島大空襲から遡ること約一年、昭和十八（一九四三）年六月末頃から、海軍部内では飛行機に爆弾を抱いて敵艦に突入するという、捨て身の作戦が議論に上るようになっていた。これは時期的に、ガダルカナル島上空の制空権を完全に失い、南太平洋での戦いが防戦一方になった頃である。

昭和十八年六月二十九日、侍従武官・城英一郎（じょうえいいちろう）大佐は、艦上攻撃機、艦上爆撃機に爆弾を積み、志願した操縦員一名のみを乗せて体当たり攻撃をさせる特殊部隊を編成し、自身をその指揮官とするよう、航空本部総務部長・大西瀧治郎中将に意見具申した。大西中将は、

「意見は了承するが、搭乗員が百パーセント死亡するような攻撃方法は、いまだ採用すべき時期ではない」

としてその具申を却下した。同年末、特殊潜航艇「甲標的」の訓練を受けていた黒木博司中尉と仁科関夫少尉は、共同研究した「人間魚雷」の設計図と意見書を海軍省軍務局と軍令部に提出したが、これも却下されている。

しかし、トラック島が大空襲を受け、壊滅的な打撃を受けたことで潮目が変わった。昭和十九（一九四四）年二月二十六日、先の「人間魚雷」の着想が見直されることになり、呉海軍工廠魚雷実験部で「㊅（マルロク）金物」の秘匿名で極秘裏に試作が始められる。これはのちに「回天」と名づけられた水中特攻兵器で、魚雷に操縦装置をつけ、人間の操縦で敵艦に体当たりするものだった。さらに4月、軍令部は、第二部長・黒島亀人（かめと）少将主導のもと、㊀（マルイチ）から㊈（マルキュウ）までの秘匿名のつけられた特攻兵器の開発を、海軍省に要望する。

昭和十九年五月には、第一〇八一海軍航空隊の大田正一少尉が、大型爆弾に翼と操縦席を取りつけ、操縦可能にした「人間爆弾」の着想を、五五一空から転任した司令・菅原英雄中佐（五月一日進級）を通じ

て空技廠長・和田操中将に進言、航空本部の伊東祐満中佐と軍令部の源田實中佐とが協議して研究を重ねることになった。のちの「桜花」である。

各種特攻兵器の試作が決まったのを受け、昭和十九年八月上旬から下旬にかけ、第一線部隊をのぞく日本全国の航空隊で、「生還不能の新兵器」の搭乗員希望者を募集。九月十三日、海軍省内に「海軍特攻部」が正式に発足した。

米軍がサイパンに上陸を開始したのは、六月十五日のことである。サイパン、テニアンを敵に奪われたら、東京をふくむ日本本土が、米軍が新たに開発している大型爆撃機・ボーイングB－29の攻撃圏内に入る。いわば、将棋でいえば詰んだも同然になる。ところが、六月十九日から二十日にかけて、日米の機動艦隊が激突した「マリアナ沖海戦」と呼ばれる戦いで、日本側は見るべき戦果を挙げられないまま、空母三隻と搭載機のほとんどを失い、大敗を喫した。サイパンは七月八日、テニアンは八月三日、グァムは八月十一日、それぞれ米軍に占領された。

特攻兵器の開発が進められ、体当たり攻撃隊の編成が開始されたのは、そんな流れのなかでのことだった。

昭和十九年九月九日から十日にかけ、前線の基地航空部隊の主力・第一航空艦隊（一航艦）が司令部を置くダバオは、米機動部隊艦上機による大空襲を受けた。トラック空襲を体験した門司親徳は、一航艦副官となっていて、その後の経緯もつぶさに見ていた。

十日朝、見張所からの「敵水陸両用戦車二百隻陸岸に向かう」との報告に、浮き足立った根拠地隊司令部は、「ダバオに敵上陸」を報じ、一航艦司令部もそれにつられる形で混乱を起こす。折あしく一航艦では、敵機の夜間空襲による損害を防ぐため飛行機をフィリピン各地に分散していて、ダバオにはこの日、飛べる飛行機は一機もなく、敵情については見張員の目視に頼るしかなかった。

司令部は玉砕を覚悟し、敵上陸に備えて通信設備を破壊、重要書類を焼却するが、十日の夕方になって、第一五三海軍航空隊飛行隊長・美濃部正少佐が、修理した零戦で現地上空を偵察飛行してみたところ、敵上陸は全くの誤報であることがわかった。見張員が、海面の白波を水陸両用戦車が来たと見間違えたのだった。これは、昔、平氏の軍勢が水鳥の羽ばたく音を源氏の軍勢と間違えて壊走した「富士川の合戦」を思わせることから、「ダバオ水鳥事件」と呼ばれる。

敵機動部隊は九月十二日、こんどはセブ基地を急襲する。ダバオに敵上陸の誤報で、敵攻略部隊に備えてセブ基地に集中配備された第二〇一海軍航空隊零戦隊は、この空襲で壊滅的な損害を被った。「水鳥事件」で司令部が通信設備を破却してしまっていたので、その後の指示が出せなかったのだ。フィリピン決戦に向けて用意されていた虎の子の零戦は、こうして戦わずして戦力を失った。「セブ事件」と呼ばれる。

この一連の不祥事で、一航艦司令長官・寺岡謹平中将は在任わずか二ヵ月で更迭され、後任の長官には大西瀧治郎中将が親補された。

大西がフィリピンに赴任する途中の十月十二日、台湾は艦上機による大規模な空襲を受け、同日、九州・台湾・沖縄を管轄する第二航空艦隊（二航艦）司令長官・福留繁中将は指揮下のＴ攻撃部隊に対し、敵機動部隊への総攻撃を下令した。

総攻撃は十月十二日から十六日にかけて行われ、Ｔ攻撃部隊は総力を挙げて敵機動部隊を攻撃。空母十隻撃沈、八隻撃破などの「大戦果」が報じられたが、十六日になって索敵機が、撃滅したはずの敵機動部隊が無傷で航行しているのを発見した。日本側の戦果判定の多くは、薄暮から夜間にかけての攻撃で、味方機が被弾炎上するのを敵艦の火災と誤認したものであった。「台湾沖航空戦」と呼ばれるこの戦いで、日本側が失った飛行機は約四百機。沈没した米軍艦艇は一隻もなかった。

昭和十九年十月十七日、米軍攻略部隊の先陣は、レイテ湾の東に浮かぶ小さな島、スルアン島に上陸を開始した。いよいよ、敵の本格的進攻が始まったのだ。

大西が、一航艦の司令部があるマニラに飛んだのは、十月十七日午後のことである。その晩、寺岡中将と大西中将との間で、実質的な引継ぎが行われた。辞令上は、大西の一航艦長官就任は十月二十日付だが、この時点で指揮権は大西に移ったと考えて差支えない。

十八日の夕刻、連合艦隊司令部がフィリピン防衛のため、「捷一号作戦発動」を全海軍部隊に下令した。作戦によると、栗田健男（たけお）中将率いる戦艦「大和」「武蔵」以下、戦艦、巡洋艦を基幹とする第一遊撃部隊が、敵が上陸中のレイテ島に突入、大口径砲で敵上陸部隊を殲滅（せんめつ）する。戦艦「扶桑（ふそう）」「山城」を主力とする別働隊と、重巡洋艦を主力とする第二遊撃部隊が、栗田艦隊に呼応してレイテに突入する。その間、空母四隻を基幹とする機動部隊が、囮（おとり）となって敵機動部隊を北方に誘い出す。基地航空部隊は全力をもって敵艦隊に痛撃を与える。……まさに日本海軍の残存兵力のほとんどを注ぎ込む大作戦だった。

だが、航空部隊が敵艦隊に痛撃を与えようにも、フィリピンの航空兵力は、十月十八日現在の可動機数が、一航艦の三十五～四十機、陸軍の第四航空軍約七十機しかなく、台湾から二航艦の残存機二百三十機を送りこんでも、あわせて約三百四十機に過ぎなかった。

大西中将は、一航艦のわずか数十機の飛行機で、栗田艦隊のレイテ湾突入を支援し、成功させなければならない。そこで、敵空母を撃沈できないまでも、せめて飛行甲板に損傷を与え、一週間程度使用不能にさせることを目的に採られた戦法が、二百五十キロ爆弾を搭載した零戦もろとも体当り攻撃をかける「特攻」である。

一航艦で編成された最初の特攻隊は、関行男大尉を指揮官に、十月二十一日を皮切りに出撃を重ね、二十五日、初めて突入、敵護衛空母を撃沈するなどの戦果を挙げた。報告を受けた大西中将が、「これでどうにかなる」と呟いたのを、副官だった門司親徳は憶えている。だが、その思いと特攻隊の犠牲を裏切るかのように、栗田艦隊はレイテ湾突入を断念、敵上陸部隊を目前にしながら反転し、またしても作戦は失敗に終わった。だがここで、延べわずか十機の爆装零戦による体当たり攻撃が、栗田艦隊による砲撃戦を上回る戦果を挙げたこともあり、以後、特攻は恒常的な戦法として続けられるようになる。

フィリピンでの戦いに先立ち、海軍ではすでに特攻兵器の開発が始まっていたことは先に述べた通りである。特攻専門部隊の編成も進められ、特攻は海軍の既定方針だった。大西中将についても、はじめから特攻作戦の実行者としてフィリピンに送り込まれたという説もある。

だが、副官として特攻隊編成の一部始終に立ち会った門司は、さまざまな説を考慮してもなお、大西中将がほんとうにフィリピンにおける特攻隊編成を決断したのは、十月十八日夕、「捷一号作戦」が発動されたときだと信じている。

「というのはつまり、司令長官というのは天皇から任命される『親補職』ですから、『ダバオ水鳥事件』

と『セブ事件』がなければ、前任の寺岡中将が在任わずか2ヵ月で更迭されることはありえない。このタイミングでフィリピンの一航艦長官が交代したのはいわば偶然の産物です」

だが、二〇一空の特攻隊編成が、事前に決められていたという重要な根拠とされる電文がある。

〈神風隊攻撃ノ発表ハ全軍ノ士気昂揚竝ニ国民戰意ノ振作ニ至大ノ關係アル處　各隊攻撃實施ノ都度純忠ノ至誠ニ報ヒ攻撃隊名（敷島隊、朝日隊等）ヲモ伴セ適當ノ時機ニ發表ノコトニ取計ヒ度處貴見至急承知致度〉

起案者は軍令部第一部の源田實中佐で、起案日は「昭和十九年十月十三日」となっている。だが、この電文が実際に打電されたのは、関大尉以下が突入に成功した翌日、十月二十六日午前七時十七分（軍極秘・緊急電）のことで、緊急電なのに起案から打電までにじつに十三日を要していることになる。

これについて門司は、

「十三日起案は何かの間違い」

と断言する。

「十月十三日といえば台湾沖航空戦二日めで、大戦果が続々と報じられていたときです。つまり、ここで敵機動部隊をほんとうに叩いたならば、敵のフィリピン進攻はなかったか、もっと時期が遅くなったでしょう。源田参謀が、この時点でこんな電文を起案するのはいささか不自然です。しかも、十三日には、大西中将は赴任の途中でまだ台湾にいる。そんな時期に、いまだ編成もされておらず、成功するかどうかもわからない特攻隊について、『攻撃実施の都度、隊名も併せ発表してよいか』というのは手回しがよすぎる。第一、何機の零戦で何組の特攻隊が編成されるかわからないのに、軍令部があらかじめいくつかの隊名を決めておくなどあり得ないことです。打電されたのが十月二十六日朝ということですが、二十五日午後には、すでに特攻隊の突入成功の報告は軍令部に届いていたわけで、源田参謀としては、この壮挙に一枚加わろうと、起案日をわざと改竄したのではないか、そうでなければ話の辻褄が合いません」

側近中の側近が、実際の時間の流れでそのように見ていたということは、信用するに足る。要はこの電文は源田のインチキだということである。

もちろんこれには異論もあるだろう。歴史は、いや、ものごとにはいくつもの筋があり、それが近づいたり遠ざかったり、複雑に絡み合ったりして、一つの出来事は起こる。特攻隊の編成に関しても、真相を一本の筋道だけで捉えるのは無理があるのかもしれない。

「中央で特攻が既定路線となっていたことを知ったのは戦後のことですが、いずれにしても、ずっと前線にいた目から見て、トラック空襲で司令部が見せた失態が尾を引いて、坂道を転げ落ちた果てに特攻に行きついた面があることは間違いない。そして、その一連の流れの線上にあった上層部の指揮官で、終戦の詔勅翌日（昭和二十年八月十六日）に自刃した大西中将をのぞき、部下を死地に追いやった責任を、自ら死をもって償った人は一人もいませんでした。軍令部作戦部長として特攻作戦を採用した中澤佑少将は、終戦時、台湾の高雄警備府参謀長で特攻を命じる立場でしたが、大西中将自決の一報が届いたとき、中澤少将も責任を感じて自決するのでは？　とそれとなく様子をうかがう幕僚たちを前に、『俺は死ぬ係じゃないから』と言い放った。それが特攻を命じた側の多くの本音だったのかもしれません。そんなこともあって、『安全地帯にいる人の言うことは聞くな』というのが、大東亜戦争（太平洋戦争）の大教訓だと思っています」

――第一線で、身をもって戦争を体験した人が次々に鬼籍に入りつつあるいまこそ、門司の述懐を噛みしめるべきときなのかもしれない。門司はまた、

「その掌(しょう)になかった者がうかつなことを、さも真実であるかのように語るのは間違いの元。『I was there』、私はそこにいた、という以外の話は疑ってかかるように」

とも口癖のように語っていた。たとえば、下士官兵や初級士官だった人が、自ら体験した範囲のことを語るのは貴重な証言である。だが、そんな人に、立場上知るすべのなかった「戦略」や「大局」を語らせてはいけない。「自分が司令長官ならこうした」などと言い出したら、それは床屋政談と変わらない、という戒めである。戦争体験者が高齢化で激減したいま、メディアはそんな、「下士官兵に戦略を語らせる過ち」をしばしば犯している。

昭和19年10月20日、特攻隊編成の日。フィリピン・ルソン島のバンバン川の河原で別杯。手前の後ろ姿は大西中将。向かって左から、門司、二〇一空副長・玉井中佐（いずれも後ろ姿）、関大尉、中野一飛曹、山下一飛曹、谷一飛曹、塩田一飛曹

昭和20年5月、台湾にて。大西瀧治郎中将(右)と門司親徳

昭和19年10月、マニラの第一航空艦隊司令部で。門司主計大尉（当時）

25

夫が戦死、戦後再婚した妻たちは、六十年の時を経たとき、何を語ったか？

「これでやっと、好きな人の霊にお参りができます」

ある戦争未亡人

私が戦争体験者の取材を通じて知り合った遺族のなかに、富樫(とがし)ヨコさんがいる。富樫さんの夫は、昭和十九（一九四四）年六月十九日、マリアナ沖海戦で戦死した艦上爆撃機（急降下爆撃機）の搭乗員・高橋寅八少尉。昭和八年に予科練に入隊した歴戦の艦爆乗りである。

高橋少尉は、第一航空戦隊の第一次攻撃隊の彗星艦爆小隊長として出撃、戦死した。ともに出撃した彗星のほとんどが未帰還となり、高橋機の最期の状況はわからない。

ヨコさんは、マリアナ沖海戦のちょうどその日、家の玄関の前で、白い第二種軍装姿の夫の姿を確かに見たと言う。

「信じてもらえないでしょうけど、突然だったから『あ、帰って来たの？』って声をかけたら姿が見えなくなって……」

夫の戦死公報が届いたのは、それから一年ほども経った頃だった。

ヨコさんは二十一歳で夫を亡くした。事実上の結婚生活はわずかな期間だったが、夫への思いは褪せることなく、夫を語るときの表情は、まるで少女のようにみずみずしかった。

「私の地元は新潟の村上なんですが、彼は子供の頃からよく知った仲でした。はじめは勉強を教えてくれたりするやさしいお兄さんでしたが、だんだん憧れる気持ちが強くなって。ええ、私の初恋の人なんです。それで主人も憎からず思ってくれていたみたいで結婚の運びになったんですけど、戦争が始まると飛行機乗りはどこへ行くかわからないでしょう。一緒に暮らせた期間はほんとうに短くて、毎日、一人で無事を祈るばかりでした。

最後に鹿屋基地に面会に行ったとき、真っ白い軍服姿で、帰りに隊門のところで姿が見えなくなるまで手を振ってくれた姿が瞼に残っています。戦後、再婚を勧めてくれる人もいましたが、私のなかでは、主人はあのときのまま生きてるんですもの……。いくら生活が苦しくても、再婚しようなんて全然考えませんでした。マリアナ沖で戦死したと聞かされて、海に墜ちてお魚に食べられちゃったのかな、と思うとつらい気持ちになりますけど……」

ヨコさんは戦後、事情があって夫の姓から離れざるを得なかったという。女性が一人で生きるのが難しい時代だったが、ヨコさんは農村で担げるだけの作物を仕入れてそれを都会で売るなどなりふり構わず働き、戦災で親を失くした子供たちを引き取り育てながら、七十余年を一人で生きてきた。

「主人は二十七歳でいつまでも若いまま。でも、気がつけば私はおばあさんになっちゃって。あの世に行ったとき、私だとわかってもらえなかったらどうしましょう」

というのが、ヨコさんにとってもっとも切実な心配ごとだった。

戦争で夫を亡くした妻たちのその後の生き方はさまざまである。戦時中の新聞を見るとときおり、戦没者の妻へのインタビュー記事が掲載されていて、たとえば昭和十八（一九四三）年十二月五日の朝日新聞には、ミッドウェー海戦で空母「飛龍」雷撃隊を率いて戦死した友永丈市大尉（戦死後中佐）の二十四歳の妻・えい子さんへのインタビューが載っている。

〈短い結婚生活でした、主人は勿論軍人として限りない本望を喜んでゐるでせう、今日の光栄に浴しながら私たちに子供の無かったことは、本當に心残りです、子供のない未亡人の生活を考へると、何か心の中の中心が無いやうで、このままでは負けそうな氣持を支へるため、女醫として立派な主人の武勲をいつまでも心に飾らうと考へたのです〉（朝日新聞記事より）

えい子さんは、東京女子醫専（現在の東京女子医科大学）に進学し、医師への道を進むことに決めたと記事に書かれているが、取材を受けたときの気持ちはいかばかりだっただろうか。

富樫ヨコさんのように生涯独身を貫いた人も少なくないが、再婚し、新たな人生をスタートした人も少なくない。有名なところでは、神風特攻隊の最初の指揮官・関行男大尉の妻・満里子さんが戦後、医師になり、再婚した例がある。二〇〇〇年頃、私はひょんなことから満里子さんの消息を交流のある関係者を通じて知ることがあったが、あえて取材を求めることはしなかった。

また、戦後六十年が経った二〇〇五年前後には、戦後再婚した女性たちが急に、さまざまな戦友会や戦没者慰霊祭に参加するようになったことがある。

戦後築いた家庭のことがあるので仮名にせざるを得ないが、私が話を聞いたA子さんは、昭和十七（一九四二）年春、空母「翔鶴」の九七式艦上攻撃機搭乗員だった夫が出港する前の晩、夫の両親と一緒に横須賀軍港そばの一國屋旅館（現在閉館）で一緒に過ごし、夫はその直後の珊瑚海海戦（昭和十七年五月七日、八日）で戦死したという。

またB子さんは、昭和二十（一九四五）年、艦上攻撃機「流星」搭乗員の夫と祝言を挙げることになっていたが、肝心の新郎が祝言の席に現れなかった。新郎が黙って欠席するとはなにごとか、と親戚一同腹を立てていたところ、戦争が終わってしばらくして、夫が祝言のまさにその日、金華山沖に現れた敵機動部隊を攻撃するため出撃、戦死したことを知ったという。急な出撃のため、連絡する暇もなかったのだ。

A子さんもB子さんも、戦後、周囲の勧めにしたがって再婚し、それぞれに子供ももうけて人生の大半をおそらく幸せに過ごした。だが二人とも、慰霊祭の席で、

「戦後再婚した夫が最近亡くなり、子供たちも独立して、これでやっと『好きな人』のお参りが心おきなくできます」

と、口を揃えるように言っていた。こんな例はほかにもあって、私はそんな話を聞くたび、戦後再婚した相手のことを気の毒に思いつつも、この女性たちが心の内に秘め続けた思いの深さを感じずにはいられなかった。

――「戦争」を考えるときには、戦いの裏に、そんな多くの女性たちの存在があったことも、けっして忘れたくないものである。

平成13（2001）年12月、ハワイ・真珠湾にて。右から富樫ヨコさん、元零戦搭乗員・原田要さん（元中尉）、原田の妻・精さん

女醫として新生活

友永中佐の未亡人

カットは故中佐の絶筆

決意を語る友永えい子さん

大陸にも偉勲

鈴木鐵太郎中佐

昭和18年12月5日、朝日新聞に、ミッドウェー海戦で戦死した友永丈市中佐の妻・えい子さんのインタビュー記事が掲載された

本文中の表記、用語について

①戦争、事変などの呼称は、インタビューの談話を中心に構成した関係上、基本的に当時の呼び方を使用しました。

②飛行機の形式名等については、旧海軍の表記に従いました。

③階級については、それぞれの時点における階級を記しました。

④一部はのぞき、敬称は略としました。

神立尚紀

1963年、大阪府生まれ。日本大学藝術学部写真学科卒業。1986年より講談社「FRIDAY」専属カメラマンを務め、主に事件、政治、経済、スポーツ等の取材に従事する。1997年からフリーランスに。1995年、日本の大空を零戦が飛ぶというイベントの取材をきっかけに、零戦搭乗員150人以上、家族等関係者500人以上の貴重な証言を記録している。著書に、『太平洋戦争秘史　戦士たちの遺言』（講談社ビーシー）、『証言　零戦　生存率二割の戦場を生き抜いた男たち』『証言　零戦　大空で戦った最後のサムライたち』『証言　零戦　真珠湾攻撃、激戦地ラバウル、そして特攻の真実』『証言　零戦　搭乗員がくぐり抜けた地獄の戦場と激動の戦後』（いずれも講談社＋α文庫）、『太平洋戦争　運命の瞬間』『太平洋戦争　空白の史実』（いずれも潮書房光人新社）などがある。

ブックデザイン　門田耕侍

太平洋戦争の真実（たいへいようせんそうのしんじつ）
そのとき、そこにいた人々は何を語ったか（ひとびと・なに・かた）

2023年7月4日　第一刷発行
2024年4月24日　第二刷発行

著　者　神立尚紀（こうだちなおき）
発行者　出樋一親／森田浩章
編集発行　株式会社講談社ビーシー
〒112-0013　東京都文京区音羽1-18-10
電話 03-3943-6559（書籍出版部）
販売発行　株式会社講談社
〒112-8001　東京都文京区音羽2-12-21
電話 03-5395-5817（販売）／03-5395-3615（業務）
印刷所　株式会社KPSプロダクツ
製本所　牧製本印刷株式会社

KODANSHA

ISBN978-4-06-530405-1